JUSTIÇA
TRABALHISTA
DO BRASIL

ROBERTO MONTEIRO DE PINHO

JUSTIÇA TRABALHISTA DO BRASIL

O FENÔMENO SOCIAL AGONIZA

Copyright © 2014 Roberto Monteiro de Pinho

EDITOR
José Mario Pereira

EDITORA ASSISTENTE
Christine Ajuz

REVISÃO
Ana Lucia Machado
Cristina Pereira

PRODUÇÃO
Mariângela Felix

CAPA
Adriana Moreno

DIAGRAMAÇÃO
Arte das Letras

CIP-BRASIL. CATALOGAÇÃO NA FONTE.
SINDICATO NACIONAL DOS EDITORES DE LIVROS, RJ.

P723j

    Pinho, Roberto Monteiro de
    Justiça trabalhista do Brasil: o fenômeno social agoniza / Roberto Monteiro de Pinho. – 1ª ed. – Rio de Janeiro: Topbooks, 2014.
    454 p. ; 23 cm.

    ISBN 978-85-7475-235-8

    1. Direito do trabalho – Brasil. 2. Justiça do trabalho – Brasil. 3. Processo trabalhista. I. Título.

14-15062   CDU: 349.2

TODOS OS DIREITOS RESERVADOS POR
Topbooks Editora e Distribuidora de Livros Ltda.
Rua Visconde de Inhaúma, 58 / gr. 203 – Centro
Rio de Janeiro – CEP: 20091-007
Telefax: (21) 2233-8718 e 2283-1039
topbooks@topbooks.com.br/www.topbooks.com.br
Estamos também no Facebook.

SUMÁRIO

Prefácio – Helio Fernandes 9
Apresentação – Maurício Azedo 13
Introdução 15

PRIMEIRA PARTE

A terceirização como questão central 39
A cada ano mais ações 55
Os 70 anos da CLT 59
A questão social 82
Informalidade é um grave problema a ser enfrentado 100
Metade dos 922 artigos da CLT não é trabalhista 132
Reforma trabalhista e o desafio da modernidade 161
Reflexo da inexistência do honorário de sucumbência 170

SEGUNDA PARTE

Primeiro diagnóstico do Judiciário brasileiro 181
Advento da EC nº 45/2004 195
O custo da especializada 201

Ranking dos cem maiores litigantes
    da Justiça do Trabalho 225
Festival de números 243
Aspecto administrativo e preceitos 252
Na execução ocorre o maior número de nulidades 259
As execuções fiscais e do INSS 280
No Brasil, o microempresário não
    tem proteção extensiva à Justiça do Trabalho 300

TERCEIRA PARTE

Ausência de controle e proteção à própria lei 313
Ausência de cultura jurídica 327
Princípios da ocupação geográfica e impostos 333
A Previdência Social e a Justiça Laboral 345
"Partidarização" da Justiça do Trabalho 362
Dos crimes contra o trabalho 380

QUARTA PARTE

Montagem de uma justiça paralela 397
Estrutura alternativa das relações
    de trabalho no Brasil 407
Meios alternativos não estatais na solução de conflitos 417
O que a sociedade espera do judiciário laboral 430

Considerações finais 454

PREFÁCIO

Helio Fernandes

Roberto Monteiro de Pinho lança este livro que já nasce histórico, polêmico, mas rigorosamente esclarecedor. Só o título, que ele escolheu com a sensibilidade, a acuidade e a visão lúcida do problema, é um verdadeiro achado: *Justiça Trabalhista do Brasil – O fenômeno social agoniza* é revelador.

Está tudo aí nessa frase. Só que esclarece para milhões de pessoas que precisam naturalmente da Justiça Trabalhista, mas não têm a menor ideia dos seus direitos, da dimensão do que vão encontrar, sejam empregados ou empregadores: se vão resolver a ação, ou se vão encontrar essa Justiça em sua cidade.

Tal incompreensão ou desinformação de juízes, de advogados, técnicos e até professores, fica evidente nesse exame e conclusão, admiráveis, do trabalho de Roberto Monteiro de Pinho.

Não conheço ninguém tão capacitado, esclarecido, lúcido e preparado quanto ele para empreender a viagem que empreendeu com tanta naturalidade, e que resultou na constatação de que o "fenômeno social agoniza no Brasil".

Um dos mais importantes e competentes consultores sindicalistas, está sempre lendo mais, querendo saber mais, mergulhado nesse mundo desconhecido do leigo que é a Justiça do Trabalho. Poucos sabem tanto quanto ele, que já esteve dos dois lados (dentro e fora) dessa pseudo ou suposta Justiça.

Além disso, Roberto Monteiro de Pinho não surgiu do nada para fazer tais revelações que está entregando aos leitores. É exatamente o contrário. Depois de passar por todas as fases ou setores do que se chama Justiça do Trabalho, coletar dados, observar o comportamento dos magistrados e servidores é que decidiu escrever este precioso livro. Que leio assombrado com tanta informação, capaz de modificar inteiramente o mundo pequenino (embora gigantesco) da Justiça do Trabalho.

Ele não é somente o pesquisador, que defende com total convicção as normas de direito, e a entrega de uma prestação jurídica mais eficiente e célere. Suas teses são bem coordenadas e podem ser lidas com maior interesse e satisfação até mesmo por quem não tenha a menor ligação com o processo, ou com a própria decisão a ser tomada por juízes que muitas vezes (quase sempre) estão superados desde o início.

A Justiça do Trabalho nasceu obrigatoriamente, mas completamente equivocada. É o próprio autor que define: "Esse judiciário trabalhista está mergulhado num iceberg de ações, no qual o EMPREGADOR dificilmente ganha. E o EMPREGADO ganha, mas dificilmente leva".

Magistrais, a análise e a conclusão. Roberto Monteiro de Pinho é um escritor nato, autêntico, verdadeiro. Sua atuação como subeditor e suas incontáveis publicações no jornal *Tribuna da Imprensa* já sinalizavam o surgimento de uma linguagem afiada, sutil, empreendedora, criativa e corajosa. Era produtivo ler seus artigos, mais uma das grandes revelações no jornalismo. E por isso desviado da literatura para os combates da Justiça do Trabalho: é sua marca registrada. Por tudo o que contém o livro, é impossível abandoná-lo, da primeira à última página.

Roberto Monteiro de Pinho não é exclusivamente notável escritor e admirável consultor para o segmento sindical que representa. Fez a caminhada completa. Jovem, militou no sindicalismo, no jornalismo; foi dirigente da Confederação Geral dos Trabalhadores – CGT. Juiz do Trabalho representando o regime paritário no Tribunal Regional do Trabalho da 1ª Região – TRT/RJ, compondo a Sétima e a Nona Turmas, também participou na composição da Sessão Especializada de Dissídios Coletivos – SEDIC. Saiu admirado; reconhecido como um juiz que aprendeu, voltou mais ainda jornalista.

Há 20 anos, Roberto Monteiro de Pinho escreve sobre o tema; sempre com a ânsia de informar, de opinar, de elucidar, reúne números e opiniões, traduz com clareza aquilo que a sociedade precisava conhecer. Acumula seu fazer profissional, técnico, com o assessoramento a advogados trabalhistas, ávidos por sua opinião, pautando o ensino acadêmico do direito com seriedade e esmero no saber.

Depois de toda essa trajetória brilhante e eficaz, ele se convenceu de que a Justiça do Trabalho, assim como está, não serve a ninguém, só contempla seus atores internos, caminha para o cadafalso. Ao empregado, ao empregador, aos juízes, aos seus funcionários, ao país, propõe completa modificação, para que termine a AGONIA DO FENÔMENO SOCIAL NO BRASIL.

PS - Roberto Monteiro de Pinho é dessas raras pessoas com conhecimento, coragem e competência para iniciar um bom combate a favor da modificação da Justiça do Trabalho. E faz do livro libelo pela Justiça, contra aproveitadores que surgem de todos os lados.

PS2 - Com total sinceridade, autoridade e credibilidade, sem qualquer desvio de convicção, prova do início ao fim deste livro que a Justiça do Trabalho é cada vez mais importante, e deve, portanto, ser consolidada, modernizada administrativamente, agilizada, e não extinta como pregam seus algozes.

PS3 - Extinta deve ser a CLT, que extrapolou: são 922 artigos, muitos defasados, poucos uma obra-prima, mas até aqui, isoladamente, não está resolvendo. Como mostra o autor (em decisão da própria Justiça do Trabalho), "ELA NÃO DETÉM COMPETÊNCIA PARA JULGAR CAUSAS CRIMINAIS". Mas continua JULGANDO, sem poder, equivocada, injusta, teimosa, à beira da banalidade. É mais uma das tantas razões de existirem, reveladas no livro, 16 milhões de ações para serem julgadas.

PS4 - Roberto Monteiro de Pinho escreveu esta *Justiça Trabalhista do Brasil* com a visão total e completa de que servia à coletividade, no sindicalismo, na justiça, na comunicação. Acertou em cheio. Que livro! Que polêmica! Que libelo!

PS5 - Depois deste livro, a Justiça do Trabalho jamais será a mesma. Com a leitura indispensável e urgente do Conselho Nacional de Justiça-CNJ.

APRESENTAÇÃO

Maurício Azedo*

É gratificante lê-lo...

O livro *Justiça Trabalhista do Brasil – O fenômeno social agoniza*, de Roberto Monteiro de Pinho, colunista especializado na área trabalhista, por excelência, possui vários méritos. Entre eles está a minuciosa pesquisa na base de dados do Conselho Nacional de Justiça – CNJ, que implementa com desdenho toda parte estatística dos tribunais, tornando-se preciosa fonte de informação para jornalistas especializados no segmento do Judiciário. Assim, Monteiro contribui para elucidar pontos inacessíveis e até mesmo obscuros do judiciário trabalhista, até então protegido pela ausência dos requisitos informativos, garimpados pelo autor para formação deste trabalho, o qual reputo de vital importância para a sociedade brasileira. Posso acrescentar que é perceptível sua preocupação quanto à melhora dos serviços deste judiciário, com objetivo de sua manutenção como mecanismo de solução das controvérsias nas relações de trabalho.

A Associação Brasileira de Imprensa – ABI, através do seu presidente, tem o orgulho de contar com o profissional que reúne enorme vocação para informar – como Monteiro o faz sem destemor, com exatidão e clareza, em todos os pontos atacados nesta obra. Seu trabalho contribui para desmistificar a ideia do pensamento único e exclusivo

---

* Maurício Azedo (1934-2013), advogado e jornalista, foi três vezes presidente da ABI.

dos que conhecem a linguagem jurídica, dando lugar a explicações de fácil percepção. Ao apontar caminhos alternativos que podem ser seguidos com êxito pelos atores da Justiça brasileira, ele avança na direção perseguida por todos aqueles que desejam o melhor para a classe trabalhadora, e aos que produzem empregos, pregando a permanente harmonia entre esses setores que alavancam a nossa economia, e por conseguinte o social.

Sua experiência como juiz do trabalho, representando a classe laboral, produziu as virtudes e o embasamento para traçar sua pesquisa de minúcias, oferecendo interessantes situações viáveis, como o tema de combate à morosidade do processo trabalhista. Resumindo sua obra, temos as notícias da reforma trabalhista e das nuances administrativas dos tribunais, e por fim encontramos num todo a virtude de uma leitura inovadora, com situações pontuais, reveladas, e que agora são levadas para fora do habitat do judiciário.

Outro mérito do livro está no tratamento de questões sempre atuais e relevantes referentes à política judiciária no Brasil e no mundo, mostrando a sua organização, o que vem referendá-lo como obra de consulta obrigatória para juízes, advogados, bacharéis, estudantes de Direito e dos segmentos afetos à área do trabalho. Se a Emenda Constitucional nº 45/2004 trouxe para a Justiça do Trabalho uma enorme gama de questões a ser submetida a esse judiciário, este livro também faz parte desse contexto. Lê-lo é sinônimo de conhecimento e atualização, coisas indispensáveis para todos que levam a sério o seu papel na sociedade.

INTRODUÇÃO

O questionamento a seguir não se prende à questão social da Justiça Especializada do Trabalho, a ideologia do trabalhismo, seus fundamentos como doutrina, cujos valores humanos são irretratáveis e irrevogáveis. Analisamos ponto a ponto o seu funcionamento, material e pessoal, enveredando de forma implacável e destemida pelas inúmeras decisões de seus magistrados, o seu posicionamento político em relação ao próprio jurisdicionado, o corporativismo dos seus integrantes, a reserva de mercado, a xenofobia e os insubordinação, até mesmo ditames dos seus tribunais superiores, o Conselho Nacional de Justiça (CNJ), subtraindo subsídios que vão elucidar de forma pontual e rigorosa os motivos que estão levando essa Justiça ao estrangulamento e projetando-a para a inviabilidade. Nossa abordagem traz à tona uma vasta lista de irregularidades que comprometem num todo o bom funcionamento desse judiciário laboral.

Um dos mestres do Iluminismo, Voltaire, ensina que *o segredo de aborrecer é dizer tudo*. Mas nem tudo se consegue explicar de forma coerente, a ponto de convencer a sociedade brasileira, e o próprio *trade* trabalhista mostra o quanto é necessária uma profunda reflexão sobre o modelo atual da Justiça Laboral. O fato é que, embora não seja fácil para o leigo entender o mecanismo de funcionamento da Justiça do Trabalho, será possível através deste trabalho a visão linear desse segmento. Da mesma forma, é nebuloso para os mais afetos à área trabalhista penetrar na sua estrutura, cujo complexo reúne o Tribunal Superior do Trabalho (TST), 24 tribunais regionais e 1,4 mil varas do Trabalho. Adiante estaremos interagindo sobre os inúmeros temas conflitantes, todos dissertados por meio da linguagem crítica, autêntica, a partir de textos elaborados de forma esclarecedora, quando faremos todo possível para melhor informar.

É exatamente a partir desse formato gigantesco de judiciário que vamos alavancar este trabalho informativo, questionando, de forma maximizada, o fervor social e o romantismo jurídico que alimentam ideologicamente e impulsionam essa Justiça. Por outro lado, estaremos valorizando capítulos marcantes de sua trajetória, eficiência pontual e o seu conjunto de atividades, *permissa venia*, criticado pela demora na entrega do resultado ao trabalhador, grande parte reflexo da ausência de qualidade jurídica na fase de execução, que é o seu "calcanhar de Aquiles".

O elenco de injunções é descomunal, iniciando pelo alto custo para manter os tribunais nanicos existentes no Norte e Nordeste do país, onde são julgados apenas 5 mil processos por ano, ao custo de milhões para os cofres da União, enquanto 4,3 mil dos 5.565 mil municípios (números de 2010) não possuem a Justiça Especializada. Apontamos um agrupamento de 14 tribunais "nanicos" (mais da metade dos TRTs existentes), que podem, sem prejuízo para os trabalhadores, ser extintos ou incorporados em cinco tribunais. O total de processos julgados pelo TRT do Rio de Janeiro (2ª instância) em 2001, comparando, já era superior ao total dos 63.761 processos dos tribunais dos estados de Rondônia/Acre (1.761); Sergipe (2.707); Piauí (2.808); Maranhão (3.201); Mato Grosso (3.713); Mato Grosso do Sul (3.778); Alagoas (3.905); R.G. do Norte (3.992); Ceará (4.635); Paraíba (4.828); Amazonas/Roraima (6.644); Goiás (7.160); Pará/Amapá (7.287); e Distrito Federal (7.342). Isso por si já endossa a nossa aguçada crítica. Os números não justificam a manutenção dessa estrutura, já que a relação custo/benefício é inaceitável, os tribunais nanicos operam com número (dados de 2008) infinitamente superior de juízes (cerca de 84), serventuários (2,4 mil), com despesas de sede, gabinetes, veículos, informática, assessores especiais contratados fora do quadro efetivo do tribunal, terceirizados. Os dados remetem para a extinção desses tribunais, o que é uma questão moral num país com alta taxa de distorção social.

O Brasil é o único país no mundo a manter a solução dos conflitos coletivos do trabalho por meio do Poder Judiciário, consequentemente acumula o maior número de obras e códigos trabalhistas, fazendo com que o Direito Processual do Trabalho seja líder na produção de obras especializadas. A Organização Internacional do Trabalho (OIT) orienta, no sentido da negociação coletiva, o tema preconizado pela instituição, que vem sendo adotado por vários países, com a arbitragem (no Brasil, com previsão da Lei 9.307/2004 nos bens disponíveis) na composição jurisdicional para os conflitos de natureza interpretativa, também conhecida como dissídios de Direito, enquanto, na contramão dessa proposta, o Brasil judicializou por completo as questões originárias do conflito laboral. O professor Wagner D. Giglio[1] defende que "a

---

[1] Wagner D. Giglio – Foi advogado, de 1955 a 1957, juiz do Trabalho substituto na 2ª Região (São Paulo), de 1957 a 1962, juiz presidente da Junta de Conciliação e Julgamento de Americana, de 1962 a 1965, e da 14ª JCJ de São Paulo, de 1965 a 1976. Em 1976, foi promovido por merecimento a juiz do TRT da 9ª Região (Curitiba), tendo sido eleito vice-presidente daquela Corte, e, em 1978, convocado para substituir ministro no Tribunal Superior do Trabalho durante nove meses. Aposentou-se em 1981, voltando a exercer a advocacia. Além de cerca de uma centena de artigos e 15 colaborações em obras publicadas no Brasil, no México, no Peru, na Argentina, na Espanha e na Itália, escreveu os seguintes livros: *Justa causa*, com 4 edições; *Direito do Trabalho para estudantes*, com Boris Grinberg; anteprojeto de Código Judiciário do Trabalho, com José Luiz Vasconcelos; *Direito Processual do Trabalho*, com 16 edições; *OIT e Convenções Internacionais do Trabalho ratificadas pelo Brasil*; *Natureza jurídica da indenização de antiguidade*; e *Férias e descansos remunerados*, com duas edições. Traduziu as obras *Solución de los Conflictos Laborales* e *Los Principios del Derecho del Trabajo*, de Américo Plá Rodriguez. É membro fundador da Academia Nacional de Direito do Trabalho, do Instituto Pernambucano de Direito do Trabalho, da Academia Internacional de Jurisprudência e Direito Comparado e da Academia Latino-americana de Derecho Procesal del Trabajo; Comendador da Ordem do Mérito Judiciário do Trabalho e da Ordem do Mérito do Trabalho.

solução jurisdicional dos conflitos coletivos tem sido muito criticada pela doutrina internacional e, nos últimos tempos, também por parte substancial dos doutrinadores nacionais. Estes afirmam tratar-se de uma solução do regime fascista, que inibe a greve e não condiz com a moderna doutrina neoliberal de autocomposição das disputas coletivas, admitindo a intervenção jurisdicional para solução apenas em conflitos coletivos de tipo jurídico" (...).

Não foram as leis, normas e os atores externos que transformaram a Justiça do Trabalho num Frankenstein jurídico. Enquanto a sociedade civil investe sua confiança no resultado da ação trabalhista, que deve ser justa e coesa para os polos demandantes (empregado/empregador), deparamos com um índice alto de decisões que são favoráveis ao reclamante. Mesmo naqueles casos em que existe dúvida confessa, o juiz (influenciado pela máxima do *in dubio pro misero*) concede o direito, como se este fosse obrigatoriedade do julgador e não uma questão de avaliação e de bom senso diante de questões fáticas. Entre esses senões, apontamos as constantes sentenças com o reconhecimento da jornada extrapolada, mesmo quando a prova é incipiente, e comumente são concedidas as horas extras. As decisões da Justiça Especializada são predominantemente favoráveis ao reclamante, o que pode ser detectado numa amostragem de cem processos, em que 95% são resultados pró-empregado, quase sempre cobrindo todos os itens do pedido. É por essa razão que a maioria demandante no polo ativo cede a acordos para evitar o risco de uma sentença extrapolada e fora das dimensões normais, e até mesmo o reclamante enfraquecido, diante da morosidade desse judiciário, prefere receber menos a que teria direito.

Diante dessa usinagem de decisões extremadas, questionamos se este formato de Justiça é realmente o ideal e até mesmo necessário para as boas relações capital/trabalho, pois ela acarreta inquietação e temor, conforme se pode perceber pela longevidade das ações, muitas das quais insolucionáveis. Diante de empregadores enfraquecidos, fustigados pelo tempo, pela má sorte do negócio e anomalias de mercado, é possível encontrar nesse grupo ações que poderiam ter sido resolvidas em acordos, em que a diferença controversa era mínima, e que acabou reduzida a zero pela incipiência da garantia executória. É bom ficar claro que há tempos o próprio judiciário constrói a deformação da imagem da JT, e essa justiça perde para ela mesma. Isso ocorreu através do processo engenhado pelos seus integrantes e do comportamento benevolente do governo federal em relação às ações discriminatórias dos seus magistrados, distribuídas de forma aberta nas audiências e no trato com as partes, num acinte à boa educação e ao humanismo. A resposta reflete no espelho da descrença isolamento e soberba do quadro de serventuários e juízes, numa clara e insofismável constatação de que somos reféns de um sistema estatal, isolado da continental sociedade civil.

As razões devem-se tanto ao comportamento de alguns quadros formados e também à própria jurisprudência produzida açodadamente nos tribunais, que, por vezes, sequer respeita o pensamento majoritário do primeiro grau de jurisdição e vice-versa. Nesse aspecto, constata-se uma verbalização fecunda, quando não contundente, e intensa articulação, visando interesses tão somente corporativos dos seus juízes, reserva de mercado e o isolamento, tudo voltado para que se culte o judiciário para uso político. Sabemos que a sociedade precisa reencontrar no judiciário laboral as virtudes que tanto enobreciam a própria magistratura e os serventuários, a saber: independência, saber jurídico, honestidade, coragem e capacidade de enxergar o ideal coletivo, interação com a própria sociedade e respeito aos advogados.

Não são apenas as leis que compõem o universo do laborativismo brasileiro que fomentam a qualidade e seu equilíbrio. Ulpiano[2] em

---

[2] Toledo Bezerra de Meneses Ulpiano – Professor emérito da Faculdade de Filosofia e Ciências Humanas da Universidade de São Paulo, titular aposentado de História Antiga, docente do programa de pós-graduação em História Social, licenciado em Letras Clássicas (USP, 1959), doutorado em Arqueologia Clássica (Sorbonne, 1964). Dirigiu o Museu Paulista/USP (1989-1994), organizou o Museu de Arqueologia e Etnologia/USP (1963-68) e o dirigiu (1968-78). Membro do Conselho Superior da Fapesp (1977-79), da missão arqueológica francesa na Grécia (antigo membro estrangeiro), do CONDEPHAAT (1971-87, 1996-2004, 2006-7), do Conselho do IPHAN (desde 2005). Fez

sua dissertação aponta: *bonae fidei non congruit de apicibus juris disputare*. No entanto, a constante dos seus textos e a manutenção de uma linha comportamental permitem aos atores desenvolver teorias e práticas voltadas à solução do litígio. De que adianta uma centena de rubricas punitivas, se essas não alcançam eficácia? Não traduzem, na realidade, resultados satisfatórios. Não seria então o caso de se perguntar: as leis são boas, inteligentes e bem-dotadas juridicamente, mas seus aplicadores estariam utilizando-as de forma coerente? Estaríamos diante de um formato esterilizado de justiça? O reflexo dessa anomalia é visível, milhões de ações estão encalhadas nos tribunais, alvarás demoram meses para ser expedidos, a informática é caótica, há falta de interação com as partes (advogados e litigantes) e a entrega do resultado da mais-valia é sugada pelo sistema atávico da JT, não sendo devolvida a contento ao trabalhador. Essa quebra de confiança, no binômio Estado/juiz é péssima sob todos os aspectos, predominando aqui o fato do custo/benefício, já que estamos falando de um judiciário oneroso, no qual integrantes recebem os melhores salários do planeta, cuja folha é responsável por 93% do seu orçamento anual.

No conjunto da obra, a JT é composta de gigantesco quadro de serventuários (54 mil no total), cerca de 3,4 mil juízes, e tem um custo de R$ 21,2 bilhões/ano. Deste, 98% (números de 2011) são gastos com a folha de pessoal. Para alimentar sua gula voraz, além do orçamento financeiro, conta com uma "colcha de retalhos", a Carta Laboral celetista (CLT), com 922 artigos, que necessita dos préstimos de outros códigos (CPC, CC, CDC e Lei Fiscal) para ordenar o processo trabalhista. Menor e mais eficiente, o Código de Defesa do Consumidor – CDC (Lei nº 8.078/90), com apenas 119 artigos, é capaz de suprir as necessidades de 190 milhões de pessoas, atendidas gratuitamente,

---

pesquisas e publicou, no Brasil e no exterior, nas áreas de História Antiga (história da cultura, pintura helenística, urbanismo antigo), cultura material, cultura visual, patrimônio cultural, museus e museologia. Recebeu a Comenda da Ordem Nacional do Mérito Científico (2002).

em juizados especiais cíveis e criminais (Lei 9.099/95), e no dia 26 de setembro de 2010 completou 15 anos. Em contraste a este modelo, vá um dos 36 milhões de trabalhadores ativos e/ou um dos 65 milhões informais procurar uma vara trabalhista para tomar a termo sua reclamação, utilizando o *jus postulandi,* para ver como será atendido. E mais está fulminada essa doutrina com a implantação do Processo Judicial Eletrônico (PJe-JT) na Justiça do Trabalho, isolando em *finito* o trabalhador do acesso a esse judiciário, eis que aquele sequer tem como contratar um advogado, e menos ainda preencher um formulário de termo de reclamação no balcão de uma vara trabalhista. E, o que é pior, sequer tem como digitar códigos, senhas e toda complexidade de um sistema eletrônico que é um acinte ao livre acesso ao judiciário.

A CLT E O *JUS POSTULANDI*

É importante abordar esse tema no início da nossa interação. A Consolidação das Leis do Trabalho (CLT) foi aprovada pelo Decreto-lei nº 5.452, de 1º de maio de 1943, e foi introduzida na lide trabalhista tendo como esteio o *jus postulandi* (art. 791 da CLT), que é a possibilidade de as partes atuarem perante o Poder Judiciário do Trabalho sem o patrocínio de um advogado.

A capacidade de ser parte é a capacidade de ser sujeito da relação jurídica processual, de integrar um dos polos. Trata-se da capacidade de direito, e não de fato, de legitimidade. Qualquer pessoa natural, inclusive o nascituro, pessoa jurídica regularmente constituída e as pessoas formais – o espólio, a massa falida, a massa do insolvente, a herança jacente ou a herança vacante –, todos são legítimos para postular, é o que diz a lei, mas não é exatamente o que ocorre ao ser levado à Especializada.

O *jus postulandi* é a capacidade de postular em juízo, ou capacidade postulatória, que é a capacidade reconhecida pelo ordenamento jurídico para a pessoa praticar pessoalmente, diretamente, atos processuais, o que é, apesar das arbitrariedades de muitos juízes contrários ao instituto, um meio legítimo de acesso à JT. Entendo que não é necessário ignorar esse dispositivo da carta celetista, mas, para contrariá-lo, é de bom mister dar suas razões ao pretendente ao uso do instituto, mostrar as vantagens e as desvantagens, mas não é isso que comumente ocorre; a parte que requerer ou pedir para atuar normalmente não é aceita na JT, o que evidencia, aqui de forma explícita, a reserva de mercado, a opção para a judicialização.

A prova dessa anomalia é que nos grandes centros urbanos não existe o preparo pedagógico para os serventuários na coleta a termo das declarações do trabalhador que desejar fazer a sua própria reclamatória. Temos em prática e servindo de paradigma o mesmo quando o consumidor pode formular sua reclamação (Lei nº 9.099/95 dos Juizados especiais cíveis que se inspirou nesse modelo laboral) através de formulário padrão disponível nos balcões das varas, ocasião em que será assessorado por um cordial funcionário do cartório. Eis que esse mecanismo adota a possibilidade de as partes atuarem perante o judiciário sem o patrocínio de advogado em causas cujo valor não supere a quarenta salários-mínimos.

Convém assinalar que, somente no caso da necessidade de recurso, o autor necessita de advogado, mas também pode ser atendido pelo dativo custeado pelo Estado, dispositivo que, embora previsível no judiciário trabalhista através das procuradorias, *data maxima venia*, tornou-se invisível aos olhos dos que necessitam da sua assistência jurídica, mera espectadora no seu mister. Nesse sentido, existe a seguinte previsão legal: *Art. 22. A prestação de serviço profissional assegura aos inscritos na OAB o direito aos honorários convencionados, aos fixados por arbitramento judicial e aos de sucumbência, e no § 1º O advogado, quando indicado para patrocinar causa de juridicamente necessitado, no caso de impossibilidade da Defensoria Pública no local da prestação de serviço, tem direito aos honorários fixados pelo juiz, segundo tabela organizada pelo Conselho Seccional da OAB, e pagos pelo Estado.*

Um dos doutrinadores que preconiza o *jus postulandi* manifesta a sua posição e o faz em cumplicidade com a magistratura trabalhista, de forma corporativa. O jurista Mozart Victor Russomano[3] sintetiza que o Direito Processual Trabalhista é complexo e foge à compreensão dos leigos, numa incidente projeção ao sinuoso processo de exclusão do hipossuficiente, para dar lugar ao um veneno maléfico que se instalou na Justiça Trabalhista, a judicialização. Para ele (...) *Não há por que fugirmos, no processo trabalhista, às linhas mestras da nossa formação jurídica: devemos tornar obrigatória a presença de procurador legalmente constituído em todas as ações de competência da Justiça do Trabalho, quer para o empregador, quer para o empregado.* É fácil presumir que o *jus postulandi* é peça ornamental no judiciário trabalhista. Resta saber se, no futuro, o demandante autor assistido estaria tão garantido, e se o advogado estará garantido com seu honorário na sucumbência do devedor na ação.

Esse ponto é medular no judiciário trabalhista, ao passo que avançam suas manifestações de complexidade jurídica, cada vez mais, vai se distanciando o direito especializado concedido na Carta Laboral. Retomamos a velha teoria do "quem nasceu primeiro, o ovo ou a galinha?". O que mais intriga no universo do trabalhismo tutelado, por consequência judicializado, é o por que denominar essa justiça de social? Na verdade, estamos diante de um judiciário elitizado, seus integrantes encastelados, embevecidos pelo poder, com alto índice de cumplicidade, e insubordinados, inseguros, mesmo diante de situações que exigem medida urgente, repetimos, até mesmo nas suas próprias fileiras, intimidativo e sem interação com o mundo exterior. Concluímos que

---

[3] Mozart Victor Russomano – Alcançou o cargo de juiz do Trabalho meses depois de se formar em Direito, em 1944, em Porto Alegre. Teve uma carreira relâmpago no TST, sendo nomeado ministro em 1969 e corregedor-geral da Justiça do Trabalho em 1975. Foi presidente-fundador do Tribunal Administrativo da Organização dos Estados Americanos (OEA) de 1971 a 1976 e juiz administrativo do Banco Interamericano de Desenvolvimento (BID) de 1981 a 1986. Representante do Brasil na Organização Internacional do Trabalho (OIT) de 1984 a 1990, sendo presidente do Conselho Administrativo (o segundo brasileiro da história) entre 1997 e 1998. Doutor honoris causa pela Universidade de Bordeaux-I (França), Universidade San Martin (Peru) e UCPel, e professor honorário de mais de 15 universidades nacionais e internacionais.

esse tipo de jurisdicionado é de natureza cartorial, criado para um fim, transformado em outro, com evidente vantagem para seus integrantes, que são estáveis, bem-remunerados e vitalícios, mas nitidamente despreparados pedagogicamente. É uma Justiça que perdeu o aroma romântico forjado no bojo da sua criação, que tinha como cerne a pacificação dos conflitos na relação de trabalho, mas que hoje, conforme vamos esclarecer, possui a capacidade de aguçar essa relação em detrimento de constantes práticas lesivas ao bom Direito e pela demora na solução e entrega do pecuniário ao trabalhador.

Podemos ainda avançar tecnicamente sobre o tema, tendo como paradigma a questão suscitada do *jus postulandi*, quanto à capacidade de postular no processo penal os incidentes da execução penal (graça, anistia, indulto, livramento condicional comutação, etc.) e os institutos da revisão criminal e do habeas corpus, tema consagrado no universo jurídico brasileiro. No caso da revisão criminal e do habeas corpus, a previsão legal encontra-se, respectivamente, nos arts. 623 e 654 do Código de Processo Penal (CPC), *ipsis litteris* no art. 623, e poderá ser pedida pelo próprio réu ou por procurador legalmente habilitado, ou, no caso de morte do réu, pelo cônjuge, ascendente, descendente ou irmão. Essa é a essência e âmago do *jus postulandi*.

Lembrando ainda que no mencionado art. 654, o *jus postulandi* pode ser impetrado por qualquer pessoa, em seu favor ou de outrem, bem como pelo Ministério Público. Seria mais importante ou menos importante o *jus* postular na Especializada? Não podemos esperar uma eternidade para dar um basta às questões pontuais que afligem o judiciário trabalhista, iniciando pelo número crescente de ações, que não justificam o aumento do seu quadro de serventuários, até porque outros setores da vida pública funcionam operosamente com menos servidores, enquanto a JT já tomou esse remédio e não conseguiu superar a sua maior dor. Esta, portanto, não foi e não será a solução no combate a sua morosidade. Sobre este aspecto, mais à frente, incorporamos neste trabalho um elenco de informações, subtraídas da base de dados do Conselho Nacional de Justiça (CNJ) e do Tribunal Superior do Trabalho (TST).

A EXPERIÊNCIA NA JUSTIÇA LABORAL

Estive no topo de um tribunal, e vi de perto muito do que aqui vou relatar. Quando saí, foi um alívio, estava sufocado, era como se tivesse sido mandado para um quartel medieval ocupado pela Santa Inquisição, pois acontecia de tudo: traição, mentiras, total incontinência com o Direito. Foi um pedaço da minha vida que só valeu como experiência. Tanto que nunca me anunciei como juiz. No Tribunal Regional do Trabalho da 1ª Região (Rio de Janeiro), os representantes paritários (classistas) eram 18, divididos em nove turmas, com dois em cada uma delas. O problema político era que o grupo elegia quem quisesse, bastavam cinco togados ou os nove da Ordem dos Advogados do Brasil (OAB). O MP (Quinto Constitucional) não votava com os classistas e a OAB marchava no grupo dos amatristas (Associação Classista dos Magistrados Trabalhistas).

A grande verdade é que os classistas acabaram justamente porque eles decidiam tudo nos tribunais. Na época, os acordos realizados em primeiro grau (varas) atingiam 60% das pautas, e o juiz ficava limitado aos processos complexos, com oitivas e outros. Nas turmas, os votos dos classistas eram os primeiros prolatados, as estatísticas dos gabinetes eram "zeradas", enquanto os togados tinham em média 1,5 mil processos encalhados. Das varas trabalhistas da capital, a metade estava com número superior a 10 mil processos, dos quais 60% sem solução, ou na fase de execução ou com recursos aos tribunais superiores. No primeiro grau, havia juiz com 12 mil processos encalhados, uma heresia. Nas sessões das turmas, o classista declarava seu voto em minutos, os togados demoravam em média meia hora, eram verborragia e debates inúteis, improdutivos, em relação à qualidade da decisão, puro exibicionismo, da mesma forma que hoje ocorre com os tribunais superiores conforme assistimos na TV a cabo. Em suma, muita conversa para no final declarar que NEGA PROVIMENTO!

A PARTIR DO ANO 2000 VEIO O ISOLAMENTO DA JT

A partir de 2000, sem a composição paritária (classista) nos tribunais, portanto já sem a oxigenação popular dos representantes sindicais, a Justiça do Trabalho foi se transformando num laboratório de pesquisas jurídicas, produzindo um DNA que acabou provocando uma deformação altamente nociva à manutenção das relações capital/trabalho, promovendo a canibalização dos textos de lei, com o objetivo de atender de forma abrupta a prestação alimentar do trabalhador. A princípio, para mostrar eficiência, os juízes, de uma forma ou de outra, procuram encerrar a lide, realizando audiência inaugural sem qualidade, promovendo cerceio de defesa, sem ouvir testemunhas importantes na elucidação do caso, tudo tão somente com o objetivo de cumprir estatísticas, que a essa altura, pressionados pela regra processual a partir de 2006, passaram a seguir a norma do Conselho Nacional de Justiça (CNJ) no controle do prazo para solução do processo. O quadro se agravou, a "juizite" ganhou espaço, os caminhos se estreitaram e os tribunais, que já eram pomposos, ganharam formas elitizadas, verdadeiras masmorras urbanas, tamanha a soberba de seus integrantes. Destaco que esse capítulo não pode ser visto isoladamente do grupo das agruras que enfrenta o próprio judiciário na sua estrutura, eis que sua geografia é deformada, debilitada, portanto enfraquecida, conforme as próprias estatísticas do CNJ vão comprovar.

Corroída no seu eixo central, a JT acabou padecendo do mal administrativo que infesta a maioria dos órgãos governamentais e o próprio judiciário. Esse esforço, ao preço de práticas lesivas, trouxe efeito colateral à economia do país, quadro em que o governo, por pressão da sociedade civil, iniciou a partir das críticas à morosidade, bem após os julgadores da JT terem arquitetado esse deformado modelo de justiça, que começou a ser desenhado no seu "Encontro de magistrados", organizado pela entidade classista dos magistrados trabalhistas da Associação Nacional dos Magistrados do Trabalho – Anamatra, na cidade de Salvador, já na esteira da extinção da representação paritária, no ano de 2001. A partir daí, outros encontros foram realizados, todos com o objetivo de criar "enunciados genéricos", uma espécie de norma sumulada pelos juízes de primeiro grau, com a finalidade de reformular leis, artigos enunciados e súmulas oficiais, como se eles fossem os legisladores, o caminho inverso da estrutura do Direito como suporte social.

Em 2009, já com lastro e várias experiências, o CNJ, com o propósito de desafogar o judiciário, lançou o programa Meta 2, para julgar todos os processos distribuídos antes de 2006. No entanto, o resultado ficou pela metade, eis que, segundo dados do CNJ, até o dia 18 de dezembro daquele ano, quando o judiciário entrou em recesso, o projeto atingiu 54% das ações previstas, quando foram julgados 2,3 milhões, bem longe da meta de 4,4 milhões.

Há muito os operadores do Direito vêm detectando uma endêmica anomalia no judiciário brasileiro, pois a voz de 1,5 milhão de bacharéis, assessores, pessoal de recursos humanos e advogados não consegue superar a determinação de uma minoria de magistrados e serventuários de manter posição antagônica aos objetivos desse segmento e também da sociedade. Com a mesma morosidade com que tratam os processos na Justiça, os integrantes dos tribunais sofreram alguns revezes, o nepotismo é combatido por meio de enérgica medida, começando pelos integrantes dos órgãos de governo, câmaras municipais, assembleias estaduais e Congresso, Recentemente, com a medida que faz parte da Resolução 102 do CNJ, a Justiça passou, a partir de 2009, a informar como gasta seu dinheiro. Nada que não pudesse ser burlado, já que temos muitos casos em que o parente de um está lotado no gabinete de um colega e vice-versa. A edição de regras rígidas, exigindo transparência, já começava a despertar a reação da magistratura brasileira, e esse quadro iria se agravar no segundo semestre de 2011, a partir das primeiras declarações da então corregedora nacional da Justiça, ministra Eliana Calmon.

A volúpia do poder também está impregnada no judiciário laboral, que infelizmente experimenta toda sorte de injunções e práticas absurdas no trato do Direito e da relação com as partes, mal que atinge inclusive a sua razão de existir, que é a de servir ao hipossuficiente.

Capitaneado pela morosidade, o judiciário brasileiro passou a ser alvo de severas críticas da sociedade, com maior preocupação no judiciário trabalhista, no qual a execução convalesce na orfandade de texto genuíno, por consequência se tornou um *aberratio juris*, já que nesse capitulo concentram as mais absurdas, estapafúrdias e incabíveis práticas, em flagrante arrepio ao texto da lei, estando em constante afronta até mesmo à Constituição Federal.

O mesmo exemplo ocorre no trato da questão dos Direitos humanos, em que o governo pretende, sob posição antagônica dos seus próprios integrantes, estabelecer regras contestatórias do ponto de vista jurídico às questões das vias legais institucionalizadas nos textos da CLT (com seus 922 artigos, metade dos quais inócuos), e, dado sua pouca e fraca disponibilidade para instruir a execução, faz a clonagem de má qualidade do Código de Defesa do Consumidor (CDC), da Lei Fiscal e dos títulos da Carta Magna, em seu artigo 7º, acrescido do fato de que essa magistratura rebelde adotou um código paralelo que mais à frente mostrará ao leitor que foi feito para ser utilizado no processo trabalhista.

Esse desarranjo estrutural fulmina a virtude sociológica do trabalhismo, mergulhando esse modelo exemplar de justiça no obscuro mundo da discórdia, xenofobia ao empregador, trazendo como efeito negativo a retração acentuada dos níveis de emprego no segmento do micro e pequeno negócio (informação com base nos dados da Relação Anual de Informações Sociais – Rais, do Ministério do Trabalho), nos últimos anos. Com 20% dos empregos formais do país, 1% menor que o emprego público responsável por 21% das ocupações formais brasileiras, cujos privilégios para esta minoria são incontestáveis, tamanha a nomenclatura de cargos e comissões gratificadas, isso fez com que a JT se constitua num sacrilégio ao contribuinte.

A imigração de mão de obra formal para a informalidade, a fuga inapropriada no processo executivo, com a utilização de expedientes inaceitáveis para se defender das execuções abruptas, formam um conjunto que desqualifica esse judiciário laboral, colocando-o na berlinda dos causadores da desestabilização econômica. Para uma justiça extremamente protecionista, mesmo em se tratando de questões laborais aprovadas, deliberadas em dissídio, a linha constante, ao ignorar o escrito, é ironicamente questão de interpretação.

EXCESSO DE LEIS, NORMAS TRIBUTÁRIAS E SUA INFLUÊNCIA

Relatório do Banco Mundial revela que vigoram no Brasil cerca de 3 mil normas tributárias, que são atualizadas com trezentas modificações anuais, além do fato de que, em média, as empresas brasileiras pagam o equivalente a 71% do total do seu lucro líquido anual em impostos (22,4% em impostos diretos, 42,1% em tributos relativos à mão de obra e 7,2% em outras taxas e contribuições). Na América Latina, uma das exceções é o Chile, onde a carga de impostos equivale a apenas 26% do total do lucro líquido aferido pelas empresas. No mesmo documento há revelação de que o "Brasil é o último lugar em ranking divulgado pelo Banco Mundial sobre o tempo gasto pelas empresas para manter em dia suas obrigações tributárias". Segundo o (IBPT) Instituto Brasileiro de Planejamento Tributário, as empresas brasileiras gastam cerca de R$ 20 bilhões ao ano para cumprir a burocracia exigida pelas autoridades fiscais no pagamento de mais de sessenta impostos, taxas e contribuições à União, aos estados e municípios, um melancólico "caos tributário". Se por um lado o empregador enfrenta as agruras do governo, por outro, na JT tem o seu inferno astral, tamanhas as práticas utilizadas nesse judiciário.

Não foi de graça que o governo estimulou a aprovação Emenda Constitucional nº 45/2004, ampliando a competência da Especializada do Trabalho, examinando seu texto, que trouxe um alento ao administrador público, desafogou a Justiça federal, mas acabou inchando a JT com as novas execuções fiscais. Isso porque, conforme determina: "VII – as ações relativas às penalidades administrativas impostas aos empregadores pelos órgãos de fiscalização das relações de trabalho; VIII – a execução de ofício, das contribuições sociais previstas no art.

195, I, a, e II, e seus acréscimos legais, decorrentes das sentenças que proferir." Na prática, equivale dizer que a estrutura que já era incapaz, com visível sinal de fadiga, após a EC 45 absorveu milhares de ações que, somadas às sentenças proferidas, acabaram travando o andamento processual, aumentando os procedimentos e autuações. Já assoberbada com os milhões de processos que tramitam nesse Judiciário, a Especializada passou a absorver outra demanda de ações, as execuções fiscais.

Muitos dos seus integrantes, apesar de saberem que esse foi o meio político para sufocar um movimento pela extinção da Justiça do Trabalho, não diluem facilmente o fato de que o aumento da arrecadação do (INSS) Instituto Nacional de Seguro Social, da Receita Federal e a proximidade (que antes não existia) dos membros do judiciário laboral com o governo federal foram compensadores, vez que hoje amargam a pecha de que são os responsáveis pela lentidão da JT. Mas essa mesquinhez não parece incomodar os atores da Especializada, que passaram a ter um apêndice com o Legislativo, e com isso deu início a uma enxurrada de PECs, alteração de textos de leis, tudo regado à promessa de uma crescente arrecadação aos cofres da União.

A NOVA JORNADA DE TRABALHO NÃO SAIU DO PAPEL

Enquanto a magistratura do trabalho de forma geral entra em rota de colisão com o empregador, algumas questões de ordem celetista ainda permanecem na pauta da discussão dos sindicalistas, capitaneados pela jornada de trabalho de quarenta horas semanais e com origem na OAB. Assim, o honorário de sucumbência é tratado como questão periférica, em que a própria magistratura é algoz. Avaliando estatisticamente, de acordo com a Organização Internacional do Trabalho (OIT), os coreanos figuram entre os que mais trabalham em todo o mundo, já os holandeses são os que menos horas dedicam à empresa. Na Espanha, trabalha-se acima da média européia, porém menos do que a média latino-americana, em que o México é o país com maior número de horas trabalhadas/ano, num total de 2.110 horas.

De modo geral, os latino-americanos passam mais tempo trabalhando — 1.952 horas em média ao ano — do que os norte-americanos — 1.819 horas/ano no caso dos EUA. No Chile, esse número sobe para 1.974 horas anuais; em seguida, aparecem no ranking latino-americano Colômbia (1.956), Venezuela (1.931), Argentina (1.903) e Brasil (1.841), que pode se igualar à França aprovando a jornada de quarenta horas semanais extras.

Não se tem dúvida que a mão pesada do judiciário trabalhista está empurrando milhares de micro e pequenos empregadores para a clandestinidade, com a agravante de que cada vez mais esse segmento está, por meio de brechas do sistema, fugindo das execuções exorbitantes, até porque são valores impagáveis, a maioria sequer condizente com a realidade econômica do negócio. Algumas dessas questões, em razão das revelias, somam até três dígitos de indenização, ficando a parte ré confessa ao elencado na inicial do reclamante, que vai para a conta da reclamada. Esse capítulo processual é fruto da tendência protecionista ao reclamante, sob o manto da hipossuficiência, com graves discriminações de ordem jurídica, porque, enquanto o empregado tem a chance de ingressar com uma nova ação, quando falta na audiência, mesmo sem provar o motivo, o empregador, em que pesem seus argumentos, mesmo estando representado por seu patrono, se faltar, perde a ação.

O dispositivo tem respaldo no art. 843, §2º da CLT, e analisando por essa ótica, podemos concluir que o Direito do Trabalho tem suas falhas, pois a visão geral é de que o explorador de mão de obra em parte comete ilícito, por não conceder direitos previstos no art. 7º da Carta Magna e na CLT. Com limite para o juiz aplicar penalidades, o máximo a que se pode chegar é a pena pecuniária de dano moral, alicerçada pelo CDC, e multa, aplicada nos processos trabalhistas, litigância por má-fé, retenção e não anotação da Carteira de Trabalho e Previdência Social (CTPS), falta de pagamento, justa causa sem provar, discriminação, assédio sexual, seguindo outras penalidades dentro desse mesmo instituto, como a prisão civil prevista em lei. Esta era da mesma forma outrora utilizada quando, infiel depositário (mesmo que compulsoriamente), um abominado ardil jurídico praticado sem nenhum critério pelos magistrados colocava na prisão até mesmo o empregado que dava ciência ao oficial de justiça.

Ao interpretar restritivamente o inciso I do art. 1º do Estatuto da Advocacia, o próprio Tribunal Superior do Trabalho (TST) decidiu não ser privativa de advogado a postulação na Justiça do Trabalho, ratificando, assim, a validade do art. 791 da CLT. Com isso, vai o microempregador se apresentar sem advogado, ficando exposto não só à preliminar de uma vexatória e constrangedora argumentação do juízo, mas também à aplicação de pena de confissão, o que poderá levar o processo à nulidade. Só que será necessário recorrer da decisão, mas para isso terá que efetuar o depósito recursal, eis que uma vez solicitada a isenção do depósito, o tribunal costuma negar e, consequentemente, fulmina o recurso por deserção.

Existe de fato uma visão crítica dessa questão envolvendo o micro e o pequeno empregador, que abrange as prestadoras de serviços (terceirizadas), cujas tomadoras (principal) geralmente são grandes empresas. Em razão da questão da sucumbência na JT, surge um novo dispositivo de lei com nova redação na CLT: o art. 1º. Os artigos 839 e 876 da Consolidação das Leis do Trabalho passam a viger com a seguinte redação: "Art. 839 – A reclamação será apresentada: a) por advogado legalmente habilitado, que poderá também atuar em causa própria; b) pelo Ministério Público do Trabalho."

REVELIA OU *CONFESSIO*

"Art. 876 – As decisões passadas em julgado ou das quais não tenha havido recurso com efeito suspensivo; os acordos, quando não cumpridos; os termos de ajuste de conduta firmados perante o Ministério Público do Trabalho e os termos de conciliação firmados perante as

Comissões de Conciliação Prévia serão executados pela forma estabelecida neste Capítulo".

Mas esse é apenas um dos maiores entraves ao processo do trabalho, que afeta somente ao micro e ao pequeno empregador, é para todos, é o mais discutido pelos doutrinadores e está logo no início da formatação da ação. A revelia e a *fita confessio* são institutos que têm efeito devastador para a parte ré (reclamada), isso porque, na inicial do empregado, costumam existir duas rubricas: a hora extra e o pagamento extrafolha, cuja prova precisa ser feita na oitiva de testemunhas, e com a revelia ou confissão essa oportunidade fica superada. Esse quesito é tão importante que se tornou um dos maiores vilões do empregador, já que os patronos elencam em sua peça inicial essas rubricas. O perigo nesse caso é a majoração dos valores na rescisão, que em muitos casos extrapolam até mesmo a realidade econômica do empregador. Estudiosos da matéria sustentam que isso ocorre, também, em face de ausência de dispositivo que possa determinar severa punição ao postulante, que nesse caso busca enriquecimento sem causa por meio de expedientes escusos. Se existisse especificamente o dispositivo, o impacto econômico seria mais justo, reclamam as empresas. Merece aqui, *cum granu salis*, a criação de regra equivalente que possa suprimir a discrepância entre esta e a ausência do empregado com arquivamento da ação.

De acordo com a Súmula nº 122 do TST, é revel a empresa que deixa de enviar seu representante ou preposto à audiência, mesmo estando presente seu advogado devidamente constituído. A OJ 245 do SDI1 fala da ausência de previsão legal sobre a tolerância de horário. Há completa dissonância com o Código de Defesa do Consumidor (CPC) aplicável subsidiariamente. Já o art. 319, CPC, traz a definição legal de revelia: "Se o réu não contestar a ação, reputar-se-ão verdadeiros os fatos afirmados pelo autor." É bom lembrar que o art. 769 da Consolidação das Leis do Trabalho determina "a aplicação subsidiária da legislação processual civil em casos de omissão". Nesse caso, existe uma corrente no entendimento de que deve ser aplicado o CPC, com a juntada de defesa, bem como a produção de outras provas, pois a *ficta confessio* traz aos autos uma presunção relativa de tudo o que foi alegado na peça exordial. Já Francisco Antonio de Oliveira, para quem a revelia está relacionada à falta de defesa, e não à ausência à audiência, afirma: "Revelia é o estado imposto ao réu que, habilmente citado, deixa de apresentar defesa. A revelia não está obrigatoriamente ligada ao não comparecimento do réu à audiência. Poderá comparecer e negar-se a formular defesa. A revelia se concretiza pelo ato objetivo de ausência de defesa."

Dispõe a legislação trabalhista sobre a revelia no art. 844 CLT: "O não comparecimento do reclamante à audiência importa o arquivamento da reclamação, e o não comparecimento do reclamado importa revelia, além de confissão quanto à matéria de fato." Enquanto para Humberto Theodoro Júnior "ocorre a revelia ou contumácia quando, regularmente citado, o réu deixa de oferecer resposta à ação, no prazo legal", seguindo o mesmo sentido dado pelo CPC. Nicanor Sena Passos entende que "estado de revel, isto é, situação denotativa da pessoa (física ou jurídica) que, embora citada para apresentar defesa processual no prazo fixado pela lei, deixar de fazê-lo, razão pela qual ocorrerão contra ela todos os demais prazos, independentemente de notificações ou de intimações". Se a discussão sobre o tema já é exaustiva, admite-se que a defesa (recurso) da parte da ré seja uma dessas tenebrosas situações, em que a ação tende a caminhar por todas as instâncias.

Se examinarmos a questão pelo ângulo da celeridade, dois aspectos são relevantes, o absolutismo do juiz para o convencimento e a prova material juntada pela ré. É por isso que muitos questionam o porquê de não se discutir abertamente esse tema e quais seriam as implicações se a JT tivesse que expor para a sociedade sua linha de pensamento sobre a questão. Os seus juízes deveriam abordar o tema sem inibição, não bastando ingerir na questão tão somente através do subterfúgio das emendas e sugestões nos Pls.

Enquanto no varejo as inovações da Especializada avançam mutilando o pequeno negócio, no atacado, depois de reiteradas decisões quanto à legalidade da contratação de serviços terceirizados, o TST editou a súmula nº 331, consolidando o entendimento de que é ilícita a contratação de mão de obra para a prática de atividade preponderante da empresa tomadora de serviços, formando o vínculo de emprego direto. Esse foi mais um dos mecanismos de alcance do vínculo empregatício direto, cujo entendimento está vinculado ao disposto no artigo 2º da CLT, o qual estabelece que o empregador é aquele que assume os riscos da atividade econômica, admitindo e assalariando, bem como dirigindo a prestação pessoal dos serviços. O entendimento majoritário dos tribunais é de que a contratação de terceiros para a atividade-fim da empresa representa a transferência do risco do negócio.

PRIMEIRA PARTE

CAPÍTULO I

A TERCEIRIZAÇÃO COMO QUESTÃO CENTRAL

Vamos examinar, agora, os pontos controvertidos, vantagens e desvantagens da terceirização. Ela está na pauta do dia, é o tema do momento, e o debate está colocado, porém, a solução, pelo que se avalia, está longe de ser alcançada. Enquanto isso, nos estados de São Paulo, Rio de Janeiro, Minas Gerais e Rio Grande do Sul temos números alarmantes de ações trabalhistas envolvendo terceirizadas, parte das quais (40%) são empresas públicas. O problema é generalizado, os prestadores de serviços constituem empresas que fecham as portas quando encerram o contrato e deixam seus empregados sem rescisão, chegando a ponto de desaparecerem do cenário produtivo, inclusive com indícios de fraude ao trabalho e ao fisco. As execuções são inicialmente contra a empresa e seus sócios, as notificações são feitas por edital e a inclusão faz-se no polo passivo da empresa subsidiária, tomadora dos serviços. Ocorre que essas empresas normalmente dispõem de departamento jurídico bem aparelhado, jogam com valores baixos para acordos e, não logrando êxito, se defendem protelando por todas as formas e fazendo com que a ação se prolongue por anos.

Números do Ministério do Trabalho e Emprego (MTE) indicam que, desde 2006, a terceirização é o segmento que mais gera empregos, 60% do total da força de trabalho. Todavia, de nada adiantará reformular preceitos de lei sem atacar prudentemente o universo laboral, até porque à margem desses acontecimentos tecnojurídicos está uma massa de 65 milhões de trabalhadores informais (fonte do Dieese), que poderiam ao menos estar protegidos se se fossem terceirizados. A saída seria uma discussão além desse ponto. Até porque, se houvesse a previsão legal para retenção de valores pelas tomadoras, para o recolhimento da cota previdenciária e do depósito fundiário, a lesão social seria menor. Enquanto a magistratura trabalhista permanecer condenanda às contratações terceirizadas, estendendo o vínculo para as tomadoras e, data vênia, sem poder executar o próprio Estado (existe preceito de lei quanto ao patrimônio indisponível da União), a questão sociolaboral continuará pendente. E inclusive as cooperativas que trabalham com mão de obra associada, tamanha a voracidade dos juízes nessas questões, que mesmo aquele associativo regular acaba sendo levado pela ira das sentenças trabalhistas.

A discussão temática da terceirização não é nenhuma heresia jurídica, temos pontos comuns a todos, e pontos divergentes, que devem ser examinados à luz do melhor para o trabalhador, já que sua garantia não pode ser maculada e seus direitos nem precisariam ser aferidos em sentenças prolixas, enfadonhas e eivadas de nulidades. Devem os atores (leia-se governo e setor privado) encontrar um ponto de equilíbrio, que deve ser capitaneado pelos sindicatos, que são os reais interlocutores na questão, em que *in claris non fit interpretatio*, afinal, o simples e ágil precisa ser resgatado no Direito do Trabalho. O legislador não pode continuar refém dos juízes, a esses deve ser reservado o papel de futuro julgador e não de interventor nas propostas, como se essas só tivessem validade se fossem previamente aprovadas por eles. O fato é que o governo vem discutindo medidas paliativas, parlamentares apoiam projetos chancelados por juízes. Em vez de reformular o emaranhado de 2,4 mil leis trabalhistas e aplicativos subsidiários que sufocam os contratantes, avaliam-se propostas como licença-maternidade de 180 dias, licença-paternidade de 15 dias, dia do santo padroeiro, do clube de futebol e as inusitadas folgas para comemorar o aniversário ou realizar concursos públicos.

Convém assinalar que, apesar dos seus 922 artigos (dos quais são 400 inócuos), a CLT não dispõe de mecanismo exclusivo de execução para tornar a lide trabalhista especializada, linear em seus aspectos legais, a exemplo do que ocorre com o Judiciário civil, que utiliza códigos diretamente afetos à causa (CPC, CDC, CC e Lei Fiscal), entre outros especializados, emprestados subsidiariamente à lide trabalhista. Um desses monstrengos jurídicos está prestes a ser aniquilado, eis que tramita na Câmara dos Deputados o PL 4789/09, do deputado Rodovalho (PT-SP), que altera a CLT e prevê a realização de nova audiência na Justiça do Trabalho quando o empregador faltar, mas apresentar justificativa em até dez dias, afastando a possibilidade de revelia decorrente da ausência, e marca-se uma nova audiência por uma única vez. A CLT prevê o arquivamento da reclamação trabalhista caso o reclamante não compareça à audiência; já para o não comparecimento do reclamado, a lei prevê revelia e considera a ausência deste como confissão do fato reclamado.

Terceirização é, sem dúvida, a grande ferramenta das economias modernas e traz, entre outros benefícios, a ideia de que os países avançados enriquecem mais por entender que a divisão do trabalho reduz custos, baixa preços, aumenta salários em razão de lucros maiores e, em consequência, distribui bem-estar às populações. A livre-iniciativa é um processo que não sofre intervenção do Estado nem aceita as algemas que estrangulam os pulsos dos empresários e sua vontade de empreender e crescer. E quanto mais crescem, mais empregos geram – essa é a tese. Na opinião dos defensores da terceirização, ela se se tornou um dos pilares do desenvolvimento no Primeiro Mundo. Na Europa, 90% das empresas terceirizam suas atividades e 80% dos produtos são comprados de terceiros, números bem próximos aos do Japão. Os Estados Unidos hoje terceirizam mais de 60% de sua produção e distribuição. No mundo moderno, não existem expressões como atividade-meio e atividade-fim. O exemplo mostra como estamos atrasados nesse quesito.

O Brasil de hoje divide-se entre os que caminham para o futuro (como os empreendedores e os jovens nas ruas a exigir um país melhor) e aqueles outros que correm para o passado. Entre estes estão as centrais sindicais, mais uma vez de forma até certo ponto acertada, dispostas a torpedear um projeto de lei que tenta regulamentar a terceirização e provocar mais avanços na economia do Brasil. Mas são setores que temem a terceirização nos serviços públicos, que é um dos maiores cabides de empregos do mundo. Os privilégios do trabalho estável, por meio da contratação *in finito*, leva à estadualização do trabalho e sedimenta uma cultura do "só basta passar no concurso, depois está garantido no emprego para o resto da vida". Esse sentimento é altamente nocivo à igualdade de direitos porque a máquina pública privilegia seus servidores estáveis com salário muito acima da iniciativa privada, e isso é um dos senões da terceirização, que é combatida por esse segmento, porque, se aprovada nos termos em que está no Congresso, certamente ele será atingido nas próximas gerações.

Tramita no Congresso o PL 4330/2004, que vem exatamente proteger o trabalhador brasileiro, o que não parece ser o propósito das centrais, eis que o projeto vai exigir a especialização e a qualificação para as empresas que façam serviços terceirizados. Além disso, os funcionários terão uma garantia maior de que vão receber todos os direitos trabalhistas. As empresas contratadas deverão pagar uma caução; às contratantes caberá fiscalizar se FGTS, INSS, férias e tudo o mais está em ordem, como manda a lei. Caso contrário, terão de ressarcir o funcionário. Como as empresas clandestinas não terão como sobreviver nesse ambiente, a tendência é que desapareçam. Com elas, a maldita precarização do trabalho. Ou seja, todos os direitos e garantias dos trabalhadores terceirizados estão contemplados. São mais de 10 milhões de pessoas nessa situação, 23,9% dos 44 milhões (dados de 2013 do MTE) de trabalhadores com carteira assinada no país.

Reclamam as entidades patronais que as centrais sindicais estão preocupadas com o futuro desses milhões de brasileiros, e por isso querem interromper novamente a votação do PL 4330. Evidentemente que esse não é o foco principal, pois ele é mais político do que realmente prega, a proteção ao trabalhador, que é uma farsa. Nem tanto ao céu nem tanto a terra. Na realidade, trata-se de um grupo que precisa vender a imagem esquerdista para seus quadros sindicalizados, e formou esse discurso exasperado, muito além do que deveria ser. Tal grupo quer apenas vender a visão equivocada sobre a terceirização. É mais uma da extensa lista de contradições desse tipo de sindicalismo retrógrado, que tem em seus quadros a maioria de servidores nas estatais, como a Central Única dos Trabalhadores (CUT), braço direto do grupo petista atrelado aos governos do ex-presidente Lula e da atual presidente Dilma Rousseff.

Para melhor avaliar e sustentar esse projeto patronal, no dia 22 de julho de 2013 a Federação das Indústrias de Santa Catarina (Fiesc) debateu as 101 Propostas de Modernização Trabalhista, da Confederação Nacional da Indústria (CNI). O assunto foi exaustivamente discutido em reunião da Câmara de Relações Trabalhistas da Federação, na cidade de Florianópolis, e contou com a presença de várias entidades patronais. O documento traz uma lista com 101 "irracionalidades" da legislação trabalhista e aponta as consequências de cada uma delas, propõe soluções e a forma legal para adotá-las. Também enumera os ganhos das mudanças e sugere, para eliminar as "irracionalidades", 65 projetos de lei, três de lei complementar, cinco de emenda à Constituição (PECs), 13 atos normativos, sete revisões de súmulas do TST, seis decretos, cinco portarias e duas normas regulamentadoras (NRs) do Ministério do Trabalho na área de saúde e segurança do trabalho.

Nosso trabalho se aguça quando verificamos que, tanto no universo do Judiciário trabalhista como no das relações intersindicais, os problemas ganham a mesma coloração, amarrados, recheados de senões e, ao que parece, fadados a nunca avançar. E, quando isso ocorre ao se soltar esse "freio de mão" da reforma, o carro marcha à ré, numa clara e perfeita visão de que nunca iremos adiante, pois após, tramitado em todas as esferas do legislativo, a fim da taxa de 10% aplicada na demissão na cota do FGTS, que já abordamos anteriormente, vem agora mais contra-ataque na questão da terceirização. Na pauta das reivindicações das centrais sindicais que motivou a greve geral do dia 11 de julho de 2013, a regulamentação e a limitação da terceirização.

Minha crítica se fundamenta porque há décadas o problema se arrasta nas três esferas de atribuições do Estado, a saber: municípios, unidades federativas e União Federal. Devo trazer à tona que existe uma razão por parte do segmento antagônico à terceirização, pois há, na proposta, brechas ardilosas para burlar direitos trabalhistas. Uma delas ocorre por problemas estruturais e financeiros, já que o Estado encontrou na lei do estágio uma oportunidade de burlar a Constituição e contratar mão de obra barata sem concurso público, reforçando a tendência já constatada de exagero na terceirização, delegação e concessão dos serviços públicos, que atende por um lado os interesses do gestor público, quiçá manietado pela lei de responsabilidade fiscal. Isso se estende, de forma herege, ao próprio Judiciário, no qual a contratação de mão de obra terceirizada vem sendo uma constante. Do meu ponto de vista, embora em parte dando razão aos que resistem a esse instituto, endosso esse modelo como forma de geração de empregos, muito embora se tenha a discutir a fórmula ideal para não subtrair direitos trabalhistas, haja vista os escândalos envolvendo fraudulentas cooperativas de trabalho e empresas terceirizadas em que poucos acabaram enriquecendo a custa do suor de muitos, *data venia*, em muitos casos, os próprios administradores, dirigentes de órgãos públicos e diretores das contratantes que estão por trás dessas falcatruas.

O RECURSO COMO VILÃO DA MOROSIDADE

Apontado por integrantes do judiciário laboral de ser o vilão da morosidade do processo trabalhista, o recurso não é, *data maxima venia*, a principal causa dessa anomalia jurídica, que pode ser extirpada, desde que as instruções e procedimentos do juízo singular e das turmas recursais não causem contrariedade e atendam a norma vigente, fazendo escoar o processo sem os incidentes de não conhecimento por razões materiais. É preciso rever alguns conceitos, por exemplo, assiduidade, celeridade, capacitação profissional e informatização, para a superação dessa singular questão, que está na conta do juiz e não da sociedade. A complexidade no tratamento dos temas que compõem a relação capital/trabalho tem maior efeito sob a ação, superando todos os outros recursos apontados pelos operadores do Direito, porque deixam espaço para controvérsias e dubiedade da decisão, influenciados pelo enorme conjunto de normas, regras e títulos da Carta Laboral (CLT).

Sendo especial e tutelado, o Direto do Trabalho é presa fácil dos juízes trabalhistas, que em razão de sua debilitada estrutura jurídica e de sua fragilidade permite a utilização de meios nada saudáveis para a cultura do Judiciário como um todo. Distante de vincular o respeito à regra legal, com o dispositivo do que dá ao paciente o direito de defesa assegurado pela Constituição Federal, no art. 5º, inciso LIV, que prevê que "aos litigantes, em processo judicial ou administrativo, e aos acusados em geral são assegurados o contraditório e a ampla defesa, com os meios e recursos a ela inerentes", ao apontar o recurso para que o processo se eternize, os erros de juízo na fase de execução contribuam em maior escala para o retardamento da solução da lide. Segundo se estima, a média do tempo de um recurso ordinário tramitando é de um ano, enquanto a execução é de cinco, assim é que existem hoje 22 milhões de processos acumulados, a maioria impregnada de dúvida, falta de garantia para executar, ilegitimidade e gravíssimas nulidades.

Ao levar a ação à constrição do bem (material ou pecuniário), o juízo de execução instintivamente comete excessos, ferindo preceitos de lei, sem proveito principalmente para o trabalhador, que reconhece esse método arriscado para manutenção do processo, por isso não comunga com esse tipo de procedimento e prefere, no caso de constrição, receber seu título parcelado do que esperar dez anos. São momentos do processo que registram omissão, nulidade e falta de esmero na condução da lide, quase sempre limitada a despachos elaborados até mesmo por serventuários, apenas ratificados pelos magistrados. Para se certificar desse senão, basta que o agente corregedor do CNJ vire uma mosca e dê plantão durante um mês numa VT, para sentir de perto as agruras que se instauraram no Judiciário Laboral.

O coma induzido em que se encontra o judiciário trabalhista possui seus tentáculos na falta de definição da reforma trabalhista, e espelha a política do faz de conta, do governo federal (sob influência do FMI e do BIRD), no trato de questões vitais para pôr fim a essa instabilidade no judiciário laboral. Por vezes, me inclino a pensar que o governo, por intemédio de seus executivos, prefere uma justiça ruim, morosa, complexa, para que eles possam ganhar tempo para resolver suas agruras econômicas e sociais, da mesma forma que a iniciativa privada também o deseja. Assim não é mais possível conviver com deformações que debilitam o segmento empregador, cuja natureza de serviços permite uma série de senões nas iniciais, enquanto o segmento industrializado tem um modelo de trabalho, padronizado, que não deixa dúvidas quanto à hora extra, à diferença salarial, ao pagamento extrafolha, anotações de faltas, advertências e dispensa motivada e imotivada, além do que é impossível o operário trabalhar sem contrato. Assim mesmo, na capital do emprego, São Paulo, o percentual de queixas trabalhistas originários do setor primário é mínimo. Isso se deve também à organização de um departamento de RH, de uma assessoria jurídica e consultoria, o que é inacessível ao pequeno empregador.

Após sete décadas de existência, a CLT continua sendo objeto de calorosa discussão, a sua reforma está travada, artigos são emendados, esfacelados, tendo como arena a lenta reforma trabalhista em curso no Congresso Nacional. O principal obstáculo para sua conclusão, a princípio, é a divisão de forças que atuam nas propostas para compor seu texto, mas é o conjunto de senões que influenciam seu aperfeiçoamento e, por consequência, seu travamento, o que a estagnou. A ingerência dos juízes através da entidade classista Anamatra nos textos que tramitam no Congresso é vista como uma heresia jurídica, já que esses não deveriam opinar sobre a aprovação de textos de lei, modificações e alternativas ligadas ao processo do trabalho cuja matéria mais à frente terão que julgar; estaríamos assim diante de uma decisão antecipada da questão.

Estamos à frente de um fenômeno protagonizando um quadro débil da construção da moderna diretriz no campo do trabalho, isso porque seu texto celetista vem, gradativamente e numa constante, sofrendo enxertos com a introdução de novas regras, normas e alterações de seus artigos. O próprio governo do presidente Luiz Inácio Lula da Silva, eleito com voto popular e do trabalhador, mesmo sendo oriundo da vida sindical não conseguiu superar a enorme barreira política para elaborar a nova Carta do Trabalho.

O resultado é que hoje a reforma é um amontoado de códigos, pareceres e emendas, elaborados, via governo, pelo Grupo de Trabalho para Consolidação das Leis, denominado, "Nova CLT" (Consolidação das Leis Trabalhistas), que embasa o Projeto de Lei nº 1987/07 de autoria do deputado federal Cândido Vaccarezza. O projeto revoga e substitui os artigos 1º ao 642º da CLT e ainda afirma que pretende revogar leis extravagantes e obsoletas.

Dessa forma, a comemorar apenas o poder de resistir da carta celetista, pelo fato de que, vilipendiada, desestruturada, desfigurada e torpedeada, e com tantos outros adjetivos com sufixo "ada", a JT sobreviveu aos vilões atores. É verdadeiro que esses vão passando e a instituição permanece, mediante a sua vocação de justiça mediadora, de perfil democrático, ávida para os trabalhadores. De toda forma, o elemento químico do mal vai sendo decantado de seu conteúdo social, retomando seu processo de reativação, sempre renovado com os novos artífices da paz e da cordialidade, que vão somando ao lado de tantos outros que trabalharam nesse sentido; esse é o antídoto. A maior homenagem que a sociedade pode prestar à Justiça do Trabalho é o reconhecimento perene desse fenômeno social, que permanece vivo e a seu serviço. A humanista Madre Tereza de Calcutá, em sua peregrinação pelos humildes, ensina: *A nossa missão não é julgar o que é justo ou injusto: é apenas ajudar*. Assim, essa justiça que nasceu para mediar as relações de trabalho, acusada de ter conotação ideológica, veio, pura, humanista, conciliadora, simplesmente para garantir ao trabalhador a sua maisvalia, inspiração social e histórica que se eternizará por gerações.

UMA FALSA ESTRUTURA

Devemos observar que desde o início do governo Lula, em 2002, o Ministério do Trabalho já teve quatro ministros na sua titularidade, e todos, sem exceção, enfrentaram forte oposição dos sindicatos patronais e dos trabalhadores, e provavelmente hoje outros mais passaram pelo ministério. O Ministério do Trabalho e os sindicatos reclamam da falta de eficiência das delegacias regionais do trabalho (DRTS). O primeiro, pela avalanche de autos de infrações formato menos pedagógico e mais punitivo, de onde se conclui, pelos valores das multas, ser melhor transgredir a regra que mantê-la; e o segundo, pela fragilidade da estrutura fiscal e também pela sua ausência na maioria do território brasileiro; segundo estimativas da Fundação Getúlio Vargas (FGV), o quadro atual de 3 mil auditores fiscais precisaria ser de 12 mil.

Mas a questão cerne desse judiciário teve seu capítulo no limiar do governo do presidente Fernando Henrique Cardoso, em 2001, quando foi capitaneada pela flexibilização dos direitos do trabalhador, com a proposta de alteração do artigo 618 da CLT, que acabou levando o Congresso a uma batalha de interesses, culminando pela pressão das centrais sindicais de trabalhadores, com a retirada do texto, à alteração pretendida, na véspera de ser aprovada pela Comissão de Constituição e Justiça (CCJ) do Senado federal.

Convém assinalar que hoje existem no universo físico da reforma trabalhista os seguintes grupos de atuação: sindicatos patronais e de empregados, técnicos do governo federal, Fórum Nacional do Trabalho, Fórum Nacional Sindical, Conselho Nacional de Justiça, Conselho Nacional do Trabalho e dois organismos estrangeiros, que são oficiosamente os representantes do capital internacional, o Fundo Monetário Internacional (FMI) e o Banco Interamericano de Desenvolvimento (BIRD), sendo que os mais comprometidos são as confederações da Indústria e do Comércio e as centrais sindicais: CUT, Força Sindical, Confederação Geral dos Trabalhadores (CGT) e a Social Democracia Sindical (SDS), além de novas e recém-fundadas agremiações.

Já os organismos externos (e isso precisa ficar bem claro para o leitor) representam, para o governo federal, politicamente, os interesses de investimentos no território brasileiro dos grupos internacionais, que se incumbem de arrefecer os impactos da reforma, nos denominados, "efeitos de fronteira", "estratégias das empresas transnacionais e globalização dos procedimentos de produção", (...) conforme assinalou Antoine Jeammaud em seu texto *Direito do Trabalho em transformação* (...).[4]

NA CONTRAMÃO DAS MUDANÇAS

O genoma (essência) do trabalhismo brasileiro, submetido a contínuas alterações nas razões de origem, entrou em fase de decomposição e ganhou contornos elitistas, tamanhas as injunções praticadas pelos atores internos do judiciário trabalhista (leiam-se juízes e serventuários), que transformaram a Justiça do Trabalho num pandemônio jurídico. São os responsáveis por essa violência serventuários, magistrados, cuja subsistência é extraída dos conflitos desse jurisdicionado. Registramos muitas e contínuas práticas antidemocráticas no trato das questões trabalhistas ajuizadas na JT. A marca dessa anomalia é detectada nos processos julgados, nas relações serventuário/partes litigantes, juiz/advogado, por conta de inaceitáveis faltas de cordialidade com a sociedade. Incapaz materialmente em atender à demanda de ações, que acumula 22 milhões de causas, esse segmento especializado oferece alternativas tão somente para solucionar questões de ordem de seu quadro de pessoal, tudo para atender o corporativismo e manter a reserva de mercado.

O reflexo dessa disforme linha ideológica é a existência permanente de barreiras, enfrentadas pelos legisladores para a implantação do Juizado Especial Trabalhista e das varas centralizadas de Execução.

---

[4] Título da obra: *Trabalho e cidadania & magistratura*; autores: Antoine Jeammaud, Joaquim Leonel de Rezende Alvim e Roberto Fragale Filho. Edições Trabalhistas.

Além desse senão, na contramão da modernidade, acresce a rejeição ao pressuposto legal da necessidade de a demanda trabalhista ser submetida às comissões de conciliação prévia (CCP) (lei nº 9.958/2000), e à rejeição da arbitragem de bens disponíveis, com foco na lei 9.307/96, cujas alternativas primeiras servem para desobstruir a pauta das varas trabalhistas e enxugar as questões menores da relação de trabalho (com exceção das de natureza previdenciária e das de bens indisponíveis), ambas, com toda vênia, sem o menor risco de prejuízo material ao trabalhador, desde que este seja assistido por advogado.

Convém lembrar que um grupo seleto de legisladores, com participação do executivo estatal e de entidades sindicais, trabalha na elaboração de um Simples Trabalhista no Brasil, a exemplo da Lei Complementar 123,[5] que instituiu o Estatuto Nacional da Microempresa e da Empresa de Pequeno Porte, estabelecendo normas gerais relativas ao tratamento diferenciado e favorecido a essas empresas.

O SIMPLES TRABALHISTA

Uma das razões para aprovação do Simples Trabalhista é a carga tributária sobre a folha de salários, que varia entre 34,3% e 39,8%, onerando por demais as empresas. Tendo em vista a tributação excessiva, de acordo com o relatório a folha de pagamento fica onerada consequentemente, causando impacto negativo à economia brasileira. Entre outros motivos, acaba agravando as condições de competitividade das empresas nacionais,

---

[5] A Lei Complementar nº 123, de 14 de dezembro de 2006, instituiu, a partir de 1/7/2007, o Estatuto Nacional das Microempresas e da Empresa de Pequeno Porte, também conhecido como Simples Nacional ou Super Simples. O Super Simples (art. 1º) estabelece normas gerais relativas ao tratamento tributário diferenciado e favorecido a ser dispensado às microempresas e empresas de pequeno porte no âmbito da União, dos estados, do Distrito Federal e dos municípios, mediante (art. 12º) regime especial unificado de arrecadação de tributos e contribuições, inclusive (art. 25º) das obrigações acessórias.

levando à informalidade, por consequência à baixa cobertura da previdência social. Em suma: perdem o empregador, o trabalhador e o governo. Para os defensores do projeto, os dois (Reforma Tributária e Desoneração da Folha de Salários), simultaneamente, irão contribuir para desonerar 8,5% da folha de salários das empresas. Caminham lado a lado no Congresso a PEC 233/08 e a PEC 242/08; a segunda cria uma contribuição sobre a movimentação financeira para substituir o INSS recolhido pelas empresas sobre a folha de pagamentos e para desonerar o trabalho assalariado através do aumento da isenção do IRPF para R$ 30 mil.

O fato é que, em 2011, a reforma tributária, que também influencia as relações de trabalho, volta à discussão no Congresso, e pode ter como referência a PEC 233/08, projeto que objetivava centralizar a tributação sobre consumo em um imposto único sobre valor agregado, derivado da proposta Mussa Demes de 1999, que nunca foi apreciado no plenário da Câmara dos Deputados.

Não existe a menor dúvida de que não é aceitável discutir os derivados das relações de trabalho (taxação, impostos e obrigações sociais) sem que esse apêndice fique atrelado às controvérsias do contrato laboral quando submetidas à JT, onde ocorrem as maiores injunções. Nesse sentido, em que pese ser do segmento, patronal a (...) "Fecomércio sustenta ainda que um Simples Trabalhista só seria completo se, a partir da desoneração da folha de salários, houvesse a flexibilização das relações trabalhistas". Para a entidade (...) "a realidade mostra que a maioria esmagadora dos deveres e direitos decorrentes das relações de trabalho continua prevista em leis que não traduzem a realidade das partes envolvidas, levando as empresas à informalidade que, certamente, diminuiria com a flexibilização".

TEXTO LEGISLATIVO PRECONIZA A FLEXIBILIZAÇÃO

A palavra de ordem no meio empresarial é a flexibilização. Nessa discussão dois polos se antagonizam, empregadores e empregados, numa queda de braço que se arrasta há anos e sempre esbarrando na resistência dos sindicatos e centrais sindicais que são contrárias a ela. Nesse sentido, tramitam no Congresso Nacional diversos projetos de lei que prejudicam a classe trabalhadora. Entre eles está o PL 951/2011, chamado de Simples Trabalhista. Na prática, o projeto de lei é uma precarizante na reforma trabalhista que subdivide os trabalhadores de pequenas e microempresas em trabalhadores de segunda ordem. Aos olhos da Confederação Nacional dos Trabalhadores, um projeto como esse deve ser rejeitado em todas as instâncias em que ainda deve tramitar e merece atenção de todo o movimento sindical mobilizado e empenhado contra ele.

Para eles, o Simples Trabalhista cria uma negociação coletiva específica sobrepondo-se a qualquer outra convenção; beneficia os empregadores po intermédio de recursos protelatórios em ações trabalhistas; inviabiliza a atuação da Justiça do Trabalho, permitindo a adoção da arbitragem; possibilita a contratação por prazo determinado em qualquer circunstância; reduz a alíquota do FGTS de 8% para 2%, diminuindo o valor a ser recebido na rescisão trabalhista; fixa um regime especial do piso salarial inferior dos contidos nas CCTs; institui o banco de horas; estabelece um PLR precarizado, e autoriza o trabalho aos domingos e feriados sem permissão prévia. Além disso, o projeto ainda fixa horário de trabalho durante o aviso prévio, parcela o 13º em até seis vezes e fraciona o período de férias em pelo menos três períodos.

Como complicador, na esteira dos argumentos dos representantes dos trabalhadores esses motivos alinhados já seriam suficientes para rejeitar o projeto. A emenda do deputado Guilherme Campos nos coloca ainda mais em estado de alerta, pois estende a regra para todos os trabalhadores das empresas de médio e grande porte, realizando uma enorme reforma trabalhista, derrubando cláusulas pétreas de nossa Constituição e invalidando conquistas importantes da nossa Consolidação das Leis Trabalhistas, que em 2013 comemorou 70 anos de vigência. Se por um lado a argumentação patronal é de que a flexibilização de direitos pode gerar empregos, por outro, as Confederações de Trabalhadores

(CUT e Força Sindical) reiteram que não há estudos que comprovem a ligação direta da flexibilização de direitos com o aumento de postos de trabalho. Pelo contrário, argumenta que a crescente formalização dos empregos e a valorização do salário-mínimo foram políticas adotadas pelo Brasil que se tornaram primordiais na manutenção da economia durante a crise mundial de 2008.

Entendo (compartilhado com outros articulistas laboristas) que é possível tornar o Direito do Trabalho flexível, incorporando novos mecanismos de pacificação de conflitos, capazes de compatibilizá-lo com as mudanças decorrentes de fatores de ordem econômica, tecnológica ou de natureza diversa, que exijam soluções e ajustes imediatos, permitindo a adequação da norma jurídica segundo a realidade do contexto social e das relações trabalhistas da atualidade. No entanto, não é aceitável extinguir direitos trabalhistas conquistados por décadas. Além disso, é preciso combater as práticas nocivas às relações de trabalho existentes no judiciário trabalhista, que são posicionamentos absurdos, fruto de uma ideologia incompatível com a ordem jurídica celetista, que agride os mais elementares conceitos do Direito, cujas decisões são anuladas por intermédio de recursos em grau superior. Não se trata da aplicação da lei, e sim da sua deformação, *bona est lex si quis ea legitime utatur*, e, nesse caso, dificilmente caberia recurso. Alterado o genoma da doutrina trabalhista (que é a sua essência), é a prova mais desleal e descabida de condução de uma demanda tutelada, desfigurada, e por fim decreta a falência da proteção estatal ao trabalho.

AUSÊNCIA DE CORDIALIDADE E HUMILDADE

No dia a dia na Especializada, as partes são submetidas às mais variadas formas inadequadas de relação: o serventuário não interage, juízes não permitem qualquer tipo de aproximação, e aquele que insiste corre o risco de ser hostilizado, o que se não é irônico é uma heresia, já que o comportamento hostil é inerente à maioria, que só trabalha nas terças, quartas e quintas-feiras. Não obstante, lembramos a previsão legal no Decreto Federal nº 1.171/94, que cuida da Ética do Servidor Público: IX – "A cortesia, a boa vontade, o cuidado e o tempo dedicados ao serviço público caracterizam o esforço pela disciplina. Tratar mal uma pessoa que paga seus tributos direta ou indiretamente significa causar-lhe dano moral. Da mesma forma, causar dano a qualquer bem pertencente ao patrimônio público, deteriorando-o, por descuido ou má vontade, não constitui apenas uma ofensa ao equipamento e às instalações ou ao Estado, mas a todos os homens de boa vontade que dedicaram sua inteligência, seu tempo, suas esperanças e seus esforços para construí-los."

Mas quem liga para isso, quantos servidores públicos já foram punidos por infringir o código? E os juízes, que são banidos por delinquência profissional e se aposentam com os mesmos vencimentos da ativa?

As relações da magistratura trabalhista com as partes são reguladas no vetusto e desatualizado Código de Ética da Magistratura, que prevê em seu Capitulo VII, "Cortesia", art. 22: "O magistrado tem o dever de cortesia para com os colegas, os membros do Ministério Público, os advogados, os servidores, as partes, as testemunhas e todos quantos se relacionem com a administração da Justiça." Parágrafo único: "Impõe-se ao magistrado a utilização de linguagem escorreita, polida, respeitosa e compreensível." Embora não exista matéria que verse sobre seu comportamento com a sociedade, existe o bom-senso, substantivo nada singular para a maioria deles.

Já a Lei Complementar nº 35/79 – Loman, dispõe sobre as sanções disciplinares, no seu art. 49, capítulo III – Da Responsabilidade Civil do Magistrado: "Art. 49 – Responderá por perdas e danos o magistrado, quando: I – no exercício de suas funções, proceder com dolo ou fraude; Il – recusar, omitir ou retardar, sem justo motivo, providência que deva ordenar o ofício, ou a requerimento das partes." Portanto está claro que os instrumentos de manejo existem, é nesse sentido que as OABs têm procurado atuar em todo o Brasil.

CAPÍTULO II

A CADA ANO MAIS AÇÕES

O processo de globalização exige maior competitividade entre as empresas. Por sua vez, também na relação Estado e sociedade. Isso significa que necessitamos não só de uma reforma trabalhista, mas de uma reforma nos quadros da administração da Justiça do Trabalho, e mais a reciclagem desses profissionais para adequá-los à modernidade do serviço público. Os conflitos entre capital e trabalho não encontram mais soluções pela tutela estatal. Não bastando o ambiente medieval que se formou, voltamos a repetir, somam-se os gravíssimos problemas de informática, constantes mutações decisórias e o total desrespeito hierárquico dos seus quadros, que se mostram a cada dia mais inadequados para a solução dos conflitos, o que se reflete nos resíduos (28% a cada ano/fonte CNJ) e em 60% de execuções engessadas.

Com a permissa vênia, um Judiciário que detém a tutela exclusiva dos conflitos das relações de trabalho se obriga a entregar incontinente a prestação jurídica para o trabalhador que bateu a sua porta, atraído pela garantia da solução da lesão contratual. Essa entrega não é apenas um diploma cartorial denominado "sentença", é o ressarcimento das suas mais-valia, um serviço prestado que não tem devolução. Na sua origem a JT dispensava ao trabalhador a assistência de três representantes: Estado-juiz, sindicatos e Ministério Público do Trabalho (MPT). O segundo foi dispensado, em seu lugar foram criadas as Comissões de Conciliação (composição entre representantes dos empregados e empregadores para homologação de rescisões contratuais), infelizmente renegadas pela magistratura trabalhista.

No dia 13 de abril de 2009, foi assinado, por integrantes da Ordem dos Advogados do Brasil e pelo secretário da Reforma do Judiciário do Ministério da Justiça, o 2º Pacto Republicano de Estado por um Sistema de Justiça, mais acessível, ágil e efetivo, subscrito pelos chefes dos Três Poderes – Executivo, Legislativo e Judiciário.

Naquela oportunidade foram tratadas questões pontuais, a exemplo da criminalização ao desrespeito às prerrogativas do advogado, as férias forenses, a compensação de honorários e a xenofobia ao Quinto Constitucional, cuja orquestração para extingui-lo, ao que parece, acabou no vazio. Passado o tempo, as notícias não são alvissareiras, as prerrogativas dos advogados estão longe de serem respeitadas; para mostrar sua indignação, a OAB lançou o movimento "Caravana das Prerrogativas", percorrendo todos os estados da nação, com o objetivo de apoiar a luta das seccionais com essa questão crucial para a sociedade. Sabendo que o respeito às prerrogativas e o amplo acesso ao Poder Judiciário não seriam alcançados, as próprias seccionais montaram uma permanente vigília às denúncias de violação e prerrogativas do advogado, a exemplo da caravana permanente da OAB do Rio Grande do Sul, cujo presidente, Cláudio Lamacchia, fez questão de ficar à frente.

OS CONFLITOS SÃO GERADOS NO NEGÓCIO

Os conflitos trabalhistas são os que figuram na lista das situações difíceis enfrentadas pelos brasileiros, segundo pesquisa realizada em 2010 pelo (Instituto Brasileiro de Geografia e Estatística (IBGE) em convênio com o Conselho Nacional de Justiça (CNJ). A pesquisa indica que os conflitos mais graves enfrentados pelas pessoas com idade acima de 18 anos envolvem a área trabalhista para 23,3% dos brasileiros, seguida pela área de família, citada por 22% da população. Na faixa da população com 50 anos ou mais, os embates na área trabalhista tiveram o maior percentual (21,2%), seguido pelos conflitos que envolvem benefícios do INSS, citados por 19% dos brasileiros.

É claro que no Direito do Trabalho prevalece o princípio da proteção ao trabalhador, do qual decorrem vários outros, tais como a indisponibilidade e a irrenunciabilidade de direitos fundamentais. Após o rompimento do contrato de trabalho, a lei procura resguardar os direitos trabalhistas, condicionando, por exemplo, a validade da quitação das chamadas verbas rescisórias à assistência do trabalhador pelos sindicatos, pelo Ministério do Trabalho (homologações), Ministério público, defensor público ou juiz de paz, conforme estabelecem os parágrafos do art. 477 da CLT.

Os problemas com o empregador, segundo pesquisa realizada pelo Instituto de Pesquisa Aplicada (IPEA), são a segunda causa de reclamações na Justiça. E 15,43% das pessoas afirmaram ter recorrido a ela por reclamações trabalhistas. Pela ordem, eis as razões para as pessoas terem procurado a Justiça: 1. Questões familiares (24,8%); 2. Reclamações trabalhistas (15,43%); 3. Problemas com a vizinhança (11,71%); 4. Crime e violência (10,74%); 5. Previdência, assistência social ou direitos sociais (8,57%); 6. Empresas com as quais fizeram negócio (8,11%); 7. Pessoas com as quais fizeram negócio (6,46%); 8. Trânsito (6,17%); 9. Imóvel ou terra (2,91%); 10. Cobrança de impostos ou outros conflitos com o fisco (2,51%). O IPEA divulgou há pouco tempo o primeiro estudo da série com o tema "mercado de trabalho", que marca o Dia do Trabalhador (1º de maio). O comunicado do nº 88: "Características da formalização do mercado de trabalho brasileiro entre 2001 e 2009", analisou o processo de formalização ocorrido na última década com base em informações da Pesquisa Nacional por Amostra de Domicílios (PNAD/IBGE). Nos dois primeiros, houve uma diferença preocupante, pois a solução do conflito na JT leva o triplo do tempo, embora os dois tratem de verba alimentar.

O desajuste das relações de trabalho ocorre mais por provocação do empregador, e as rescisões são realizadas quase sempre em clima de antagonismo. Percebe-se que o empregado sempre está perdendo ou deixando de ganhar, e é por isso que eles recorrem à Justiça. Surgem nesse capítulo as mais estapafúrdias e inusitadas formas de demissão: as que levam à demissão combinada, para que o empregado se beneficie do seguro-desemprego; aquelas em que o valor do pagamento da homologação é devolvido ao empregador. Nesse episódio todos são culpados, o que propõe e o que aceita, e nessa hora não tem essa de hipossuficiente, pois maior capaz tira carteira de motorista e tem discernimento para abrir crediário.

Temos ainda as tentativas de homologação nas CCPs, que não é obrigatória, e a homologação no sindicato da categoria. Nas instruções em juízo, é comum encontrar composição de testemunhas que nas audiências protagonizam cenas inusitadas, a maioria pilotada por juízes que, involuntariamente e por extrema compaixão com o hipossuficiente, permitem práticas que empobrecem o resultado da ação, a exemplo do que ocorre nas partidas de futebol, quando o árbitro é o protagonista do resultado. Não são poucos os casos em que testemunhas negociam propostas prometendo uma participação dentro do resultado da causa, da mesma forma que empregadores prometem a garantia do emprego às testemunhas que aceitarem defender a empresa.

CAPÍTULO III

OS 70 ANOS DA CLT

Não é fácil explicar aqui as razões que permeiam o formato da Justiça do Trabalho, seja como estrutura administrativa, seja pelo seu conteúdo de leis. Não pela ausência de argumentos, mas pelo volume de erros e acertos; os primeiros, em razão da atuação bisonha de seus atores internos, como já foi abordado, impregnados de corporativismo e de total falta de sensibilidade à causa social num todo. Posso assegurar ao leitor que sua espinha dorsal é inabalável, eis que ela se finca em seu âmago, que é a pacificação, mediação e proteção ao hipossuficiente.

Dono de extrema maestria na escrita, conforme narra em seu livro *O estrangeiro*, o escritor e filósofo Albert Camus[6] nos coloca em litígio com a própria consciência jurídica, frente à morosidade, engessamento e insolência de um Judiciário trabalhista, que insiste em colocar o seu principal ator, o trabalhador, em segundo plano. Em 1940, com *O estrangeiro* já redigido, Camus escreveu: *Não sou daqui, mas também não sou do outro lado. E o mundo não é senão uma paisagem desconhecida, onde o coração já não tem apoio.* E o escritor pergun-

---

[6] Albert Camus – (AFI [alb – kamy]. Mondovi, 7 de novembro de 1913, Villeblevin, 4 de janeiro de 1960). Foi um escritor, romancista, ensaísta, dramaturgo e filósofo francês nascido na Argélia. Foi também jornalista militante engajado na Resistência Francesa e nas discussões morais do pós-guerra. Na sua terra natal, viveu sob o signo da guerra, fome e miséria, elementos que, aliados ao sol, formam alguns dos pilares que orientaram o desenvolvimento do pensamento do escritor.

ta: *Estrangeiro, quem pode saber o que esse nome significa?*, e desabafa: *"Estrangeiro – confessar a mim mesmo que tudo me é estrangeiro"* (HOLANDA, 1992, p. 78).

É do autor a frase: *Se o homem falhar em conciliar a justiça e a liberdade, então falha em tudo.* Essa é uma questão central da nossa justiça, a de saber por que não existem mecanismos de conciliação prejudiciais no judiciário brasileiro. Que Justiça é essa que banaliza o mais respeitado dos institutos do direito do universo, que é o da pacificação pela via alternativa da conciliação e da vontade das partes? Por que os membros do judiciário trabalhista combatem esses mecanismos alternativos de resolução de conflitos?

Todos os indicadores de desenvolvimento apontam o sistema judiciário brasileiro como um dos seus maiores entraves, estando ao lado das altas taxas de impostos como o vilão, que evita a melhoria do ambiente de negócios no Brasil. A reforma laboral, antes de tudo, sem sacrificar direitos dos trabalhadores, precisa ter uma assepsia jurídica. É primordial para a junção das relações econômicas, comerciais e financeiras do país que o Direito Laboral se ajuste à nova realidade global. A morosidade da Justiça brasileira vem sendo constantemente citada nas reuniões de cúpula de negócios no exterior. É inaceitável que questões medíocres do ponto de vista jurídico esbarrem em conceituações de cunho colonial, através das decisões prolatas em ações trabalhistas, que se transformam em autênticos pergaminhos.

Se o óbvio não pode ser contrariado, é necessário que seja superado, dando prioridade à oxigenação do processo, até porque é perceptível, diante das altas taxas de congestionamento, que o problema é de injunção e de má aplicação do Direito em sede de juízo do trabalho. E mais, ressalte-se que a alta litigiosidade não significa acesso amplo à Justiça, mas o fato de poucas pessoas ou instituições utilizarem demais o Poder Judiciário. Isso ocorre porque a maior parte da população está afastada dos mecanismos formais de resolução de conflito.

De acordo com pesquisa do Banco Mundial, divulgada em julho de 2003 (Report 26261-BR), 70% dos processos em tramitação no país simplesmente desaparecem, uma parte devido a acordos extrajudiciais ou ao pagamento. A maior parcela porque o credor não encontra bens e desiste; 48% dos processos não vão além do pedido inicial, porque o credor não dá continuidade (acordo extrajudicial ou desistência por falta de possibilidade de o devedor efetuar o pagamento) ou porque a Justiça não encontra o devedor para a citação; 41% dos processos com continuidade não conseguem penhorar os bens, em geral por dificuldade em encontrá-los; 57% dos processos com penhora efetivada foram embargados. Em suma, o problema dos processos de execução não é só a morosidade, mas também a sua não conclusão.

Quando se desrespeita o advogado, é o desrespeito ao jurisdicionado que aquele representa, conforme a própria etimologia da palavra, do latim *advocatu*, de *ad*, para junto, e *vocatus*, chamado, invocado, ou seja, aquele que é chamado para ajudar. E quando o judiciário desrespeita o jurisdicionado, desrespeita a sua própria razão de ser; *a justiça é para a sociedade e não vice-versa*. Não podemos esquecer que o ente existe (em tese) para garantir o equilíbrio social. Se não funciona, ou funciona defeituosamente, deixa de cumprir sua finalidade.

A advocacia, como se depreende do cotejo entre os artigos 133 da Constituição e 2º, §1º da lei 8.906/94 (Estatuto da Advocacia), é uma função essencial à Justiça em cujo ministério privado se presta serviço público e se exerce função social. A definição já basta para mostrar a relevância da atividade que, além disso, se encontra em paridade em relação às carreiras do Ministério Público e da magistratura (art. 6º, lei 8.906). Quaisquer violações às prerrogativas de advogado são, portanto, não apenas ilegais, como ferem frontalmente a Carta Magna.

Definitivamente, a cada limiar de mais um ano jurídico continuamos diante dos mesmos desafios que enfrenta o jurisdicionado brasileiro, em particular a Justiça do Trabalho. Até este momento, encontra-se em curso no Congresso a reforma trabalhista, que tem como seu principal artífice o Fórum Nacional do Trabalho, formado por 72 representantes de trabalhadores, empresários e governo, onde concentram a maioria das propostas do texto da reforma das leis trabalhistas, que afetam um universo de 57 milhões de pessoas ativas. Congelado há vinte anos, o documento social que regula as relações do capital/trabalho desse universo de brasileiros, *data maxima venia*, não tem o devido trato que merece, é um texto recheado de intempéries, de uma série de injunções descabidas, protagonizadas por legisladores despreparados e juízes trabalhistas, que por segurança jurídica deveriam se abster na questão.

O processo de canibalização trabalhista no Brasil tornou-se mais denso no governo Fernando Henrique Cardoso, pois foram oito anos de atrocidades, com demissões programadas no setor público e sua posterior terceirização, fazendo com que tal administração fosse "recordista mundial na desregulamentação do trabalho" – segundo relatórios da OIT. A base da regulação foi atingida: contrato, jornada e salário. A contratação, antes por tempo indeterminado, foi sabotada por vários tipos precários de contrato; a jornada, antes fixa, tornou-se flexível com o banco de horas; extinguiu-se a representação paritária sem oferecer um suporte para a conciliação no âmbito da JT; e a remuneração, antes amparada por políticas salariais, foi abandonada ao jogo de mercado e virou variável, através da Participação nos Resultados (PLR). Em suma, a JT quase ia desaparecendo do cenário nacional. Hoje, apesar de sua manutenção e reforçada com a ampliação da sua competência (EC nº 45/2004), verteu um novo fenômeno, fora das linhas inimigas do governo federal a da própria magistratura do trabalho, tamanhos são os desmandos em decisões que sufocam e fulminam pequenas e microempresas, responsáveis por 56% do total da mão de obra formal existente no país.

Em 2002, com a posse do presidente Lula, o governo sinalizava que a reforma seria realizada ainda no seu primeiro mandato (2002/2006), no entanto, no último ano do segundo, ao que tudo indica, o novo texto ficou para a nova geração de políticos em Brasília, já que, dos que aí estão, a metade se afastou para concorrer ao cargo de governador e de senador em seus estados e outra metade para pavimentar a reeleição para a Câmara e o Senado. Tivemos, portanto, mais um ano ameno com relação ao texto. Existem alguns indícios, por análise das declarações do então ministro do Trabalho, Ricardo Berzoini, de que não houve interesse na aprovação de um novo texto laboral, principalmente porque o presidente tem o dever de Estado, na relação com a comunidade mundial, de levar as novas leis do trabalho para uma adequação moderna, nos moldes da globalização, o que foi um *replay* da frustrada tentativa de FHC em aprovar a reformulação do art. 618 da CLT, que flexibilizava a lei trabalhista.

Mas seus tentáculos estão entranhados na reforma e figuram nos anais do Fórum do Trabalho documentos que indicam a intenção do governo, ou seja a implementação por medida provisória da desoneração progressiva da contribuição patronal (faixa do Fundo de Garantia por Tempo de Serviço (FGTS), criando um sistema semelhante ao que já existe para o Simples das microempresas. A ideia é emoldurar a flexibilização e flexibilizar segundo o porte da empresa e reduzir o "custo indireto" do emprego, e por último a redução do fenômeno das horas extras, que quase sempre acabam em litígio trabalhista (80% das ações contêm este item), incentivando o seu pagamento para 29 milhões de trabalhadores (são 47 milhões formais) em folga, não em dinheiro. Por último, uma espécie de utopia jurídica, envolvendo a cultura dos juízes do trabalho, que é a de não aceitar a arbitragem quando não houver acordo nos dissídios, eis que as partes poderão nomear um árbitro público ou privado, que julgarão de acordo com a situação econômica das empresas.

A proposta de reduzir o FGTS foi fulminada, já que a presidente Dilma Rousseff vetou, no dia 25 de julho de 2013, integralmente o Projeto de Lei Complementar nº 200, que acabava com a multa adicional de 10% do Fundo FGTS pago pelas empresas nos casos de demissões sem justa causa. A decisão não teve absolutamente nenhum sentimento pela perda da fatia pelos trabalhadores, mas por conta da arrecadação, já que, se a proposta, fosse sancionada, retiraria R$ 3 bilhões anuais dos cofres da União. De acordo com a previsão dos técnicos do governo federal, a extinção da cobrança da contribuição social geraria um impacto superior a R$ 3 bilhões de reais por ano nas contas do FGTS.

Ao que tudo indica, não existe no horizonte da Justiça do Trabalho a uma visão de uma nova justiça, se no momento vivenciamos um formato ofuscado de ideias sobre as relações trabalhistas, ora inaplicáveis, tamanhos os exageros das propostas, principalmente dos juízes do trabalho e de legisladores capitaneados por grupos extremistas nos meios jurídico e sindical. Por outro lado, nada foi de fato realizado para fortalecer a JT como instituição na parte material, uma espécie de buraco negro entre crescer, modernizar ou reformar seus textos, que, *permissa venia*, no meu entender, seria melhor para o universo laboral o enxugamento da sua estrutura, que pode ser suprida adequando, dentro de princípios de legitimidade e garantias dos direitos do trabalho, novos mecanismos de solução de controvérsias. E o caminho natural seriam as composições por meio de processos extrajudiciais nas relações de trabalho, proposta que, sem a menor dúvida, instiga a reação dos magistrados trabalhistas que não aceitam o esvaziamento de suas atribuições, data vênia, malcumpridas, o que se reflete no tamanho do volume de ações sem solução e no congestionamento da Especializada. Ainda assim é necessária a reciclagem do comportamento da magistratura trabalhista pela Ematra quanto à aplicação de interpretações do texto atual, em que vertem as maiores injunções, que provocam crítica da comunidade jurídica e têm a reprovação da sociedade. Em suma, o Tribunal do Trabalho foi criado sob a égide da mais fraterna relação entre trabalhadores e patrão, e hoje se vê em posição antagônica.

LENTIDÃO E COMPLEXIDADE

Enquanto outros segmentos do judiciário vão se adequando à modernidade, a exemplo do Supremo Tribunal Federal (STF) com a resolução 417/2009, estipulando que, a partir de 31 de janeiro de 2010, algumas classes de recurso (a exemplo: Ação Direta de Inconstitucionalidade – Adim) e ações no Supremo Tribunal Federal serão processadas unicamente por meio eletrônico, o judiciário ainda navega em águas turvas, sem perspectiva e sinalizador de que suas agruras serão superadas e seus meios funcionais adequados à modernidade, seja material, ou de pessoal. Ocorre que seu maquinário de informática ainda é desatualizado três gerações e a sustentação do sistema on-line na maioria dos tribunais funciona precariamente (é comum acessar sites dos TRTs e estes estarem fora do ar), além de picos e apagões que acabam retardando o serviço de processamento de dados das varas e gabinetes.

O fato é que convivemos, no momento, com sistemática regressão do trabalho, e esse sinalizador está publicado no site advogadosdobrasil.com,[7] que debate com internautas da advocacia os temas jurídicos e as mazelas do nosso judiciário. Diz o texto (...): "Países capitalistas desenvolvidos, onde impera o chamado Estado de Bem-Estar Social, a avalanche neoliberal causa estragos. Os EUA, por exemplo, são hoje a pátria da desregulamentação. O trabalhador não tem qualquer garantia e vegeta numa situação de tensa instabilidade, tão bem descrita no livro *A corrosão do caráter*, de Richard Sennett. Já na Europa, território do *Welfare State*, também cresceu a investida para golpear os direitos. Surgiu o que o sociólogo inglês Huw Beynon batiza de trabalhador hifenizado: parcial, temporário, por conta própria (...)." Sem dúvida, por todo o país existem manifestações de descontentamento com o funcionamento da Justiça Laboral. Pergunta-se, por que então não achar a solução? Mas essa não é a questão, eis que dificilmente esse Judiciário sofrerá mudanças se a proposta partir dos seus próprios integrantes.

Vejamos uma dessas agruras, de acordo com matéria veiculada no Jornal *Bom Dia* da cidade de São José do Rio Preto (SP): A Ordem dos Advogados do Brasil (OAB), através da sua subseção, presidida por Rogério Bianchin, acolheu a denúncia de advogados (...) foi até a VT

---

[7] www.advogadosdobrasil.com. É composto de 24 mil jovens advogados do estado do Rio Grande do Sul. O grupo teve início com profissionais da capital, Porto Alegre, e logo se estendeu por todo o estado e também pelo país.

e tentou acessar seus processos, mas não foi atendido. Diante disso, formulou uma reclamação à diretora do Fórum, juíza Rita de Cássia Penkal Bernardino de Souza. De acordo com o presidente da OAB, a reposta que recebeu foi que o atendimento estava cumprindo as determinações contidas na Consolidação das Normas da Corregedoria do TRT. Diante da resposta, a OAB recorreu ao CNJ.

Ao analisar o processo, o CNJ disse que a vara trabalhista desrespeitava o artigo 7º da Lei 8.906/1994 do Estatuto da Advocacia e da Ordem dos Advogados do Brasil. O artigo dispõe que os advogados sejam atendidos dentro do expediente ou fora dele "desde que se ache presente servidor ou empregado". A decisão do CNJ vale para toda a jurisdição da 15ª Região, que inclui as regiões de Bauru, Jundiaí, Sorocaba, Presidente Prudente, Campinas, Franca, Assis, Santa Fé do Sul, Araraquara, entre outras, mas com certeza poderá ser estendida a todos os tribunais.

No dia 31 de julho de 2002, o presidente em exercício do TST, ministro Vantuil Abdala (acabou sendo presidente em 2004), participou no STF da reunião com a cúpula dos tribunais superiores para discutir os novos cortes orçamentários anunciados pelo governo sobre o Poder Judiciário. O ministro justificou que a Justiça do Trabalho é o "segmento que detém o orçamento mais apertado do judiciário (R$ 355 milhões, percentual de 0,66%), mesmo estando voltada para o atendimento de 2,5 milhões de conflitos que, anualmente ingressam nela na forma de ações trabalhistas". Justificou o ministro que um ano antes, a JT "arrecadou quase R$ 800 milhões, sendo R$ 700 milhões em contribuições para Previdência Social e cerca de R$ 100 milhões em custas processuais". Já em meio a sua gestão no TST, veio a EC 45/2004, ampliando a competência das especializadas, e os números da arrecadação fiscal dispararam.

Naquele ano, mais uma vez, o TST implementou o programa Meta 2 do CNJ, que consiste em julgar ou dar andamento a todos os processos que tramitam na 1ª e 2ª instâncias da justiça comum e juizados especiais, cuja distribuição tenha sido feita até 31 de dezembro de

2005. Ocorre que, na Especializada, por ser esta essencialmente conciliadora, os acordos deveriam ser promovidos com afinco pelos magistrados, durante todo o ano, isso sem forçar a execução, com medidas truculentas de Direito, violando a conta-corrente de ex-sócios, em cujo período do labor do reclamante este não estava mais nos quadros da empresa, e por aí vai, isto é, uma série de injunções para "aterrorizar o executado", e com isso encerrar a ação.

Só que esse tipo de prática, quando o devedor é bem assistido, esbarra numa série de contrariedades, e os recursos utilizados, mesmo que sejam de difícil aceitação nessa máquina corporativista da JT, vai demorar longos anos em tramitação, daí que reafirmo que, se existe esse iceberg de ações, um dos fatores é esse tipo de injunção. Em suma, o trabalhador que se cuide, pois briga contra forças imaginárias, detectadas a partir de ação explícita, articulada e coordenada pelos organismos mundiais do capital, como o FMI, a OMC e o Banco Mundial. Por outro lado, o economista José Pastore, de linha liberal, nos prova, em estudo recente, que a flexibilização trabalhista é cláusula obrigatória nos acordos do FMI, porque "não se torna pública, mas é imposta nos bastidores das negociações".

REFORMA CAMINHA A PASSOS LENTOS

Enquanto a reforma trabalhista, em curso no Congresso, vai sofrendo uma série de enxertos e o governo incentiva a criação de dispositivos que flexibilizem as relações de trabalho, o TST, o segundo grau (TRTs) e o primeiro grau (VTs) da Justiça Laboral derramam uma sequência de decisões inovadoras, viciadas e torpes, todas no sentido de pressionar ainda mais os empregadores. O resultado dessa anomalia congênita é o mais agudo e epidêmico meio de enganar a sociedade de que tudo está fluindo maravilhosamente bem, já que, em termos reais, o encalhe de ações é de 60%. Recentemente a JT realizou a "Semana de Execução Trabalhista", um projeto do CNJ, via TST, em resposta às críticas desferidas pelos meios de comunicações à morosidade da Especializada. Mas o fez para um quadro de julgadores que passa anos e anos sem interesse em persuadir as partes com a solução amigável do conflito, pela conciliação, desprezando inclusive a norma celetista. Determina o art. 764 – "Os dissídios individuais ou coletivos submetidos à apreciação da Justiça do Trabalho serão sempre sujeitos à Conciliação", em atenção ao seu parágrafo 3º – "É lícito às partes celebrar acordo que ponha termo ao processo, ainda mesmo depois de encerrado o juízo conciliatório" assim, *data venia*, convenhamos, a semana da execução é reflexo contundente da sua fragilidade.

Há pouco, o TST divulgou dados sobre os maiores devedores no Judiciário trabalhista: empresas falidas (ou pessoas ligadas a elas) e estatais. A fonte de informação é a Certidão Negativa de Débitos Trabalhistas – CNDT, criada como forma de pressionar empresas devedoras; todavia já se avalia que pouco contribuirá para a redução dos problemas de pagamento de execuções. De acordo com o instrumento, este abrange apenas 0,01% do total de 1,110 milhão de devedores condenados pela Justiça Trabalhista. São ao todo 1,7 milhão de processos, num valor estimado em R$ 24 bilhões. Fonte oficiosa indica que existem na JT R$ 800 bilhões em ativos trabalhistas. O Banco do Brasil (BB) e a Caixa Econômica Federal (CEF) aparecem no topo do ranking de empresas com maior número de processos trabalhistas, figurando, com destaque na lista inédita divulgada pelo TST de cem empresas já condenadas pela justiça a pagar indenização por violar direitos dos empregados. O BB ficou em segundo lugar, com 2.472 processos, e a Caixa, em quarto, com 2.117. Na 13ª posição, com 1.476 causas, está a Petrobras. A primeira desse ranking é a falida Vasp, com 4.913 processos. Outras companhias aéreas que não funcionam mais, como Transbrasil e Varig, também estão na lista e, nesses casos, a chance de os trabalhadores receberem é quase nenhuma. Se não existem ativos, de que forma os trabalhadores receberão seus direitos? Como responder para a sociedade que a CNDT resolve a ínfima taxa de 0,01% do total das dívidas trabalhistas?

ENCASTELADOS E DONOS DA VERDADE FEREM PRINCÍPIOS DA LEI

Os magistrados trabalhistas apontam soluções, todavia, são as mais alucinadas formas de proteção do seu status. Afinal, em que lugar do mundo um cidadão, por ter passado num concurso público, goza de tamanho privilégio e poder a ponto de enfrentar o maior executivo do país, o presidente da República, e ameaçá-lo de prisão por descumprimento de uma mesquinha ordem judicial, que busca seu próprio benefício? Bem lembrado, a presidente Dilma Rousseff e o ex-ministro do Supremo à época Cezar Peluso, entraram em conflito por causa do aumento salarial dos ministros e dos servidores do judiciário, e porque a presidente não quis incluir os recursos no Orçamento Geral da União de 2012 para esse fim. É, *data maxima venia*, lamentável que alguns doutrinadores de estigma colonial, do nebuloso passado das castas, confundam o cargo público de juiz com os cargos tipicamente políticos, para promovê-los a agentes políticos, posição absolutamente incompatível com a função de julgar. O fato é que o então ministro da Justiça, Tarso Genro, afirmou: "Há hoje no Brasil uma radicalização da estatização da política em função dos poderes que o judiciário tem avocado para si."

O ministro enfatizou ainda: "E essa é a mais complexa e difícil questão de ser resolvida, por uma questão muito simples: quando o Poder Judiciário supre a omissão dos outros poderes ou altera decisões e a execução de políticas públicas, a sociedade e o cidadão individualmente não têm instância para recorrer." Pode-se dizer, sem nenhum temor de cometer heresia, que estamos diante de um quadro típico de inversão de valores. O jurista Dalmo Dallari, em sua obra *O poder dos juízes*, ensina que "o Poder Judiciário como sendo entre os três poderes o mais fraco, pelo fato de se sujeitar ao que os outros poderes acham e não por ser um poder individualmente conceituado," não ter maus juízes, mas "pelo fato de ter como foco principalmente a Justiça, o que neste contexto ocorre pouco". Para ele, "o Judiciário deveria ser composto por juízes mais conscientes de seu papel na sociedade e de sua responsabilidade perante o povo, saindo do acomodamento e da mesmice e correndo em busca de uma justiça ampla e igual a todos". Se o Poder Judiciário é composto de pessoas que têm por responsabilidade a garantia dos direitos humanos, deve dessa forma trabalhar em prol desse ideal, aliando-se ao povo, pois é ele e por causa dele que estão no poder.

É inequívoco pensar que a saga dos juízes inferniza a vida econômica e social da nação: econômica, porque mobilizam bilhões de reais em sentenças que não se traduzem em solução; social, porque causam o trauma da expectativa e da não entrega do resultado, e isso, em especial na Justiça Laboral, é desastroso. O Conselho Nacional de Justiça (CNJ) promoveu, no dia 29 de junho de 2012, na sede do Tribunal Regional do Trabalho – TRT 12ª Região, o Encontro Regional Sul do "Programa de Valorização da Magistratura – Unidos em Busca de Soluções", tendo como objetivo discutir formas de valorizar o trabalho dos magistrados (incluindo segurança, condições de trabalho e saúde) e melhorar o relacionamento do Poder Judiciário com a sociedade. Em que pese a iniciativa, mais uma vez, *permissa venia*, ouvimos a mesma cantilena – valorizar o já infinitamente valorizado trabalho do magistrado, começando pela alta remuneração e pelos benefícios, os maiores do planeta nesse segmento. É sempre assim, corporativismo, o foco é o juiz, e a sociedade apenas terá a viciada resposta de que a morosidade ocorre por culpa dos recursos.

Na esperança de que exista uma razão louvável para emudecer nossa opinião sobre essa conduta antissociedade da magistratura, fomos pesquisar, e encontramos questões pontuais que fortalecem a crítica. Tomamos como foco da blindagem os direitos (mais benesses que direitos), eis que a Associação dos Magistrados Brasileiros (AMB) ajuizou Ação Direta de Inconstitucionalidade (ADI nº 4803) no STF contra dispositivos das emendas constitucionais 20/98 e 41/03 sobre as aposentadorias de magistrados. A AMB pede para excluir os membros da magistratura da reforma da previdência, iniciada pela EC 20/98 e continuada pela EC 41/03. O pedido se sustenta no fato de que (...) "submetem a magistratura ao regime geral de aposentadoria dos servidores públicos e ainda possibilitam a extinção da paridade entre proventos e vencimentos, que é consequência inafastável da vitaliciedade conjugada com a irredutibilidade de vencimentos". Estamos vendo aqui, mais uma vez, que o juiz só pensa nele, pois, se o litigante está insatisfeito com os seus serviços, eis que nada fazem de fato para que isso se reverta. Na verdade, estamos diante de um dilema, já que *lutar com o igual é perigoso, com o mais forte é loucura, com o mais fraco é vergonhoso* (Sêneca).[8]

É NECESSÁRIO IDENTIFICAR O VILÃO

O amplo acesso à Justiça e o direito de igualdade e condições para todos os cidadãos preconizado na Carta Magna de 1988 ainda estão distantes para a sociedade brasileira, pelo seu alto custo e morosidade, que acabaram elitizando o Poder Judiciário. É preciso romper as amarras desse judiciário, e o vilão desse entrave precisa ser desnudado e apresentado à sociedade brasileira.

A imprensa e a sociedade vêm discutindo desde a reforma do judiciário a questão da celeridade trabalhista e combatendo a lentidão da Justiça brasileira, mas poucos têm aplicativos eficazes na esfera legislativa, a não ser projetos e emendas de interesses corporativistas de magistrados, que tratam de ampliação de quadros de pessoal, gratificações, férias, licenças e benefícios pecuniários, por isso se questiona até quando a elite da toga, remunerada com os mais altos salários do país, pode ter tantos privilégios e voz para influenciar mudanças dos textos

---

[8] Lucius Annaeus Seneca, Córdoba. 4 a.C. – Roma, 65 d.C. – Foi um dos mais célebres advogados, escritores e intelectuais do Império Romano. Conhecido também como Seneca (ou Sêneca), o Moço, o Filósofo, ou ainda, o Jovem, sua obra literária e filosófica, tida como modelo do pensador estoico durante o Renascimento, inspirou o desenvolvimento da tragédia na dramaturgia europeia renascentista (Wikipédia Enciclopédia).

de lei, mesmo que divorciada da realidade popular, sem a oposição dos legisladores?

Enquanto milhões de pessoas continuarem recorrendo à intervenção estatal para a solução de seus conflitos (são 55 milhões de ações, 14,5 milhões na JT), provocando o estrangulamento do Poder Judiciário, empurrando-o para o abismo da incerteza e do esvaziamento, estará criando uma situação natural, ímpar, da construção de um novo conteúdo de noção ao Estado de Direito.

O vírus da lentidão processual é fecundado e germinado no próprio judiciário, pois os seus integrantes preferem capitular diante dos desafios a enfrentá-los com instrumentos práticos e de fácil utilização, soluções que estão na própria raiz do segmento. O caminho jurídico perseguido pela monocracia, principalmente a trabalhista, é nosso tema central, o que é natural, devido ao domínio e conhecimento do segmento.

Consequentemente, o resultado desse formato monoadministrativo é que o juiz, com raras exceções, sabe como administrar seu tribunal. Tampouco seus afazeres na rotina de uma vara trabalhista ou gabinete são solução mais plausível para suplantar esse obstáculo, o que significaria importar o modelo executivo para o judiciário da Europa e EUA, onde é utilizado nos tribunais o administrador jurídico com necessária formação universitária, específica para exercer a função.

SEM JUDICIALIZAÇÃO A ECONOMIA PAGARIA AS AÇÕES

Na Justiça do Trabalho, durante as pesquisas, em uma segunda análise, o custo/processo é altíssimo. Observando a partir de uma vara trabalhista, pude constatar que cada umas delas recebe em média 240 novas ações a cada mês; levando em conta o resíduo de 49% de congestionamento apontado pelo CNJ, temos o número médio de 125 processos resolvidos. A composição é de 13 serventuários para cada vara. Estimando que cada um custe mensalmente R$ 10 mil aos cofres da

União, temos o total de R$ 130 mil/mês (custo social mais R$ 10 mil), que, somados ao juiz R$ 21 mil (mais o custo social 100%), temos R$ 42 mil, e a média de um terço do grupo de juízes auxiliares, ao custo médio de R$ 24 mil, perfazendo um total de R$ 326, mil/mês. Para chegar a esses números, fiz a seguinte equação: dos 240 processos, subtraí o resíduo, ficamos com 125 resolvidos, estima-se, extraoficialmente, que cada ação custa aos cofres da União R$ 2,7 mil/mês, e do total de ações de cada VT, R$ 1,3 mil/mês. Sendo assim, hipoteticamente falando, se o governo bancasse toda demanda trabalhista, o lote de 14,5 milhões de ações existentes na JT, em menos de cinco anos seria zerada.

Vale lembrar que, do orçamento total da Justiça do Trabalho, 97% são reservados para sua folha de pagamento, o que equivale a dizer que estamos diante de uma débil administração do patrimônio público, financiando uma autêntica ilha da fantasia, com a utópica expectativa de que esse judiciário, por excelência, é necessário, para mediar as questões controvertidas das relações de trabalho. Na prática, preferem judicializar para manter a reserva de mercado, o que vem a ser um embuste, conforme os números estão provando. Preocupado com a debilitada imagem da Justiça do Trabalho, o TRT do Rio Grande do Sul (TRT4) resolveu criar seu planejamento estratégico, sob a chancela: "Realizar justiça na solução dos conflitos individuais e coletivos do trabalho." A JT gaúcha quer ser reconhecida como acessível, célere e efetiva na realização da justiça social. Para isso, elegeu 16 pontos estratégicos do seu funcionamento, para serem adotados pelos seus serventuários e juízes. O fato é que a eleição do atendimento ao público como projeto estratégico do Tribunal demonstra a importância atribuída pela instituição à construção de um relacionamento com seus frequentadores.

A EC nº 45/2004 estabeleceu em seu art. 3º que a lei criará o Fundo de Garantia das Execuções Trabalhistas (FGET), composto pelas multas decorrentes de condenações trabalhistas e administrativas oriundas da fiscalização do trabalho, bem como de outras receitas. O FGET busca resguardar a execução da sentença condenatória em face de empregadores que não tenham adimplido suas dívidas trabalhistas ou que não possuam bens que suportem a execução, em função da sua falência ou insolvência. O texto original da proposta é resultado de anteprojeto sugerido pela Anamatra, em 2005, rejeitado pela CCJ do Senado, arquivado em janeiro de 2011, e posteriormente desarquivado pela mesa diretora.

Vou mais uma vez lançar severas críticas às propostas dirigidas pelos juízes trabalhistas ao Legislativo, *permissa venia*, pois são corporativistas, inviáveis e de difícil aplicação no cenário econômico e social do país. O remédio do FGET faz até sentido, no entanto é o antídoto dos juízes para suturar as falhas cometidas por eles, principalmente na execução. Refiro-me a situação em que o juiz prefere bloquear valores e esperar anos pela sua liberação, ou liberar de forma leviana, mesmo estando em curso os recursos interpostos pelos executados, em vez de conciliar acordo razoável. E digo mais, pode até mesmo conciliar o valor incontroverso que está na ação. Em suma, ou se faz justiça com a presteza que os códigos indicam, ou vamos continuar fingindo que o vilão está do lado de fora do judiciário.

MUDANÇAS COM UMA ENXURRADA DE LEIS

O resultado da avalanche de propostas "inovatórias" tem gerado uma enxurrada de leis com o objetivo de desafogar o judiciário, uma delas está dificultando o recurso das empresas com a aprovação da Lei Federal nº 11.495, que altera a redação do artigo 836 da CLT e passa a exigir um depósito prévio de 20% do valor da causa para tornar possível uma ação rescisória, visando desconstituir a coisa julgada em instâncias superiores e decisões em execução, *data venia*, trata-se de ação que não tranca a execução seguindo normalmente no grau de origem.

Esse caminho vetusto do Direito parece mais um derradeiro apelo daqueles que não conseguem conter a demanda através de medidas, meios e leis adequados e com perfeição do direito democrático, pois são sabedores que ao impingirem alguém a realizar extrapolante garantia para buscar seu direito, esse esbulho estatal tem muito a ver com a direito ditatorial. Melhor seria, até mesmo para não esvaziar a justiça e o direito de inserção do cidadão, que fosse importado o modelo do Juizado Especial Cívil, *data maxima venia*, discriminado pelos juristas elitistas, que não permitem a ação rescisória.

Outro aspecto anômalo é que, no âmbito estatal, os conciliadores e árbitros, embora sejam reconhecidamente vitais para o bom desempenho dos JECs e terem ganhado a confiança da sociedade, não são remunerados, mesmo que desempenhem importante papel no jurisdicionado civil e federal, por isso é necessário que sejam examinadas suas condições para que não se percam no caminho. Até porque, paralelamente, a Lei da Arbitragem nº 9.307/96, respeitada e reconhecida pelos tribunais de 176 países, já vem desenvolvendo no Brasil importante função auxiliar no âmbito privado, conciliando e mediando conflitos de bens disponíveis, e seu processo é remunerado. Caberia nesse caso uma regulamentação material e disciplinar, que já tem previsão no seu artigo 18, e a criação de eficientes dispositivos de fiscalização dos atos dos árbitros e tribunais arbitrais.

Na verdade, o universo da Justiça brasileira, sem exceção, requer um profundo exame técnico-administrativo, para serem criados padrões práticos, sem, contudo, ceifar direitos, até porque existe no país um milhão de bacharéis em Direito, dos quais 750 mil estão advogando, ou seja, fomentam a máquina judiciária instrumentando ações, mas, ao que parece, não há interesse da classe jurídica em auxiliar o Legislativo na feitura de boas leis, até mesmo para melhor formatar essas novas situações que chegam ao judiciário. O judiciário laboral consiste num conjunto de regras, tendo como seu principal código a CLT, e essas são leis para o empregado, da mesma forma que a lei penal é feita para a vítima punir o criminoso. Embora recebam críticas, essas são as leis vigentes, manejadas pelos operadores do Direito.

É inaceitável que nosso processo jurisdicional até há pouco atribuía ao magistrado o papel medíocre de carimbar ações de divórcio amigável, inventários sem conflito, furtos simples e outros menores confrontos. Da mesma forma que foi superado esse capítulo, outros, e não são poucos, devem seguir a mesma trilha, em um número que desafogasse o judiciário, mas para isso é preciso, para que seja superada a cultura do juízo estatal, que a população seja conscientizada do novo mecanismo, através de uma ampla e vasta campanha de esclarecimento, inclusive com a atuação material e de voz dos magistrados. É imperioso que o Estado esclareça a população, sobre como é necessário chegar ao juiz e ao juízo, coisas distintas, entre a pequena causa e a complexa, eis que a existência de um jurisdicionado não impede que se separem as duas coisas, conforme já ocorre na justiça cível e federal, após a criação do Juizado Especial.

EM 2012, O RESÍDUO SE MANTEVE

De acordo com o Relatório Oficial do CNJ, a quantidade de novos processos recebidos pelos tribunais em 2012 superou o número de processos julgados em 73% dos órgãos do Poder Judiciário. Com isso, o programa Meta 1, estabelecido pelo judiciário em conjunto com o CNJ, no Encontro Nacional ocorrido em novembro de 2011, em Porto Alegre, sucumbiu. O compromisso do Judiciário era "julgar quantidade maior de processos de conhecimento do que os distribuídos em 2012". Os tribunais informaram ao CNJ que receberam, no ano passado, 20,5 milhões de processos novos (2,9 milhões deles na área criminal) e julgaram 18,5 milhões (2,4 milhões de processos criminais). Com isso, houve um acréscimo de 2 milhões no estoque de processos em andamento. Segundo o Departamento de Gestão Estratégica do CNJ, a quantidade de novos processos, que entram a cada ano na Justiça, está acima da capacidade de absorção do Poder Judiciário.

No ano anterior, entraram 11% mais processos novos do que em 2011. E a quantidade de processos julgados cresceu 8,69%. Esse resíduo, somado ao não cumprimento do Meta 1, mergulhou o Judiciário no abismo da incerteza. Está claro que a culpa não é do advogado, eis que a sua vocação é a de defender o cliente, calcado nos princípios humanísticos, na Constituição, nas leis, obrigações de ofício e da parte, sem ultrapassar os limites da tolerância com os colegas, com juízes e serventuários, da mesma forma que não pode tolerar a discriminação, o desrespeito aos seus princípios e o cerceamento da sua prática profissional. A pergunta capital é saber como se comportar de forma alinhada a esses mandamentos diante de juízes e serventuários que açodam o direito do advogado, que ali está para formatar uma causa que lhe valerá o fruto do trabalho e o sustento de sua família.

Penso que da mesma forma que existem os "remédios jurídicos" para o cliente, esses também devem ser utilizados com igual vigor e inteligência nas questões em que juízes e serventuários venham obstacular, denegrir e negligenciar o seu trabalho, a exemplo de simples negativa de fornecer uma "certidão" quando um processo não é encontrado na vara e a parte corre o risco de perder prazo. Uma serventia que sequer assume sua própria incompetência administrativa não pode se dar ao devaneio de tratar as partes com falta de esmero. Em suma: negar acesso à advocacia é violar os direitos humanos. O fato é que estão à disposição do causídico a representação correcional, a denúncia pública do seu comportamento atentatório à própria magistratura (isso vale peticionar ao próprio CNJ), o protesto por cerceamento de defesa, a interposição de recursos, o requerimento de mandados de segurança. Sobre o comportamento dos juízes, temos, no art. 35 da Loman: "São deveres do magistrado: (...); IV – tratar com urbanidade as partes, os membros do Ministério Público, os advogados, as testemunhas, os funcionários e auxiliares da Justiça e atender aos que o procurarem a qualquer momento quanto se tratar de providência que reclame e possibilite solução de urgência."

URBANIDADE E COMPROMETIMENTO COM A SOCIEDADE

Ocorre que há muito tempo alguns juízes vêm dando sinais de irritação, nervosismo, rispidez, insegurança, arrogância, autoritarismo, prepotência e outros sintomas patológicos. Essa postura antissocial faz com que todos percam, e a conta vai para o bolso daquele que depende de um judiciário ágil, pacificador, coeso e naturalmente embevecido de gentileza e bondade, uma raridade nos dias de hoje. Nada perde um juiz ao receber as partes com elegância e distinção, eis que a cada momento, na vida profissional, colhemos gotinhas milagrosas chamadas "qualidade de vida", e sem esse tipo de regra no dia a dia estaremos cada vez mais diminuindo essa tonificação, por consequência, a longevidade.

Entendo que com nenhum dos jurisdicionados isso deva acontecer, menos ainda numa justiça onde uma parte é o trabalhador e a outra o responsável pelo emprego. Deveria o juiz desestimular a criação de empregos? O fato é que, dentro do seu universo jurídico, esse comportamento passou a ser denominado de "juizite", crise que vem à tona, diante das partes, na qual não faltam pressão psicológica sobre as testemunhas, perseguição a servidores, maus-tratos a advogados e inobservância às suas prerrogativas, muitos deles recusando o simples registro, em ata de audiência, de um protesto por cerceamento de defesa, o que é por mister um sinal débil e de prepotência que o desqualifica como magistrado. Essa asfixia jurídica é latente e tende a crescer, diante da politização do judiciário, das diferenças entre classes nesse patamar social e, pior, incentivada pela fraqueza dos legisladores, que ouvem mais os magistrados que os advogados.

É fato também que serve de alerta às OABs (com a exceção da do Rio de Janeiro), que vêm se curvando à toga, e afinal quem mais poderia lhe dar subsídios se não aqueles que intermediam os conflitos de classes e discrepâncias econômicas? Por que as entidades estendem "tapete vermelho" para magistrados? Por que, ao contrário de prestigiar juízes, não são convocados procuradores, juristas e advogados com alto grau de conhecimento jurídico, sem nada a perder para os monocráticos julgadores, para palestrar e dar curso nas Escolas Superiores da Advocacia – ESAs? O artigo 6º da Lei 8.906/94 versa sobre a independência com que deve portar-se o advogado, prevendo a inexistência de hierarquia entre este e os demais integrantes do sistema judiciário, conforme disposto: "Não há hierarquia nem subordinação entre advogados, magistrados e membros do Ministério Público, devendo-se a todos consideração e respeito recíprocos." Em suma, o alinhamento democrático entre os que atuam no Judiciário, que é, *ipso iure*, o antídoto ideal para aplacar a afronta a um dos princípios contidos na temática do movimento pela preservação da justiça célere e da paz social. Louvo aqui a postura do presidente da Ordem dos Advogados do Brasil, seccional Rio de Janeiro, Felipe Santa Cruz, que vem moldando sua administração de forma a prestigiar os quadros da OAB, não apenas nos cursos, mas nas palestras e seminários organizados pela entidade.

FALTA RESPEITO E SOBRA DESDENHO COM O JURISDICIONADO

Uma das maiores injunções vem na esteira dessa decisão débil, quando ocorre a liberação do crédito ao reclamante, muitas vezes forjado de forma abrupta, como é o caso do incesto alienígena do artigo 475-J do CPC, e ainda a penhora de conta-aposentadoria, salário, poupança, renda das empresas, com limite superior a 30%, práticas que são verdadeiros ardis ao bom direito. Nesse caso, liberado o dinheiro, e se o recurso do exequendo lograr êxito, o reclamante não tem como devolvê-lo. Os legisladores desavisados, influenciados pelos magistrados trabalhistas, continuam jogando no campo laboral novas leis, a maioria perniciosa, eis que, em sua essência, a entidade classista dos magistrados as referenda como o manto de solução do processo, mas, na prática, lá na frente vem o efeito contrário, já que elas entram no gargalo das injunções. Dentro dessa mesma linha, instalou-se no segmento especializado, em junho de 2010, outro percalço, pois foi aprovado no Senado o PLC 46/10, que trata do Agravo de Instrumento (AI), passando a exigir como garantia o depósito de 50% do valor da ação. O argumento central da proposta, que teve origem no TST, engenhado a seu proveito, arquitetou que o acionado recorre a esse mecanismo na maioria das vezes com intuito meramente protelatório. Suposição vilã e ardilosa, já que, ao persistir a formulação, o único a ganhar é o juiz, que diminui sua pauta de julgamento.

Vale lembrar que dos recursos interpostos no TST, 75% são Agravos de Instrumento, que, uma vez eliminados, para quem já goza de férias de 60 dias, somado recesso de mais sessenta dias, nos oito meses restantes, a ociosidade se fará mais presente na mais alta corte trabalhista. Ocorre que em 2008 houve um aumento de 208% em sua utilização, sendo que 95% desses agravos, julgados naquele ano, segundo argumento do TST, foram desprovidos por não terem apresentado condições "mínimas" (o que é uma constante no TST, para que o processo não prossiga nas mãos do relator) de prosseguimento. Todavia, entendo que estamos diante de mais uma proposta engenhosa dos integrantes da JT, já que apenas 5% dos recursos são acatados, sendo assim, fato de o empregador caucionar 50% da ação, é preciso observar se o percentual recai sobre o valor que o autor deu à ação ou ao título executivo. Se for o último, não existe valor preestabelecido, eis que o processo está em fase de recurso de mérito e não de execução, o que seria diferente.

É por essa e outras razões que a JT se tornou onerosa, fato que se observou em 2009 quando foi realizada uma alarmante constatação numa avaliação do seu custo/benefício. A análise tomou por base o fato de que, para solucionar um caso no valor de mil reais, a Justiça do Trabalho gastou, naquele ano, em média, R$ 767, o que dá uma taxa de retorno positiva, mas, somado o custo investido para manter sua estrutura, concluiu-se que seria melhor para o governo pagar o trabalhador e incorporar a dívida, evitando um desembolso maior a longo prazo. Não é à toa que em 2012 o Índice de Confiança na Justiça (ICJBrasil), apurado pela Escola de Direito da Fundação Getulio Vargas (FGV), registrou percentual de 5,6 pontos (o anterior era de 5,9 pontos), no terceiro trimestre, numa escala que varia entre 0 e 10. Isso, apesar de pequeno recuo, trouxe desalento para os litigantes da Justiça brasileira, que registra um dos mais altos patamares em número de ações em todo o mundo. A mesma pesquisa revelou que 70% dos brasileiros acham o judiciário não confiável em termos de honestidade e imparcialidade. Pela ordem, os recifenses são os mais desconfiados, com 77,6%, superando a média nacional e de todas as outras regiões metropolitanas pesquisadas: São Paulo (71,5%), Salvador (71,1%), Rio de Janeiro (69%), Porto Alegre (66,6%) e Belo Horizonte (65,1%).

CAPÍTULO IV

A QUESTÃO SOCIAL

O fato é que o Direito do Trabalho é, na sua pura concepção, o direito exclusivo, e só para esse fim o identifica, seja ele de natureza contratual verbal ou escrita, ou de forma subjetiva, alcançada por diligenciamento dos órgãos fiscalizadores (DRTS e MPT), e é prioritário, ir de um oposto ao outro sem perder sua legitimidade como direito especializado. Por mais que seus integrantes tentem mudar a coloração da sua prestação jurisdicional, pode-se dizer que o direito do trabalhador é todo aquele que advém da relação de trabalho, fazendo algo que produza em benefício de outro, que leva vantagem com o fruto desse labor; esse é o seu DNA.

O princípio do Direito do Trabalho não precisa ser dito em linguagem específica do Direito, evitando assim o difícil acesso e percepção ao leigo. Pelo contrário, sua expressão é didática, e o que se toma, é à força do trabalho, em troca de remuneração digna e justa pelo serviço prestado, independentemente do mínimo previsto por lei (salário-mínimo regional). Essa primazia é paradigma do novo direito do consumidor, no qual, nas pequenas causas, o leigo pode pleitear seu direito preenchendo um simples formulário disponibilizado nos balcões dos Juizados Especiais, tendo a sua disposição um serventuário que poderá auxiliá-lo nessa tarefa.

Existe um sábio princípio para o contrato de trabalho, muitas vezes me foi lembrado por juristas que interagem nessas questões, de que em todos os serviços que contratamos pela via direta, ou indireta, e utilizam os serviços do obreiro, deveriam os contratantes previamente depositar garantias mínimas para no futuro poder honrar a rescisão do contrato. Esse princípio já é adotado por obrigação contratual dos tomadores de serviços em contrato com empresa pública, e essa exigência vem expressa nos editais e na carta de obrigações, mas nem sempre esse contrato terceirizado honra seus compromissos com os trabalhadores. Como resultado, hoje, pelo menos 8% dessas questões terceirizadas, que estão ajuizadas na Justiça trabalhista, pertencem a esse segmento.

Temos um hiato no formato linear do Direito Trabalhista Executório, na ocasião em que se trata do título devido por órgão de comunicação, quando o valor destinado à verba publicitária é de origem estatal (publicidade paga pelo governo). Em outras palavras, o juízo do trabalho não pode bloquear valores nas mãos de ente público. Da mesma forma vamos analisar o contexto abaixo descrito, para o leitor melhor avaliar as condições a que os trabalhadores estão submetidos quando enfrentam dificuldades para receber seus proventos de empresas terceirizadas inadimplentes.

A lei nº 8.666, de 21 de junho de 1993, regulamentou o art. 37, inciso XXI da Constituição Federal que instituiu normas para licitações e contratos da administração pública e dá outras providências. Conforme vamos colocando nossas observações, o leitor perceberá que os comentários são necessários, e isso é inovador para melhorar o ângulo de leitura, melhor explicada pela citação do texto da lei. Senão, vejamos:

> Art. 1º Esta Lei estabelece normas gerais sobre licitações e contratos administrativos pertinentes a obras, serviços, inclusive de publicidade, compras, alienações e locações no âmbito dos Poderes da União, dos estados, do Distrito Federal e dos municípios.
>
> Parágrafo único: Subordinam-se ao regime desta Lei, além dos órgãos da administração direta, os fundos especiais, as autarquias, as fundações públicas, as empresas públicas, as sociedades de economia

mista e demais entidades controladas direta ou indiretamente pela União, estados, Distrito Federal e municípios.

Art. 2º As obras, serviços, inclusive de publicidade, compras, alienações, concessões, permissões e locações da Administração Pública, quando contratados com terceiros, serão necessariamente precedidos de licitação, ressalvadas as hipóteses previstas nesta Lei.

Parágrafo único: Para os fins desta Lei, considera-se contrato todo e qualquer ajuste entre órgãos ou entidades da Administração Pública e particulares, em que haja um acordo de vontades para a formação de vínculo e a estipulação de obrigações recíprocas, seja qual for a denominação utilizada.

Comento então, havendo essa disposição no texto do diploma em referência, quando a (...) *formação de vínculo e a estipulação de obrigações recíprocas, seja qual for a denominação utilizada...* Estaríamos diante de flagrante contrariedade, pois em que momento ou por que razão o ente público que usufruiu daquela mão de obra poderia "lavar as mãos", e simplesmente ignorar esse senão? Não seria esse o caso típico da existência de um fundo especial para garantias do trabalhador em terceirizadas que prestam serviços ao ente público.[9]

Em alusão ao ente público, ensina o jurista Hely Lopes Meirelles:

> Entidades estatais: São pessoas jurídicas de Direito Público que integram a estrutura constitucional do Estado e têm poderes políticos e administrativos, tais como a União, os estados-membros, os municípios e o Distrito Federal. A União é soberana; as demais entidades estatais têm apenas autonomia política, administrativa e financeira, mas não dispõem de soberania, que é privativa da nação e própria da Federação.

---

[9] MEIRELLES, Hely Lopes. *Direito administrativo brasileiro*, 27ª ed. São Paulo: Revista dos Tribunais, 2002, p. 65.

Entidades autárquicas: São pessoas jurídicas de Direito Público, de natureza meramente administrativa, criadas por lei específica, para a realização de atividades, obras ou serviços descentralizados da entidade estatal que as criou. Funcionam e operam na forma estabelecida na lei instituidora e nos termos de seu regulamento. As autarquias podem desempenhar atividades educacionais, previdenciárias e quaisquer outras outorgadas pela entidade estatal-matriz, mas sem subordinação hierárquica, sujeitas apenas ao controle finalístico de sua administração e da conduta de seus agentes.

Entidades fundacionais: São pessoas jurídicas de Direito Público ou pessoas jurídicas de Direito Privado, devendo a lei definir as respectivas áreas de atuação, conforme inc. XIX do art. 37 da CF, na nova redação dada pela EC 19/98. No primeiro caso elas são criadas por lei, à semelhança das autarquias, e no segundo a lei apenas autoriza a sua criação, devendo o Poder Executivo tomar as providências necessárias à sua instituição.

O artigo 71 da Lei 8.666/93 deixa visível a intenção do legislador no sentido de que é vedada a transferência de qualquer responsabilidade à Administração Pública no que se refere aos encargos trabalhistas advindos da inadimplência da contratada em relação aos seus empregados, sejam estes celetistas ou sem vínculo. Assim, parece que quaisquer decisões judiciais não podem prevalecer sobre o disposto no artigo 71 da Lei 8666/93, conforme sua redação.

Art. 71. O contratado é responsável pelos encargos trabalhistas, previdenciários, fiscais e comerciais resultantes da execução do contrato. Ainda assim, no §1º inadimplência do contratado com referência aos encargos trabalhistas, fiscais e comerciais não transfere à Administração Pública a responsabilidade por seu pagamento, nem poderá onerar o objeto do contrato ou restringir a regularização e o uso das obras e edificações, inclusive perante o Registro de Imóveis.

A corrente que apregoa a aludida ilegalidade da Súmula nº 331 do Tribunal Superior do Trabalho assevera que a administração pública não poderia arcar com os débitos trabalhistas dos prestadores de serviços, porquanto os obreiros terceirizados não teriam vínculo empregatício ou estatutário com as pessoas jurídicas de Direito Público tomadoras, haja vista a inocorrência de contratação por concurso público em tais situações, na forma estipulada pelo art. 37, II, da Constituição Federal, que trata extensamente da matéria.

A interpretação literal e isolada do art. 37, II da Constituição Federal, a ausência de vínculo empregatício ou estatutário entre os obreiros e a administração pública culminariam com a inexistência de dever desta em responsabilizar-se subsidiariamente pelos sobreditos débitos, uma vez que *a falta de concurso tanto é ilegal para a Administração como para o trabalhador, que deveria saber de sua necessidade, pois não pode ignorar a lei*, nas palavras de Sérgio Pinto Martins.[10]

NÃO SE PODE OLVIDAR QUE ESTAMOS DIANTE DE UMA INTRANSIGÊNCIA

É bom realçar que os princípios constitucionais da dignidade humana, do valor social do trabalho e da moralidade, em que pese seu caráter abstrato, escrevem os articulistas com os quais comungo, dispõem de força normativa suficientemente hábil a vedar a supressão integral de direitos sociais assegurados aos trabalhadores, bem como

---

[10] Sérgio Pinto Martins – Bacharel em Direito, Ciências Contábeis e Administração de Empresas, mestre em Direito Tributário, doutor em Direito do Trabalho pela Faculdade de Direito da USP, livre-docente em Direito do Trabalho pela Faculdade de Direito da USP, especialista em Direito Empresarial pela Universidade Mackenzie, especialista em Direito do Trabalho pela USP, desembargador do Tribunal Regional do Trabalho de São Paulo, professor titular de Direito do Trabalho da Faculdade de Direito da USP.

a compactação da administração pública com situações dessa índole. Daí porque a solução esboçada na Súmula nº 331, do TST, nos parece plenamente consentânea com o sistema da Constituição Federal, não se podendo dizer o mesmo da fórmula restritiva consagrada no art. 71, § 1º da Lei nº 8.666/93.

O fato é que ao tornar dispensável o caráter direto da ordem do empregador, que passa a ser visto como comandante da produção como um todo e contratualmente vinculado a todos aqueles estruturalmente subordinados, transbordando a pessoa jurídica formal, afasta-se do entendimento até então pacificado na jurisprudência acerca da terceirização lícita, consubstanciado na Súmula nº 331, III do TST, segundo o qual não se forma vínculo de emprego direto com o tomador de serviços em atividade-meio nem em caso de trabalho temporário (hipótese de intermediação de mão de obra em atividade-fim — Lei nº 6.019/74 e Súmula nº 331, I do TST.

A dispensa da subordinação direta e da licitude da terceirização, nessa caracterização da subordinação estrutural, traz, por consequência, na solução de causas submetidas à Justiça do Trabalho novas situações ainda não inteiramente resolvidas pela mais vanguardista doutrina, como ilustrativamente se pode listar: I) a não caracterização de litisconsórcio passivo necessário em relação à empresa interposta (com a qual ordinariamente se examina o pedido de declaração de nulidade do vínculo para, somente em seguida, declarar o vínculo com a tomadora), com consequente coexistência de dois vínculos de emprego simultâneos relativos ao mesmo esforço obreiro; II) a viabilidade de equiparação salarial irrestrita no emprego privado (tanto em relação à empresa interposta quanto, alternativamente, à escolha do empregado, com a tomadora — dependendo do pedido); III) incerteza quanto ao enquadramento sindical; IV) a antinomia de normas regulamentares (novamente entre aquelas da empresa interposta e as da tomadora); V) a duplicidade de obrigação ao recolhimento da contribuição previdenciária e o direito a benefícios diversificados (variando em razão da atividade de uma e de outra empregadora).

Por outro prisma, colateral, em homenagem à coerência, quanto à terceirização lícita pela administração pública, a aplicação dessa tese resultaria na drástica redução dos direitos sociais sedimentados na Constituição da República, na CLT e na legislação complementar, para minguados salários-mínimos proporcionais às horas trabalhadas e aos depósitos do FGTS (Súmula nº 363/TST e Lei 8.036/90, art. 19-A).[11] Decisão que nos cumpre informar, com o fito de melhor embasar toda nossa extensa narrativa sobre esse capítulo da responsabilidade do ente público com o trabalhador terceirizado (TRT da 3ª Região: processo nº RO-00059-2007-011-03-00-0, Rel. Juiz Convocado José Eduardo de Resende Chaves Júnior).

De toda forma, em que pesem nossas esmiuçadas observações, o tema é complexo e agrega, em torno de si, uma gama de opiniões não somente quanto ao que pode ser terceirizado (atividade-meio ou atividade-fim), como também sobre a forma de responsabilização do tomador de serviços, se subsidiária ou solidária. Todavia, na prática, o que mais se usa é a "normatização" por meio da Súmula 331 do TST.

Sempre houve preocupação no Direito brasileiro sobre a proteção do trabalhador diante da intermediação de mão de obra, do atravessador, do "gato" e do merchandising. Assim é que foi criada a Súmula 256, posteriormente substituída pela 331[12] do TST, estabelecendo alguns freios contra a exploração do trabalhador nas terceirizações. A

---

[11] TST Enunciado nº 363 – Contratação de Servidor Público sem Concurso – Efeitos e Direitos. A contratação de servidor público, após a CF/1988, sem prévia aprovação em concurso público, encontra óbice no respectivo art. 37, II e § 2º, somente lhe conferindo direito ao pagamento da contraprestação pactuada, em relação ao número de horas trabalhadas, respeitados o valor da hora do salário-mínimo e valores referentes aos depósitos do FGTS.

[12] O inadimplemento das obrigações trabalhistas, por parte do empregador, implica a responsabilidade subsidiária do tomador de serviços, quanto àquelas obrigações, inclusive quanto aos órgãos da administração direta, das autarquias, das fundações públicas, das empresas públicas e das sociedades de economia mista, desde que hajam participado da relação processual e constem também do título executivo judicial.

última delas, a 331, item IV, em vigor, assegura a responsabilidade subsidiária do tomador de serviços da seguinte forma:

> art. 8º As autoridades administrativas e a Justiça do Trabalho, na falta de disposições legais ou contratuais, decidirão, conforme o caso, pela jurisprudência, por analogia, por equidade e outros princípios e normas gerais do Direito, principalmente do Direito do Trabalho, e, ainda, de acordo com os usos e costumes, o Direito Comparado, mas sempre de maneira que nenhum interesse de classe ou particular prevaleça sobre o interesse público.

No tocante à responsabilidade do tomador de serviços, nada mais está à responsabilidade por ato de terceiro, que é regulada pelo Código Civil, que deve ser aplicado analogicamente preconizado no art. 8º da CLT,[13] acima transcrito.

JUSTIÇA AUSENTE EM 82% DAS CIDADES

De acordo com dados oficiais de 2008, o Brasil tinha uma população de 189,604 milhões. Nesse ano, havia um contingente de 39,441 milhões de trabalhadores com carteira de trabalho registrada, a maior parte concentrada na região Sudeste (20,386 milhões), particurlarmente no estado de São Paulo (11,713 milhões), com 7,3 milhões distribuídos nas regiões mais pobres, justamente onde reside o maior número de crimes contra o trabalho, com exploração de mão de obra escrava de crianças e mulheres. Enquanto as autoridades do Ministério do Trabalho, Justiça do Trabalho, Ministério Público do Trabalho e delegacias do Trabalho privilegiam suas atividades nas duas regiões de maior número de formais, esse mapa geográfico revela distorção da ação governamental, na

---

[13] Parágrafo único – O direito comum será fonte subsidiária do Direito do Trabalho, naquilo em que não for incompatível com os princípios fundamentais deste.

qual se verifica que a cultura de proteção ao trabalho é ostensivamente elitista, comodista, e tem como visão o imediatismo da arrecadação fiscal, já que nessas regiões, registra-se o maior patamar de arrecadação de tributos do país.

Já na região desprotegida da jurisdição estão os tribunais nanicos da Justiça do Trabalho, e alguns chegam a julgar no máximo 5 mil processos/ano. O resultado desse quadro anômalo é a relação capital/trabalho, que é vista não como uma ação conjunta em prol do social, mas antagônica a este princípio, em razão da disseminação promovida pelos juízes trabalhistas, conforme comprovam suas decisões processuais. De toda sorte, diante da enorme barreira que a sociedade enfrenta para obrigar o judiciário a se ajustar às reais necessidades dos que buscam sua proteção legal, sugerimos, no mínimo, a proposta de se repensá-lo.

COMO FICAM ESSES TRABALHADORES?

Todos estão à mercê de exploradores de mão de obra, nos canaviais, carvoarias, como cortadores de madeira, transportadores e peões, nos porões dos prédios urbanos, onde a maioria compõe-se de imigrantes ilegais, explorados por uma máfia de agentes e "empresários" no ramo da produção de manufaturados, todos num território sem lei, abandonados a própria sorte, conforme testemunhamos nos noticiários, quando a Polícia Federal dá apoio ao Ministério Público Federal e coíbe essa prática nociva ao Estado democrático.

Isso ocorre, *data permissa*, após denúncia de sindicatos rurais – que tem previsão legal para fiscalizar e pedir providências ao Ministério Público Federal – e da própria imprensa, dois antídotos extremamente cruciais no combate ao crime contra o trabalho, porque são os únicos capazes de chegar (por existirem nessas regiões) aos longínquos recantos deste imenso Brasil. Por essa e outras razões é que as autoridades de Brasília não veem com bons olhos a perseguição xenófoba que parte do segmento de magistrados da Justiça do Trabalho promove contra esse mecanismo constitucional, menos ainda a própria sociedade, que repugna esse tratamento discriminatório às agremiações sindicais.

Podemos dizer, sem cometer equívoco, que a prestação jurisdicional da Especializada abrange com certa precisão os grandes centros, onde o comércio, ao lado dos bancos, do setor de transportes, dos terceirizados e das empresas públicas capitaneiam a demanda trabalhista nos tribunais regionais. Também se fazem presentes em eventos que contratam mão de obra temporária, a exemplo, entre outros, do Carnaval carioca, quando são disponibilizados os crachás de livre circulação durante os desfiles das escolas de samba.

O Direito do Trabalho, aplicado no terreno urbano, vem se transformando de forma controvertida em autêntica obra jurídica, com adoção de temáticas, subsidiadas por códigos adesivos, fazendo com que o processo trabalhista ganhe formato, diríamos, "sofisticado", com sentenças (decisões) incompreensíveis para o trabalhador, tal o uso de termos jurídicos e prolixos e teses modernas de grande complexidade até mesmo para os afetos da área trabalhista.

A bem da verdade, não podemos exigir, ou até mesmo dosar, esse formato decisório, até porque existem as instituições governistas que podem e devem executar esse papel moderador no seio da magistratura do trabalho, senão, vejamos: o que pode acrescentar uma decisão complexa num processo de relação de trabalho (contrato laboral) de domésticas se o mais importante é que prevaleçam seus direitos conforme o princípio legal? O mesmo pode ocorrer quando se trata de um micro e ou pequeno empregador, que, diferentemente de uma grande empresa, não dispõe de uma assessoria de ponta para atender à demanda judicial, cujo mister está no fato de que esse segmento é responsável por 80% da formalidade no país e emprega diretamente 50% do total da força ativa. Mas, *data venia*, não suporta uma sentença majorada, execução forçada, e menos ainda abrupta e insensível do ponto de vista jurídico.

TODOS VISLUMBRAM A SOLUÇÃO DO PROBLEMA

Muitas são as propostas e soluções apontadas para que o judiciário saia da lentidão, em sua maioria indicada pelos demandantes, dentro dos parâmetros (...) do devido processo legal, esse adjetivo que pilota nosso complexo jurídico está nos códigos com todas as suas letras, e agora, com o novo CPC, pretendem os legisladores ofertar a "porção mágica" da celeridade processual. Essa situação nos projeta para o texto laureado do mestre Rui Barbosa, em que *Justiça atrasada não é justiça, senão injustiça, qualificada e manifesta.* Nesse mesmo diapasão também encontramos o conceituado Hugo Cavalcanti Melo Filho:[14] *De todas as críticas lançadas contra o Poder Judiciário, a mais recorrente é a da morosidade na prestação jurisdicional. É, também, a mais compatível com a realidade. Com efeito, nada justifica que o jurisdicionado espere por uma década a solução do litígio, situação que só amplia o descrédito na Justiça.* Como se fosse uma dádiva a ser concedida, a prestação jurisdicional forjada na fornalha estatal é jurássica, beira o medieval, tamanhas são as injunções registradas no processo do trabalho.

É fato que há muitos anos a sociedade civil brasileira anseia por uma resposta rápida e eficaz do Judiciário na apreciação dos litígios. Muitos são os esforços dos juristas, doutrinadores e integrantes do judiciário para dar os fundamentos capazes de extirpar de vez este obstáculo maligno à qualidade da prestação jurisdicional. Temos observado que, na medida em que nossos legisladores, por sua livre-iniciativa, ou atendendo o anseio de entidades que atuam em defesa de um judiciário célere, trabalham suas propostas, esbarram nas barreiras criadas pelos próprios juízes, especialmente na Justiça do Trabalho.

Um dos maiores equívocos apontados no combate à morosidade é atribuir a ela o excessivo volume processual, o que devemos observar

---

[14] MELO FILHO, Hugo Cavalcanti. "Mudanças Necessárias". *Revista Consultor Jurídico*, 25 nov. 2002.

com severidade diante do descaso de juízes agarrados ao formalismo exacerbado, descomprometido com a finalidade do processo e com o provimento efetivo ao cidadão confiante na Justiça estatal. Quando falamos que o judiciário está agonizando, é porque, no conjunto das questões que estamos suscitando, aquelas até mesmo pontuais, não encontramos o alento de propostas profícuas, sejam elas da via legislativa, executiva ou do próprio judiciário trabalhista.

Muitos atribuem o fato de o juiz estar dispensado de cumprir prazos no tempo fixado pela lei, visto que sobre ele não recai qualquer responsabilidade. Assim damos uma rápida dinâmica nesse ponto, informando ao leitor que os prazos do CPC podem ser: A – Legais: são os prazos fixados em lei. Ex.: art. 297, 508 etc. B – Judiciais: são os prazos fixados por critérios do juiz. Ex.: art. 182. C – Convencionais: prazo estabelecido pela convenção das partes. Ex.: art.181.

> Em razão deste, ao analisarmos este ponto, em breve pesquisa na internet, encontramos no conceituado site *Jus Navegandi*, a seguinte crítica: *No Brasil, o único que tem de cumprir prazos é o Advogado, porque o Juiz não cumpre, não cumpre o Escrivão, o Escrevente, o Oficial de Justiça, o Perito, o MP. Enfim, ninguém cumpre nada a não ser o Advogado. Eu costumo peticionar várias vezes ao Juiz para andamento do feito, e vou peticionando até ele impulsionar o processo. Quando passa dos limites, então faço a Reclamação por omissão. Nada acontece, mas que ficará na ficha dele, ah, isso ficará. Mas só costumo Reclamar nos feitos em que a matéria versa puramente sobre Direito, porque se não julgar Procedente, mudo na 2ª Instância. Já se for matéria de fato, aí o Juiz só vai aproveitar dos depoimentos o que lhe interessa para não julgar Procedentes seus pedidos* (texto de autoria de Gentil Pimenta Neto, advogado, Rio de Janeiro – RJ).

Na realidade, existe uma preocupação capital quanto aos procedimentos no universo da laboral, e o mais maléfico de todos para a solução da lide é aquele em que o juiz entende ser a sua proposta de solução a que vai prevalecer. O novo sistema de constrição via Bacen Jud é a ferramenta mais utilizada por eles na execução, muito embora haja o aprisionamento de moeda corrente através de penhora, leilão de bens móveis e imóveis, aqueles ínsitos no art. 655 do CPC, que prevê a ordem gradativa. Até mesmo aqueles em que a família resida (único bem residencial protegido pela lei 8.009/90) e situações em que existem terceiros proprietários (consórcio) trazem à tona uma série de incidentes que empurram a situação processual para a eternidade.

No limiar do segundo governo FHC (2001) houve uma tentativa de alterar o artigo 618 da CLT, com o propósito de flexibilizar as leis do trabalho. Nesse sentido, deparamos hoje com uma movimentação sindical contra esse mesmo dispositivo que, apesar de fulminado na Comissão de Constituição e Justiça do Senado, em 2001, retornou com uma nova redação. EPL 5483/2001: Alterando o artigo 618 da CLT. (Estabelecendo a prevalência de convenção ou acordo coletivo de trabalho sobre a legislação infraconstitucional.) Ainda que pese contra a alteração do artigo supra a inconstitucionalidade da proposta, à época, as centrais sindicais, CUT e a CGT, foram contrárias. Sem dúvida, a lentidão da reforma trabalhista fragiliza a atuação do seu jurisdicionado e permite que juízes mudem textos de lei, com decisões monocráticas, de pura invencionice, sob a égide de julgar pela situação social da ação, do momento e do status em que se apresenta a ação, o que redunda em textos altamente nocivos.

De acordo com uma análise baseada nos números disponibilizados pelo CNJ, e pelo TST, confrontados, podemos concluir que quatro de cada dez brasileiros já recorreram à Justiça do Trabalho, levando em conta a população ativa (com carteira assinada) de 38 milhões de trabalhadores (números oficiais do MTE), e mais da metade já ingressou na Especializada ou está com ação em andamento. Até então havia um total de 28 milhões de ações, das quais 14,5 milhões ainda tramitavam nesse judiciário. O mais preocupante é que das 5.565 cidades brasileiras,¹⁵ a Especializada só está presente em 18% delas, o que, consequentemente, deixa à deriva a maioria esmagadora dos trabalhadores, principalmente os que mais necessitam da assistência desse jurisdicionado, porque estão sob exploração de empregadores que os submetem ao trabalho escravo, laborando em condições precárias de higiene, alimentação e alojamentos, isso sem contar os salários aviltantes e ainda sem carteira de trabalho anotada, e ausência de recolhimento previdenciário e do FGTS. Como se não bastasse essa anomalia, as ações demoram em média 12 anos para serem resolvidas, e dessas, 52% não são resolvidas *in finito*.

Ao longo deste trabalho, o leitor vai conhecer as várias razões que levaram ao engessamento de milhões de ações trabalhistas, e poderá avaliar a partir das informações o quanto esse fenômeno social está deformado. E mais, que foi sedimentado a partir dos anos 1990, quando foram criados o JEC,¹⁶ o Juizado Especial

---

¹⁵ Municípios do Brasil, Wikipédia: "Os municípios do Brasil são uma circunscrição territorial dotada de personalidade jurídica e com certa autonomia administrativa, sendo as menores unidades autônomas da Federação. Cada município tem sua própria Lei Orgânica que define a sua organização política, mas limitada pela Constituição Federal. Os municípios dispõem apenas dos poderes Executivo, exercido pelo prefeito, e Legislativo, sediado na Câmara Municipal (também chamada de Câmara dos Vereadores). O Poder Judiciário organiza-se em forma de comarcas que abrangem vários municípios ou parte de um município muito populoso. Portanto, não há Poder Judiciário específico de cada município. Há cerca de 5.565 municípios em todo o território nacional, alguns com população maior que a de vários países do mundo (cidade de São Paulo com cerca de 11 milhões de habitantes), outros com menos de mil habitantes; alguns com área maior do que vários países no mundo (Altamira no Pará é quase duas vezes maior que Portugal), outros com menos de 4km². O estado-membro com menos municípios é Roraima com apenas quinze, enquanto o estado de Minas Gerais possui 853 ou mais municípios.

¹⁶ Lei nº 9.099, de 26 de setembro de 1995: Dispõe sobre os Juizados Especiais Cíveis e Criminais e dá outras providências: "CAPÍTULO. Disposições Gerais. Art. 1º Os Juizados Especiais Cíveis e Criminais, órgãos da Justiça Ordinária, serão criados pela União, no Distrito Federal e nos territórios, e pelos estados, para conciliação, processo, julgamento e execução, nas causas de sua competência. Art. 2º O processo orientar-se-á pelos critérios da oralidade, simplicidade, informalidade, economia processual e celeridade, buscando, sempre que possível, a conciliação ou a transação (...)"

Federal,[17] o Código de Defesa do Consumidor (CDC).[18] Mas foi a partir da introdução da EC 45/2004[19] que esse judiciário acabou entrando de vez em ebulição, quando migraram para a Especializada milhares de lotes de ações de execução previdenciária, que eram da competência da Justiça estadual.

Numa medição realizada por este autor, com auxílio de servidores das varas do Trabalho, enumerando uma sequência de procedimentos administrativos, atos de juízo e a organização do processo de execução, o tempo encontrado para cada processo foi de 72 horas, que, somados os 1,4 milhão de títulos fiscais (previdenciários), afere-se, esse Judiciário dispõe de quatro meses/ano para atender a essa nova demanda, donde se conclui que a Especializada, agora fracionada no seu tempo útil, não tem a menor condição material para realizar essa tarefa com agilidade, crescendo consequentemente o encalhe das ações trabalhistas comuns que tratam das relações de contrato de trabalho.

---

[17] Lei nº 10.259, de 12 de julho de 2001: Dispõe sobre a instituição dos Juizados Especiais Cíveis e Criminais no âmbito da Justiça Federal. "Art. 1º São instituídos os Juizados Especiais Cíveis e Criminais da Justiça Federal, aos quais se aplica no que não conflitar com esta Lei, o disposto na Lei nº 9.009, de 26 de setembro de 1995. Art. 2º Compete ao Juizado Especial Federal Criminal processar e julgar os feitos de competência da Justiça Federal relativos às infrações de menor potencial ofensivo, respeitadas as regras de conexão e continência" (Redação dada pela Lei nº 11.313, de 2006). (...).

[18] Código de Defesa do Consumidor – Lei nº 8.078, de 11 de setembro de 1990, CAPÍTULO I, Disposições Gerais, "Art. 1º – O presente Código estabelece normas de proteção e defesa do consumidor de ordem pública e interesse social, nos termos dos arts. 5º, inciso XXXII, 170, inciso V, da Constituição Federal e art. 48 de suas Disposições Gerais (...)"

[19] Emenda Constitucional nº 45, de 30 de dezembro de 2004 – Altera dispositivos dos arts.5º, 36, 52, 92, 93, 95, 98, 99, 102, 103, 104, 105, 107, 109, 111, 112, 114, 115, 125, 126, 127, 128, 129, 134 e 168 da Constituição Federal, e acrescenta os arts. 103-A, 103B, 111-A e 130-A, e dá outras providências.

CRIAÇÃO DE MECANISMOS EXTRAJUDICIAIS

Uma das medidas mais eficazes para tirar a Especializada do Trabalho do iceberg de ações é o governo criar novos mecanismos extrajudiciais de resolução de conflitos na área laboral, separando o incontroverso do controverso, e trazendo para esse instituto as rubricas que se identifiquem como bens disponíveis, mas para isso teria, de pronto, que alterar o dispositivo da letra do artigo 3º da CLT (art. 3º – Considera-se empregada toda pessoa física que prestar serviços de natureza não eventual a empregador, sob a dependência deste e mediante salário, acrescentando: "I – nas questões de direito disponível, a tutela jurisdicional poderá ser opcional." Mas o que parece simples vem sendo fustigado, e assim será, pelos atores internos da JT, que se antagonizam a tudo e todos que ameacem o seu patrimônio corporativo, ostentado pelos maiores salários do planeta. Nesse universo de "pompa e circunstância" gravitam serventuários e juízes arrogantes, que enxergam apenas a si mesmos. Nesse capítulo de impor barreiras, a Arbitragem (Lei 9.307/04) não ganhou fôlego como mecanismo de conciliação, e as Comissões Sindicais (Lei 9.958/2000) estão relegadas a carimbadoras de rescisões.

Carlos Henrique Bezerra Leite afirma que (*in verbis*): "A desigualdade econômica, o desequilíbrio para a produção de provas, a ausência de um sistema de proteção contra a despedida imotivada, o desemprego estrutural e o desnível cultural entre empregado e empregador certamente são realidades trasladadas para o processo do trabalho." Partindo desse objetivo justo e fraterno, é preciso facilitar de fato o acesso do trabalhador hipossuficiente à Justiça do Trabalho. Mas hoje, *permissa venia*, isso não mais ocorre, temos uma justiça elitizada, descolorada de seus princípios de pacificadora e, sobretudo, apontada para a judicialização, um mal que, ao que tudo indica, é uma segunda contaminação que se apoderou do organismo da Especializada. É correto que a lei procure resguardar os direitos trabalhistas, condicionando, por exemplo, a validade da quitação das chamadas verbas rescisórias à assistência do trabalhador por seu sindicato de classe, pelo Ministério do Trabalho, Ministério Público, defensor público ou juiz de paz, conforme estabelecem os parágrafos do art. 477 da CLT.

A festejada Organização Internacional do Trabalho (OIT), cujas convenções são objeto de latentes elogios dos magistrados trabalhistas, em seu artigo 4º da Convenção 98 assim dispõe: "Deverão ser tomadas, se necessário for, medidas apropriadas às condições nacionais para fomentar e promover o pleno desenvolvimento e utilização de meios de negociação voluntária entre empregadores ou organizações de empregadores e organizações de trabalhadores, com o objetivo de regular, por meio de convenções coletivas", os termos e condições de emprego. A Organização Internacional do Trabalho, na Recomendação nº 94, de 1952, já propunha a criação de organismos de consulta e colaboração entre empregadores e trabalhadores, no âmbito da empresa, para prevenir ou conciliar as respectivas controvérsias, excluindo de suas atribuições apenas as questões compreendidas no campo da negociação coletiva (Reserva Sindical) (...). O nosso modelo é semelhante ao da Alemanha, onde a arbitragem é utilizada tão somente para a interpretação de contratos coletivos (não é permitida, salvo em raras exceções, nos conflitos individuais). Há livre negociação sobre a forma de reajuste a cada ano e acordo de âmbito geral que duram de cinco a dez anos, que são registrados e têm força de lei. Nos acordos há uma cláusula de obrigatoriedade de paz durante toda a sua vigência que impede a eclosão de greves.

Estima-se, em média, que o estoque de 16,5 milhões de ações existentes nesse judiciário seja reduzido em até 50%, ou seja, 8,2 milhões de processos estariam fora desse jurisdicionado. Analisando no tempo, estima-se que em menos de dez anos a Especializada teria um quadro de juízes e serventuários excessivo para atender esse lote de processos. Da mesma forma, tribunais regionais e varas trabalhistas, principalmente as agrupadas nas capitais e grandes cidades, seriam suprimidos, e com isso haveria a economia de R$ 45 bilhões dos R$ 95 bilhões gastos anualmente para manter a JT. Mas é a indústria latejante de ações que interessa aos que estão "se dando bem", nesse segmento. A prova disso é que hoje existe uma centena de escritórios advocatícios que acumulam, em seus arquivos, lotes de milhares de ações, uma demanda que gera receita equivalente à de uma empresa de médio porte. Isso interessa aos atores internos e também aos atores externos, os que monopolizam os maiores contratos de empresas estatais e órgãos públicos, que vêm a ser os maiores litigantes nessa Justiça, com 82% do total de ações.

CAPÍTULO V

INFORMALIDADE É UM GRAVE PROBLEMA A SER ENFRENTADO

De acordo com estudo realizado e divulgado no ano de 2010 pela Organização Internacional do Trabalho (OIT) e pela Organização Mundial do Comércio (OMC), com apoio do Instituto Internacional de Estudos do Trabalho da OIT e da Secretaria da OMC, existe uma franca preocupação com a informalidade no planeta. O Brasil tem hoje 65 milhões de pessoas nessa condição, uma das taxas mais altas entre os países em desenvolvimento. Isso significa que 40% da nossa população não têm proteção social, vínculo de emprego, parte está em negócios clandestinos, pequeno comércio irregular e entre familiares.

Nos países mais pobres, sete em cada dez crianças não têm certidão de nascimento ou outros documentos. De acordo com o relatório: *Os níveis de informalidade variam consideravelmente e vão de apenas 30% em alguns países da América Latina até mais de 80% em países da África subsaariana e da Ásia meridional.* Dados da Pesquisa Nacional por Domicílio (PNAD) de 2007, realizada pelo Instituto Brasileiro de Geografia e Estatística (IBGE), afirmam que nesse ano existiam 4,8 milhões de trabalhadores domésticos informais e apenas 1,8 milhão possuía registro e direitos sociais garantidos.

Um documento do Instituto de Estudos para o Desenvolvimento Industrial (Iedi), com base num estudo da Organização para Cooperação e Desenvolvimento Econômico (OCDE) sobre o comportamento do mercado de trabalho no grupo de países que formaram em tempos recentes a sigla Bric, ou seja, Brasil, Rússia, Índia e China – as quatro maiores economias em desenvolvimento –, revela que a *taxa de crescimento da força de trabalho diminuirá pela metade no Brasil, nos próximos 15 anos, em consequência da ampliação do peso dos trabalhadores mais velhos na sua composição.* Ou seja: a necessidade do emprego na terceira idade subtrai os postos de trabalho que seriam dos jovens

Fixando nossos estudos especificamente naquilo que mais nos interessa e que mais nos preocupa – a economia brasileira –, o estudo revela que, além de nos próximos vinte anos a força de trabalho se alterar nas bases acima expostas, aponta ainda um problema de outra natureza que absolutamente não pode deixar de ser considerado: o elevado índice de postos de trabalhos existentes na informalidade, que representa o altíssimo índice de 45% do emprego total no Brasil.

Ainda assim, as informações do Iedi demonstram que o crescimento econômico de Brasil, Rússia, Índia e China, no período 2000-2005, à criação anual de 22 milhões de empregos gerou nestes quatro países. Essa expansão foi mais de cinco vezes superior à verificada em toda a área da OCDE, que é composta de trinta países, ao longo do mesmo período. Apesar disso, as taxas de desemprego permanecem elevadas em todos os quatro países, embora sejam mais altas no Brasil, atingindo 9%, enquanto na Rússia é de 7,9%, na China, 8,3% e na Índia, 6,0%, estas duas últimas na área urbana.

Uma questão formulada pelo G20 de aplicar "planos de recuperação que apoiem o trabalho decente contribuem para preservar postos de trabalho e de prioridade ao aumento do emprego, proporcionando renda, proteção social e ajuda para a capacitação dos desocupados e dos que correm maior perigo de perderem seus empregos", é o antídoto recomendado para as nações em desenvolvimento que queiram encarar o desafio da informalidade.

Já outro relatório elaborado pela *Commission on Legal Empowerment of the Poor*, organismo independente apoiado pela Organização das Nações Unidas (ONU), indica que cerca de 4 bilhões de pessoas (dois terços da população mundial) estão fora do amparo legal. São os que não possuem documentos, como certidão de nascimento, trabalham na informalidade, moram em terreno sem escritura ou têm algum tipo de atividade sem registro.

O estudo, intitulado *Making the Law Work for Everyone* (Fazer com que as leis funcionem para todos), aponta que o problema atinge tanto a área rural como a urbana. Metade das pessoas das cidades vive em moradias precárias ou trabalha na informalidade, e uma proporção ainda maior mora em áreas rurais isoladas, com acesso limitado a terra e recursos. (...) Segundo o documento, em muitos países a informalidade legal afeta mais de 80% da população. Nas Filipinas, por exemplo, 65% das moradias e negócios são informais. Já na Tanzânia, o índice é de 90%.

O que podemos visibilizar nesse quadro é que a informalidade passou a ser prioridade no mundo, e, portanto, o Brasil tem que encarar esse desafio; embora esteja sendo devorado pelo problema, o governo precisa instrumentalizar seu Estado para um trabalho fecundo nesse segmento, e procurar meios que possam diminuir tal taxa no país. Muitos acreditam que existe nesse sentido uma forte concentração de esforços na estrutura da Justiça do Trabalho, como forma de regularizar e fomentar o desenvolvimento profícuo da relação capital/trabalho, com a prolação de decisões concedendo vínculo, em *please* social, transferindo o ônus social do Estado para a parte ré. Esse quadro hoje se configurou, tanto que nas sentenças trabalhistas a conta social é repatriada para o empregador, mesmo no caso em que o resultado da ação englobe período informal.

Esse dado alarmante é uma faceta criminosa do Estado/Justiça Laboral, que permitem a prática lesiva ao direito do cidadão em desdenho à preposição de falsa lide. É por isso que venho alertando há anos, através das matérias temáticas publicadas no site da *Tribuna da Imprensa on-line*, para o fato de que essa não é a tônica dos integrantes da Especializada, que, ao contrário da qualidade da lei, criaram um antagonismo perigoso e instável para esse entendimento universal. O fato é que não são propriamente as leis do trabalho que agridem a formalidade, são as decisões monocráticas medíocres, pobres juridicamente (autênticos genéricos de leis, que sequer apresentam princípio ativo de eficácia), de primeiro grau e dos tribunais superiores, que fulminam de forma ilegal e dissonante da regra jurídica questões das mais justas para o empregador, principalmente as que encontram amparo no art. 5º da Carta da República e seus incisos.

Toda discussão em torno da reforma trabalhista converge para a realidade de que só uma ampla articulação com o universo do sindicalismo nacional, inclusive os inorganizados em federações, poderá fecundar o novo modelo capaz de nutrir as necessidades de proteção real do trabalhador, prioritariamente na reestruturação da fiscalização federal (DRTs), devido a sua comprovada ineficácia, e no campo jurídico e material (JT), em que reside o seu maior entrave.

Historicamente, os teóricos do trabalhismo definem como correta a possibilidade jurídica da relação de trabalho, projetada a partir da subordinação jurídica do empregador aos ditames do contrato laboral, cujas cláusulas estão definidas na CLT, cuja linha consolidou o pensamento sobre o trabalhismo brasileiro.

Os autores Roberto Fragale Filho e Joaquim Leonel de Rezende Alvim compartilham dessa corrente na publicação *Trabalho, cidadania e magistratura*, quando definem (...) "a ausência de qualquer um destes elementos" ..."agente capaz, forma prescrita ou não proibida por lei e objeto lícito que acarreta a nulidade do contrato".

Ocorre que existe um enorme abismo entre a relação de trabalho, o Estado e a iniciativa privada, distanciando o primeiro com regras excepcionais, privilegiando um grupo, que se transformou em uma casta no universo laboral, tamanhos os privilégios acumulados e alcançados nas estatais na fase do movimento sindical, como também pela vinculação dos valores sociais estatutários conquistados na esteira dos privilégios dos parlamentares, executivos públicos, ministros dos tribunais superiores e da magistratura.

Equivale comparar o contrato de trabalho na indústria com o operário fabril, cuja jornada laborativa é ininterrupta, controlada e monitorada com fim de manter níveis de produção, ao passo que no segmento mais liberal, notadamente no setor de serviços, que permite uma situação cômoda e menos exaustiva, a excepcionalidade fica por conta da remuneração e dos privilégios agregados, como tempo de serviço, rubricas de gratificações, que são números díspares. O texto de Fragale e Rezende fulmina a hipótese de se discutir o salário contratual, no que define (...) "porquanto a força de trabalho já foi despendida pelo trabalhador, não sendo possível o retorno à situação anterior".

Quando se propõe aqui a rediscussão do tema trabalhista, sem corporativismo e isento da influência dos atores internos desse judiciário, é com a singela preocupação de ajustar essas diferenças que a cada momento vêm se distanciando, criando dois polos de trabalho, os altamente privilegiados das estatais e do setor privado. Isso requer uma reavaliação, eis que se trata de violenta discriminação, ofensa à igualdade de direitos e privilégios, por não existir diferença entre empregador, Estado e iniciativa privada, seja na Carta Maior, ou nas leis especiais, que venham consolidar tamanha insensatez.

Nesse paralelo, equivale dizer que o trabalhismo brasileiro, dividido entre estatutários e celetistas, trata-se inequivocamente de um "blefe" institucional de legalidade, é a maior controvérsia da história universal, até porque, *data maxima venia*, a especializada inexiste em 82% dos estados do Brasil, as delegacias fiscais, ironicamente, não conseguem fiscalizar 90% das empresas, e os aplicativos de leis para o contrato laboral se tornaram um pandemônio, conjunto anormal do conhecimento da comunidade jurídica. Além disso, que o sistema de informatização dos tribunais trabalhistas é pífio, a exemplo do TRT do Rio de Janeiro, que é de péssima qualidade, e seus dirigentes, ao longo de anos, vêm tratando da questão com desdenho.

DESARRANJO SOCIAL COM 65 MILHÕES DE INFORMAIS

Por outro lado, vale registrar que a fração do laborativo informal (são 65 milhões de brasileiros na informalidade) deságua no judiciário trabalhista urbano, entre os quais guardadores de carros, que buscam vínculo com o comércio local como justificativa de sua subordinação e existência na atividade mister. E quando reconhecido o vínculo, a sentença é declaração de condomínio pelo juízo, e é aplicada a todos arrolados na lide (reclamação). Vamos supor que sejam cem empresas; notificadas, todas terão que comparecer, e pior, certamente serão executadas, mas delas, preferencialmente a de melhor condição (quem informa é o reclamante), será cobrado integralmente o titulo executivo e ficará com o débito, que poderá ser cobrado dos outros executados, através de uma ação executória de regresso. Ou seja, tentará receber o que pagou por meio de uma nova ação, até porque o juízo trabalhista, por falta de previsão legal (a Emenda 45/2004 não abrange isso), ainda não aceita a ação dentro do processo trabalhista.

É por isso que venho defendendo há tempo a instalação dos juizados especiais do Trabalho, constituídos por conciliadores leigos, para atender essa demanda de ações, que não ultrapassam vinte salários-mínimos. Elas correspondem a 80% das ações que ingressam na Especializada, ficariam os 20% para os magistrados trabalhistas, e, em função da complexidade do caso, se justificaria a já mencionada lide complexa. Nada mais justo para esse profissional exercitar seus conhecimentos jurídicos, acumulados ao longo de carreira togada, sendo assim para a sociedade um ganho real; em contrapartida, o magistrado estaria justificando seu custo/estado.

Enquanto o governo federal anuncia o elastecimento do salário-desemprego para até sete meses, como forma de arrefecer a demanda do desemprego por conta da crise financeira mundial, os ex-empregados podem alcançar outro privilégio, em flagrante contraste com a massa de 65 milhões de trabalhadores informais (sem contrato de trabalho), ou seja, 30% da população brasileira que utiliza com dificuldade a combalida estrutura da saúde pública. Sobre essa e outras questões aventadas no Congresso, o ponto avançado da reforma trabalhista é o PL 1987/07, de autoria do deputado Cândido Vaccarezza (PT-SP), cujo texto reúne 206 leis materiais trabalhistas brasileiras de toda a

CLT, e revoga 195 dessas leis. Fontes ligadas à reforma garantem que nenhuma das alterações trata da questão do trabalho informal, e muitos dos artigos são repetitivos, inaplicáveis e temerários.

É necessário, a bem da verdade, que o governo pilote a reforma incluindo o tema da informalidade, mesmo que para isso necessite de uma reestruturação de todo o processo revisionista das leis trabalhistas, até porque, se isso não ocorrer, a reforma aprovada se tornará excludente na questão social. A regra do processo trabalhista vem sofrendo constante mutação, e a CLT propõe alterações superficiais, isso equivale dizer que a máquina processualista da JT, que trabalha ora improvisada, está disforme, e por isso é dissonante dos ditames de ordem pública, cujos resultados são alarmantes, eis que são derivados da quebra de qualidade de suas decisões.

UM GRANDE DESAFIO POLÍTICO E SOCIAL

O judiciário brasileiro na visão da sociedade é exclusivista, revestido de arrogância, e suas soluções processuais, na maioria das vezes, são superficiais, anatômicas, sem a solidez necessária para serem executadas, e por isso não conseguem agradar sequer os dois polos da demanda. Em razão dessa realidade, é necessário que os integrantes da reforma trabalhista cuidem desse conjunto de falhas na prestação jurisdicional da Especializada, para forjar um novo modelo de justiça.

Para o leigo, é bom ressaltar que existe um movimento de base na JT, no qual os juízes de primeiro grau criaram um código de decisões paralelas às decisões do conjunto dos tribunais e do próprio TST (abordamos detalhadamente esse dispositivo, o qual denominam de enunciados genéricos). Mesmo que essa não prospere em caso de recurso da parte prejudicada, há questões na fase de execução; uma delas é a penhora sobre faturamento, que a exemplo do TRT de Campinas, diferenciadamente de outros tribunais, entende que (...) *para não dificultar subsistência de empresa, admite a penhorabilidade do seu faturamento em caso de ausência de outros bens, desde que seja o faturamento líquido* (Proc. 02036-2004-000-15-00-8-MS). Relator, juiz Luiz Carlos Cândido Martins Sotero da Silva.

As injunções passam também pela penhora de conta-salário, aposentadoria e poupança, numa clara e explícita situação de anarquia e insubordinação às regras e aos ditames de leis, inclusive à Carta Magna, que prevê a proteção aos três elementos. O fato é que, ao patrocinar esse caos jurídico, o juízo, protegido por privilégio regimental, não pode ser atacado com, por exemplo, a ação de perdas e danos, e por isso é uma constante a prática abusiva dessas e outras decisões monocráticas na JT.

Precisa estar claro para a sociedade que o salário, da mesma forma que é impenhorável, precisa de melhor aparato da lei, com punição rigorosa ao infrator. A exemplo do que ocorre na lei fiscal, o labor deve ser pago, e o devedor pode e deve ser executado, com inteligência, sem desvio de procedimento legal, para não empurrar a ação para a eternidade, pois há processos que, devido às injunções (falhas), duram até vinte anos. Por conta dessas e outras agruras praticadas na Especializada, este senão é um duro desafio para os reformistas de Brasília.

Enquanto o Judiciário trabalhista vai empurrando os pequenos empregadores para o abismo, o governo também não faz sua parte no processo social, pois a informalidade galopante é o seu maior desafio, que há duas décadas disparou, numa primeira fase por conta das anomalias cambiais nos governos, e agora pela perseguição xenófoba do judiciário laboral. São duas frentes de ataque contra micro e pequenos empregadores, cujo resultado é a brutal taxa de informais.

SEM REGRAS DEFINIDAS JUÍZES FAZEM O QUE QUEREM

Enquanto a reforma trabalhista tramita no Congresso, integrantes da Justiça do Trabalho, leia-se a magistratura de primeiro grau, navegam divorciados do seu Colendo Superior (TST), ditando regras próprias em detrimento do texto de lei (art. 8º da CLT) e do Direito interpretativo substitutivo, subsidiário (CF, CPC, CPC e CLT, CDC e as

Convenções da OIT, alterando despudoradamente e geneticamente normas de Direito, rechaçando súmulas e Orientação Jurisprudencial (OJ) sem a menor preocupação, porque estão protegidos pela legalidade estatal, que oferece ao juiz a possibilidade de interpretar e tomar decisões de acordo com o seu convencimento. E nessa Especializada, o livre convencimento e a liberdade para tocar de ofício não são os institutos do Direito, mas sim, uma arma letal para o juiz banalizar o processo. Essa deformação administrativa corrompe o Direito, instiga a insubordinação ao mando superior, produz efeitos colaterais, um deles freando a grande massa de processos que dependem da boa aplicação do Direito para tramitar sem risco de nulidade. Essas decisões processuais abruptas alteram o DNA da lei, corrompem os códigos vigentes no país, e, *permissa venia*, não estão acontecendo por acaso, pois têm, entre outros, raízes no 17º Congresso da Associação de Magistrados Brasileiros (AMB), realizado na cidade de Natal, em outubro de 2001, quando foram aprovados textos em confronto com a regra vigente.

O judiciário laboral é hoje um iceberg de ações, com 82% dos seus 16 milhões de processos ajuizados em face da União, estados, municípios e empresas públicas. Nesse universo, estão nada menos que 32 milhões de pessoas, seja pelo polo passivo, ou ativo. No bloco de 18% das ações estão em sua maioria médios, pequenos e microempregadores, enfrentando em grande parte execuções trabalhistas que não condizem com a própria realidade econômica do negócio. O fato é que os atores internos da JT querem (desde que não sejam eles) um vilão para sua leniência, e vem, *data maxima venia*, apontando equivocadamente os recursos processuais. A Carta Laboral é omissa no tocante à possibilidade de liberação de créditos (quando esses existem) ao exequente em fase de execução provisória. Esse tem sido um grande desafio para juízes afoitos, e pouco processualista. Eis que, inconsequentes, cometem a violência, transgridem a regra e denigrem o Direito laboral, com medidas extremas.

Uma delas é a penhora on-line em conta-salário e a aposentadoria dos sócios da empresa devedora. Atualmente, temos o confronto institucionalizado na Especializada, no entendimento de um grupo de juízes hereges, de que é aplicável subsidiariamente o art. 475-O do CPC, para atingir a finalidade do processo social, diminuindo os efeitos negativos da interposição de recursos meramente protelatórios (até então provar o que é protelatório, certamente deriva para uma outra ação do Estado contra o cidadão) pela parte contrária, satisfazendo o crédito alimentar. Por mais que se busque, não existe lei que defina o que é recurso protelatório, e por isso o próprio Judiciário, com suas injunções e o elenco de aplicativos, com o fito de solucionar a ação acaba trazendo nulidades que remetem o processo para a eternidade.

Nesse especialmente constatamos que não existe protelação, eis que o art. 475 do CPC não se aplica ao processo do trabalho. Se o art. 769 da CLT prevê que o Direito comum será fonte subsidiária em casos de omissão para aplicativos no processo do trabalho, pode-se dizer que o art. 889 da CLT remete, nos casos de omissão, à Lei nº 6830/80, na qual nada se fala de aplicação do CPC. Essa é uma das tantas implicações e controvérsias que se estendem por todo Direito do Trabalho, por consequência, o direito das partes litigantes. Mas não estamos órfãos nessa questão, o Direito do Trabalho europeu também está estagnado desde antes do começo da crise europeia. Vale destacar a publicação do *Livro verde* para a reforma dos ordenamentos jurídicos trabalhistas nacionais, em 2006, e sua concretização na noção de "flexisegurança" como o molde ao qual os sistemas jurídicos de cada país deveriam se adequar.

Isso implicou o deslocamento do espaço regulamentar em direção ao âmbito estatal-nacional, que se apresentava como o espaço idôneo no qual se poderiam aplicar as reformas sugeridas e propostas em documentos e recomendações não normativas sem utilizar os mecanismos legislativos da União Europeia. O impasse causou um trauma jurídico, da mesma forma que desordenadamente aqui se faz o Direito do Trabalho, paralelo, genérico, formatado pelos juízes de primeiro grau. E muitas vezes com sentenças feitas por servidores que auxiliam os juízes sem, contudo, estarem dotados de conhecimento jurídico capaz.

O irracional ocorre quando se dá a irracional medida de liberação do crédito ao reclamante, muitas vezes engenhados na execução de forma abrupta e vetusta, com penhora de conta-aposentadoria, salário, poupança, renda das empresas, com limite superior a 30%, inviabilizando o seu funcionamento. Eis que liberado o dinheiro, e o recurso do exequendo lograr êxito, o reclamante não tem como devolvê-lo. Os legisladores, influenciados pela saga dos magistrados trabalhistas, continuam jogando no campo laboral novas leis, a maioria perniciosa, sob o manto da solução do processo, mas, ao contrário, elas entram no gargalo das injunções.

FÓRMULAS NUNCA SURTIRAM EFEITO

E nesse tsunami devasso se instalou no segmento especializado, em junho de 2010, quando foi aprovado no Senado, o PLC 46/10, que trata do Agravo de Instrumento (AI), passando a exigir como garantia o depósito de 50% do valor da ação. O argumento central da proposta, que teve origem no TST, engenhado pela Anamatra, é de que o acionado recorre a esse mecanismo, na maioria das vezes com intuito meramente protelatório. Suposição ardilosa, já que, ao persistir a formulação, o único a ganhar é o juiz, que diminui sua pauta de julgamento. Vale lembrar que dos recursos interpostos no TST, 75% são agravos de instrumento, que, uma vez eliminados, isso para quem já goza de férias de sessenta dias, somado recesso de mais sessenta, nos oito meses restantes, a ociosidade ainda mais se fará presente na mais alta corte trabalhista.

Por todos os meios que o operador estatal empreender na direção da solução da ação trabalhista, na fase de execução, ela se prende à máxima do título líquido e certo, ato jurídico perfeito e acabado, que é o princípio da solução definitiva. O artigo 5º inciso XXXVI da Constituição da República, *expressis verbis*, alberga a garantia de segurança na estabilidade das relações jurídicas, na qual está inserido o ato jurídico perfeito.

Na Justiça do Trabalho, a União é a parte que está presente no maior número de processos (16,7%) ela recorre, tem prazos dobrados, é dispensada de custas e tem blindagem do seu patrimônio. O artigo 5º, Inciso XXXIV da CRFB/88 assegura a todos, independentemente do pagamento de taxas, o direito de petição aos Poderes Públicos em defesa de direito ou contra ilegalidade ou abuso de poder – o Artigo 5º, Inciso XXXV da CRFB/88 dispõe no caput que a lei não excluirá da apreciação do Poder Judiciário lesão ou ameaça de direito; – o Artigo 5º, inciso XLI dispõe que a lei punirá qualquer discriminação atentatória dos direitos e liberdades fundamentais. Você respeita isso, e os juízes?

Muitos entendem que o âmago social ainda é a espinha dorsal do judiciário laboral, eu diria, em princípio, que esse mecanismo não mais existe como química processual, ela perdeu sua coloração, dando lugar à nova engenharia de mecanismos que produz o processo do trabalho. Com isso o processo é elitizado, engessado e atua como erva daninha no canteiro das plantas. Vejamos que, durante décadas, a JT manteve inalteradas as cláusulas que garantem o direito dos trabalhadores, muito embora a solução do conflito, como se fosse uma medula desacoplada do seu eixo principal, navega perdida no espaço da incompetência dos integrantes da Eespecializada, que hoje, no máximo, conseguem entregar 18% de solução dos conflitos (base apurada na análise dos números do CNJ). Desafio qualquer integrante da Justiça Laboral a rebater as minhas afirmações, sei perfeitamente que em seus quadros existem serventuários e juízes comprometidos com a entrega do Direito, mas são poucos, infelizmente.

Se o presente é um pesadelo, o futuro é sombrio, só não enxerga quem não quer. Dos três principais e últimos dispositivos aprovados no processo do trabalho, a penhora on-line, o aumento da garantia para o recurso de revisão e a recente Certidão Negativa de Débitos Trabalhistas (CNDT), pouco se pode dizer: o primeiro naufragou na mesma tormenta dos adotados meios forçados de execução, e o último é ainda objeto de questionamento no STF, pois, ao que tudo indica, só serviu para paralisar a rotina da JT por quatro meses. Falta padronização nas serventias, nos editais, na relação com os atores, e o mínimo de respeito às normas predominantes.

LEI FISCAL E A PRESSÃO JURÍDICA

O Tribunal Superior do Trabalho (TST) e os tribunais regionais do Trabalho (TRTs), perderam visivelmente a eficácia no controle dos atos praticados por seus juízes, numa clara e insofismável situação de que existe uma divisão política refletindo nos mais elementares procedimentos a ponto de quebrar o elo administrativo, que é fundamental para o funcionamento do judiciário. As críticas se aguçam a cada ano, avança o ritmo do número de processos sem solução e, por outro lado, existe um conjunto de ideias maldigeridas sobre as deficiências do sistema judiciário brasileiro, no qual se arregimentam críticas infundadas pelas quais se julga que a reforma redundará na sua melhoria, sendo esta de natureza legal ou tão somente processual. Enumeram como causas súmula vinculante, diminuição do número de recursos controle externo do judiciário, mas não são atacados os verdadeiros problemas, por um lado de natureza administrativa, por outro, política. Ambos reúnem uma série de intempéries cuja química é altamente nociva à saúde do Judiciário Laboral.

Um estudo realizado pela OIT e OMC constata que a grande incidência de emprego informal nos países em desenvolvimento reduz a capacidade em beneficiar-se da abertura do comércio (uma vertente comercial da globalização), criando armadilhas de pobreza para os trabalhadores em transição entre dois empregos. De acordo com o documento, esse produto de um programa de pesquisa, em cuja execução colaboraram as duas entidades internacionais, está centrado nos vínculos entre a globalização e o emprego informal, sendo que este está disseminado em muitos países em desenvolvimento, o que faz com que milhões de trabalhadores careçam quase por completo de segurança no emprego e tenham um baixo nível de renda sem nenhuma proteção social.

Ocorre que os níveis de informalidade variam consideravelmente e vão a 30% em alguns países da América Latina, chegando até mais de 80% em países da África subsaariana e da Ásia meridional. A resposta a isso, segundo a OIT, é fruto do apelo formulado pelo G20 de aplicar *planos de recuperação que apoiem o trabalho decente, contribuindo para preservar postos de trabalho, privilegiando o aumento do emprego, para continuar proporcionando renda, proteção social e ajuda para a capacitação dos desocupados e dos que correm maior perigo de perder seus empregos*. Donde se conclui que o emprego informal abrange empresas privadas não registradas, que não estão submetidas às leis nem às regulamentações trabalhistas nacionais e, por consequência, não oferecem proteção social a pessoas que trabalham de forma autônoma ou pertencem à mesma unidade familiar.

Para o diretor-geral da OMC, Pascal Lamy, *o comércio contribuiu para o crescimento e o desenvolvimento em todo o mundo, mas isto não levou automaticamente a uma melhoria da qualidade de emprego. Necessitamos de políticas internas apropriadas para que a abertura do comércio faça com que se criem bons empregos. Isto é especialmente evidente no marco da crise atual, que reduziu o comércio e empurrou milhares de trabalhadores ao setor informal.*

A análise empírica realizada no estudo mostra que as economias mais abertas costumam ter uma incidência mais baixa de emprego informal. As consequências a curto prazo da abertura do comércio podem estar associadas, em primeira instância, a um aumento do emprego informal. No entanto, os efeitos a mais longo prazo apontam para um fortalecimento do setor de emprego formal, sempre que as reformas do comércio sejam mais favoráveis ao emprego e que haja políticas internas corretas.

Aspectos da terceirização (Lei nº 9.601/98) (II).

O contrato de trabalho instituído pela Lei 9.601/98 é uma espécie de acordo por prazo determinado, criado com a finalidade de tentar reduzir o desemprego e diminuir o número de trabalhadores contratados sem carteira assinada. Em suma, o contrato de trabalho foi criado com o objetivo de tentar reduzir o trabalho informal. O problema é que empresários inescrupulosos utilizam esse mecanismo para fraudar contratações, é o que temos detectado na terceirização dos serviços públicos. Aliás, o ente estatal é o maior demandante no Judiciário Trabalhista, sendo responsável por 80% das ações que estão tramitando na JT.

A Lei 9.601/98, além de tratar da nova modalidade de contratação por prazo determinado, alterou o § 2º do artigo 59 da CLT, criando um sistema de compensação de horas extras mais flexíveis, que poderá ser estabelecido pela negociação coletiva entre as empresas e os seus empregados, podendo abranger todas as modalidades de contratação, ou seja, todos os trabalhadores. Vamos analisar seus dispositivos:

Condição de validade: 1) negociação coletiva; 2) compensação em blocos anuais; 3) período máximo de duas horas por dia; 4) as horas extras não devem ser habituais. O desrespeito a qualquer desses requisitos impõe pagamento do excesso na jornada diária como extra (hora normal + adicional, não se aplicando a súmula 85, pois, se não cumpridos seus requisitos, o Banco de Horas não existe para o Direito). Assim, o art. 59, § 3º da CLT é expresso quanto ao pagamento como hora extra.

> Art. 59 – A duração normal do trabalho poderá ser acrescida de horas suplementares, em número não excedente de 2 (duas), mediante acordo escrito entre empregador e empregado, ou mediante contrato coletivo de trabalho.
> § 1º – Do acordo ou do contrato coletivo de trabalho deverá constar, obrigatoriamente, a importância da remuneração da hora suple-

mentar, que será, pelo menos, 20% (vinte por cento) superior à da hora normal.*

§ 2º – Poderá ser dispensado o acréscimo de salário se, por força de acordo ou convenção coletiva de trabalho, o excesso de horas em um dia for compensado pela correspondente diminuição em outro dia, de maneira que não exceda, no período máximo de um ano, à soma das jornadas semanais de trabalho previstas, nem seja ultrapassado o limite máximo de dez horas diárias.

§ 3º – Na hipótese de rescisão do contrato de trabalho sem que tenha havido a compensação integral da jornada extraordinária, na forma do parágrafo anterior, fará o trabalhador jus ao pagamento das horas extras não compensadas, calculadas sobre o valor da remuneração na data da rescisão.

§ 4º – Os empregados sob o regime de tempo parcial não poderão prestar horas extras.

A respeito do tema, incidem, de maneira geral, as súmulas, do TST 63, 85, 90, 118, 146, 264, 340, 349, 370, 376; e, também, as orientações jurisprudenciais da SDI-I, do TST, 242, 323, 342. A súmula 85, aliás, aplica-se à compensação de horário em geral:

85 – Compensação de jornada.

I – A compensação de jornada de trabalho deve ser ajustada por acordo individual escrito, acordo coletivo ou convenção coletiva.
II – O acordo individual para compensação de horas é válido, salvo se houver norma coletiva em sentido contrário.
III – O mero não atendimento das exigências legais para a compensação de jornada, inclusive quando encetada mediante acordo tácito, não implica a repetição do pagamento das horas excedentes à jornada

---

*Obs.: Conforme a CF/88, o adicional deve ser de, no mínimo, 50%.

normal diária, se não dilatada a jornada máxima semanal, sendo devido apenas o respectivo adicional.

IV – A prestação de horas extras habituais descaracteriza o acordo de compensação de jornada. Nesta hipótese, as horas que ultrapassarem a jornada semanal normal deverão ser pagas como horas extraordinárias e, quanto àquelas destinadas à compensação, deverá ser pago a mais apenas o adicional por trabalho extraordinário.

Reprise-se: se não atendidas as formalidades da compensação mediante Banco de Horas, este não existe para o Direito. Havendo, então, nesse caso excesso da jornada normal, cabe pagamento das horas extras; essa é a inteligência do inciso III da súmula 85, do TST, que, na hipótese, veda respectivo pagamento somente se não dilatada a jornada – e mesmo nesse caso cabe o adicional.

No cotidiano das relações de trabalho, aumenta a cada dia a elaboração indiscriminada de Banco de Horas, de forma totalmente irregular. É comum a prática de mais de duas horas extras diárias para respectiva compensação por Banco de Horas, prática, como dito, flagrantemente ilegal. Na maioria dos casos, o empregado não tem qualquer controle sobre a compensação.

De qualquer forma, a compensação anual é prejudicial ao obreiro, porque o trabalho contínuo e exaustivo atenta contra a saúde do trabalhador; o artigo 7º, XXII da CF impõe redução de riscos inerentes ao trabalhador por meio de normas de saúde, higiene e segurança (a teor, inclusive, dos arts. 194. *caput*, 196 e 197 da CF). Trabalhar o ano inteiro, em jornada superior à normal, para gozar de respectivas folgas somente no fim de 12 meses (conforme redação do artigo 59 da CLT, o empregador pode muito bem deixar a compensação para o fim do ano) é atentar contra a higidez do trabalhador.

De fato, a jurisprudência, antes da lei 9.601/98 – que institui o Banco de Horas –, vinha entendendo que a compensação deveria ser mensal (e não semanal), como, por exemplo, no caso dos vigilantes em jornada de 12 x 36, já que no mês estariam asseguradas as 220 horas, com pouquíssima diferença. Porém, o Banco de Horas alterou toda essa sistemática introduzindo sistema de compensação anual, que, a rigor, faz com que se perca o caráter de vantagem recíproca às partes (idem, ibidem), prejudicando sobremaneira o trabalhador; a compensação mensal beneficiava ambos.

O contexto geral do art. 7, XXI da CF determina reduzir os riscos à saúde do obreiro, não os aumentar. Quanto mais se estende a jornada, mais prejudicial é para o empregado. O próprio instituto das horas extras já é, por si só, pernicioso. Hoje, o limite diário de trabalho é de dez horas, oito normais e duas extras, mediante negociação coletiva (súmula 85, TST), salvo casos excepcionais (artigo 61, da CLT), como já vimos em artigos anteriores.

RESTRIÇÕES À COMPENSAÇÃO DE HORAS (REGRAS GERAIS):

1) embora a jurisprudência admita acordo individual para compensações de horário em geral, conforme Súmula 85, I, do TST, o artigo 58, § 2º, da CLT é claro quanto à exigência de negociação coletiva para a sistemática de compensação anual, que é seara do Banco de Horas;
2) para o menor, salvo negociação coletiva, obrigatória tanto para a compensação de horário clássica como, também, para o próprio Banco de Horas;
3) atividades insalubres a Súmula 349 TST permite compensação por norma coletiva, porém, *data venia*, de duvidosa constitucionalidade, conforme art. 7º, XXII, CF;
4) descanso semanal remunerado e férias não se prestam a compensar Banco de Horas;
5) limite diário de trabalho para posterior compensação: 2h;
6) Banco de Horas em desacordo com o disposto no artigo 59 da CLT é nulo de pleno direito, impondo pagamento das respectivas horas extras.

NO RANKING DAS CONQUISTAS ESTÁ A LEI DE GREVE

Sem a menor dúvida, a Lei de Greve 1 (7.783/1989) se constitui na maior conquista entre todas as diferenciadas e valiosas para o trabalhador brasileiro, mas essa, em especial, é a única que pode, se bem-estruturada uma greve, alcançar o pleito desejado do grevista. Ela é tão vital e estratégica que até os próprios magistrados anunciam 1 através de suas entidades a deflagração de greve no judiciário. No lastro da reforma trabalhista, como ficará a questão, por exemplo, do direito fundamental dos trabalhadores, que é o direito de greve? Até porque, dentro das suas razões, somente nas negociações coletivas o trabalhador (e o empregador também é parte interessada) encontra a única forma de se estabelecer um choque de forças, podendo se for necessário cruzar os braços, mostrando que eles são tão importantes quanto a própria existência do contexto social.

    1 – Lei nº 7.783/1989. Art. 1º É assegurado o direito de greve, competindo aos trabalhadores decidir sobre a oportunidade de cessação da greve. §2º Na falta de entidade sindical, a assembleia geral dos trabalhadores interessados deliberará para os fins previstos no "caput", constituindo comissão de negociação.
    Art. 5º A entidade sindical ou comissão especialmente eleita representará os interesses dos trabalhadores nas negociações ou na Justiça do Trabalho.

    Art. 6º São assegurados aos grevistas, dentre outros direitos:
    I º o emprego de meios pacíficos tendentes a persuadir ou aliciar os trabalhadores a aderirem à greve;
    II º a arrecadação de fundos e a livre divulgação do movimento.
    §1º Em nenhuma hipótese, os meios adotados por empregados e empregadores poderão violar ou constranger os direitos e garantias fundamentais de outrem.
    §2º É vedado às empresas adotar meios para constranger o empregado ao comparecimento ao trabalho, bem como capazes de

frustrar a divulgação do movimento, exercê-lo e sobre os interesses que devam por meio dele defender. Parágrafo único. O direito de greve será exercido na forma estabelecida nesta Lei.

Art. 2º Para os fins desta Lei, considera-se legítimo exercício do direito de greve a suspensão coletiva, temporária e pacífica, total ou parcial, de prestação pessoal de serviços a empregador.

Art. 3º Frustrada a negociação ou verificada a impossibilidade de recursos via arbitral, é facultada a cessação coletiva do trabalho. Parágrafo único: A entidade patronal correspondente ou os empregadores diretamente interessados serão notificados, com antecedência mínima de 48 (quarenta e oito) horas, da paralisação.

Art. 4º Caberá à entidade sindical correspondente convocar, na forma do seu estatuto, assembleia geral que definirá as reivindicações da categoria e deliberará sobre a paralisação coletiva da prestação de serviços. §1º O estatuto da entidade sindical deverá prever as formalidades de convocação e o quórum para a deliberação, tanto da deflagração quanto da cessação da greve no Art. 6º. §3º As manifestações e atos de persuasão utilizados pelos grevistas não poderão impedir o acesso ao trabalho nem causar ameaça ou dano à propriedade ou pessoa.

Art. 5º A entidade sindical ou comissão especialmente eleita representará os interesses dos trabalhadores nas negociações ou na Justiça do Trabalho.

Art. 6º São assegurados aos grevistas, dentre outros direitos:

I – o emprego de meios pacíficos tendentes a persuadir ou aliciar os trabalhadores a aderirem à greve;

II – a arrecadação de fundos e a livre divulgação do movimento.

§ 1º Em nenhuma hipótese, os meios adotados por empregados e empregadores poderão violar ou constranger os direitos e garantias fundamentais de outrem.

§ 2º É vedado às empresas adotar meios para constranger o empregado ao comparecimento ao trabalho, bem como capazes de frustrar a divulgação do movimento.

§ 3° As manifestações e atos de persuasão utilizados pelos grevistas não poderão impedir o acesso ao trabalho nem causar ameaça ou dano à propriedade ou pessoa.

Art. 7º Observadas as condições previstas nesta Lei, a participação em greve suspende o contrato de trabalho, devendo as relações obrigacionais, durante o período, ser regidas por acordo, convenção, laudo arbitral ou decisão da Justiça do Trabalho. Parágrafo único: É vedada a rescisão de contrato de trabalho durante a greve, bem como a contratação de trabalhadores substitutos, exceto na ocorrência das hipóteses previstas nos arts. 9º e 14º.

Art. 8º A Justiça do Trabalho, por iniciativa de qualquer das partes ou do Ministério Público do Trabalho, decidirá sobre a procedência, total ou parcial, ou improcedência das reivindicações, cumprindo ao Tribunal publicar, de imediato, o competente acórdão.

Art. 9º Durante a greve, o sindicato ou a comissão de negociação, mediante acordo com a entidade patronal ou diretamente com o empregador, manterá em atividade equipes de empregados com o propósito de assegurar os serviços cuja paralisação resultem em prejuízo irreparável, pela deterioração irreversível de bens, máquinas e equipamentos, bem como a manutenção daqueles essenciais à retomada das atividades da empresa quando da cessação do movimento. Parágrafo único: Não havendo acordo, é assegurado ao empregador, enquanto perdurar a greve, o direito de contratar diretamente os serviços necessários a que se refere este artigo.

Art. 10 São considerados serviços ou atividades essenciais:

I – tratamento e abastecimento de água; produção e distribuição de energia elétrica, gás e combustíveis;

II – assistência médica e hospitalar;

III – distribuição e comercialização de medicamentos e alimentos;

IV – funerários;

V – transporte coletivo;

VI – captação e tratamento de esgoto e lixo;

VII – telecomunicações;

VIII – guarda, uso e controle de substâncias radioativas, equipamentos e materiais nucleares;
IX – processamento de dados ligados a serviços essenciais;
X – controle de tráfego aéreo;
XI – compensação bancária.

Art. 11. Nos serviços ou atividades essenciais, os sindicatos, os empregadores e os trabalhadores ficam obrigados, de comum acordo, a garantir, durante a greve, a prestação dos serviços indispensáveis ao atendimento das necessidades inadiáveis da comunidade. Parágrafo único: São necessidades inadiáveis da comunidade aquelas que, não atendidas, coloquem em perigo iminente a sobrevivência, a saúde ou a segurança da população.

Art. 12. No caso de inobservância do disposto no artigo anterior, o Poder Público assegurará a prestação dos serviços indispensáveis.

Art. 13 Na greve, em serviços ou atividades essenciais, ficam as entidades sindicais ou os trabalhadores, conforme o caso, obrigados a comunicar a decisão aos empregadores e aos usuários com antecedência mínima de 72 (setenta e duas) horas da paralisação.

Art. 14 Constitui abuso do direito de greve a inobservância das normas contidas na presente Lei, bem como a manutenção da paralisação após a celebração de acordo, convenção ou decisão da Justiça do Trabalho. Parágrafo único: Na vigência de acordo, convenção ou sentença normativa não constitui abuso do exercício do direito de greve a paralisação que:

I – tenha por objetivo exigir o cumprimento de cláusula ou condição;
II – seja motivada pela superveniência de fatos novos ou acontecimento imprevisto que modifique substancialmente a relação de trabalho.

Art. 15 A responsabilidade pelos atos praticados, ilícitos ou crimes cometidos, no curso da greve, será apurada, conforme o caso, segundo a legislação trabalhista, civil ou penal. Parágrafo único: Deverá o Ministério Público, de ofício, requisitar a abertura do competente inquérito e oferecer denúncia quando houver indício da prática de delito.

Art. 16. Para os fins previstos no art. 37, inciso VII da Constituição, lei complementar definirá os termos e os limites em que o direito de greve poderá ser exercido.

Art. 17. Fica vedada a paralisação das atividades, por iniciativa do empregador, com o objetivo de frustrar negociação ou dificultar o atendimento de reivindicações dos respectivos empregados (*lockout*). Parágrafo único: A prática referida no caput assegura aos trabalhadores o direito à percepção dos salários durante o período de paralisação.

Art. 18. Ficam revogadas as demais disposições em contrário.

Lei nº 4.330, de 1º de junho de 1964, Decreto-Lei nº 1.632, de 4 de agosto de 1978.

NA CONCEPÇÃO DOS DOUTRINADORES

Oscar Ermida Uriarte[20] ensina em A *flexibilização da greve*, o Direito do Trabalho tem uma dupla origem histórico-jurídica, que, *a priori*, surge por meio de leis emanadas do poder estatal, delimitando as faculdades, direitos e deveres do empregado e do empregador, ou seja, trata-se de uma origem heterônoma. A outra é autônoma e derivada das formações das massas proletárias organizadas em sindicatos, e atua por meio de instrumentos, como as negociações coletivas e a própria greve, que nada mais é do que uma autotutela lícita, desde que atenda os requisitos aqui estudados e em conformidade com a lei.

Pela ótica da história da formação da legislação justrabalhista na América Latina é notável a predominância do poder heterônomo do Estado sobre a autonomia do trabalhador, de tal forma a limitar a possibilidade de negociação coletiva e as melhorias das condições de trabalho no plano juslaboral. Assim, distingue-se a história do sindi-

---

[20] URIARTE, Oscar Ermida é professor e escritor de nacionalidade uruguaia. Obra: A *flexibilização da greve*, São Paulo: Ltr, 2002.

calismo na América Latina em três fases: a) uma primeira fase, de implantação e fortalecimento dos sindicatos, sob a tutela dos governos populistas; b) uma segunda etapa, de ressurgimento dos sindicatos em face dos governos ditatoriais, levantando bandeiras de defesa de seus direitos associados ao ideal da redemocratização; c) uma terceira fase, que podemos chamar de globalizante, quando os sindicatos formularam uma profunda revisão em sua postura, passando a defender o emprego sob a égide do desenvolvimento e das novas relações de trabalho.

Está claro que existe a necessidade da flexibilização da greve tratada Uriarte a fim de melhor se adaptar à rigidez restritiva da legislação vigente acerca do tema. O eminente professor enumera algumas das várias modalidades de conflitos coletivos encontradas hoje ao redor do mundo, mostrando a eficácia e o caráter, em sua maioria pacífico, dessas ações atípicas. Assim como ele, outros autores citam trata-se da maximização do efeito da greve minimizando seus custos, aliado também às novas formas de produção que impulsionam tais atos.

De fato, o caráter restritivo do texto do art. 2º da nossa Lei 7.783/89, evidencia a herança da regulamentação rígida e limitador a do exercício do direito de greve na América Latina. Outro ponto a ser minuciosamente observado é no tocante à greve do servidor público, vez que o art. 37, VII, CF/88 não delegava direito de greve no serviço público, devido à inexistência de matéria legal. Diante de tal situação, o entendimento do STF era que se tratava de uma norma de eficácia limitada. Acerca do tema, Maurício Godinho Delgado leciona: (...) *as restrições de constitucionalidade que se apresentam à Lei 7.783/89, quando regendo movimentos paredistas do âmbito da sociedade civil, em função do comando amplo do art. 9º da Carta Magna (...), desaparecerão no tocante à regência dos movimentos paredistas dos servidores públicos. É que, neste último caso, a referência constitucional existente será o artigo 37, VII, e não mais o artigo 9º do texto magno.*

Consultando os arquivos do STF, em 25 de outubro de 2007, o plenário do Colendo Julgador, em matéria alusiva à greve, decidiu por unanimidade aplicar ao setor a Lei 7.783/89. No julgamento, o brilhante ministro Celso de Mello salientou que *não mais se pode tolerar, sob pena de fraudar-se à vontade da Constituição, esse estado de continuada, inaceitável, irrazoável e abusiva inércia do Congresso Nacional, cuja omissão, além de lesiva ao direito dos servidores públicos civis – a quem vem se negando, arbitrariamente, o exercício do direito de greve, já assegurado pelo texto constitucional –, traduz um incompreensível sentimento de desapreço pela autoridade, pelo valor e pelo alto significado de que se reveste a Constituição da República.*

O fato é que estamos vivendo momentos de contraste, em que dois modelos de governo se sobressaíram à sombra do mesmo segmento, o trabalho. O primeiro, de FHC, priorizando as privatizações e o segundo, de Luiz Inácio Lula da Silva, operando sua máquina em direção ao social. Ocorre que ambos convergiram para a mesma questão, não fecharam o novo texto laboral, e, como se fosse combinado, houve um arrefecimento do movimento grevista, gradativo desde os primeiros sinais da administração FHC até o limiar do governo Lula.

DIFICULDADES DE SUPERAÇÃO

(Primeiras tentativas de resoluções das relações de trabalho.)

O trabalhismo tem todo um aroma de romantismo, fez e faz parte das grandes lutas do capital/trabalho, é um marco na história universal, e por isso reúne centenas de episódios dando conta do seu surgimento. Um desses se refere ao ano de 1706, quando dois nobres ingleses, em meio ao denso nevoeiro de Londres, conversavam caminhando pela rua quando um deles observou uma carruagem que passava a sua frente e fez a seguinte observação: "Se por acaso o cocheiro ficasse doente, e não tendo um substituto, quem poderia conduzir a carruagem?" Sério, imponente, respondeu o outro nobre: "Os cavalos." Ponderado, inteligente, o nobre observador não levou em conta a estúpida resposta, procurou o governador da província e propôs a criação de uma escola pública para cocheiros, sendo esse o modo de formar substitutos para o caso dos transportes. Nascia ali, segundo a lenda, a primeira sugestão de valorização do trabalho.

Não quero dizer com isso que seria essa a única hipótese do marco inicial da valorização do trabalho, até porque na outra ponta desse emocionante capítulo do trabalhismo estava à espera um século após a mais-valia, a teoria de Karl Marx,[21] princípio basilar que resume toda essa luta épica empreendida na história do trabalhismo. Há de se observar que ninguém jamais poderá retirar do contexto do Estado, mesmo nas nações injustas, dominadas por tiranos e ditadores, onde a mão de obra é explorada, o fato de que o trabalho precisasse ser recompensado de forma justa, regulado por leis seguras, inalteradas e bem-aplicadas. Injusto para o trabalhismo é assistir hoje, numa nação democrática, exportadora de preceitos jurídicos no campo laboral, a uma geração de operadores do Direito passar por cima desse fenômeno que alavanca a economia mundial – a força do trabalho.

O emprego é oferecido pelo capital, e aqueles que mediam as relações deste com o trabalho precisam ficar atentos às consequências

---

[21] Karl Marx foi o primeiro pensador econômico que criticou a dinâmica do modelo capitalista. Escreveu um tratado de três volumes sobre todos os economistas existentes, que foi publicado como *Teoria da mais-valia* e, posteriormente, incorporado à obra *O capital*, publicação mais importante do autor. A teoria marxista da mais-valia pode ser compreendida da seguinte forma: suponhamos que um funcionário leve duas horas para fabricar um par de calçados. Nesse período, ele produz o suficiente para pagar todo o seu trabalho. Mas ele permanece mais tempo na fábrica, produzindo mais de um par de calçados e recebendo o equivalente à confecção de apenas um. Em uma jornada de oito horas, por exemplo, são produzidos quatro pares de calçados. O custo de cada par continua o mesmo, assim como o salário do proletário. Com isso, conclui-se que ele trabalha seis horas de graça, reduzindo o custo do produto e aumentando os lucros do patrão. Esse valor a mais (mais-valia) é apropriado pelo capitalista e constitui o que Karl Marx chama de "mais-valia absoluta". Além de o operário permanecer mais tempo na fábrica, o patrão pode aumentar a produtividade com a aplicação de tecnologia. Dessa forma, o funcionário produz ainda mais. Porém, o seu salário não aumenta na mesma proporção. Surge assim, a "mais-valia relativa". Com esse conceito, Marx define a exploração capitalista.

de suas decisões. Não se pode apontar a esmo à procura do vilão, do não cumprimento das regras laborativas, pois cada caso deve ser visto pelo ângulo do social, da tolerância e do equilíbrio. Para aqueles vilipendiadores do Direito, aplicamos a justiça dentro do devido processo legal; para os que foram comprovadamente vitimados pelo sistema econômico, que em grande parte, por suas anomalias, acabam destruindo negócios, aplica-se a melhor, se não a menos gravosa medida. A maior força pode ser destrutiva, mas a melhor propõe que mais vale conservar próximos o trabalhador do empregador, que mantê-los distante, como se essa relação fosse uma utopia, privada de qualquer chance de se recompor.

Os primeiros registros de tentativas de resolução de problemas referentes às relações de trabalho estão no Conseil de Prud' Hommes[22] – literalmente, conselho de homens prudentes –, da época napoleônica (1806). O sucesso alcançado por esse conselho estimulou outros países europeus a seguir o exemplo francês, instituindo organismos independentes do Poder Judiciário, cuja finalidade era de apreciar causas trabalhistas, basicamente pela via da conciliação entre as partes.

Normas legais de proteção ao trabalhador começaram a se estabelecer com a Constituição mexicana de 1917, que dedicou trinta artigos aos direitos sociais e do trabalhador. Essas normas constaram também do Tratado de Versalhes, de 1919, do qual se originou a OIT, como órgão da antiga Liga das Nações, hoje Organização das Nações Unidas (ONU). A Constituição alemã de Weimer, de 1919, modelo clássico de organização de um Estado social-democrata, também procurou garantir direitos básicos ao trabalhador.

---

[22] Conseil de Prud' Hommes foi os primeiro organismo especializado na solução dos conflitos entre patrões e empregados. O Conseil de Prud' Hommes nasceu na França, em 1806, no entanto, teve uma fase embrionária em 1426 e 1464 quando Luís XI autorizou os *prud' hommes* a solucionarem os conflitos entre os fabricantes da seda em Lyon. Em 1776, o Conseil de Prud' Hommes foi extinto, tendo em vista a ideia liberalista que valorizava o individualismo e condenava qualquer tipo de associação.

HISTÓRICO DA LEGISLAÇÃO TRABALHISTA

O surgimento da legislação trabalhista e da Justiça do Trabalho no Brasil veio como consequência de longo processo de luta e de reivindicações operárias desenvolvido no mundo, e sofreu influência dos princípios de proteção ao trabalhador, defendidos pelo papa Leão XIII em sua encíclica *Rerum Novarum*, de 1891.[23] As primeiras normas de proteção ao trabalhador datam da última década do século XIX, como é o caso do Decreto nº 1.313, de 1891, que regulamentou o trabalho dos menores de 12 a 18 anos. Em 1907, foi instituída uma lei que tratou da sindicalização rural. Em 1917, foi criado o Departamento Nacional do Trabalho (DNT) como órgão fiscalizador e informativo.

---

[23] *Rerum Novarum* (em português, Das Coisas Novas) é uma encíclica escrita pelo papa Leão XIII a15 de maio de 1891 sobre a condição dos operários. Era uma carta aberta a todos os bispos, debatendo as condições das classes trabalhadoras. Wilhelm Emmanuel Von Ketterler e Edward Manning tiveram grande influência na sua composição. A encíclica trata de questões levantadas durante a Revolução Industrial e as sociedades democráticas no final do século XIX. Leão XIII apoiava o direito de os trabalhadores formarem sindicatos, mas rejeitava o socialismo e defendia os direitos à propriedade privada. Discutia as relações entre o governo, os negócios, o trabalho e a Igreja. A encíclica critica fortemente a falta de princípios éticos e valores morais na sociedade progressivamente laicizada de seu tempo, uma das grandes causas dos problemas sociais. O documento papal refere alguns princípios que deveriam ser usados na procura de justiça na vida social, econômica e industrial, como, por exemplo, a melhor distribuição de riqueza, a intervenção do Estado na economia a favor dos mais pobres e desprotegidos e a caridade do patronato aos trabalhadores. A encíclica veio completar outros trabalhos de Leão XIII durante o seu papado (*Diuturnum*, sobre a soberania política; *Imortale Dei*, sobre a constituição cristã dos Estados; e *Libertas*, sobre a liberdade humana) para modernizar o pensamento social da Igreja e a sua hierarquia. Em geral, é considerada como o pilar fundamental da Doutrina Social da Igreja. Pelos sucessores no papado foi denominada de "Carta Magna" do "Magistério Social da Igreja" (Wikipédia).

O FIM DO ESTADO NOVO, SEGUNDA GUERRA MUNDIAL E O TRABALHISMO

O ano de 1941 foi marcado pelo avanço máximo do nazifascismo na Segunda Guerra Mundial; os anos de 1942 e 1943 indicariam o início do colapso das forças do Eixo. A começar pela África, onde o *Afrika Korps* alemão, sob o comando do general Rommel, é derrotado em maio de 1943.

A União Soviética suportava o principal ataque. A maioria do exército alemão, com suas mais preparadas divisões, lutava na frente soviética. Em novembro de 1941, os soviéticos conseguem frear o avanço germânico a poucos quilômetros do Kremlin e transferem para a Sibéria, longe da frente de batalha, na retaguarda, centenas de fábricas e outras instalações militares. Os alemães começaram a se defrontar com divisões bem-armadas e preparadas, oriundas da Sibéria, e os soviéticos alteram o rumo da Segunda Guerra.

Todo esse esforço de guerra, somado ao rigoroso inverno russo de até 40 graus negativos e à grande quantidade de lama devido ao posterior degelo da primavera, limitaram o avanço alemão e permitiram a vitória dos soviéticos na Batalha de Stalingrado, no início de 1943, e o avanço sobre o Leste Europeu e a Alemanha.

No começo de 1941, no Pacífico, os EUA derrotam a frota nipônica na batalha de Midway e avançam sobre as posições japonesas. Em 1944, após uma ofensiva fracassada na Índia, os japoneses perdiam a Birmânia para os ingleses; em outubro de 1944, são derrotados nas Filipinas e os americanos desembarcam 250 mil soldados, à espera da ofensiva final sobre o Japão.

Desde 1943 começa a ficar claro que a derrota do Eixo está próxima, porém os alemães resistiam. Em 6 de junho de 1944 tem início o Dia D, desembarque aliado na Normandia, costa da França. Britânicos e norte-americanos desembarcam quase sem oposição e começa uma corrida rumo a Berlim. As divisões mais poderosas do Reich enfrentavam o avanço soviético, que pressionava as fronteiras da Alemanha.

Hitler ainda tenta uma cartada desesperada e oferece paz a Churchill e Einsenhower, para que o "Ocidente" implementasse uma guerra total contra o comunismo. O avanço do exército soviético sobre Berlim impede a possibilidade dessas negociações. Em abril de 1945, o Exército Vermelho hasteia a bandeira soviética no prédio do parlamento alemão, o Reichstag. No dia 26 de abril, soldados americanos e soviéticos se abraçam em Berlim. No dia 7 de maio ocorre a rendição alemã. O mundo começa a conhecer os horrores praticados pelos nazistas, que executaram milhões de eslavos e judeus, cerca de 1 milhão de ciganos e incontáveis opositores comunistas, socialistas ou democrata-cristãos.

O Japão continua na guerra, mas já dá demonstração de ser um país derrotado. Mesmo assim, os EUA usam a bomba atômica contra Hiroshima (125mil mortos) e Nagasaki (90 mil mortos). A explicação para esse ato monstruoso está no medo do avanço da ofensiva soviética. Além de derrotar os alemães, libertando todo o Leste Europeu, a URSS desembarca na Manchúria e na Coreia e avança sobre o Japão.

Mais do que um último ato de batalha da Segunda Guerra Mundial, as bombas atômicas foram o primeiro lance da Guerra Fria, que seria a marca dos anos futuros...

A CRISE DO ESTADO NOVO

Em fins de 1941, quando fica claro para Vargas e seus aliados que a democratização seria inevitável, iniciam-se tentativas de garantir a continuidade política do presidente, sendo a primeira delas a criação da União Cultural Brasileira – UCB. A entidade tinha como objetivo desencadear uma ampla campanha de esclarecimento sobre o governo Vargas, organizando sua imensa força política com vistas ao plebiscito sobre a Constituição de 1937, e, posteriormente, transformar-lo no embrião de um grande partido político.

O advogado Alexandre Marcondes Filho foi o escolhido para assumir a presidência da UCB. Getulio, escolhido presidente honorário, aprovou os estatutos, o manifesto e concordou com a proposta de nomear um dos articuladores da UCB para o Ministério do Trabalho, Indústria e Comércio.

Esse ministério seria o ponto de apoio-chave para a estruturação e ampliação da UCB em meio às lideranças empresariais e sindicais da indústria do comércio e, principalmente, das massas sindicais. Assim, em fins de 1941, Marcondes, amigo pessoal de Roberto Simonsen, presidente da Federação das Indústrias do Estado de São Paulo e com grande trânsito entre os industriais paulistas, é nomeado ministro do Trabalho, Indústria e Comércio.

Apesar de a iniciativa da UCB não ter sido bem-sucedida, Marcondes continua no ministério, implementando várias medidas que visavam à ampliação do processo de sindicalização com o objetivo de consolidar a base de apoio a Vargas. Sua atuação foi marcada por uma série de iniciativas: Lei de Abono Familiar, programas de construção de vilas operárias e de recreação e o funcionamento dos institutos previdenciários.

Favorecidos pela conjuntura internacional, atos públicos e passeatas a favor da entrada do Brasil na guerra, ao lado dos aliados, começam a ocorrer com frequência, representando uma demonstração de reagrupamento de opositores do regime.

Em 4 de julho de 1942, no Rio de Janeiro, ocorre a Passeata Estudantil Antitotalitária, que, sob a liderança da UNE e agrupando desde liberais até comunistas, exigia a entrada do Brasil na guerra com o bloco dos países aliados contra o nazifascismo e o envio de uma força expedicionária.

Os setores mais duros do regime obviamente não viam com bons olhos o crescimento da pressão popular. O descontentamento com essas manifestações seria o estopim da crise ministerial de julho de 1942. Perdem seus cargos Filinto Müller, chefe de polícia do Distrito Federal desde 1933, Francisco Campos, ministro da Justiça desde 1937, e Lourival Fontes, chefe do DIP desde a sua fundação. A partir desse momento, Marcondes Filho acumula interinamente o Ministério da

Justiça e torna-se um personagem central na condução do processo político nacional.

As mudanças nesses quatro órgãos fundamentais para a orientação política do Estado Novo apontavam para um rearranjo de alianças e de políticas com vistas ao processo de transição democrática, já entendida por Vargas e seus aliados como inevitável no pós-guerra, principalmente depois que o Brasil declara guerra ao Eixo, em agosto de 1942, resultado do afundamento de seis navios brasileiros por submarinos alemães e italianos causando a morte de 607 pessoas.

Em 1943, aprofundam-se a crise política e o isolamento do Estado Novo. As Forças Armadas, que desde o golpe de 1937 davam sustentação a esse regime, ao longo de 1943 encontravam-se em atitudes praticamente conspiratórias, e seu descontentamento aumentaria a ponto de muitos militares de alta patente assumirem, ainda que reservadamente, sua oposição ao Estado Novo.

Do lado empresarial, emitiam-se sinais inquietantes para o regime. Em fins de 1943, a burguesia industrial e seu segmento comercial que, mais do que se acomodar ao Estado Novo apoiaram a sua implantação e em geral conviveram bem com a ditadura, começavam a verbalizar intenções, até certo ponto, democratizantes.

CAPÍTULO VI

METADE DOS 922 ARTIGOS DA CLT NÃO É TRABALHISTA

Ao contrário do que seus integrantes e os comprometidos com o sistema estatal do judiciário trabalhista sustentam, de que a JT é por excelência uma justiça social, numa análise séria, sem comprometimento com os dois segmentos que litigam nesse judiciário, pode-se constatar que o ideal do trabalhismo acabou ficando no meio do caminho, dando lugar à retórica jurídica, as invencionices das decisões das varas trabalhistas e dos tribunais, isso porque, dos 922 artigos da CLT, apenas quatrocentos são trabalhistas.

Como prova dessa corrida inversa aos interesses dos trabalhadores, a JT é hoje um jurisdicionado altamente elitizado, seus integrantes recebem os melhores salários do país, o maior entre todos os poderes de Estado, e nem por isso compensam à altura o que a sociedade lhes proporciona. O fato é que estamos assistindo continuamente a uma enormidade de desmandos jurídicos e insubordinação aos ditames de enunciados, súmulas, Ojs e jurisprudências, comportamento este divorciado dos mais ricos entendimentos que se fundam no social e no conciliar, mesmo aqueles embasados na doutrina dos mais eminentes juristas.

É profícuo preservar o emprego sem aviltamento do salário, só que, como se não bastassem as injunções alinhadas, juízes de primeiro grau da Especializada estão adotando decisões e dando sentenças que fogem do contexto jurídico, como se ali estivessem com o simples objetivo de castigar, julgar e condenar o empregador. Ao passo que isso ocorre, uma enorme lesão contaminou o processualismo trabalhista, afastando dos empregadores e empregados (partes litigantes) a confiabilidade de que esse Judiciário trata seus ditames de lei com esmero e priorizando o bom julgar. O reflexo dessa anomalia é o fato de que o país tem 65 milhões de informais.

Com certeza, o legislador e os colaboradores do texto que deu origem à CLT não avaliou que mais à frente sob o argumento da interpretação, com fundamento no que inspirou o legislador ao propor o artigo, este seria canibalizado e deturpado para servir uma nova ordem desordeira e vetusta. O fato é que a lei trabalhista, com seus 922 artigos, é única para grande empresa, microempresa e empregadores individuais, muito embora esses diferentes universos exijam tratamentos diferenciados, a exemplo do que ocorre com a lei especial para a microempresa, que poderia ser adotada subsidiariamente pelo juiz do Trabalho, sendo ignorada, ao passo, *data maxima venia*, fosse esse instituto benéfico para empregado, seria adotada sem dúvida, é o que não pode, e não deveria ocorrer no jurisdicionado trabalhista.

Tramita na Câmara o Projeto de Lei 1987/07,[24] do deputado Cândido Vaccarezza (PT-SP), que reúne em um texto o teor de toda a legislação trabalhista. Ao todo, foram agrupadas 206 leis referentes à CLT, sendo que a proposta revoga 195 dessas leis. As outras 11 não foram integralmente revogadas porque tratam de temas que extrapolam o Direito material, principal foco do projeto. O fato é que os 922 artigos da CLT sofreram mais de duzentas alterações, mais de 20% de seus dispositivos foram alterados e atravessaram quatro Constituições (1937, 1946, 1967 e 1988), o que requer um enxugamento e uma atualização de seus artigos. Existe na Câmara um grupo de trabalho para pesquisar a Consolidação da Legislação Brasileira, que é coordenado por Vaccarezza e propõe reunir as cerca de 177 mil normas em vigor atualmente no Brasil em vinte códigos.

---

[24] A Câmara continua analisando o Projeto de Lei.

Com esta CLT ou a nova, o bom-senso; o apaziguamento das relações do trabalho precisam ser cultivados e preservados, até mesmo por essa questão ser o primado do vocalato do julgador, que poderia utilizar pontos sensíveis da relação laboral, a exemplo da revelia[25] na primeira audiência, sem chance de uma segunda convocação, e a adoção de critério da representação do preposto da empresa, com uma visão menos exorcizada. É bom alienar a questão da carga tributária do empregador como termômetro do emprego com carteira assinada; o empresário que assina a carteira dos funcionários sofre uma concorrência brutal e desleal dos que não fazem isso, ficando com os encargos dos impostos, garantindo a proteção ao empregado, mas enfrenta aqueles que trabalham informalmente.

A exegese desse dispositivo legal conduziu o C. TST, através da Seção de Dissídios Individuais I, a enunciar o precedente nº 74, no seguinte sentido: "Revelia – ânimo de defesa. Revelia. Ausência da reclamada. Comparecimento de advogado. A reclamada ausente à audiência em que deveria apresentar defesa é revel, ainda que presente seu advogado munido de procuração" (CLT comentada, Valentin Carrion).

EXTINÇÃO DA CLT OU MANUTENÇÃO DA JT?

Existe uma corrente de juristas que defende a extinção não da Justiça Trabalhista, mas da CLT, migrando seus artigos consolidados de proteção real ao trabalho para o Código de Processo Civil, no qual o jurisdicionado laboral garimpa subsídios para aplicar suas decisões. Isso ocorre não só por força de lei, mas também pela adoção voluntária, a exemplo do que ocorre com a Lei Fiscal e o Código de Defesa do Consumidor (CDC).

---

[25] O caput do art. 844 da CLT diz: "O não comparecimento do reclamante à audiência importa o arquivamento da reclamação e o não comparecimento do reclamado importa revelia, além de confissão, quanto à matéria de fato."

Calamandrei também ensina em um dos seus trabalhos que (...) *Sólon, no dizer de Aristóteles, redigiu as suas leis propositalmente obscuras, a fim de darem lugar a muitas controvérsias, permitindo dessa forma ao Estado o meio de aumentar, pelo julgamento, a sua autoridade sobre os cidadãos.* É exatamente, *data maxima venia*, o que o julgador da Especializada usa no trato da relação capital/trabalho. A Justiça Trabalhista ganhou densidade, inchou, tornando-se um iceberg, e sempre vem colhendo os frutos podres da relação laboral, gerados pelas anomalias dos governos. Agregado a isso, a sobrecarga fiscal e as constantes mutações do capital internacional trazem agruras, devastando empresas, trazendo o desemprego. Quando seus negócios naufragam, enquanto perde fortuna imobiliária e pecuniária, o trabalhador perde o emprego e a verba alimentar, sem, contudo, ter a devolução do tempo despendido com seu labor, eis aqui o maior desafio a ser suprido pela justiça social.

Punir violentamente o empregador pode até significar a ressurreição, mas não atende o principal, que vem a ser a entrega da tutela salarial almejada pelo Estado em prol do trabalhador. Isso ocorre pela falta de uma lei rígida a ponto de o julgador ter o poder de confiscar o patrimônio do empregador, para obrigá-lo a cumprir suas obrigações sociais já na primeira audiência, quando comprovada sua culpa. Em outras palavras, para isso é preciso observar que a tutela do trabalho é título inegociável, em detrimento dos seus apêndices, representados pela enorme lista de direitos extras, a exemplo da comparação salarial, do desvio de função, da jornada extrapolada, do salário *in natura*, do vale-transporte, da ajuda de custo, do dano moral, entre outros. Todos carecem de melhor formatação.

O processo trabalhista precisa ser separado em dois módulos, o inegociável, esse, sim, tutelado pelo Estado, e o negociável, que se destina à vontade das partes, sob a vigia do Estado juiz, daí que é incontestável a razão da existência do Juizado Especial do Trabalho e da Vara de Execução Trabalhista, esmerados no funcionamento desses instrumentos materiais nas Justiças federal e estadual. É justo que uma boa lei obrigue que esse mal empregador pague, com seu patrimônio, o malogro do seu negócio, que acabou atingindo seus empregados.

Para que o Estado atinja esse objetivo, os integrantes da JT precisam tratar a execução trabalhista com inteligência e organização, operando com maior clareza a caça aos bens, sem que isso provoque a reação de um outro direito, justamente o que ainda não foi demolido pela JT, o direito de preservação do patrimônio familiar, aquele, a exemplo da lei 8.009/90, que protege o bem de família, comumente vilipendiado na Especializada, obrigando o atingido a buscar seus direitos nos tribunais superiores.

Tramita na Câmara dos Deputados proposta do deputado Valtenir Pereira (PSB-MT) de emenda à Constituição (PEC 327/09), que concede a competência penal à Justiça Trabalhista e transfere para a Justiça do Trabalho as causas penais decorrentes das relações de trabalho que são da competência da Justiça Federal: o processamento e julgamento de crimes como o de sujeição de trabalhadores à condição de escravos e o de frustração de direito assegurado por lei trabalhista. Recente decisão da própria JT mostra essa necessidade – AÇÃO CRIMINAL. JUSTIÇA DO TRABALHO. INCOMPETÊNCIA. A *Justiça do Trabalho não detém competência para processar e julgar causas criminais, não lhe sendo atribuídas pela Emenda Constitucional nº 45/2004, além do habeas corpus, qualquer outra ação de natureza penal.* AC 2ª T 10686/2007 – RO 02305-2006-029-12-00-6 – 12ª REGIÃO – Sandra Márcia Wambier – Relatora. DJ/SC de 26/07/2007 – (DT – setembro/2007 – vol. 158, p. 55). Entre os postos, a Especializada caminha lenta, jurássica e desordenada, materialmente e juridicamente, em que pese a reforma trabalhista estar em curso.

JUDICIÁRIO VIVE O SEU MOMENTO MAIS AGUDO

Não resta a menor dúvida de que o judiciário teve o seu momento mais agudo: esse ápice histórico foi edificado pela soberba e pelo isolamento dos seus integrantes, que tinham a sociedade como mera espectadora das suas ações. A sinalização ficou mais intensa a partir de 2000, após a extinção da representação paritária na Justiça do Trabalho, que tinha como seu principal fundamento a economia para os cofres da União. Sem reação, esse segmento, ao contrário de propugnar pelo fortalecimento desse judiciário, aperfeiçoando os sindicalistas para o trato das questões afetas ao Direito do Trabalho, com ênfase na conciliação (os sindicalistas atingiam percentuais de até 60% de acordos por pauta na 1ª instância), procurando melhorar sua representatividade e preparando melhor seus representantes classistas, adormeceu em sua própria inércia.

A magistratura, percebendo essa fragilidade e no afã de ocupar as vagas dos sindicalistas no TST (18 vagas), e nos tribunais regionais (240 vagas), fez coro com a Central Única dos Trabalhadores (CUT) e o Partido dos Trabalhadores (PT), principais protagonistas do episódio. Mais à frente, a proposta foi incorporada pelo presidente Fernando Henrique Cardoso, que liberou a base governista para votar pela extinção da representação. A partir daí, isolados no habitat do jurisdicionado laboral, a magistratura optou pela via da reserva de mercado, criando o isolamento, que hoje é, sem a menor sombra de dúvida, o seu calcanhar de Aquiles.

Na medida em que o corporativismo fermentava a cabeça da magistratura trabalhista, crescia a espreita desse mal, o que denomino de "tendência espontânea", ou "tendência estimulada", fazendo com que os próprios trabalhadores, principal razão da existência desse judiciário, passassem a desacreditar na solução da sua reclamação trabalhista, seja pelo excesso de tecnicismo na condução do julgamento, seja pela ausência de quesitos objetivos que inibissem a abertura de fendas, por onde vertem os recursos infindáveis. Por conseguinte, sem os sindicalistas a fase de conciliação foi praticamente zerada, não passando da simples frase: "Possibilidade de acordo, senhores?"

O fato é que não se poderia imaginar que, a partir do recrudescimento das ações e da enorme muralha protecionista construída pelos integrantes da Especializada, os juízes trabalhistas enveredassem pelo caminho do complexo, abandonando de vez os princípios do processo trabalhista esculpido nas leis que adornam sua feitura, tendo como base a oralidade e simplicidade na condução da ação. Vamos falar aqui, mais à frente, sobre a oralidade e simplicidade confrontando o texto celetista com os demais textos quando trata de matérias complexas, a exemplo das questões que exigem conhecimento técnico, para fins de perícia e especialização em temas migrados da modernidade e da globalização, da exemplo da informática, do trabalho a distância e das incorporações de rubricas afetas ao labor.

PROCON REVELA-SE MAIS EFICAZ

Em dezembro de 2010, uma pesquisa realizada pelo IBGE (Pesquisa Nacional por Amostra de Domicílios – PNAD) direciona que, para a maioria da população brasileira, os conflitos foram solucionados com mais rapidez pelo Procon do que pelo judiciário. Os dados do Instituto mostram que os conflitos são da área trabalhista. De acordo com a pesquisa, 50,8% das pessoas que buscaram solução para os conflitos ainda não obtiveram um resultado, cinco anos depois. Nesse período, das 11,7 milhões de pessoas que buscaram solução para algum tipo de conflito, 5,8 milhões (49,2%) tiveram sua causa solucionada e 5,9 milhões (50,8%) ainda não tiveram seus conflitos julgados definitivamente.

O Procon foi apontado pela maioria como o autor da solução dos conflitos (69,4%) em menos tempo. A Justiça teve o maior percentual de indicação dos conflitos não solucionados (56,5%). As áreas trabalhista, de família e criminal, representam, respectivamente, 23,3%, 22,0% e 12,6% do total das demandas de conflitos do país. Os conflitos trabalhistas predominam no Sudeste (24,8% do total); os de família, no Norte (29,9%); e os criminais, no Norte e Centro-Oeste (15,8% e 15,7%). Das 12,6 milhões de pessoas de 18 anos ou mais que tiveram situação de conflito, 92,7% (11,7 milhões) buscaram solução, sendo que 57,8% recorreram principalmente à Justiça e 12,4%, ao Juizado Especial.

O predomínio dessas duas instâncias foi também constatado nas grandes regiões, com destaque para a região Sul, onde a busca da solução dos conflitos via judiciário atingiu 63,2%. Já os Juizados Especiais tiveram o maior percentual de busca na região Norte (15,8%). Aqueles que não buscaram solução na Justiça para os conflitos (29,8% ou 3,8 milhões de pessoas) apontaram alguns motivos para não fazê-lo. Dentre eles, *o fato de a solução do problema ter ocorrido por meio de mediação ou conciliação*, 27,6%; e a percepção de que *na Justiça demoraria muito*, manifestada por 15,9% dos entrevistados. (fonte: IBGE e site Uol).

BOMBA ATÔMICA PRONTA PARA SER DETONADA

A Justiça do Trabalho em sua origem não tinha a vocação, menos ainda o apego à formalidade, era pelo princípio da oralidade, e seus idealizadores e legisladores a moldaram com o ideal de justiça, para estabilizar as relações de trabalho, mas não imaginaram as consequências e os desdobramentos que aquelas regras sociais tão importantes iriam provocar quando nas mãos de pseudomodernistas que, embevecidos de poder estatal, mudariam seu texto numa usinagem sem fim.

A química desse projeto social laboral tem hoje o mesmo efeito da bomba atômica (resguardada a devida proporção), porque, segundo frase do cientista Albert Einstein, *A liberação da energia atômica mudou tudo, menos nossa maneira de pensar.* Senão vejamos uma de suas impropriedades: a própria Carta Laboral, no seu artigo 878, confere ao juiz o poder de promover a execução, sem a necessária tutela da parte, *jacta alea est*, mas o grande problema é a materialização desse suporte legal, e quase sempre ele é desvirtuado por exagero ou por desprezo do seu manejo.

Faltam subsídios e a indicação dos bens, fazendo-se necessário requerer dados da Fazenda Pública, dos cartórios de registro, bancos e das financeiras. Entregar para o juízo do Trabalho a tarefa de colher informações para executar é tão impróprio quanto o magistrado decidir matéria contrária à regra processual. Seriam essas tarefas delegadas a terceiros com fé pública? Os cartórios poderiam, quando provocados, simplesmente informar via on-line, sem a necessidade da formalidade que trava e com a qual se perde uma enormidade de tempo para seu procedimento?

Muitos questionam se existe a necessidade de uma execução inviabilizar um negócio, quando determinada de forma abrupta e violenta a ponto de causar um mal social maior, podendo o juízo propor a solução da lide por meio de medidas que não gerem dano irreparável ao empregador, até porque no negócio podem existir outros que poderão sofrer ao lado deste as consequências da constrição, ocasionando o atraso no recebimento de salário, e até mesmo a perda do emprego.

Isolada das demais justiças, a JT é protegida por blindagem própria, e dessa forma os juízes de primeiro grau, em grande parte, não adotam as súmulas editadas pelo Tribunal Superior do Trabalho (TST), jurisprudências dos tribunais de segunda instância e a íntegra das mudanças introduzidas em quesitos relacionadas à Especializada, pelo novo CPC e pela Lei nº 11.232/2000. A relação laboral tutelada faz do governo o avalista da relação contratual, por consequência este tem a responsabilidade de fiscalizar com rigor e assim manter a relação profícua para o empregador que produz e para o trabalhador que seja estável socialmente.

É fato que o Estado precisa dinamizar esse conjunto produtivo, que é, *data maxima venia*, o principal alicerce da sua Estabilidade econômica. Ocorre que sem a maestria dos integrantes da especializada, primado pela estabilidade nas relações e no perfeito equilíbrio do social laborativo, social produtivo, dificilmente o governo atingirá seu objetivo de pleno social.

Enquanto a legislação trabalhista continuar prevendo sem critério a aplicação subsidiária do Código de Processo Civil (CPC), quando se trata de dano moral, entre outros, em razão da não anotação das CTPs e de faltas cometidas contra o empregado, com o acréscimo da ausência de anotações e a retenção das CTPs derivadas da relação laboral no curso do contrato, essa parcela indenizatória será sempre alta.

Admite-se que está não é a solução, pois as práticas lesivas continuam sendo cometidas, e, cada vez mais, o mal segue ganhando novos formatos e variedades, a exemplo do constrangimento aplicado com castigos humilhantes, formação de lista negra, para frear contratação de trabalhadores que ingressaram com ação trabalhista, consultas a órgão de restrição ao crédito, entre outros meios lesivos. Assim, esse modelo de penalidade pecuniária, embora pedagógica, não atinge seus efeitos, da mesma forma que não pode ser cumprido por micro e pequeno empregador, que se já não dispõe de verba para pagar a execução, de que adianta aumentar seu custo aplicando penalidade de dano moral? Não menos entendo o exemplo do que ocorre nas penas alternativas! Não seria esse o caso típico de constrição criminal? Melhor seria se o causador do dano fosse condenado a pagar por seu erro, cumprindo sentença de prestação de serviço comunitário?

MUTIRÃO DE LEILÕES JUDICIAIS NÃO OBTÉM ÊXITO

Em novembro de 2011, a Justiça do Trabalho, tendo como meta arrecadar até R$ 2 bilhões, realizou o 1º Leilão Nacional de Bens, evento de execução que se constituiu no maior leilão judicial do mundo. A lista dos bens avaliados incluiu automóveis e outros objetos, como computadores, mesas e equipamentos médicos, lotes de esmeraldas, apartamentos, vestidos de noiva e até estádios. A iniciativa foi coordenada pelo Conselho Superior da Justiça do Trabalho, dentro da programação da Semana Nacional da Execução Trabalhista, e contou com a participação de todos os 24 Tribunais regionais do Trabalho (TRT). O TST esperava que fossem conclusos o maior número de processos em fase de execução.

O ministro João Oreste Dalazen, na época presidente do TST e do CSJT, anunciou: "São milhares de bens que vão arrecadar milhões de reais para a satisfação de direitos trabalhistas reconhecidos em processos que tramitam perante a Justiça do Trabalho". Com o sinal de alerta ligado, o dirigente afirmou: "A taxa de congestionamento da execução trabalhista é um fator de imensa apreensão para todos nós. De cada cem credores que têm ganho de causa em definitivo na Justiça do Trabalho, apenas um terço, em média, recebe o seu crédito." O resultado não foi dos melhores, a arrecadação dos bens leiloados não atingiu sequer a terça parte do valor avaliado. E, como consequência, a ordem em off para os juízes de primeiro grau era a de executar, de forma abrupta, as ações que se encontravam em fase de execução.

EM 2005 UM QUADRO QUE SE ESTENDEU ATÉ 2012 (FONTE TST)

No ano de 2005, a situação material da JT era a seguinte: Na 1ª instância da Justiça Trabalhista, existiam 1.314 varas trabalhistas distribuídas em 588 municípios e com jurisdição em 5.495; 69 destes ainda permanecem sem jurisdição trabalhista. E, segundo previsão, o total de varas existentes será de 1.378, quando forem instaladas as 64 restantes, criadas pela Lei nº 10.770, de 21/11/2003. Estão em atividade, na 1ª Instância, 2.259 juízes e 17.306 servidores, sendo 15.352 do quadro permanente, 42 sem vínculo e 1.912 requisitados.

Nesse mesmo ano, a despesa da Justiça do Trabalho, para cada habitante do país, foi de R$ 37,06; dez Regiões possuem despesa por habitante superior a esse valor: 10ª com R$ 62,92; 14ª com R$ 57,48; 11ª com R$ 52,10; 4ª com R$ 49,25; 1ª com R$ 48,26; 13ª com R$ 47,39; 12ª com R$ 44,15; 23ª com R$ 40,56; 20ª com R$ 39,28; e 24ª com R$ 37,96. A 16ª Região apresentou o menor custo por habitante nos últimos dois anos: R$ 9,52 em 2004 e R$ 11,37 em 2005; a 10ª, o maior: R$ 58,33 em 2004 e R$ 62,92 em 2005. Os valores referentes ao TST foram de R$ 2,38 e R$ 2,74 em 2004 e 2005, respectivamente.

O ano de 2005 iniciou com um saldo de 1.538.100 processos pendentes de execução, ao qual foram acrescentados, 975.229 outros totalizando 2.513.329. Desse total, 568.632, 23%, foram encerrados. O congestionamento correspondente ao percentual de processos não resolvidos em cada instância foi de 63% no TST, 32% nos TRTs e nas varas, de 33% na fase de conhecimento e 77% na fase de execução. No TST, a taxa de congestionamento apresentou redução de 7% em relação a 2004; nos TRTs, de 10%; e na 1ª instância ocorreram aumentos de 9% na fase de conhecimento e de 2% na fase de execução. É importante destacar que apenas o TRT da 2ª Região apresentou taxa de congestionamento superior a 50% e que na 1ª instância, na fase de execução, todas as Regiões apresentaram taxa superior a 62%.

A Justiça do Trabalho arrecadou R$ 2.092.845.510,54. O valor recolhido em cada instância foi de R$ 29.056,41 (R$ 6.485,18 em custas e R$ 22.571,23 em emolumentos) no TST; R$ 6.565.168,86 nos TRTs (R$ 6.188.309,19 em custas e R$ 376.859,67 em emolumentos) e R$2.086.251.285,27 nas varas (R$ 132.053.847,85 a título de custas processuais, R$ 4.400.166,88 de emolumentos, R$ 990.635.687,16 de créditos previdenciários, R$ 956.570.571,73 de Imposto de Renda e, no período de julho a dezembro de 2005, R$ 2.591.011,65 de multas aplicadas pela DRT, em decorrência da ampliação da competência da Justiça do Trabalho). Nos TRTs, a arrecadação de custas cresceu 10% em relação a 2004 e nas varas houve um aumento médio de 14% em sua arrecadação, sendo 16% de custas, 5% de emolumentos, 3% de contribuições previdenciárias e 28% de Imposto de Renda. Os números são do TST, e correspondem ao ano de 2005. Projetando o percentual de cada quesito apresentado, temos o mesmo quadro de 2006 a 2011, muito embora os números não estejam disponíveis para consulta.

NÃO ACATAMENTO DAS SÚMULAS E JURISPRUDÊNCIAS

Após um longo período de injunções e insubordinação, o TST resolveu, por meio da Resolução Administrativa 1.448/2011, paralisar todas as suas atividades durante uma semana (16 a 20 de maio de 2011), para debater, segundo o próprio tribunal, o *emaranhado de divergências que vem atrapalhando a eficácia de suas decisões.*

A direção do Colendo Superior Trabalhista finalmente reconheceu que seus ministros e juízes de tribunais regionais andam se desentendendo na interpretação das leis, *muitas delas desatualizadas, e dando sentenças contraditórias em causas semelhantes, o que compromete a credibilidade da Justiça Trabalhista e causa indignação às partes. É tanto bate-cabeça que as sentenças estão se tornando letra morta.*

Em 2003 aconteceu o primeiro movimento no sentido de dar qualidade e agilidade às decisões dos tribunais. O alvo como sempre foi o juiz de primeiro grau. Na época, a Justiça do Trabalho estava sob forte pressão da sua base política (Anamatra) e dos legisladores, e se cogitava a extinção do TST e a migração das causas trabalhistas para a Justiça comum (STJ).

AUSÊNCIA DE PENAS SEVERAS PARA OS JUÍZES

Enquanto a magistratura trabalhista continuar com toda a liberalidade praticando atos processuais, sem o menor temor de sanções legais que afetem não apenas a sua carreira de juiz, mas também o seu bolso, será improvável que isso acabe. O desmando é marcante, eles não respeitam as mais elementares normas do Direito, praticam delirantes barbáries, a exemplo da interdição de estabelecimentos como forma de forçar arrecadação de renda na execução, a realização de praças e leilões de bens com a cotação infinitamente abaixo do valor real (muitas vezes são bens que foram avaliados há anos). Em alguns casos, chegam ao extremo de leiloar cotas societárias pelo valor nominal do contrato social, em flagrante desconhecimento da forma que rege as sociedades civis, quando tratam da questão patrimonial. Não raro, demandam execução penhorando contas-poupança, aposentadoria e conta conjunta em que uma das partes sequer participou da sociedade executada. Bloqueiam valores de sócios que não faziam parte do negócio no período em que o empregado laborou (em que pesem alguns entendimentos), mesmo assim atingem o patrimônio dos que se desligaram antes da admissão do empregado na empresa. Tudo catastrófico, desastroso, desigual, uma balbúrdia, praticada despudoradamente, na maior frieza, à vista de tudo e todos, exatamente porque não existe punição disciplinar maior para esses desmandos.

TST NÃO QUER O AGRAVO DE INSTRUMENTO

De acordo com os números registrados no CNJ, o índice de recursos é maior no Judiciário Trabalhista, e os recursos ao TST contra decisões dos TRTs totalizam 34,6% dos casos. O percentual de sentenças de primeiro grau que são contestadas em segundo, contudo, é bem maior – 77,9% nos processos em fase de execução e 62,7% nas ações em fase de conhecimento. Sendo assim, é notório que os Agravos de Instrumento (AI) são interpostos quando há necessidade de uma avaliação pelo TST, no Recurso de Revista (RR), do Recurso Ordinário (RO), e quando do RO do Agravo de Petição em matéria de execução, onde, ao que tudo indica, estaria a execução garantida, *ex factu avitun jus*, portanto inatingível pela nova lei.

Essa medida ajuda, *data permissa*, a Corte Superior, que estará desafogada (fato que devemos aguardar), e sendo assim não conferirá celeridade à Justiça do Trabalho, pois sempre existirá a possibilidade de um Agravo de Instrumento após o Agravo de Petição, o qual só é possível com a garantia do juízo. A nova magistratura deve estar atenta à nova demanda por justiça e assumir sua responsabilidade na gestão da instituição, construindo um novo perfil de juiz, humanista, pragmático, gestor, participativo, questionador e produtivo.

O uso da posição como privilégio para apenas ser representativo socialmente no conjunto das funções exercidas no Estado, e a seu favor, a ponto de promover o desmanche da estrutura do Direito, alicerçado em promessa de restabelecer a celeridade no Judiciário Laboral, caminha para o revés se provado o arrefecimento das ações envidas por AI ao TST, mas que abrirá o flanco que permitirá a extinção dessa Corte. O principal objetivo do trabalhador que recorre à Justiça obreira é a de receber seus direitos trabalhistas, principalmente a verba incontroversa, que são prioritariamente o salário e seus reflexos, e, sendo assim, deveria ser irrecorrível por força de lei.

O trabalho despendido pelo empregado não pode ser devolvido pelo patrão, sendo essa a única forma de receber a verba alimentar, mas que infelizmente, no judiciário trabalhista, essa mesmo que, incontroversa, por uma série de razões fica atrelada ao recurso e acaba levando anos. Esse senão é o mais cruel e nocivo para o trabalhador, que por isso, conforme corroboram as pesquisas de opinião, acabou perdendo a confiança nesta Justiça. Hoje, um processo demora em média de seis a 15 anos para ser resolvido na JT, e inúmeros são os recursos permitidos pelo Direito e por conta das apontadas injunções praticadas pelos juízes que prolatam decisões, de tal fragilidade, permitindo recursos por nulidades.

Na técnica do Direito do Trabalho, a condição de hipossuficiente do empregado é que autoriza o juiz a adotar a inversão do ônus da prova, cuja regra está consagrada no CDC, artigo 6º, VIII, e também no artigo 852-H da CLT. O artigo 6º, VIII, do CPC, dispõe que *são direitos básicos do consumidor:* (...) VIII – *a facilitação da defesa de seus direitos, inclusive com a inversão do ônus da prova, a seu favor, no processo civil, quando, a critério do juiz, for verossímil a alegação ou quando for ele hipossuficiente, segundo as regras ordinárias de experiência.* E o artigo 852-H da CLT dispõe que: *O juiz dirigirá o processo com liberdade para determinar as provas a serem produzidas, considerando o ônus probatório de cada litigante, podendo limitar ou excluir as que considerar excessivas, impertinentes ou protelatórias, bem como para apreciá-las e dar especial valor às regras de experiência comum ou técnica.*

Embora o artigo 852-H da CLT trate especificamente de matéria de prova no procedimento sumaríssimo, não impede o juiz de aplicá-la no procedimento ordinário. Ao juiz do Trabalho, a bem do direito e da celeridade, lembramos que existe dispositivo legal, já que *a Lei 9.492/97 estabeleceu que o protesto é o ato formal e solene pelo qual se provam a inadimplência e o descumprimento de obrigação originada em títulos e outros documentos de dívida*. E o artigo 2º, da mesma lei, dispõe que *o protesto visa à garantia de autenticidade, publicidade, segurança e eficácia dos atos jurídicos, sem fazer qualquer restrição quanto às espécies de atos abrangidos*.

O TRT3 já firmou convênio com os tabeliães de protesto do estado de Minas Gerais para implementar os protestos extrajudiciais de decisões proferidas pela Justiça do Trabalho da 3ª Região, com expressa permissão para incluir os nomes dos devedores em listas de proteção ao crédito. O caminho percorrido pelo processo trabalhista é longo, de difícil solução, não só para o trabalhador hipossuficiente, mas também ao pequeno e microempregador que, na maioria das vezes, sucumbe em sentenças aviltantes, incompatíveis com a própria realidade econômica da atividade. A bem da verdade, os percalços que se traduzem em morosidade e tornam insolúvel a ação.

Alguns juristas entendem que sejam aplicados reguladores que permitam arbitramento do valor da causa dentro da realidade social, em que as duas vertentes propiciem a possibilidade de conciliar mais de 50% do total de 14,5 milhões de ações acumuladas na Especializada. Ao mesmo tempo em que indicam esse caminho, temem pela oposição dos juízes trabalhistas, que preferem transformar a simples ação, cuja maioria advém de hipossuficientes, num complexo título executivo. Lutar por celeridade significa também a flexibilização não das leis do trabalho, mas do pensamento colonial e avesso à solução prática de litígio reinante no seio da JT.

TRABALHADOR GANHA E NÃO LEVA

De acordo com levantamento do Tribunal Superior do Trabalho, só 31% das sentenças são cumpridas quando chegam à fase de execução. Ou seja: em sete de cada dez julgamentos, o Direito não se converte em dinheiro no bolso. O trabalhador ganha, mas não leva. Há sentenças transitadas em julgado que se arrastam há dez anos ou mais. A situação se agravou com o aumento das terceirizações no mercado de trabalho e com a nova Lei de Falências, que tirou dos trabalhadores a prioridade no recebimento de direitos. *As instituições, como os homens, precisam de quando em quando fazer autoanálise e reflexões de seus procedimentos, para oferecer serviços com qualidade e eficiência à sociedade*, reconheceu o presidente do TST, ministro João Oreste Dalazen.[26]

De acordo com as informações da assessoria do TST, os 27 ministros participarão de reuniões e debates sobre a jurisprudência e as normas internas e externas que regem a prestação jurisdicional no Tribunal. Para a realização dos trabalhos, segundo a resolução, serão formados dois grupos: um de normatização e outro de jurisprudência. Cada ministro participará, com direito a voto, apenas de um grupo. As proposições aprovadas em cada um deles serão encaminhadas para apreciação de reunião plenária. Todas essas atividades são reservadas estritamente aos ministros.

---

[26] João Oreste Dalazen nasceu em Getúlio Vargas (RS), em 12 de janeiro de 1953. Obteve graduação e pós-graduação em Direito, em nível de mestrado, pela Universidade Federal do Paraná. Foi procurador da Caixa Econômica Federal (1978/80) e aprovado em primeiro lugar no concurso público para promotor de justiça substituto no estado do Paraná (1978). Juiz do Trabalho substituto do TRT da 9ª Região (PR), de dezembro de 1980 a junho de 1982, foi promovido, por merecimento, ao então cargo de juiz presidente de Junta de Conciliação e Julgamento (JCJ). Presidiu, no Paraná, sucessivamente, as JCJs de Maringá (1982/1983), Guarapuava (1983 a 1986) e 4ª de Curitiba (1986/1993). Presidiu a Associação dos Magistrados do Trabalho da 9ª Região em dois mandatos (1984/1985). Foi professor concursado da Faculdade de Direito da PUC/PR (86/89), professor assistente da Faculdade de Direito da Universidade Federal do Paraná e atualmente é professor da Faculdade de Direito da UnB. Foi juiz do TRT da 9ª Região (1993/1996), mediante promoção por merecimento. Ministro do Tribunal Superior do Trabalho a partir de julho de 1996, é autor da monografia "Competência Material Trabalhista" e de dezenas de artigos doutrinários. Foi corregedor-geral da Justiça do Trabalho no biênio 2007/2009. É membro nato do Conselho Superior da Justiça do Trabalho (CSJT). No dia 2 de março de 2009, tomou posse como vice-presidente do TST para o biênio 2009/2011. Desde o dia 2 de março de 2011, ocupa o cargo de presidente do TST, tendo sido eleito para o biênio 2011/2013.

Ao grupo de normatização competem a análise e a elaboração de proposta de revisão das normas internas do TST, inclusive dos regimentos internos do próprio Tribunal, do Conselho Superior da Justiça do Trabalho (CSJT) e do regulamento da Ordem do Mérito Judiciário do Trabalho, e a discussão e a elaboração de anteprojetos de lei, com prioridade para a execução trabalhista. Quanto ao grupo de jurisprudência, a ele compete a análise e a aprovação de proposta de edição, de revisão ou de cancelamento dos enunciados de súmula, das orientações jurisprudenciais e dos precedentes normativos do TST.

Ao final, serão formuladas propostas legislativas e introduzidas novas normas no regimento interno para reger os julgamentos e a tramitação dos processos trabalhistas. Nada funcionará no período, porque o tribunal se dedicará exclusivamente à tarefa de uniformizar suas jurisprudências e súmulas. *O direito trabalhista sofre permanente influência da dinâmica da sociedade e da economia e, por isso, precisa ser atualizado*, observou Dalazen. Para ele, a falta de atualização e de regras claras está por trás dos conflitos de entendimento entre os ministros. *Há inquietação enorme com a morosidade na execução de sentenças, e isso afeta a credibilidade da Justiça do Trabalho como um todo.*

AGRAVOS DE INSTRUMENTO REPRESENTAM 75% DOS RECURSOS

Mais e mais soluções apresentadas pela magistratura trabalhista e aceitas pelo Legislativo e até mesmo pelo Executivo brasileiro – a exemplo da sancionada Lei nº 12.275, de 29 de junho de 2010 (governo do presidente Lula), que altera dispositivos da CLT com a redação do inciso Iº do art. 897, e acresce § 7º ao art. 899, ambos da Consolidação das Leis do Trabalho (CLT), aprovada pelo Decreto-Lei nº 5.452, de 1º de maio de 1943, tornando obrigatório o pagamento prévio de depósito recursal para interposição de Agravos de Instrumento na Justiça do Trabalho –, podem trazer um entrave para o TST.

A alteração exige que o empregador condenado em parcela de natureza pecuniária efetue depósito de 50% correspondente ao recurso que teve denegado seu prosseguimento. Nada em particular, mas quando me refiro a essa participação da magistratura no eixo da reforma, com apresentação de propostas (aprovadas), alterando o processo do trabalho e suas leis, isso me inquieta, por razões óbvias. É que há muito tempo venho observando que essas modificações acabam não surtindo o menor efeito quanto ao principal problema, que é a morosidade processual.

O objetivo da lei foi, na opinião dos seus defensores, impedir o uso abusivo desse recurso, interposto com intuitos meramente protelatórios, com adiamento do pagamento de direitos trabalhistas, e a sobrecarga dos tribunais regionais do Trabalho e, em especial, do TST. O esforço para a aprovação, tão festejado pelo judiciário trabalhista, pelo êxito do sancionado Projeto de Lei (PLC nº 46/2010), que foi encaminhado no dia 14 de junho pelo presidente do Senado Federal para sanção do presidente da República, acabou sendo o tiro de misericórdia na sobrevivência do TST.

Temos a visão crítica de que esse tribunal se mantém graças ao volume de recursos que lhe são submetidos a cada ano, e nessa demanda estão justamente 160 mil agravos de instrumento. A gloriosa e sofisticada Corte dos representantes dos trabalhadores em Brasília estará, a partir da entrada em vigor da nova lei de recurso de Agravo de Instrumento, em contagem regressiva para sua extinção por absoluta falta do que fazer. Informações do próprio TST corroboram os argumentos que subsidiaram a aprovação da nova lei, de que *dos recursos interpostos no TST, cerca de 75% são agravos de instrumento*. Embora necessária em tese, e apoiada por juristas, a manutenção do TST é hoje uma questão de mera formalidade material, vez que ele próprio se proclamou moroso e inoperante absolutamente por conta dos recursos supramencionados.

Assim que foi aprovado o projeto, a opinião do ministro do TST Milton de Moura França, é de que a mudança representa uma *minirreforma recursal na CLT e irá contribuir, em grande medida, com a celeridade do processo trabalhista, onde todos ganham – magistrados, trabalhadores e a sociedade em geral.*

O TST julgou, no primeiro semestre de 2010, 113.779 processos, incluindo as decisões monocráticas (despachos). Segundo o órgão, o resíduo de processos aguardando julgamento, em junho de 2010, era de 173.728, que corresponde à diferença entre a quantidade dos que deram entrada no TST e os que foram resolvidos no período, número 14% menor do que o verificado em junho de 2009, ou seja, o saldo remanescente torna-se cada vez mais reduzido. O resultado sinaliza que, uma vez superada a demanda, não se justificaria a manutenção de um dos tribunais mais caros do país.

Mesmo assim, contrário à extinção temos o registro da manifestação do jurista Mozart Victor Russomano: *Considero que a tese de extinção do Tribunal Superior do Trabalho ou de sua incorporação ao Superior Tribunal de Justiça constitui gravíssimo erro de técnica jurídica, de graves consequências políticas. Empregados e empregadores (com eles, a própria sociedade nacional) certamente perderiam o privilégio de terem seus conflitos – como é da tradição brasileira, consolidada em mais de sessenta anos – decididos em jurisdição especializada, à qual nunca faltou equilíbrio, ponderação e acentuado espírito de equidade. Por outro lado, qualquer das duas soluções, necessariamente, importaria em prejuízos ainda maiores à indispensável celeridade dos processos trabalhistas, que está prejudicada pelo acúmulo dos serviços judiciais (...).*

Ainda sobre a matéria, o ex-ministro da Justiça e jurista Paulo Brossard, defendeu: *A propalada extinção do TST, como meio de resolver os problemas da Justiça do Trabalho, afigura-se-me um equívoco monumental. Os números falam mais do que as palavras. Em 1998, o TST julgou mais de 111 mil feitos, ficaram por julgar mais de 119 mil e deram entrada na Corte mais de 131 mil. O fato deixará de repetir-se e de existir com a suposta extinção, e, extinto que seja o TST, que tribunal vai julgar essa massa de processos? Entra pelos olhos de um cego que a questão não está no TST e que sua abolição poderá ser um subterfúgio e nunca uma solução.* No elenco de razões para sua aprovação, figura que o objetivo da lei é *impedir o uso abusivo desse recurso, frequentemente interposto com intuitos meramente protelatórios, gerando, pelo menos, dois efeitos perversos: de um lado, retardam o pagamento de direitos trabalhistas e, de outro, entulham os TRTs e, em especial, o TST, prejudicando o julgamento de outros processos.*

PERDA DE TEMPO ADVÉM DA FALTA DE ESMERO NA DECISÃO

Vejamos o caso em que a 3ª Turma do TST não conheceu o Recurso de Revista (RR), a reclamada, numa ação em que uma ex-funcionária do Banco do Brasil (BB), que foi vítima de assédio moral por parte do gerente de uma agência em Cuiabá (MT) para cumprir metas, receberá indenização no valor de R$ 100 mil por assédio moral. Ao analisar o pedido, o Juízo de primeiro grau tinha condenado a empresa ao pagamento R$ 50 mil de indenização. Inconformado com essa decisão, o BB recorreu ao TRT-23. A trabalhadora, por sua vez, também fez o mesmo, insatisfeita com o valor da indenização, que considerou baixa, e o tribunal a majorou para R$ 100 mil.

Assim, a turma, ao seguir o voto do relator, decidiu, por unanimidade não conhecer do Recurso de Revista do BB (Proc. nº 143400-27.2008.5.23.0002). Estamos diante de um caso em que a reclamada é um dos maiores bancos do mundo, sendo assim, não se pode aplicar a mesma regra em se tratando de uma micro ou pequena empresa, ambas não suportariam o alto valor da sentença. Outro dispositivo agressivo veio com a Lei nº 11.382/06, que alterou o Código de Processo Civil (CPC) criando o artigo 655-A, legalizando a penhora on-line, mas seguindo a regra dos tribunais (jurisprudências e súmulas), a qual deve recair até o limite de 30% da renda do executado. Mas isso não é obedecido na JT.

JUÍZO INERTE EM RAZÃO DA LEGISLAÇÃO

O universo da Justiça Laboral é repleto de contrariedades, com situações pontuais que espelham a insegurança na sua estrutura administrativa e jurídica. Isso ocorre quando o direito do trabalhador é vilipendiado em ocorrências de práticas nocivas ao trabalho, porque esse judiciário não detém o poder de processar criminalmente o empregador que comete delito trabalhista. Esta situação, apesar de não parecer essencial para as relações de trabalho (e por essa razão não avançou), no sentido de garantir a competência ao juiz trabalhista, requer no espírito da nova competência (EC 45/2004) que seja revista.

O fato é que há muito esse instituto deveria ser também atribuição do julgador *a quo*, porque em permanente contato com as partes depara-se com situações explícitas de crime contra o trabalho, a exemplo da apropriação indébita do empregador da parcela previdenciária (INSS), que é descontada no contracheque do trabalhador, sendo este item reivindicado pelo reclamante. Para os defensores do formalismo processual, reservamos o abrigo legal contido na Carta Magna no seu art. 5º, inciso LIV: *Ninguém será privado da liberdade ou de seus bens sem o devido processo legal*, sendo que o caminho da apuração do fato são os documentos existentes na ação trabalhista para promoção do *due process of law* (devido processo legal).

A Emenda Constitucional nº 45/2004 não trouxe para a jurisdição trabalhista esse avanço, muito embora seja latente a necessidade de especialização do Judiciário para o trato de tal relevante matéria, até porque não se pode permitir que o empregador relapso saia ileso de uma audiência, quando é detectado o ilícito, estando ali o conjunto de provas (testemunhal e material) a respaldar o juízo no caso de uma decisão. Em que pese o fato de o legislador não ter avançado nesse sentido, ainda que posteriormente deva clamar pela inclusão da competência criminal na JT, mesmo que este se obrigue ao encaminhamento da execução da sentença criminal ao juízo mais afeto.

O juiz do Trabalho que está investido de jurisdição no local dos fatos, sob ditame do artigo 307 do CPP, pode, enquanto juiz, comunicar aos órgãos competentes a ocorrência de delito nos autos do processo (artigo 40 do CPP)(2), dar voz de prisão, inclusive à testemunha que comete delito de falso testemunho ou em caso de desacato à sua autoridade. Como destaca Guilherme Guimarães Feliciano: *Os juízes do*

Trabalho exercitam, todavia, funções penais periféricas de ordem correcional e administrativa, que podem ser condensadas em três paradigmas, a saber, os institutos penais afins, o dever de noticiar (notícia-crime judicial compulsória – artigo 40 do CPP) e a prisão em flagrante.

1 – Art. 307 – Atribuir-se ou atribuir a terceiro falsa identidade para obter vantagem, em proveito próprio ou alheio, ou para causar dano a outrem:

Pena – Detenção, de 3 (três) meses a 1 (um) ano, ou multa, se o fato não constitui elemento de crime mais grave.

2 – Artigo 40º – Homologação da desistência da queixa ou da acusação particular.

1. Nos casos previstos nos artigos 38º e 39º, a intervenção do Ministério Público no processo cessa com a homologação da desistência da queixa ou da acusação particular.

2. Se o conhecimento da desistência tiver lugar durante o inquérito, a homologação cabe ao Ministério Público; se tiver lugar durante a instrução ou o julgamento, ela cabe, respectivamente, ao juiz de instrução ou ao juiz que preside ao julgamento.

3. Se o conhecimento da desistência tiver lugar durante a instrução ou o julgamento, o juiz competente para a homologação notifica o arguido para, em três dias, declarar, sem necessidade de fundamentação, se a ela se opõe; a falta de declaração equivale à não oposição.

CNJ PRECISOU INVENTAR PREMIAÇÃO PARA OS TRIBUNAIS

Existem, além da já mencionada questão previdenciária, outras lides criminais decorrentes de relação de trabalho em tramitação no Judiciário federal e estadual. No Código Penal, o Título IV, dispõe sobre os crimes cometidos contra a Organização do Trabalho, artigos 197 a 207, mostra essa amplitude no campo laboral a exemplo do atentado contra a liberdade de contrato de trabalho e boicotagem violenta; contra a liberdade de associação; a liberdade de trabalho; paralisação de trabalho, seguida de violência ou perturbação da ordem; paralisação de trabalho de interesse coletivo; invasão de estabelecimento industrial, comercial ou agrícola, sabotagem; frustração de direito assegurado por lei trabalhista; frustração de lei sobre a nacionalização do trabalho; exercício de atividade com infração de decisão administrativa; aliciamento para o fim de emigração e aliciamento de trabalhadores de um local para outro do território nacional.

No entanto, em que pese o enorme elenco lembrando a competência para executar a conta previdenciária, no meu entendimento torna-se mister esse jurisdicionado para formatar crime de apropriação. O fato é que existe no seio da comunidade trabalhista uma discussão permanente (até inócua) sobre a necessidade de existência de justiça especializada ampliada utilizando os dispositivos de processualismo criminal nas questões em que detectar a prática nociva à relação de trabalho.

Enquanto o debate em torno da complexidade das decisões nas lides trabalhistas avança no sentido de procurar deter os exageros, é preciso olhar pela insegurança jurídica encontrada na rotina das decisões contra empregadores. Eis que algumas são de enorme interesse social, outras, infelizmente, equivocadas, entre as quais a manutenção de leilões e praças sem julgar recursos estribados no apelo legal do artigo 1.052 do CPC, que manda cessar a execução para julgar o mérito da ação que interfere nesse processo, no caso de embargos, *art. 1046: Quem, não sendo parte no processo, sofrer turbação ou esbulho da posse de seus bens por ato de apreensão judicial, em casos como o de penhora, depósito, arresto, sequestro, alienação judicial, arrecadação, arrolamento, inventário, partilha, poderá requerer que lhes sejam manutenidos ou restituídos por meio de embargados. § 1º Os embargos podem ser de terceiro senhor e possuidor, ou apenas possuidor"*.

Lembrando ainda que esse pode ser cominado com o *art. 1048: Os embargos podem ser opostos a qualquer tempo no processo de co-*

nhecimento, enquanto não transitada em julgado a sentença, e, no processo de execução, até cinco dias depois da arrematação, adjudicação ou remissão, mas sempre antes da assinatura da respectiva carta. Por outro lado, quanto à penhora de renda pelo valor bruto da execução, em contraste ao adotado nos TRTs e ignorado pelo primeiro grau, decisão, a saber: *Para não dificultar subsistência de empresa, o TRT de Campinas admite a penhorabilidade do seu faturamento em caso de ausência de outros bens, desde que seja o faturamento líquido.* (Processo 02036-2004-000-15-00-8-MS). Rel. juiz Luiz Carlos Cândido Martins Sotero da Silva.

Existem, no país, 65 milhões de pessoas que vivem na informalidade. Em meio a essa anomalia, o exemplo de causa/efeito é do microempresário condenado pela JT a pagar uma indenização de R$ 15 mil a um ex-funcionário, pois ele decidiu encerrar formalmente sua empresa – uma pizzaria –, mas continuar no negócio formalmente. Alegou desconhecimento da lei e haver registrado o funcionário seguindo uma regra trabalhista já extinta, mas hoje, na informalidade, disse não ter medo de uma fiscalização. "Se ocorrer, eu regularizo a situação." Trata-se de uma irregularidade, um retrocesso social para empregado e empregador; esse relato aconteceu durante a realização do evento "Riscos e Oportunidades de Empreender no Brasil", promovido pela Escola de Administração de Empresas da Fundação Getulio Vargas (FGV) e pela seccional paulista da OAB-SP, que reuniu empresários e juristas para debater a chamada insegurança jurídica no país.

Na verdade, a JT está mal, o executado sob pressão também, o ex-empregado idem, e o que fazer? Entendeu o CNJ que instituindo o I Prêmio Conciliar é Legal (práticas de conciliação individuais ou em grupos que contribuam para a pacificação de conflitos e para a modernização da Justiça brasileira), que premiando, tudo isso se resolve, é atenuado. Isso é mais um paliativo, o problema não é esse, está na sua essência e não na fórmula, isto é, a cultura da morosidade fecundada na JT.

MAZELAS DEVEM SER DEBATIDAS COM A SOCIEDADE CIVIL

Os números refletem a realidade, é por isso que devemos estar atentos a essa evolução matemática, porque, parodiando a máxima da inflação, "o número de ações sobe de elevador e o Direito, de escada". Em 2001, tramitaram pela Justiça do Trabalho do Brasil 2.527.671 ações, um volume elevado em relação a outras justiças dos Estados Unidos, onde os processos de natureza trabalhista giram em torno de 75 mil por ano, e no Japão, apenas 2.500. Somente no Rio de Janeiro cada juiz resolve mil casos por ano, em São Paulo, 1.244 – quase todos fundados nas banalidades apontadas, em que se questionam a eficácia, custo/benefício estado/sociedade. Então, devemos avaliar quanto vale a ação de um juiz que corrige a injustiça praticada por um empregador?

Quanto vale a decisão de um tribunal que termina com uma greve de ônibus deve ser solucionada? Ou discute vínculo empregatício de flanelinha, apontadores de jogo do bicho, prostitutas, briga entre sócio microempresário e de uma parafernália de situações formadas pela informalidade, escoada de um universo de 65 milhões de pessoas? As sessões dos dissídios coletivos são verdadeiros espetáculos, autênticas operetas de quinta categoria, nas quais existem milhares de processos cujos direitos já foram revogados em novos e atuais dissídios. Enquanto isso, adormece nas pilhas de papéis milhares de ações de vínculo de trabalhadores em cooperativas, cuja maioria de estrutura é terminantemente proposital para burlar a lei, deixando de contribuir com impostos e direitos sociais. Onde estão o Ministério Público do Trabalho, a Polícia Federal e o Ministério da Justiça, isso para não lembrar as inoperantes DRTs?

Ainda assim, 30% das ações existentes na JT são relacionadas a terceirizadas e empresas públicas, cujos contratos de trabalho, geralmente, terminam em conflito, sócios das terceirizadas desaparecem e o trabalhador, que sequer teve baixa da sua CTPS, não teve FGTS e INSS recolhidos, não recebeu seus salários, está desempregado e sem amparo social da lei, sem condição até mesmo para buscar o salário seguro-desemprego numa ação de rescisão indireta.

Pior! Precisa requerer a esse Judiciário lento para que lhe seja concedido o direito, que lhe foi usurpado, mas que é submetido a uma perniciosa forma de julgamento, em que juízes se promovem profissionalmente diante da fraqueza e da desgraça social. Digo mais uma vez, *data venia*, ao contrário do que propagam seus integrantes, a JT tem se mostrado de pouca visibilidade social; se assim não fosse, o tempo que seus integrantes se empenham em busca de dádivas pessoais deveria ter sido direcionado no sentido de conter esse desajuste laboral.

Do ponto de vista da prestação jurisdicional é difícil avaliar o benefício de uma sentença judicial, sendo mais fácil calcular o seu custo. Há mais de uma década esse desajuste vem num crescendo, é o que verificamos nos dados do Relatório Geral da Justiça do Trabalho de 2001, quando as varas do Trabalho encerraram com 1.642.613 ações, tendo pagado aos reclamantes R$ 5.735.978.055, e utilizado, para tal, R$ 4.403.347.000 dos recursos da União. Ou seja, para solucionar um caso no valor de mil reais, a Justiça do Trabalho gastou, em média, R$ 767 – o que dá uma taxa de retorno fracamente positiva. Dos 1.642.613 casos resolvidos, 805.880 foram acertados por acordo, em geral, na primeira audiência (49,1%); 59.545 solucionaram-se por desistência (3,6%); e 244.722, por arquivamento (14,9%). Em suma, foram julgados e executados 532.466 processos (32,4%). Portanto, mais de dois terços foram solucionados de forma expedita e menos de um terço exigiu um esforço maior.

Nos casos de acordo, nesse mesmo ano foram pagos aos reclamantes R$ 2.392.679.316; nas execuções, R$ 3.343.298.738. Na hipótese de 25% da verba total (R$ 4.403.347.000) terem sido gastos com os trabalhos mais rápidos (R$ 1.100.836.000) – e 75% com os mais demorados (R$ 3.302.511.000) –, verifica-se que, para cada mil reais referentes a um acordo, desistência ou arquivamento, o órgão gastou R$ 460; e para cada mil reais referentes a uma execução, R$ 980 – uma taxa de retorno quase nula. Se para intermediar acordo é mais barato para o judiciário laboral, por que este necessita do auxílio de magistrados que são pagos com os salários mais elevados da nação?

Tenho verificado, e no meu entender, *permissa venia*, que o juiz do Trabalho vem atuando mais no sentido de ser o interlocutor das questões sociais como um todo, menos daquelas que envolvem diretamente suas questões contratuais na relação de trabalho. É por isso que direcionam sua artilharia de manifestos contra o funcionamento das Comissões de conciliação (CCPs), geradas no universo sindical, fornicam com PLs, PLCs e ECs que tramitam no Congresso, notadamente em assuntos que estarão julgando no futuro, numa explícita e flagrante interferência nociva para a qualidade da sentença que venham proferir.

Ao se incluírem na receita da Justiça do Trabalho as taxas e emolumentos por ela cobrados para (1) arrematação, adjudicação e remição (5% do valor da ação); (2) atos dos oficiais de justiça (R$ 11,06 para zona urbana e R$ 22,13 para a zona rural); (3) agravo de instrumento ou de petição (R$ 44,26); (4) embargos à execução, embargos de terceiros e embargos à arrematação (R$ 44,26); (5) recurso de revista (R$ 55,35); (6) impugnação à sentença de liquidação (R$ 55,35); (7) despesa de armazenagem em depósito judicial (0,1% ao dia do valor da avaliação); (8) cálculos de liquidação realizados pelo contador do juízo (0,5% do valor liquidado); e outros, verifica-se que, para julgar mil reais, o órgão gasta mais de mil reais, o que torna a taxa de retorno negativa. E ao se adicionar, por fim, o valor do tempo e outras despesas das partes para preparar e acompanhar as ações, assim como os honorários advocatícios, a taxa de retorno de um julgamento que chega à execução é negativa.

Temos registro de que a maior parte do tempo dos juízes é consumida com reclamações individuais de escandalosa trivialidade. No meu grupo de debate na internet, recebi e-mail reclamando: *É triste ver magistrados que acumularam 10 ou 15 anos de estudo e experiência enfrentando, todos os dias, a mesmice de questões banais, tais como, acertos de salário, férias, aviso prévio, horas extras, 13º salário e outras verbas não acordadas na hora da demissão. De fato, estamos diante de um sistema ineficaz que, quando julga, gasta mais do que devolve aos reclamantes e subtiliza a inteligência dos seus servidores.* Razão não lhe falta, a velha CLT é ainda um sepulcro jurídico, num formol da intolerância dos magistrados trabalhistas, desassociados dos acordos e convenções previstos como força de lei.

Nos países de tradição negocial, dá-se o inverso: a maior parte das regras de relacionamento entre empregados e empregadores está no contrato de trabalho – e não na lei, alertou um internauta. Existe uma tese, que estou pronto a aceitar, de que esse formato de trabalhismo estatal brasileiro precisa ser mantido e tem de ser levado aos torrões aos tribunais, o que gera 2,5 milhões de ações por ano. Em suma, temos uma lei que instiga o ingresso da ação trabalhista, nesse caso é bom para o juiz, que desfruta de um dos mais bem remunerados cargos da nação, melhor para o servidor estável e para os cofres da deficitária Previdência Social, cuja execução dos débitos de INSS, hoje (EC 45/2004), são de competência da JT.

CAPÍTULO VII
REFORMA TRABALHISTA E O DESAFIO DA MODERNIDADE

A questão cerne da flexibilização teve seu capítulo discutido no limiar do governo Fernando Henrique Cardoso, em 2001, quando foi capitaneada pelo abrandamento dos direitos do trabalhador, com a proposta de alteração do artigo 618 da CLT,[27] que acabou levando o Congresso a uma batalha de interesses que culminou, por pressão das centrais sindicais de trabalhadores, com a retirada do texto da alteração pretendida, às vésperas de ser aprovada pela Comissão de Constituição e Justiça (CCJ) do Senado Federal.

No período do governo FHC (1998), o então ministro do Trabalho, Paulo Paiva, desenhou uma proposta de reforma constitucional no campo trabalhista que tinha os seguintes pontos: 1) flexibilização dos direitos sociais; 2) implantação do contrato coletivo de trabalho; 3) a redução dos encargos trabalhistas; 4) eliminação do poder normativo da Justiça do Trabalho; 5) fim da contribuição sindical compulsória; 6) introdução do pluralismo sindical. Ainda no fim do governo, a flexibilização não prosperou, e a cessação da contribuição compulsória, já no governo Lula, também não foi aprovada.

---

[27] Em 3 outubro de 2001, o então presidente Fernando Henrique Cardoso – FHC – enviou ao Congresso Nacional o Projeto de Lei 5.483/2001. Esse projeto diz respeito à chamada "flexibilização das relações de trabalho", que FHC pretendia implantar no país.

Eram alternativas consideradas pela direita como revolucionárias para a situação brasileira e tinham como paradigma as mudanças ocorridas na Europa, que enfrentava uma enorme onda de desemprego. Na verdade, esse formato reformista de direita estava inclinado a copiar o modelo do ministro do Trabalho William F. Birch, aprovado pelo Congresso da Nova Zelândia em 1990, considerado a maior reforma trabalhista de que se tem notícia no planeta.

Numa pesquisa realizada pelo Idesp, em 1998, entre 484 senadores e deputados federais a posição política era a seguinte: 76% dos entrevistados concordavam com a ideia de se "desconstitucionalizar" uma série de direitos hoje inseridos na Carta Magna. No campo trabalhista, 82% dos parlamentares queriam mais negociação e desejavam implantar o contrato coletivo de trabalho; 73% apoiavam a ideia de estimular o emprego formal reduzindo os encargos sociais; 63% apoiavam a Medida Provisória que instituía a participação dos trabalhadores nos lucros ou resultados das empresas; 72% desejavam acabar com a contribuição sindical compulsória; e 68% eram favoráveis ao pluralismo sindical. Mas foi na CCJ do Senado, no limiar do governo FHC, que a proposta de flexibilização do art. 618 da CLT foi fulminada.

TERRORISMO PEDAGÓGICO COMEÇA NO MTE

Não estamos aqui absolutamente para "passar a mão na cabeça" de ninguém, mas o fato é que o próprio Ministério do Trabalho e Emprego (MTE) em sua página eletrônica apregoa o risco, se não a ameaça, a que o empregador se submete ao contratar um trabalhador, e mais, alerta o reclamante no caso de ajuizar a ação. Diz a informação: (...) *Uma ação trabalhista pode levar algum tempo para ser solucionada, depende do valor da causa, da vara em que cair, da existência de recurso etc.*

De onde saíram esses dados para que o MTE divulgasse em sua coluna oficial tais informações? No tocante às medidas de cautela, mais conhecidas como direito preventivo, o empregador também recebe o alerta do MTE: (...) *O conjunto destas providências não evitará total-*

mente reclamações trabalhistas, todavia certamente poderá amenizar a maior parte delas. Mais à frente: *Ao receber uma reclamação trabalhista, procure imediatamente um advogado ou estagiários nas faculdades de Direito. Certas providências dentro do processo contam prazo imediatamente após o recebimento da notificação inicial (o prazo para apresentação da defesa é em geral de 5 dias), e seu advogado saberá tomar as medidas necessárias.* A página do MTE adverte: *Apesar de, no processo trabalhista, a parte poder se defender sem o auxílio de advogado, a defesa dos interesses por este profissional se mostra a mais adequada e inteligente alternativa para um patrão acionado. (...) O advogado possui maior intimidade com a atuação judiciária e todas as técnicas que envolvem a defesa de interesses em Juízo."*

GOVERNO DO PRESIDENTE LULA

Ao longo dos governos Luiz Inácio Lula da Silva (2002/2010), existia a expectativa de que a reforma trabalhista e a sindical viriam a ser consolidadas. Isso não aconteceu. E a trabalhista, a exemplo do que ocorreu no governo FHC, ficou em segundo plano. Tema como redução de jornada de trabalho de 44 para 40 horas semanais, que era dado como certo, naufragou. A notícia alvissareira veio com a reforma sindical, com vantagem para as entidades que fincaram posição e que mantiveram o imposto sindical compulsório. Ainda assim, dentro do que Lula denominou de "reforma fatiada", podemos acrescentar a aprovação da Lei 11.324, de 19 de julho de 2006,[28] que trouxe mais

---

[28] A Lei 11.324, de 19 de julho de 2006, (comentada) ...trouxe novos direitos aos empregados domésticos, que passaram a ter direito a férias anuais remuneradas de 30 dias com, pelo menos, 1/3 (um terço) a mais que o salário normal, após cada período de 12 meses de trabalho e desde que prestado à mesma pessoa ou família, bem como assegurou a proibição de dispensa sem justa causa da empregada doméstica gestante desde a confirmação da gravidez até 5 (cinco) meses após o parto. A nova lei também proibiu descontar do salário do empregado doméstico o fornecimento de alimentação, vestuário, higiene ou moradia, quando prestados no mesmo local de trabalho, mas esses bene-

benefícios ao empregado doméstico, praticamente igualando-os aos do trabalhador convencional. Mais à frente, outro importante passo seria dado a favor do trabalhador doméstico.

Após longa discussão, o Senado Federal aprovou o Projeto de Lei Complementar 224/2013, que regulamenta os novos direitos trabalhistas dos empregados domésticos. Depois de passar por uma comissão mista (formada por deputados e senadores) e pela Comissão de Constituição e Justiça (CCJ) do Senado, a matéria, de autoria do senador Romero Jucá (PMDB-RR), seguiu para o plenário da Câmara dos Deputados e foi aprovada, sendo depois sancionada pela presidente Dilma Rousseff. De acordo com o projeto, ficou determinado que, em relação ao empregado doméstico que trabalhar pelo menos dois dias na semana para uma mesma casa ou família, a duração semanal do trabalho não poderá exceder oito horas diárias e 44 semanais. Se houver horas a mais trabalhadas, elas serão pagas como hora extra ou formarão um banco, que poderá ser convertido posteriormente em folgas.

Os domésticos terão todos os direitos trabalhistas previstos na CLT, como férias remuneradas, 13º salário, repouso semanal remunerado, recolhimento da contribuição para o FGTS e para a Previdência, entre outros. O patrão deverá pagar 8% do salário do empregado ao INSS, 0,8% para financiar o seguro contra acidentes de trabalho, 8% de recolhimento ao FGTS e mais 3,2%, que vão formar uma espécie de poupança a que o empregado terá direito a sacar em caso de demissão sem justa causa. Esse fundo será gerido pelo FGTS, e foi uma forma encontrada por Jucá para evitar que o patrão seja obrigado a pagar, de uma vez, a multa de 40% sobre o saldo do Fundo nos casos de demissão injustificada – como acontece em empresas.

---

fícios, se concedidos, não têm natureza salarial nem se incorporam à remuneração para quaisquer efeitos. No entanto, em relação à moradia, a lei previu uma exceção, permitindo o desconto de despesas a este título quando fornecida ao empregado doméstico em local diverso da residência em que ocorrer a prestação de serviço pelo empregado e desde que isso tenha sido pactuado entre empregador e empregado.

Nos casos de demissão por justa causa, morte ou aposentadoria do trabalhador, o patrão terá o direito de sacar o fundo formado pelo pagamento mensal dos 3,2% sobre o salário do empregado. O recolhimento desse benefício será feito por meio de uma guia única de pagamento, chamada de Super Simples doméstico. Para os patrões com dívidas em relação aos benefícios de seus funcionários, como o recolhimento de INSS atrasado, haverá um programa de regularização desses débitos. Ele retira as multas incidentes sobre o valor final e abre a possibilidade de parcelamento das dívidas em até 120 vezes.

MUDANÇAS PODERIAM TER OCORRIDO

O amplo acesso à Justiça e o direito de igualdade e condições para todos os cidadãos preconizados na Carta Magna de 1988 ainda estão distantes para a sociedade brasileira, pelo seu alto custo e morosidade (conforme comprovam os números do CNJ), o que acabou elitizando o Poder Judiciário.

A imprensa e a sociedade vêm discutindo, desde a reforma do Judiciário, a questão capitular da celeridade trabalhista, combatendo a lentidão da Justiça brasileira, mas há poucos aplicativos eficazes na esfera legislativa, a não ser projetos e emendas de interesses corporativistas de magistrados, com resquícios de reserva de mercado, que tratam de ampliação de quadros de pessoal, gratificações, férias, licenças e benefícios pecuniários. Por isso se questiona até quando a elite da toga, remunerada com os mais altos salários do país, poderá ter tantos privilégios e voz para influenciar mudanças de textos de lei, mesmo encastelada no seu celibato de julgador, eis que divorciada da realidade popular, e sem a oposição dos legisladores.

Enquanto milhões de pessoas continuarem recorrendo à intervenção estatal para a solução de seus conflitos (são 87 milhões de ações, das quais, perto de 20% na JT), provocando o estrangulamento do Poder Judiciário e empurrando-o para o abismo da incerteza e do esvaziamento, estará criando uma situação natural, ímpar, da construção de um novo conteúdo de noção ao Estado de Direito.

O vírus da lentidão processual é fecundado e germinado no próprio Judiciário, seus integrantes preferem capitular diante dos desafios a enfrentá-los com instrumentos práticos e de fácil utilização. São soluções que estão na própria raiz do segmento, na essência do Direito pedagógico, sociológico e até mesmo pelo talento do julgador. O caminho jurídico perseguido pela monocracia, principalmente a trabalhista, é nosso tema central, o que é natural, devido ao domínio e conhecimento do segmento.

Consequentemente, o resultado desse formato monoadministrativo é de que o juiz, com raras exceções, vem provando que não sabe administrar, e a solução mais plausível para suplantar esse obstáculo é importar o modelo do Executivo para o Judiciário da Europa e dos EUA, onde é utilizado nos tribunais o administrador jurídico, com necessária formação universitária, específica para exercer a função, ou seja, um profissional da área.

PESQUISAS DE 2003 E 2005 JÁ COLOCAVAM A JUSTIÇA EM BAIXA

Trabalhadores e empregadores não estão satisfeitos com o desempenho e a perda de identidade da Especializada do Trabalho, isso porque seus ditames sociais já não atendem ao ensinamento que garante ao juiz, quando no exame do caso concreto, observar os princípios da razoabilidade e da proporcionalidade, utilizando-se de seu bom-senso prático. E os efeitos de suas decisões, agindo assim, criam contrariedade e acabam deixando brechas para recursos, que acabam ruindo a estrutura jurídica processual, empurrando a ação para a eternidade. É preciso estar atento à sensibilidade do processo que envolve essas decisões que afetam a estrutura do empregador, ali estão colegas de trabalho, e, se for inviabilizado o negócio, o risco da perda dos postos de trabalho é consequente.

Como reflexo dessa anomalia, em duas pesquisas realizadas no país para avaliação pública dos poderes da União (abril de 2003), a empresa Brasmarket entrevistou 4.702 pessoas em São Paulo, e os juízes (Justiça) obtiveram a desconfiança de 44,2% dos consultados; no quesito confiança a Justiça ficou em penúltimo lugar, com 29,2%. A lanterna da avaliação foi a classe política (legisladores), com apenas 13,3% de confiança.

Outra pesquisa encomendada (setembro de 2005) pela OAB ao Instituto Toledo & Associados revelou que 41% não acreditavam na Justiça brasileira, com o item da corrupção envolvendo juízes, promotores e advogados, 22%, e falhas na Justiça e leis ultrapassadas, 11%. Para que não pairem dúvidas sobre a análise apresentada, durante a realização na cidade de Manaus/AM, do 1º Congresso Latino-Americano de Juízes do Trabalho, ao falar no Painel "Independência Judicial, Associativismo da Magistratura e Democratização da Justiça", um dirigente da Anamatra afirmou com propriedade que *"não existe sintonia de pensamento entre a primeira instância e as Cortes Superiores"*. Tal fragilidade exposta, pelas declarações do líder dos magistrados trabalhistas, ruborizou a sociedade.

Uma breve avaliação dos processos existentes (14,5 milhões) indica que há um lote de 33% dessas ações no Judiciário há mais de vinte anos; isso se dá, *magna quaestio*, porque o arquivamento praticamente não existe, pois, *data maxima venia*, são os próprios juízes os responsáveis pelo não acolhimento da regra que demanda esse instituto. E ainda, em confronto maior conforme prevê o Art. 5º da Constituição Federal, *todos são iguais perante a lei, sem distinção de qualquer natureza, garantindo-se aos brasileiros e aos estrangeiros residentes no país a inviolabilidade do direito à vida, à liberdade, à igualdade, à segurança e à propriedade, nos termos (...)*. São os que vegetam sob os efeitos medievais existentes na JT e que estão em difícil estado de execução, dada a inexistência de credor capaz de saldar o débito.

REVISTA INGLESA CRITICA AS NOSSAS LEIS TRABALHISTAS

Uma reportagem intitulada Employer, Beware (Empregador, Cuidado), publicada na primeira página, em março de 2011, da revista britânica *The Economist*,[29] uma espécie de porta-voz do velho e decadente imperialismo britânico, resolveu aderir a esse coro reacionário, mas merece alguns reparos. Entre outras observações, a publicação enfocou que "o passado sindical do ex-presidente Luiz Inácio Lula da Silva representava, no entender do empresariado brasileiro, uma esperança de que ele estaria melhor situado que seus predecessores para persuadir trabalhadores a aderir a regras mais flexíveis que seriam melhores para eles". A matéria atacou de frente a questão trabalhista, citando que o (...) *Código trabalhista prejudicaria igualmente empresas e trabalhadores, que as leis trabalhistas do Brasil são arcaicas, contraproducentes e oneram tanto empresas quanto o trabalhadores.*

Na opinião do redator da revista, a legislação incentiva trabalhadores insatisfeitos a tentar serem demitidos em vez de pedir demissão. E afirma que *as leis trabalhistas brasileiras são extraordinariamente rígidas: elas impedem tanto empregadores como trabalhadores de negociar mudanças em termos e condições, mesmo quando há um acordo mútuo.* Esse ciclo, acrescenta *The Economist*, induz também empresários a não investir em treinamento de seus funcionários, já que pode não haver retorno.

De acordo ainda com a publicação, as leis trabalhistas do Brasil são *uma coleção de direitos de trabalhadores listados em 900 artigos, alguns escritos na Constituição do país, originalmente inspirados no código trabalhista de Mussolini*'. Observo aqui que a revista errou quanto

---

[29] *The Economist* é uma revista internacional na esfera editorial com mais de 180 anos de tradição. Todas as semanas suas matérias apresentam análises do mundo político, empresarial, econômico e financeiro. O editorial aborda também notícias sobre a Grã-Bretanha, América, Europa, acontecimentos internacionais, ciência e tecnologia, literatura e artes. Como suplemento, ela apresenta cada mês uma perspectiva geral sobre um determinado país, mercado ou indústria.

ao número de artigos, pois A CLT possui 922 e não 900, conforme cita o redator, e a referência ao código de Mussolini é alusão ao artigo 7º da Constituição Federal. Segundo ainda a reportagem, *o conjunto de leis é custoso e as demissões sem justa causa geram multas de 40% sobre o que um trabalhador recebe,* acrescentando que *nem um empregado preguiçoso ou um empregador falido constituem justa causa.*

The Economist destacou que, em 2009, um total de 2,1 milhões de brasileiros processou seus empregadores em cortes trabalhistas. *Estes tribunais raramente se posicionam favoravelmente aos empregadores. O custo anual deste ramo do Judiciário é de mais de R$ 10 bilhões (cerca de US$ 6 bilhões)". Os empresários há muito reclamam que essas onerosas leis trabalhistas, juntamente com elevados impostos sobre os salários, impedem-nos de realizar contratações e os empurra a fazer pagamentos por debaixo dos panos, isso quando esses pagamentos são feitos.*

A matéria foi republicada com severas críticas no portal do Departamento Intersindical de Assessoria Parlamentar, e não agradou aos representantes da classe trabalhadora, porque não fez referência aos empregadores descumpridores das regras trabalhistas, que, na posição dos nossos legisladores, *se as regras fossem brandas conforme pretendem os ingleses, a situação seria caótica.* Também concordo com essa posição, mas o governo da Inglaterra, em que pese ser uma economia de Primeiro Mundo, tem muita explicação a dar à sociedade mundial quanto aos trabalhadores que são explorados nas suas minas de carvão e minérios.

CAPÍTULO VIII

REFLEXO DA INEXISTÊNCIA DO HONORÁRIO DE SUCUMBÊNCIA

Dois temas estão entre os que mais preocupam atualmente a Ordem dos Advogados do Brasil no âmbito da Justiça Trabalhista: a falta de honorários de sucumbência na Justiça do Trabalho – a única no Poder Judiciário em que a parte vencedora tem que custear seus honorários – e o progressivo aumento de multas aplicadas por juízes do Trabalho tanto a empregados, quanto a empregadores, por utilizarem recursos judiciais previstos na legislação. Em razão desses institutos figurarem na lista de prioridades dos advogados trabalhistas, a Ordem encaminhou ao TST um pedido de reflexão e discussão, em havendo possibilidade, para revisão da jurisprudência. Mais à frente o leitor (mesmo o leigo) poderá analisar o quanto a Especializada está defasada nos seus princípios, principalmente no tocante à tecnopolitização, que é exercida com o objetivo de xenofobia e de discriminação aos segmentos que eles consideram uma ameaça a sua reserva de mercado.

Os representantes da OAB Nacional argumentam que a ausência da figura de honorários de sucumbência é uma das questões que mais incomodam a advocacia trabalhista e prejudicam hoje aqueles que necessitam demandar essa Justiça Especializada. *A Justiça do Trabalho é o único ramo do Poder Judiciário que não aplica a regra da sucumbência, de modo que muitas pessoas que são obrigadas a demandá-la têm que fazer o custeio de seus honorários advocatícios, mesmo que seja vence-*

dora nas ações judiciais, salientou o então presidente em exercício da entidade Alberto de Paula Machado.

A crescente aplicação de multas pela Justiça do Trabalho, tanto a empregados quanto a empregadores, quando estes interpõem recursos de embargos declaratórios, foi o segundo ponto das discussões. *"Também este é um assunto recorrente entre advogados que militam na área trabalhista e que incomoda a OAB,* afirmou Machado. No entender da Ordem, a apresentação de recursos, salvo hipóteses raríssimas e de absoluto exagero, não pode ensejar a aplicação de multas. A alegação do TST é de que o advogado usa o recurso para protelar o andamento da ação, posição discutível e sem amparo legal, já que a Constituição Federal e a legislação trabalhista elencam quais são os recursos admissíveis e quais as hipóteses de cabimento. *De modo que não se pode ficar dentro do juízo subjetivo de cada magistrado a aplicação dessas multas, cada dia mais frequentes e que tolhem o direito do cidadão de entrar com os recursos previstos na legislação,* argumentou o dirigente.

PROPOSIÇÃO REVOGA AS SÚMULAS 219 E 329

O epicentro da valorização do judiciário laboral precisa contar com o mecanismo da sucumbência, como já é adotado na Justiça comum, para que o processo do trabalho ganhe maior densidade e se ajuste à realidade econômica e social da classe dos advogados, fazendo jus a sua mais-valia. A revogação das súmulas 219 e 329 do TST teve aprovação do Pleno do Conselho Federal da Ordem dos Advogados do Brasil.

A proposição é de autoria do conselheiro federal da OAB por Pernambuco, Ricardo do Nascimento Correia Carvalho, e, com a sua aprovação, passa a ser uma das principais bandeiras de luta da entidade, que vai desenvolver várias ações para vê-la implementada na Justiça do Trabalho. Nesse sentido, o anteprojeto de honorários de sucumbência na Justiça do Trabalho, apresentado pela seccional da OAB do Rio de Janeiro elaborado por comissão integrada pelo eminente ex-ministro Arnaldo Sussekind – autor da Consolidação das Leis do Trabalho – foi aprovado como a proposta que deve receber apoio concentrado da OAB no Congresso Nacional.

Dentro do seu papel de uniformizador da jurisprudência, o TST, vem negando ambas as postulações consoante se pode ver nas súmulas 219 e 329, assim dispostas:

> Súmula 219 – Honorários advocatícios. Hipótese de cabimento (incorporada à Orientação Jurisprudencial nº 27 da SBDI-2) – Res. 137/2005, DJ 22,23 e 24.8.05). I – Na Justiça do Trabalho, a condenação ao pagamento de honorários advocatícios, nunca superiores a 15% (quinze por cento), não decorre pura e simplesmente da sucumbência, devendo a parte estar assistida por sindicato da categoria profissional e comprovar a percepção de salário inferior ao dobro do salário-mínimo ou encontrar-se em situação econômica que não lhe permita demandar sem prejuízo do próprio sustento ou da respectiva família II – É incabível a condenação ao pagamento de honorários advocatícios em ação rescisória no processo trabalhista, salvo se preenchidos os requisitos da Lei 5584/1970 (ex-OJ n. 27 da SDI2 – inserida em 20.9.00).
>
> Súmula 329 – Honorários advocatícios. Art.133 da CF 1988 (mantida) – Res. 1/121/2003, DJ 79, 20 e 21.11.03.
>
> Mesmo após a promulgação da CF/1988, permanece válido o entendimento consubstanciado na Súmula 29 do Tribunal Superior do Trabalho (Res. 21/1993, DJ 21.12.93).

Como se vê, portanto, para o TST os honorários advocatícios não decorrem pura e simplesmente da sucumbência, sendo devidos se, concomitantemente, a parte estiver assistida por sindicato e ganhar menos que o dobro do salário-mínimo ou ser economicamente incapaz de custear as despesas do processo.

O primeiro argumento para não aplicar o princípio da sucumbência no processo do trabalho residiria no fato de a legislação trabalhista cuidar expressamente da matéria. E essa normatização estaria contemplada na Lei 5.584/70, mais exatamente o disposto nos arts. 14 a 19, a saber:

> Art. 14 – Na Justiça do Trabalho, a assistência judiciária a que se refere a Lei 1060, de 5 de fevereiro de 1960, será prestada pelo Sindicato da categoria profissional a que pertencer o trabalhador.
> § 1º A assistência é devida a todo aquele que perceber salário igual ou inferior ao dobro do mínimo legal, ficando assegurado igual benefício ao trabalhador de maior salário, uma vez provado que sua situação econômica não lhe permite demandar, sem prejuízo do sustento próprio ou da família.
> § 2º A situação econômica do trabalhador será comprovada em atestado fornecido pela autoridade local do Ministério do Trabalho e Previdência Social, mediante diligência sumária, que não poderá exceder de 48 (quarenta e oito) horas.
> § 3º Não havendo no local a autoridade referida no parágrafo anterior, o atestado deverá ser expedido pelo Delegado de Polícia da circunscrição onde resida o empregado.
> Art. 15 – Para auxiliar no patrocínio das causas, observados os arts. 50 e 72 da Lei 4215, de 27 de abril de 1963, poderão ser designados pelas Diretorias dos Sindicatos acadêmicos de Direito a partir da 4ª. Série, comprovadamente matriculados em estabelecimento de ensino oficial ou sob fiscalização do Governo Federal.
> Art. 16 – Os honorários de advogado pagos pelo vencido reverterão em favor do Sindicato assistente.
> Art. 17 – Quando, nas respectivas Comarcas, não houver Juntas de Conciliação e Julgamento ou não existir Sindicato da categoria profissional do trabalhador, é atribuído aos Promotores Públicos ou Defensores Públicos o encargo de prestar assistência judiciária prevista nesta lei.

Parágrafo Único: Na hipótese prevista neste artigo, a importância proveniente da condenação nas despesas processuais será recolhida ao Tesouro do respectivo estado.
Art. 18 – A assistência judiciária, nos termos da presente lei, será prestada ao trabalhador ainda que não seja associado do respectivo Sindicato.
Art. 19 – Os diretores dos Sindicatos que, sem comprovado motivo de ordem financeira, deixarem de dar cumprimento às disposições desta lei, ficarão sujeitos à penalidade prevista no art. 553, alínea a da Consolidação das Leis do Trabalho.

A lei em questão foi editada, assim, com a finalidade precípua de regular a assistência judiciária gratuita na Justiça do Trabalho, tratando dos honorários advocatícios de sucumbência para dizer que eles existem somente na hipótese da assistência sindical, e que reverterão em favor da entidade representativa dos trabalhadores.

Se essa é a única norma trabalhista que cuida de honorários advocatícios no processo do trabalho, obviamente não se pode dizer que a CLT contemple a questão da sucumbência de forma geral e efetiva, mesmo porque a Lei 5.584/70 foi editada em outro momento histórico em que não havia sido promulgada a CF/1988, na qual se previu que cabe ao Estado prestar a assistência jurídica integral e gratuita aos que comprovarem insuficiência de recursos (art. 5º, LXXIV) e não se conferia aos Sindicatos liberdade e autonomia plenas (art. 8º).

Efetivamente, a partir da CF/1988, o sindicato deixou de exercer funções delegadas pelo Estado, passando a ter autonomia plena, não se justificando, assim, ser exigido que ele preste, por exemplo, assistência jurídica obrigatória a todos os trabalhadores, inclusive aos não sindicalizados. Nesse aspecto, o art. 8º, III da CF diz caber a ele a defesa dos direitos e interesses coletivos e individuais da categoria, inclusive em questões judiciais ou administrativas, ou seja, confere ao sindicato legitimidade para, na condição de substituto processual, defender os interesses da categoria, não lhe impondo, no entanto, a prestação de um serviço obrigatório de assistência jurídica, mesmo porque, se assim o fizesse, estaria contrariando, ao mesmo tempo, o princípio de que cabe a ele (Estado) o dever de prestar assistência judiciária gratuita a quem for pobre no sentido da lei (art. 5º, LXXIV) e o princípio da liberdade e autonomia das entidades sindicais (art. 8º da CF).

OUTRAS CONSIDERAÇÕES

O art. 791 da CLT prevê nas demandas trabalhistas a possibilidade do *jus postulandi*, ou seja, sem a representação de um advogado; com advento da EC 45/2004, esta ampliou, de forma considerável, a competência material da Justiça do trabalho, proporcionando ao juiz a análise de lides decorrentes de qualquer relação de trabalho, salvo quanto à relação jurídica estatutária ou quanto à relação jurídica de consumo, além dos conflitos decorrentes da atividade sindical e as indenizatórias decorrentes do Direito comum. Ocorre que nesses litígios, em razão da inovação trazida pela referida emenda constitucional, é possível haver honorários advocatícios pela mera sucumbência. Assim, entendo que com fulcro no § 3º do art. 20 do diploma processual, aplicado supletivamente na Justiça do Trabalho no art. 769 da CLT, devem ser fixados honorários advocatícios de sucumbência arbitrados pelo magistrado na Justiça Trabalhista conforme temos:

> *Honorários Advocatícios. O entendimento pacificado pelo TST nas Súmulas nºs 219 e 329 no sentido de cabimento de honorários de advogado na Justiça do Trabalho apenas quando presentes os requisitos da Lei nº 5.584/70, em seus artigos 14 e 16, ou seja, o benefício da Justiça gratuita e a assistência por sindicato, não pode mais prevalecer ante a derrogação daqueles dispositivos legais. (...) Julgo procedente o pedido de condenação da Reclamada no pagamento dos honorários advocatícios no importe de 15% do valor da condenação, na forma do art. 20, § 3º do CPC c/c art. 769 da CLT a favor da parte autora. RT 5428 – 2007 – Ana Letícia Moreira – 7ª Vara do Trabalho.*

Vale ressaltar alguns julgados do Tribunal Regional da 12º Região que abordam o tema:

EMENTA: HONORÁRIOS ADVOCATÍCIOS. *Se o advogado é indispensável para administração da justiça, nos termos do art. 133 da Constituição da República, deve receber pelos seus serviços, como uma consequência lógica. Acórdão: Juíza Mari Eleda Migliorini – Publicado no TRT/DOE em 26/9/2007, Processo nº 0134-2003-010-12-85-0.*

Como visto, havendo o patrocínio de um advogado, com a ampliação da competência da Justiça do Trabalho, através da EC nº 45 de 2004, é possível a condenação dos honorários de sucumbência, pois, embora o magistrado possa aplicar o Direito através de seu livre convencimento e por obrigação constitucional, fundamentando sua decisão, pode nas lides trabalhistas fixar esses honorários. Nessa esteira de raciocínio, cumpre considerar que o que falta nos tribunais da Justiça do Trabalho é uma oxigenação do entendimento jurisprudencial, desse o TST, os tribunais regionais do Trabalho, como também os juízes de primeiro grau, haja vista que, em relação ao tema, ainda não há uma compreensão pacificada, muito embora já exista uma corrente pelo entendimento favorável de que tal ocorrência é possível nos dias atuais na Justiça Especializada.

Assim, podemos considerar: 1º – *o incremento dado a esta justiça especializada pela Emenda Constitucional nº 45/2004;* 2º – *os enunciados 219 e 329 do TST devem ser interpretados à luz de todo o ordenamento jurídico, ou seja, não apenas amparado pela Lei nº 5.584/70;* 3º – *deve ser considerada aplicação subsidiária do CPC, pois tal matéria não é regulamentada pela CLT e muito menos veda tal possibilidade;* 4º – *por força do art. 2º do Estatuto da Ordem dos Advogados, c/c Art. 133 da Constituição Federal, deve ser valorizada a prestação social do advogado perante a Justiça do Trabalho, pois o advogado é indispensável à administração da justiça;* 5º – *como o advogado não possui salário, depende de honorários para exercer sua profissão com dignidade, e, como mencionado, entendem o STF e o STJ que honorários de sucumbência possuem caráter alimentar; 6º – a Lei nº 5.584/70, embora preveja honorários de sucumbência quando a parte é assistida por advogado de sindicato, não restringe a possibilidade de contratar outro advogado.*

São fartos os argumentos ou fundamentações jurídicas para uma inovação necessária por parte dos magistrados na Justiça do Trabalho. O fato é que, se persistir a negação diária de um direito do próprio advogado, este, que não possui salário, não pode fazer propaganda, pois, para manter-se atualizado, precisa de meios próprios, porque não ganham livros das editoras, como juízes e promotores. E mais, para ser advogado ele deve contribuir para a OAB com uma anuidade, até porque esta possui despesas para manter-se. Enfim, ser advogado exige uma constante perseverança, pois, embora não exista hierarquia entre membros do Ministério Público, magistratura e advogados, ainda perdura certo preconceito com o exercício da advocacia.

PL 3.392/04 ACENDE A LUZ VERDE PARA OS ADVOGADOS

A Comissão de Constituição e Justiça (CCJ) da Câmara dos Deputados, após dez anos de várias tentativas, aprovou no dia 21 de maio, em caráter terminativo, a redação final do Projeto de Lei 3.392, de 2004, que estende os honorários de sucumbência para os advogados que atuam na Justiça do Trabalho. O texto aprovado estabelece que nas causas trabalhistas a sentença condene a parte vencida, inclusive a Fazenda Pública, ao pagamento de honorários de sucumbência aos advogados da parte vencedora, fixados entre o mínimo de 10% e o máximo de 20% sobre o valor da condenação. Esse Projeto de Lei de autoria da ex-deputada federal pelo Paraná e advogada trabalhista Clair da Flora Martins, foi para o Senado Federal. Além dos honorários de sucumbência, o projeto considera necessária a atuação do advogado na Justiça do Trabalho e altera o artigo 791 da CLT. A Associação Brasileira de Advogados Trabalhistas (Abrat) e o Conselho Federal da OAB, com a Ordem dos Advogados do Brasil, seccional do Rio de Janeiro, realizaram um trabalho conjunto no sentido de ver aprovado o Projeto de Lei.

SEGUNDA PARTE

CAPÍTULO I

PRIMEIRO DIAGNÓSTICO DO JUDICIÁRIO BRASILEIRO

JUÍZES JULGARAM 4,6 PROCESSOS/DIA EM 2003

Os técnicos do governo precisaram de um século para apresentar à sociedade o primeiro diagnóstico geral do Poder Judiciário brasileiro, mostrando que, em 2003, 17,3 milhões de processos deram entrada ou foram distribuídos pela Justiça em todo o país. Isso significa que havia, no ano anterior, um processo judicial para cada dez brasileiros. No mesmo período, os 13.660 magistrados julgaram 12,5 milhões de processos, um índice de 72% (medido pelo número de processos julgados/entrados). A taxa média de julgamento por magistrado foi de 1.104 processos, ou seja, cada um julgou 92 processos por mês (4,6 por dia útil).

Na época, admitiu o secretário de Reforma do Judiciário do Ministério da Justiça, Sérgio Renault, que o índice de um processo para cada dez habitantes era alto e *demonstra que o Judiciário é congestionado por ações de interesse dos governos federal, estaduais e municipais e de grandes corporações, já que em estados com o IDH menor, o grau de litigiosidade é mais baixo.* Ressaltou em seu relatório que isso fica evidente quando se comparavam os números da Justiça estadual: São Paulo, Santa Catarina, Rio Grande do Sul, e do Distrito Federal, que apresentam índices mais baixos que a média nacional, ou seja, mais processos na Justiça, enquanto estados como Alagoas, Pará e Amazonas registravam um processo para, respectivamente, 62, 54 e 51 habitantes.

No relatório, grande parte das ações judiciais, em 2003, concentrou-se na primeira instância do Judiciário, que recebeu 86% de todos os processos que deram entrada no ano anterior. O dado demonstrou que o principal gargalo no Judiciário brasileiro estava no primeiro grau da Justiça e não na segunda instância e nos tribunais superiores, o que significa – na avaliação de Sérgio Renault – que *políticas de modernização e fortalecimento do Judiciário devem dar prioridade à primeira instância*, fato este, *data maxima venia*, que não ocorreu.

ESTATÍSTICAS E O QUADRO DE MAGISTRADOS

Do total de juízes e magistrados do país (13.660), 86% estavam em 2003 na 1ª instância, dos quais 63,6% na Justiça comum. A Justiça comum (1ª e 2ª instâncias) concentra 73% dos magistrados do país, seguida da Justiça do Trabalho (1ª e 2ª instâncias), com 18,3%. A Justiça com a menor proporção de magistrados/processos era a Justiça federal, com 8,2%. Embora os números e argumentos aqui relacionados pareçam repetitivos, é necessário se fazer isso, até porque o âmago deste trabalho mostra com transparência o passo a passo desse declínio de qualidade e de falta de superação do judiciário trabalhista. Por outro lado, também entendo ser necessário alinhavar a situação nas outras justiças, criando para o leitor um panorama geral do que de fato vem ocorrendo na Justiça brasileira.

A produtividade também foi avaliada, medindo a relação entre processos julgados/magistrado nos diversos segmentos que compõem o judiciário brasileiro. O Supremo Tribunal Federal foi o que apresentou a produtividade mais alta, com índice 8,9 vezes superior à média nacional, de 1.104 processos julgados por juiz em 2003 – ou seja: cada ministro do STF julgou 9.806 processos. Em seguida, vieram o Superior Tribunal de Justiça, com seis vezes a média nacional, e o Tribunal Superior do Trabalho, com 5,2 vezes a média nacional. Embora alta, a produtividade desses tribunais atingiu apenas 3,3% dos processos julgados em 2003.

Na Justiça estadual, São Paulo foi o estado que teve os juízes mais produtivos: eles julgaram 2.354 processos, cada um, em 2003, número bem superior aos dos outros juízes. Já a Justiça do Trabalho de 1ª a 2ª instâncias foi a que menos acumulou estoque de processos, levando-se em consideração a relação processos entrados/julgados, mas ressalve-se ser esta uma Justiça que trata da verba alimentar do trabalhador, e nesse sentido sua posição deveria ser praticamente zerada.

Os números registrados nessa planilha revelaram que a maioria dos processos de competência da Justiça federal foram distribuídos na 1ª instância: 83%. Esse número vem aumentando, como demonstrou o diagnóstico do Poder Judiciário. De 2002 para o ano passado, o estoque de processos aumentou 22,35%. Os dados mostram que, de 2000 para cá, houve queda de estoque nos tribunais regionais federais (2ª instância) e aumento de processos na 1ª instância. Isso se deve à criação dos juizados especiais. A Justiça comum (estadual) foi responsável pela maior parte dos processos em tramitação no Brasil: 73%. A 1ª instância da Justiça Comum foi responsável por 68% de todos os processos que foram julgados no país, o que a coloca como um dos mais importantes segmentos da Justiça brasileira.

A JT NA ATUALIDADE E SUA LENIÊNCIA

O nosso sistema estatal de solução de conflito laboral trabalha isolado, não interage com a sociedade, como consequência, convalesce do seu pior mal, a morosidade. O resultado é que em comparação a outros países, os números são alarmantes, um volume astronômico de ações, demasiadamente elevado em relação à população ativa (34 milhões de trabalhadores com CTPS anotada). Os mecanismos criados há uma década (CCP e RPS) ainda não foram suficientes para conter a forte demanda de ações (2,3 milhões em

2009). Com o DNA que comprova a sua origem, o Rito Sumaríssimo-RPS (Lei 9.957/00), em uso no judiciário trabalhista, está próximo dos (juizados especiais cível e federal), criados pela Lei Federal 9.099/95, por força do inciso I do artigo 98 da Constituição de 1988, mas inspirado na CLT.

Por outro lado, temos observado que já padece de alguns entraves: o valor é criticado porque não excede quarenta salários-mínimos para propositura da ação (art. 852-A da CLT) – *O valor da causa deverá ser até quarenta vezes o salário-mínimo (nacionalmente unificado – art. 7º, IV da CRFB), e o juiz terá que proferir a sentença (art. 852-B, II da CLT), em quinze dias.* E por isso, *data venia*, já não atende a maioria dos pedidos, e por fim é moroso, apesar desse modelo alternativo de agilizar o processo. No entanto, a solução, que deveria ser ágil, esbarra no momento da execução, quando então temos um novo processo, e assim a ação, que deveria ser liquidada em poucos dias, leva anos.

Introduzida na CLT pela Lei nº 9.958/2000, a Comissão de Conciliação Prévia ainda gera conflitos de sua competência como mecanismo de solução extrajudicial de litígio laboral. O problema é que existem controvérsias na Justiça do Trabalho que acabaram sendo objeto de questionamento no STF. O *trade* trabalhista de forma geral não repugna sua criação, com exceção dos advogados, no tocante a sua participação na conciliação e à forma de remuneração, que mal existe porque esse jurisdicionado não admite pagar honorário de sucumbência ao advogado, exceto quando se trata de entidade sindical no polo ativo. O ponto de consenso é sobre sua contribuição para o desafogamento do Poder Judiciário, e por conta disso questiona-se no STF, a constitucionalidade da exigência de que os conflitos trabalhistas sejam submetidos às CCPs antes de chegarem ao judiciário.

A questão da sobrevivência das comissões de Conciliação Prévia – CCPs (Lei 9.958/2000) se prende ao texto comum das petições que ingressam na JT, postulam os advogados nos termos (mais usual) em que o Reclamante não submeteu a presente demanda à CCP, na forma do art. 625-D da CLT, porque, de acordo com a decisão proferida pelo

STF nas Adins nº 2160/05 e 2139, que deu interpretação conforme o art. 5º, XXXV da Constituição Federal, o texto vem subsidiado por outro: *a Lei não pode restringir aquilo que a Legislação garante, não podendo, pois, estabelecer pressupostos processuais impeditivos de acesso à jurisdição; além do que a Justiça do Trabalho é uma conciliadora por excelência, e nas audiências as partes podem resolver livremente as suas pendências.*

EM 2009, A TAXA DE CONGESTIONAMENTO FOI DE 71%

A Justiça do Trabalho, embora atue processualmente isolada das demais justiças, isso, *data venia*, devido a sua especialização, e não interaja com os demais segmentos do judiciário, está agregada aos percentuais das pesquisas levantadas pelo Conselho Nacional de Justiça, e, no geral, a taxa de influência estimada pode ser de 25%. O panorama do Poder Judiciário de 2009, divulgado pelo CNJ, demonstrou, nesse ano, que a taxa de congestionamento global da Justiça brasileira (estadual, federal e do Trabalho) de 2009 foi de 71%, percentual que se mostrou estável desde 2004.

De acordo com informação técnica da pesquisa, a taxa de congestionamento é o "indicador que afere, em determinado ano, a quantidade de processos (em porcentagem) em tramitação que ainda não foram baixados definitivamente". De cada grupo de cem processos (novos ou em andamento), 71 não terminam (ficam para o ano seguinte).

Conforme os números do CNJ, essa taxa é um índice que corresponde à divisão dos não baixados pela soma dos casos novos e dos casos pendentes de baixa. Entende-se por baixados: a) os processos remetidos para outros órgãos judiciais competentes, desde que vinculados a tribunais diferentes; b) os remetidos para instâncias superiores ou inferiores; e c) os arquivados definitivamente. Vale mencionar que as remessas para cumprimento de diligências e as entregas para carga/vista não são consideradas processos baixados.

O objetivo do cálculo da taxa de congestionamento é mensurar se a Justiça consegue decidir com agilidade os pleitos da sociedade, isto é, se as novas demandas e os casos pendentes do período anterior são finalizados ao longo do ano. O CNJ disponibiliza, em sua página, um gráfico que retrata os altos índices de congestionamento total (abrange todas as instâncias) de cada ramificação da Justiça, do ano de 2004 (ano da primeira edição da pesquisa "Justiça em Números") ao ano de 2009 (último relatório disponível até a data atual).

Nota-se que a Justiça estadual é a que mais contribui para a configuração de uma taxa global tão elevada (71%), pois sua taxa de congestionamento total é de 73%. Por outro lado, a Justiça do Trabalho apresentou a menor taxa (49%), mostrando que é o ramo do Judiciário que atende de forma menos lenta à população que busca a prestação jurisdicional.

Em novembro de 2010 foi divulgado um estudo realizado pelo Instituto de Pesquisas Econômicas Aplicadas (Ipea) em que a população avaliou a atuação da Justiça. A nota atribuída pelos cidadãos foi 4,6, em uma escala de 0 a 10. O levantamento levou em conta critérios como celeridade nas decisões, custo, honestidade, qualidade, facilidade no acesso, Dentre outros. Em relação ao quesito "rapidez na decisão", a nota foi 1,18, perdendo somente para o critério honestidade, 1,17.

Esses números, infelizmente, só diagnosticam o caos do Judiciário em números! A Justiça brasileira, conforme sustentamos, é morosa, o judiciário não consegue decidir com presteza os litígios e a lentidão parece intrínseca ao trâmite processual. Atualmente, entrar com uma ação no judiciário é uma prova de paciência e confirma que o simples acesso à Justiça, garantia do regime democrático, é uma ilusão. Diante dessa imensidão de demandas, surge a seguinte dúvida: Hoje, o magistrado julga ou simplesmente decide como se fosse um despachante?

O RITO SUMARÍSSIMO DECEPCIONA POR SUA LENTIDÃO

Os recursos interpostos no sumaríssimo (Lei nº 9957/2000) também terão traços de celeridade, entretanto, a lei do sumaríssimo não trata da execução de forma diferente, o que é criticado por muitos, pois toda celeridade acaba no momento mais importante, que é a hora de executar a sentença. Inicial líquido, com pedido certo ou determinado (art. 852-B, I da CLT) (1) – todos os pedidos deverão conter a expressão monetária correspondente, quando possível. Mas o cerne da questão é: será que o que a lei criou efetivamente acelerou o julgamento destas causas e serviu para desafogar o judiciário?

1 – CLT – "Art. 852-B. Nas reclamações enquadradas no procedimento sumaríssimo:

I – o pedido deverá ser certo ou determinado e indicará o valor correspondente;

II – não se fará citação por edital, incumbindo ao autor a correta indicação do nome e endereço do reclamado;

III – a apreciação da reclamação deverá ocorrer no prazo máximo de quinze dias do seu ajuizamento, podendo constar de pauta especial, se necessário, de acordo com o movimento judiciário da Junta de Conciliação e Julgamento.

§ 1º O não atendimento, pelo reclamante, do disposto nos incisos I e II deste artigo importará no arquivamento da reclamação e condenação ao pagamento de custas sobre o valor da causa.

§ 2º As partes e advogados comunicarão ao juízo as mudanças de endereço ocorridas no curso do processo, reputando-se eficazes as intimações enviadas ao local anteriormente indicado, na ausência de comunicação.

Evidentemente que não foi legislado de forma incompleta, faltando dar o que poderíamos chamar de "um acabamento" no texto, e isso, *data venia*, não ocorreu. Então, o ideal de um procedimento rápido existe, mas a efetivação dessa celeridade está muito distante de ocorrer em nossa realidade judicial. Vivemos em um país muito extenso, com diversidades em toda a sua plenitude.

Mesmo assim, no que tange à Lei 9.099/95, esta trouxe uma celeridade às causas de pequeno valor, porque criou os juizados especiais. Ao passo que é muito complicado implantar dentro da Justiça do Trabalho, sem a criação de varas especiais, um procedimento distinto daquele sempre trabalhado. O número de causas a serem julgadas não sofreu redução, apenas tivemos uma mudança no procedimento. O juiz continua sobrecarregado de processos, mas, *data venia*, pagando o preço por se fechar no conceito de que a Justiça Especializada é exclusiva para seus magistrados e serventuários nela lotados, e que outros dispositivos extrajudiciais de solução de conflitos não devem ter o conhecimento desse jurisdicionado.

Decorrida mais de uma década, o rito sumaríssimo não sofreu nenhuma mudança na fase de execução, o que dificulta a prestação da tutela jurisdicional, quando, no mínimo, deveria sofrer alteração quanto à demanda desse empregador, sendo obrigatório que, ao propor ação contra este, o Reclamante tivesse que aceitar os termos de execução que melhor atendessem ao mister desse segmento. O processo de conhecimento célere gera apenas uma sentença. A verdadeira entrega do bem jurídico somente se concretiza com a execução, mas essa ainda se mantém morosa.

No processo comum, o juiz, diante de um pedido líquido, deverá proferir uma sentença líquida – parágrafo único do artigo 459 do CPC. No procedimento sumaríssimo trabalhista tal dispositivo foi vetado, inexistindo obrigatoriedade de o juiz apresentar sua sentença líquida. Com o texto atual, há necessidade do início normal de uma fase de execução, ou seja, devem as partes, o contador judicial ou o perito liquidarem a sentença. O fato é que não logrou êxito a proposta da criação da Vara Especial Trabalhista, na qual estariam tramitando essas ações, o número de juízes não aumentou e não houve qualquer alteração na fase da execução.

CCP EXTRAJUDICIAL TEM A REJEIÇÃO DOS MAGISTRADOS

As críticas dos juízes trabalhistas direcionadas para os meios de solução extrajudiciais de conflitos trabalhistas são de caráter personalíssimo, isso porque, ao obstacular as decisões homologadas na Comissão de Conciliação Prévia, causam forte efeito e acabam depreciando esse mecanismo, que, ao ser esvaziado, acaba referendando o próprio Judiciário estatal. Ocorre que o trabalhador submetendo a rescisão à CCP, recebe a verba incontroversa, não sendo obrigado dar quitação do incontroverso (ressalvando em uma cláusula). Feito o acordo, recebe uma quantia para suprir essa diferença, uma vez homologado.

Olhando pelo ponto de vista isonômico, a JT não poderia anular o Termo de Conciliação, no entanto é isso que ocorre. Em decorrência dessa abrupta ausência de bom-senso, o juiz que anula a decisão extrajudicial não tem como garantir (mesmo podendo determinar) a devolução do valor recebido pelo empregado na CCP. O resultado é catastrófico, deprecia o instituto, e já se reflete na diminuição do número de comissões em funcionamento, que hoje estão reduzidas à metade. Afinal, de que adianta fazer um acordo ou homologar decisão na CCP se os integrantes da JT as têm como nulas?

ESTRUTURA E FUNCIONAMENTO DA CCP

Existem dois institutos que regem os processos trabalhistas: a autocomposição, que é o acordo em que as partes fazem concessões recíprocas, e a heterocomposição, que consiste na solução do conflito por um terceiro (jurisdição e arbitragem). Em 2000, nasce a Comissão de Conciliação Prévia (CCP). Com o advento da Lei 9.958/2000, a CCP instituiu-se, no âmbito das empresas e dos sindicatos, como anseio de muito tempo, desafogando a Justiça do Trabalho e acelerando a solução dos litígios trabalhistas de uma forma pacífica e extrajudicial. A matéria foi aceita no judiciário laboral, é pacífica por força dos artigos 625A e 625H(1) da CLT (foi criada a CCP), que tem o objetivo de solucionar o conflito entre as partes sem a necessidade de buscar o Poder Judiciário.

Essa comissão é composta por no mínimo dois e no máximo dez membros, divididos igualmente entre os representantes dos empregadores e trabalhadores. Segundo a doutrina dominante, é condição da ação a citação sobre a CCP (art. 625D, CLT).(a) Uma vez reunidas as partes, serão feitas as reivindicações pertinentes ao caso. Se as partes não chegarem a um consenso sobre o assunto, será expedida uma declaração de tentativa de conciliação infrutífera. Caso ocorra um termo de conciliação, será considerado um título executivo extrajudicial, que poderá ser executado se não cumprido na Justiça do Trabalho.

A eficácia liberatória será tão somente dos valores que foram acertados entre as partes nesse acordo (art. 625E, CLT).(3) A prescrição será suspensa a partir da provocação da comissão, cuja primeira reunião deverá ocorrer em dez dias. O prazo para ingressar com uma ação de execução de um título não cumprido na CCP será de dois anos contados a partir do inadimplemento. Caso esse prazo tenha transcorrido, estaremos diante da prescrição superveniente, conforme a súmula 150 do STF.(4)

1 – Através da inovação, o título VI-A: "Das Comissões de Conciliação Prévia", foi acrescido ao texto da CLT e o assunto passou a ser tratado nos artigos 625-A a 625-H e 877-A.

Art. 625-H. Aplicam-se aos Núcleos Intersindicais de Conciliação Trabalhista em funcionamento ou que vierem a ser criados, no que couber, as disposições previstas neste Título, desde que observados os princípios da paridade e da negociação coletiva na sua constituição. (Incluído pela Lei nº 9.958, de 12.1.2000).

2 – Qualquer demanda de natureza trabalhista será submetida à Comissão de Conciliação Prévia se, na localidade da prestação de serviços, houver sido instituída a Comissão no âmbito da empresa ou do sindicato da categoria.

§ 1º A demanda será formulada por escrito ou reduzida a termo por qualquer dos membros da Comissão, sendo entregue cópia datada e assinada pelo membro aos interessados.

§ 2º Não prosperando a conciliação, será fornecida ao empregado e ao empregador declaração da tentativa conciliatória frustrada com a descrição de seu objeto, firmada pelos membros da Comissão, que deverá ser juntada à eventual reclamação trabalhista.

§ 3º Em caso de motivo relevante que impossibilite a observância do procedimento previsto no caput deste artigo, será a circunstância declarada na petição inicial da ação intentada perante a Justiça do Trabalho.

§ 4º Caso exista, na mesma localidade e para a mesma categoria, Comissão de empresa e Comissão sindical, o interessado optará por uma delas para submeter a sua demanda, sendo competente aquela que primeiro conhecer do pedido (Artigo acrescentado pela Lei nº 9.958, de 12.1.2000, DOU 13.1.2000, em vigor a partir de 90 dias da data de publicação).

3 – Art. 625-E. Aceita a conciliação, será lavrado termo assinado pelo empregado, pelo empregador ou seu proposto e pelos membros da Comissão, fornecendo-se cópia às partes (Incluído pela Lei nº 9.958, de 12.1.2000).

Parágrafo único: O termo de conciliação é título executivo extrajudicial e terá eficácia liberatória geral, exceto quanto às parcelas expressamente ressalvadas (Incluído pela Lei nº 9.958, de 12.1.2000).

4 – STF Súmula nº 150 – 13/12/1963 – Súmula da Jurisprudência Predominante do Supremo Tribunal Federal – Anexo ao Regimento Interno. Edição: Imprensa Nacional, 1964, p. 84. Execução e Ação – Prazo de Prescrição – Prescreve a execução no mesmo prazo de prescrição da ação.

Outras considerações pertinentes:

Em caso de conciliação, o termo lavrado terá eficácia de título executivo extrajudicial executável perante o juiz do Trabalho, que teria competência para apreciar a reclamatória, conforme se extrai dos arts. 876 e 877-A da CLT.

> Art. 876 – As decisões passadas em julgado ou das quais não tenha havido recurso, com efeito, suspensivo; os acordos, quando não cumpridos; os termos de ajuste de conduta firmados perante o Ministério Público do Trabalho e os termos de conciliação firmados perante as Comissões de Conciliação Prévia serão executados pela forma estabelecida neste Capítulo.
>
> Art. 877-A – É competente para a execução de título executivo extrajudicial o juiz que teria competência para o processo de conhecimento relativo à matéria.

TST DECIDE QUE CONCILIAÇÃO PRÉVIA NÃO É OBRIGATÓRIA

É facultativa a necessidade de o empregador levar a demanda trabalhista primeiro à CCP antes de entrar com ação na Justiça. Com esse entendimento, a Seção Especializada em Dissídios Individuais (SDI-1) do TST devolveu o caso para a 3ª Turma, que havia extinguido o processo.

Para o relator, ministro Aloísio Corrêa da Veiga, ainda que o artigo 625-D da CLT obrigue a submissão do empregado à comissão – quando houver uma no local da prestação dos serviços –, isso não pode ser entendido como condição da ação para impedir o acesso à Justiça. A ausência de documento proveniente da comissão equivale à inexistência de conciliação. Portanto, concluiu o ministro, não se pode extinguir o processo, sem julgamento de mérito, só pelo fato de a parte não ter levado o assunto primeiro à comissão, sob pena de violar os princípios formadores do processo do trabalho.

O relator chamou, ainda, atenção para recente decisão, em liminar, do Supremo Tribunal Federal ao examinar a constitucionalidade desse dispositivo da CLT, que pode desrespeitar o direito universal de acesso à Justiça e a liberdade de escolha do cidadão.

O debate sobre o tema se deu em processo em que um analista de sistemas requereu diferenças salariais depois de ter prestado serviços para a Pointer do Brasil, em Pernambuco, de março de 1992 a novembro de 2003, mas só teve a carteira de trabalho assinada em fevereiro de 2003. A 9ª Vara do Trabalho de Recife (PE) reconheceu o vínculo de emprego e concedeu, em parte, os pedidos do empregado. A empresa entrou com Recurso Ordinário no Tribunal Regional do Trabalho da 6ª Região (PE). Alegação: o assunto não tinha passado pela Comissão de Conciliação, por isso, o processo deveria ser extinto, sem julgamento do mérito, nos termos do artigo 625-D da CLT.

Segundo o tribunal regional nada disso importava, porque as partes não sofreram prejuízo e o acordo era possível em qualquer fase processual. Além do mais, o trabalhador podia optar pela via extrajudicial, sem condicionar o seu direito de ação à passagem pela comissão. Já no Recurso de Revista das empresas, analisado pela 3ª Turma do TST, o argumento foi aceito. Os ministros decidiram extinguir o processo, sem julgamento do mérito, com a justificativa de que passar a demanda pela comissão era condição da ação na Justiça, conforme o artigo 267 do Código de Processo Civil. O trabalhador então interpôs embargos à SDI-1, afirmando que a ausência da comissão não podia ser um obstáculo para o acesso à Justiça.

A SDI-1 determinou que o recurso de revista do empregado fosse devolvido à 3ª Turma do TST para o exame dos pedidos trabalhistas formulados. Para o relator, ministro Aloysio Corrêa da Veiga, o objetivo da norma celetista é estimular a conciliação entre as partes e proporcionar mais agilidade na solução dos conflitos. Ele informou, ainda, que o instituto da conciliação vem sendo bastante utilizado no país e contribui para diminuir o número de ações no judiciário, mas não pode servir de impedimento para a apreciação de questões trabalhistas pela Justiça. *Com informações da Assessoria de Imprensa do Tribunal Superior do Trabalho* (E-RR- 28/2004-009-06-00.3).

Essa prepotência do judiciário laboral não tem medidas, pois avança impune contra o Ministério Público do Trabalho (MPT), as CCPs, câmaras arbitrais, chegando ao extremo de sequer respeitar as normas estabelecidas pelo CNJ (vide o atraso na entrega das estatísticas), menos ainda as súmulas, jurisprudências e enunciados do seu Colendo Superior.

CAPÍTULO II

ADVENTO DA EC Nº 45/2004

EMENDA CONSTITUCIONAL Nº 45/2004

Quando parecia que tudo iria melhorar, com a criação do CNJ e do programa de metas, e a divulgação das estatísticas dos tribunais, enfim a transparência dos atos praticados pelos juízes e da administração dos tribunais, em 8 de dezembro de 2004 foi promulgada a Emenda Constitucional 45 (EC 45/04), alterando o artigo 114 da Constituição Federal, aumentando a competência da Justiça do Trabalho, ampliada para julgar as ações de relação de trabalho, e mantendo o seu poder normativo por meio de novas atribuições, tais como o julgamento de ações sobre representação sindical, atos decorrentes de greve, indenização por dano moral ou patrimonial resultantes da relação de trabalho e os processos relativos às penalidades administrativas impostas aos empregadores por fiscais do trabalho. A justiça trabalhista passou a julgar ainda mandados de segurança, habeas corpus e habeas data, para quando o ato questionado envolvesse matéria sujeita exclusivamente à sua jurisdição.

Íntegra da Emenda:

Art. 114. Compete à Justiça do Trabalho processar e julgar (redação dada pela Emenda Constitucional nº 45, de 2004).
 I – as ações oriundas da relação de trabalho, abrangidos os entes de direito público externo e da administração pública direta e indireta da União, dos estados, do Distrito Federal e dos municípios;

II – as ações que envolvam exercício do direito de greve;

III – as ações sobre representação sindical entre sindicatos, entre sindicatos e trabalhadores e entre sindicatos e empregadores;

IV – os mandados de segurança, habeas corpus e habeas data, quando o ato questionado envolver matéria sujeita à sua jurisdição;

V – os conflitos de competência entre órgãos com jurisdição trabalhista, ressalvado o disposto no art. 102, I, o;

VI – as ações de indenização por dano moral ou patrimonial decorrentes da relação de trabalho;

VII – as ações relativas às penalidades administrativas impostas aos empregadores pelos órgãos de fiscalização das relações de trabalho;

VIII – a execução, de ofício, das contribuições sociais previstas no art. 195, I e II, e seus acréscimos legais, decorrentes das sentenças que proferir;

IX – outras controvérsias decorrentes da relação de trabalho, na forma da lei.

COMPETÊNCIA DERIVADA DA EC 45/04

Qualquer relação de trabalho será, em tese, de competência da Justiça do Trabalho, conforme a Emenda Constitucional 45, que alterou o artigo 114 da Constituição. Jurisdição significa dizer o direito; assim, quando a Justiça do Trabalho poderá ser procurada para solucionar algum conflito? Quando houver um problema que envolva empregador e trabalhador. As exceções são os funcionários públicos estatutários e militares, que devem procurar suas justiças especializadas, a saber a Justiça federal, estadual e militar, pela ordem.

No tratar da competência em razão das pessoas, qualquer trabalhador poderá procurar a Justiça do Trabalho para a solução de seus conflitos de trabalho, em casa, pela internet, telefone, sejam eles atletas de futebol, voluntários, servidores de cartórios extrajudiciais e avulsos, entre outros. Quanto ao funcionário público, dependerá de a qual regime estiver ligado. Se for celetista, a competência será da Justiça do Trabalho; se estatutário, da Justiça federal ou estadual, conforme o caso, haja vista que o STF concedeu liminar na ADIn 3.395,[30] proposta pela Associação dos Juízes Federais do Brasil. Jogadores de futebol deverão procurar a Justiça Desportiva para resolver seus conflitos quando se tratar de competição ou de punição. A Justiça do Trabalho é competente para julgar causas que envolvam as verbas trabalhistas.

No caso da competência material, a Justiça do Trabalho apta para solucionar conflitos de qualquer relação de trabalho, inclusive os contratos de empreitada. Compete a ela o julgamento de ações relacionadas a danos morais ou patrimoniais decorrentes de uma relação de trabalho, cujo valor será determinado pelo juiz, danos morais ou materiais em acidente de trabalho, cadastramento do PIS/PASEP (súmula 330, TST)[31] e preservação do meio ambiente do trabalho

---

[30] Informa o conceituado site Jus Navegandi, no texto do advogado Juliano Heinen, que (...) "após a vigência da Emenda Constitucional (EC) nº 19, de 1998, permitiu-se o rompimento com o *Regime Jurídico Único*, ou seja, no limiar da Administração Pública se podem perceber as figuras do cargo público (funcionários estatutários) e as figuras do emprego público (funcionários celetistas). Nesse limiar, após intensa discussão e, especialmente, após as reformas produzidas pela EC nº 45/04 no art. 114, inciso I da Constituição Federal de 1988, percebe-se a incompetência da Justiça do Trabalho para discutir pretensões".
"Tal entendimento tem por gênese o efeito vinculante estabelecido na Ação Direta de Inconstitucionalidade (ADIN) nº 3395-6 – Distrito Federal. O paradigma hermenêutico ficou consagrado diante do alcance da liminar concedida na referida ADIN. A decisão suspendeu toda e qualquer interpretação ao art. 114, inciso I da Constituição Federal de 1988 que inserisse na competência material da Justiça obreira o processamento de ações entre entes públicos e seus servidores, quando a vinculação entre ambos for constituída em uma relação tipicamente jurídico-administrativa, o que engloba também os contratos de trabalho lastreados na Consolidação das Leis do Trabalho (empregados públicos)."
[31] Exemplo conforme jurisprudência do TST: QUITAÇÃO. TERMO RESCISÓRIO. EFICÁCIA LIBERATÓRIA RESTRITA. SÚMULA Nº 330 DO TST. A exis-

(súmula 736, STF).³² A Justiça do Trabalho tem competência material executória das próprias decisões e das contribuições sociais.

Caso a ação seja ajuizada na Vara Cível e esta remeta para a vara do Trabalho, seria uma decisão terminativa, sendo passível de apelação para o Tribunal de Justiça. Porém, se for o juiz do Trabalho que remeter os autos para uma Vara Cível, essa também será uma decisão terminativa, mas dela caberá recurso ordinário para o TRT. Ainda sobre esse assunto: se uma Vara do Trabalho remeter os autos para outra Vara do Trabalho, por se tratar de uma decisão interlocutória, não caberá recurso (súmula 214 do TST e art. 893, § 1º).³³

---

tência do termo de rescisão devidamente homologado não é, por si só, obstáculo ao deferimento do pedido de pagamento das diferenças dos títulos nele consignados, visto que a quitação, mesmo sem ressalvas, restringe-se às parcelas e aos valores especificados, não alcançando títulos de outras naturezas e as diferenças porventura subsistentes, nos moldes da Súmula nº 330 do c. TST (TRT23. RO 01076.2007.009.23.00-9. 1ª Turma. Relator DESEMBARGADOR EDSON BUENO. Publicado em 25/03/09).

³² STF Súmula nº 736 – 26/11/2003 – DJ de 9/12/2003, p. 2; DJ de 10/12/2003, p. 3; DJ de 11/12/2003, p. 3. Competência – Causa de Pedir – Descumprimento – Normas Trabalhistas. Compete à Justiça do Trabalho julgar as ações que tenham como causa pedir o descumprimento de normas trabalhistas relativas à segurança, higiene e saúde dos trabalhadores.

³³ TST Enunciado nº 214 – Res. 14/1985, DJ 19.9.1985 – Republicação – DJ 22.3.1995 – Nova Redação – Res. 43/1995, DJ 17.2.1995 – Nova redação – Res. 121/2003, DJ 21.11.2003 – Nova redação – Res. 127/2005, DJ 14.3.2005. Decisão Interlocutória – Justiça do Trabalho – Recurso. Na Justiça do Trabalho, nos termos do art. 893, § 1º da CLT, as decisões interlocutórias não ensejam recurso imediato, salvo nas hipóteses de decisão: **a)** de Tribunal Regional do Trabalho contrária à Súmula ou Orientação Jurisprudencial do Tribunal Superior do Trabalho; **b)** suscetível de impugnação mediante recurso para o mesmo Tribunal; **c)** que acolhe exceção de incompetência territorial, com a remessa dos autos para Tribunal Regional distinto daquele a que se vincula o juízo excepcionado, consoante o disposto no art. 799, § 2º da CLT.

Art. 893 – Das decisões são admissíveis os seguintes recursos (redação dada pela Lei nº 861, de 13.10.1949):

I – embargos (Redação dada pela Lei nº 861, de 13.10.1949);

II – recurso ordinário (Redação dada pela Lei nº 861, de 13.10.1949);

Foro de eleição – Antes da emenda constitucional 45, o foro de eleição entre as partes no contrato era incabível na Justiça do Trabalho. A promulgação da referida emenda, no entanto, trouxe várias situações novas no Direito do Trabalho, e, a nosso ver, é totalmente cabível o foro de eleição nas relações de trabalho, por vontade das partes. Nas relações de emprego, o foro de eleição é nulo de pleno direito (art. 9º, CLT),[34] sendo cabível apenas nas relações de trabalho.

Competência em dissídios coletivos – Será, em regra, do TRT. No entanto, o julgado deverá ocorrer no TST se a controvérsia entre as partes for superior à competência do TRT (art. 2º, I, "a", Lei 7.701/88),[35] ou se o dissídio for de competência nacional. Contudo, no caso de conflito entre os TRTs de São Paulo e de Campinas, prevalecerá o primeiro.

Outras competências – Acidente de trabalho: Justiça estadual (art.

III – recurso de revista (Redação dada pela Lei nº 861, de 13.10.1949);

IV – agravo (Redação dada pela Lei nº 861, de 13.10.1949);

§ 1º – Os incidentes do processo são resolvidos pelo próprio Juízo ou Tribunal, admitindo-se a apreciação do merecimento das decisões interlocutórias somente em recursos da decisão definitiva (Parágrafo único renumerado pelo Decreto-lei nº 8737, de 19.1.1946).

§ 2º – A interposição de recurso para o Supremo Tribunal Federal não prejudicará a execução do julgado (Incluído pelo Decreto-lei nº 8.737, de 19.1.1946).

Art. 893 – Das decisões são admissíveis os seguintes recursos (Redação dada pela Lei nº 861, de 13.10.1949):

§ 1º – Os incidentes do processo são resolvidos pelo próprio Juízo ou Tribunal, admitindo-se a apreciação do merecimento das decisões interlocutórias somente em recursos da decisão definitiva (Parágrafo único renumerado pelo Decreto-lei nº 8.737, de 19.1.1946).

[34] Art. 9º – Serão nulos de pleno direito os atos praticados com o objetivo de desvirtuar, ou fraudar a aplicação dos preceitos contidos na presente Consolidação.

[35] Art. 2º, I, "a", Lei 7.701/88 Compete à seção especializada em dissídios coletivos, ou seção normativa: I – originariamente: a) conciliar e julgar os dissídios coletivos que excedam a jurisdição dos Tribunais Regionais do Trabalho e estender ou rever suas próprias sentenças normativas, nos casos previstos em lei.

129, II, Lei 8.213/91);[36] Previdência Social: Justiça Federal (art. 109, I, § 3º, CF);[37] eleições sindicais: Justiça Comum (Súmula 4, STJ).[38]

---

[36] Art. 129 – Os litígios e medidas cautelares relativos a acidentes do trabalho serão apreciados: II – na via judicial, pela Justiça dos estados e do Distrito Federal, segundo o rito sumaríssimo, inclusive durante as férias forenses, mediante petição instruída pela prova de efetiva notificação do evento à Previdência Social, através de Comunicação de Acidente do Trabalho – CAT. Parágrafo único: O procedimento judicial de que trata o inciso II deste artigo é isento do pagamento de quaisquer custas e de verbas relativas à sucumbência.

[37] Art. 109 – Aos juízes federais compete processar e julgar: I – as causas em que a União, entidade autárquica ou empresa pública federal forem interessadas na condição de autoras, rés, assistentes ou oponentes, exceto as de falência, as de acidentes de trabalho e as sujeitas à Justiça Eleitoral e à Justiça do Trabalho; III – as causas fundadas em tratado ou contrato da União com Estado estrangeiro ou organismo internacional.

[38] STJ Súmula nº 4 – 08/05/1990 – DJ 18.05.1990. Competência – Processo Eleitoral Sindical. Compete à Justiça Estadual julgar causa decorrente do processo eleitoral sindical.

CAPÍTULO III
O CUSTO DA ESPECIALIZADA

APESAR DE ONEROSA, CONTINUA LENTA

Consultando a base de pesquisas do programa "Justiça em Números" (Indicadores Estatísticos do Poder Judiciário), divulgado em 2010, produzido pelo Conselho Nacional de Justiça desde 2003, a Justiça do Trabalho gasta R$ 3,5 mil por trabalhador atendido, ou seja, foram necessários 8,4 bilhões para sustentar 2,4 milhões de trabalhadores e empresas em 2007. Esse valor representa, segundo o CNJ, 0,31% do PIB do Brasil. A folha de pagamento continua a abocanhar a maior parte desses R$ 8,4 bilhões da Justiça do Trabalho — 94% vão para o bolso dos serventuários e juízes. O número aumentou em relação a 2006 (93,65%) e 2005 (92,5%). O orçamento da Justiça do Trabalho foi de R$ 7,3 bilhões em 2006. O valor é R$ 1,3 bilhão a mais em comparação ao ano anterior. Já o gasto somente com o Tribunal Superior do Trabalho foi de R$ 422 milhões.

A folha de pagamento pesou mais no orçamento da Justiça do Trabalho. Começando pelo ano de 2006, quando 93,65% dos gastos foram destinados ao pagamento dos funcionários. No ano anterior (2005), o número foi de 90,50%. O TST foi, entre os tribunais trabalhistas, o que mais investiu em informática (particularmente o Colendo Superior, que tem um excelente serviço on-line), destinando 8% de seu orçamento para a área. Mesmo assim, um dos seus mais importantes tribunais regionais, o TRT da 1ª Região (TRT-RJ), até o início de 2011 ainda não tinha conseguido alcançar o padrão aceitável de informatização. Isso ocorre com os serviços de comunicação e acesso interno e externo na área de consultas no seu site, que teve apenas uma melhoria a partir da última legislatura.

O PROBLEMA SE AGRAVOU COM A IMPLANTAÇÃO DO PJE-JT

Quando asseveramos nossas preocupações, temos em mente que a presença do Estado, através do tentáculo laboral, avocou para si toda demanda de controvérsias e litígios entre patrões e empregados, inclusive a nova gama de direitos, após a EC 45/04, que veio alimentar ainda mais a saga de poder desse judiciário, que hoje tem como aliada proteção o fato de que executa os tributos federais do INSS e da Fazenda. Esse poder, contestado pela sociedade, só existe em razão da fragilidade do Estado dependente, que faz vista grossa às práticas lesivas aos direitos do trabalho, que infestam as ações trabalhistas. Esse incesto Estado/Justiça do Trabalho/juiz nos revela um quadro de beligerância, em que os atores internos indicam que o inimigo são os que estão do lado de fora desse judiciário.

Cabe lembrar, neste elenco de irregularidades, outra injunção do PJe, que traz a violação do artigo 26 da Lei nº 10.741/2003, que prevê que o idoso tem direito ao exercício de atividade profissional, respeitadas suas condições físicas, intelectuais e psíquicas, e a Lei nº 10.098/2004, que traz normas para a promoção da acessibilidade para pessoas portadoras de deficiência ou com mobilidade reduzida, especialmente os deficientes visuais. Tal violação gerou a ação do Conselho Federal da Ordem dos Advogados do Brasil (CFOAB), que vai ajuizar Ação Direta de Inconstitucionalidade (ADI) por ofensa ao inciso XXXV do art. 5º da CF, em face das regras do Estatuto do Idoso bem como da Lei de Acessibilidade, em especial para os deficientes visuais. A OAB também apresentará pedido de providências ao CNJ para obrigar a observância dessas leis pelos tribunais – Estatuto do Idoso e Lei de Acessibilidade.

A complacência do jurisdicionado com a Justiça do Trabalho já se encontra além do limite de suportar tamanha insensatez dos seus dirigentes, começando pelo Tribunal Superior do Trabalho (TST), e dos Regionais, todos, *data maxima venia*, subservientes de ditames da sua entidade classista, a Associação Nacional de Juízes do Trabalho (Anamatra), que manda e desmanda nas ações administrativas desse judiciário. O desmando é tamanho que hoje o TST é uma caricatura de tribunal superior, medíocre, enfraquecido pelo seu próprio marasmo e excesso de protecionismo as denúncias e injunções de ordem administrativa, jurídica e comportamental dos seus juízes de primeiro grau, onde não faltam desrespeito às prerrogativas dos advogados (art. 133 da Carta da República), e o avesso a linhas do art. 35 da Lei Orgânica da Magistratura Nacional – Loman. O resultado disso tudo se reflete no andamento das ações, impulsiona ainda mais a morosidade e aguça a intransigência dos juízes, que sequer reconhecem tanto a necessidade alimentar do trabalhador quanto o seu acesso ao Judiciário e à solução do conflito. A prova cadente dessa metamorfose administrativa tem reflexo na implantação do PJe-JT, que se constitui no maior engodo contra a sociedade.

No bojo da reforma do Judiciário, no governo Luiz Inácio Lula da Silva, o então ministro da Justiça, Nelson Thomaz Bastos, propôs mudança na administração dos tribunais, levando essa função para representantes da iniciativa privada, que ocupariam os cargos hoje dos juízes profissionais, e seriam capazes de administrar sem a implicância política, que se revestem no Judiciário. Traçando um paralelo com a reforma trabalhista, a questão dos tribunais é bastante complexa, até porque dos 5,4 mil municípios do país, só existe a JT em 1,4 mil cidades, deixando sem a proteção jurisdicional especializada 81% dos trabalhadores.

A reforma trabalhista está em curso há quase vinte anos. A seu favor foi montada uma hiperestrutura para formatar um novo Código do Trabalho, apesar de, na minha concepção, o atual não dever nada à modernidade, porque seu código de leis (CLT) ainda é um avanço, tem previsões de sessenta anos, como o combate ao trabalho escravo, problema que perdura até hoje. Um novo desafio se aproximava em 2012: a implantação do Processo Judicial Eletrônico na Justiça do Trabalho (PJe-JT), principalmente no TRT da 1ª Região (Rio de Janeiro), que desestruturou o já combalido sistema eletrônico convencional, que entrou em colapso a ponto de o TST através de sua Corregedoria-Geral, intervir, convocando os dirigentes do Tribunal em Brasília, com a presença dos dirigentes da Ordem dos Advogados do Rio de Janeiro, em busca de uma solução.

AFRONTA AO LIVRE ACESSO AO JUDICIÁRIO

O amplo acesso à justiça, embora seja um direito expresso na Constituição Federal de 1988 (art. 5º, XXXV: A lei não excluirá da apreciação do Poder Judiciário lesão ou ameaça a direito), pode ser ameaçado, começando pela omissão da máquina judiciária, quando não está presente em todas as comarcas do país. Um desses exemplos reside justamente na própria estrutura da Justiça Trabalhista, na qual 84% dos trabalhadores não conseguem acesso à prestação jurisdicional, isso porque dos 5.564 municípios, somente 1.160 possuem Vara do Trabalho, e o programa Justiça Itinerante ainda é tímido.

De acordo com o sistema "Justiça em Números", do CNJ, a JT possui 1.378 Varas, e 27 Tribunais regionais do Trabalho e o TST, que recebem anualmente a média de 3 milhões de ações, *data venia*, recebem, mas não julgam todos, e, por consequência, temos um encalhe de milhões de ações. Vale lembrar que a Justiça Comum poder julgar litígios trabalhistas onde não houver Vara do Trabalho (art. 112 CF). Conforme seu texto, a lei criará varas da Justiça do Trabalho, podendo, nas comarcas não abrangidas por sua jurisdição, atribuí-la aos juízes de direito, com recurso para o respectivo TRT. Pouco se espera dessa improvisação jurisdicional, até porque o juiz de Direito está concentrado na matéria civil e o Direito do Trabalho na CLT, (que é especialíssima), de ofício, não lhe é afeto, para o trabalhador, principalmente nos municípios menos assistidos, onde a distância entre seu domicílio e a Justiça é uma eternidade.

Os dados da pesquisa "Características da Vitimização e do Acesso à Justiça no Brasil", feita pelo IBGE, com base em dados da última Pesquisa Nacional por Amostra de Domicílios, realizada em 2009, apontam que dos 12,6 milhões de entrevistados que disseram ter recorrido à Justiça recentemente, 23,3% procuraram a Justiça do Trabalho em busca de solucionar problemas em relações de emprego ou trabalho. Na sequência, aparecem os processos envolvendo o Direito de Família (22%) e as questões de Direito Criminal, com 12,6% dos conflitos. A pesquisa se refere apenas aos processos iniciados por pessoas físicas, não entrando no cálculo as ações propostas por empresas ou pelo Poder Público.

Como se não bastasse tamanha injunção material, instalou-se nesse judiciário laboral um pandemônio, que atende pelo título de Processo Judicial Eletrônico (Lei 11.419, a Lei do Processo Eletrônico), que, por completa ausência de qualidade técnica, vem impedindo que os advogados protocolem eletronicamente as ações iniciais e os documentos inerentes. Aí cabe destacar a emenda Constitucional nº 45/04 inseriu no artigo 5º, inciso LXXVIII, que diz: *A todos, no âmbito judicial e administrativo, são assegurados a razoável duração do processo e os meios que garantam a celeridade de sua tramitação.*

Estamos ou não diante de um caso explícito de cerceio? O fato é que o acesso à Justiça deve ser efetivo e material, e a resposta apresentada pelo Estado deve dirimir o conflito existente ou legitimar a situação ofertada em prazo razoável. Não basta que o Poder Judiciário receba a demanda e garanta o direito de ação processual, ou seja, o direito de agir dirigindo-se ao órgão jurisdicional; deve também garantir uma decisão justa, sob pena de nada adiantar essa garantia constitucional. E nesse caso do PJe-JT, especialmente no ramo laboral, estamos realmente relegados ao esquecimento.

JUDICIÁRIO SEM COMPROMETIMENTO COM A SOCIEDADE

Não dá para fechar os olhos à realidade, "contra a força não há resistência", até mesmo às ações propostas na Especializada em que as partes, mesmo antes do ajuizamento, já acertaram os termos de um futuro acordo, comparecendo à audiência apenas para reafirmarem aquilo que já pactuaram extrajudicialmente; o que, via de regra, será chancelado pelo magistrado, tem que ser pela via eletrônica. Estamos diante de um fato alarmante, em que o ator monocrático fica distante da ação, impedido pela linha imaginária do protocolamento eletrônico, quando na realidade, com tudo acertado, poderia ser resolvido sem o gerenciamento eletrônico. Na verdade, o Processo Eletrônico Trabalhista (PJe-JT) implantado é um acinte à sociedade, veda o acesso ao judiciário, traduz a forma com que os integrantes dessa Justiça tratam a advocacia, o que, aliás, é uma constante, cujo corporativismo excede até mesmo aos limites elementares da dignidade humana.

Os prejuízos acumulados por esse *aberratio juris*, tanto material como do Direito, aos que litigam nessa justiça é de tal monta que jamais será resgatado. Juízes, desembargadores e ministros preguiçosos que extinguem ações sem o menor pudor jurídico, somente com o fito de manter suas estatísticas a níveis baixos, estão se deliciando com mais essa brecha para continuarem praticando suas heresias. O resultado é que uma pesquisa divulgada há pouco aponta que os advogados não mais confiam na Justiça brasileira. Numa escala de 0 a 100, eles deram notas 31, 91. O levantamento foi feito pela Fundação para Pesquisa e Desenvolvimento da Administração, Contabilidade e Economia (Fundace), criada por docentes da Faculdade de Administração e Economia da USP de Ribeirão Preto (SP).

A morosidade do judiciário para solucionar os diversos conflitos que chegam aos 91 tribunais do país é, de acordo com uma sondagem realizada no mês de março de 2010 pela Escola de Direito de São Paulo da Fundação Getulio Vargas (FGV), o maior entrave apontado pelo brasileiro no item que trata da confiança da população na Justiça.

Até então, com 70 milhões de processos ativos, o judiciário brasileiro, amargava seu pior momento, eis que 92,6% da população reprovaram o Judiciário no quesito celeridade. O levantamento faz parte do cálculo do Índice de Confiança na Justiça (ICJBrasil) do 1º trimestre de 2010, organizado pela Escola de Direito de São Paulo da Fundação Getulio Vargas (FGV), que chegou a 5,9 pontos, em uma escala de 0 a 10.

Os resultados da pesquisa "Justiça em Números" (divulgadas em outubro de 2012) mostraram que o volume de processos em tramitação no Poder Judiciário brasileiro chegou a 90 milhões no ano anterior. Ainda de acordo com o CNJ, 63 milhões de processos já estavam pendentes no final de 2010 e continuaram em andamento no ano de 2011. Outra pesquisa divulgada pela Associação dos Magistrados Brasileiros (AMB) mostra que a maioria dos brasileiros perdeu a confiança nas instituições e nos órgãos públicos. Foram ouvidas 2.011 pessoas em todo o país, com idade acima de 16 anos. O objetivo era o de avaliar a confiança da população nas instituições e órgão públicos e saber a opinião sobre questões atuais e a imagem do Poder Judiciário.

A CLT completou 70 anos, e até o momento o processo do trabalho opera com 746 normas e súmulas do TST, 2.496 dispositivos importados de outros códigos e letras, o artigo 7º e outros 67 artigos da Carta Magna. Esse arsenal jurídico é a artilharia pesada contra empregadores, sejam eles pequenos, médios ou grandes empresários. Estamos falando de um judiciário que gasta 97% do seu orçamento anual só para cobrir sua folha de salários, e que persiste em manter uma Lei Ordinária (Loman) vetusta, formatada em pleno regime militar, quando os golpistas contra a democracia provocaram um processo de exceção em que, covardemente, os juízes ficaram à margem.

Existem no seio do judiciário poucas vozes que clamam por uma prestação jurídica ágil e sem a metamorfose dos magistrados. Quando corregedora nacional de Justiça e ministra do Superior Tribunal de Justiça, Eliana Calmon, durante o lançamento do projeto "Justiça em Dia", manifestou: (...) "Todas as vezes em que fizemos mutirões, e não foram poucas, foi um enxugamento de gelo. Logo, os processos voltam a crescer. No judiciário existe falta de gestão. Não se sabe julgar os processos com maior rapidez." Os juízes se preocupam com o aumento dos seus salários, a contratação de mais servidores para alimentar a máquina, eis que são eles, em off, que fazem seus votos nos gabinetes e sentenças nas varas.

O Brasil é o único país no planeta a manter a solução dos conflitos individuais e coletivos do trabalho através do Poder Judiciário, consequentemente acumula o maior número de obras e códigos trabalhistas, (cerca de 44 mil), fazendo com que o Direito Processual do Trabalho seja líder na produção de obras especializadas. A Organização Internacional do Trabalho orienta no sentido da negociação coletiva, o que vem sendo adotado por vários países, com a arbitragem na composição jurisdicional para os conflitos de natureza interpretativa, também conhecidos como dissídios de Direito, enquanto o Brasil judicializou por completo as questões originárias do conflito laboral.

O professor Wagner D. Giglio defende em tese que "a solução jurisdicional dos conflitos coletivos tem sido muito criticada pela doutrina internacional e, nos últimos tempos, também por parte substancial dos doutrinadores nacionais. Afirma tratar-se de uma solução do regime fascista, que inibe a greve e não condiz com a moderna doutrina neoliberal de autocomposiçao das disputas coletivas, que admite a intervenção jurisdicional para solução apenas em conflitos coletivos de tipo jurídico" (...). O fato é que, com o clima de insatisfação demonstrado pelos movimentos sociais, o judiciário trabalhista precisa passar urgentemente por uma completa reformulação, pois sem isso estará em permanente rota de colisão com a sociedade.

Enquanto países avançados terceirizam serviços dentro dos padrões e das normas laboristas, o Brasil continua obstaculando a terceirização. O status desse tipo de emprego de mão de obra está tão avançado que permite a contratação com normas equivalentes de um país para outro. Recentemente a *The Economist* publicou matéria sobre a expansão de empresas especializadas nesse campo (*The Workforce in the Cloud*), em que aponta que elas oferecem uma enorme gama de serviços, executados por profissionais especializados em tempo real nas áreas de marketing, propaganda, programação, administração, recursos humanos, contabilidade, auditoria, redação, tradução, educação, design, radiologia, medicina, engenharia, direito, entre outras. Elas operam em plataformas de trabalho que permitem a mobilização de grande volume de conhecimentos armazenados em satélites – daí a expressão "na nuvem". É a consolidação do trabalho remoto que economiza espaço, tempo, energia e, sobretudo, elimina as deseconomias das aglomerações urbanas. As relações de trabalho que ali se instalam assumem as mais variadas formas. Há profissionais que "vendem" às prestadoras de serviços algumas horas do seu tempo, ficando as demais reservadas para trabalhos por projeto. Outros oferecem todo o seu tempo e trabalham como se empregados fossem. Há ainda os que só trabalham por projeto. Todos recolhem por sua conta as contribuições para a Previdência Social e para vários tipos de seguros, nada é feito para camuflar direitos.

As empresas prestadoras recolhem uma comissão sobre o valor do contrato. Alavancado em 2002, no final de 2012 uma dessas empresas, a o-Desk, tinha 2,7 milhões de profissionais e 540 mil clientes espalhados por todo o planeta. Somente nos Estados Unidos tais serviços geram uma receita anual de aproximadamente US$ 3,5 bilhões. O negócio é explosivo. Para 2014, preveem US$ 5 bilhões. Os profissionais são livres para oferecer seus serviços a quantas empresas desejarem. Quando necessário, cumprem cláusulas de sigilo ou de pedido de exclusividade. Esse é o novo mundo do trabalho. Intermediação e terceirização estão se fundindo. Tudo é contratado de modo simples e direto.

As remunerações dos profissionais são relativamente mais baixas do que no trabalho presencial, mas compensam, pois eles podem viver em áreas menos caras porque não precisam se deslocar para trabalhar. Muitos trabalham de forma individual e isolada, outros trabalham em grupo, com base em redes. Neste caso, há uma útil maximização de sinergias entre os especialistas, e o espaço a percorrer é infinito. A criatividade propaga-se a altas velocidades. A internet está consolidando uma força de trabalho especializada, flexível e globalizada. Ao descrever esse novo mundo, assistimos com desânimo às discussões sobre terceirização no país. O assunto está travado no Congresso desde 1998. Na Justiça do Trabalho se gasta tempo com a discussão sobre atividades-fim e atividades-meio. As centrais sindicais buscam fórmulas amarradas a uma estrutura sindical ultrapassada.

O BRASIL NA MARCHA A RÉ DAS RELAÇÕES DE TRABALHO

O Brasil não pode continuar refém de ideologias descoladas do mundo real. Recentemente acendeu o sinal vermelho, pois caímos da 32ª para a 51ª posição no campo da competitividade entre os sessenta países estudados pelo IMD da Suíça, o que sinaliza que estamos adotando mecanismos equivocados. Para a contratação de serviços terceirizados, temos que aplicar fórmulas simples que deem liberdade para quem contrata e proteção para quem é contratado. Todo o resto é secundário. O Brasil segue os padrões econômicos do Leste Europeu e, por isso, não terá condições de enfrentar o mercado asiático se não superar os gargalos que impedem sua produtividade, a exemplo da falta de reforma trabalhista e dos baixos investimentos em infraestrutura de educação "academicista". A avaliação foi feita pelo presidente da Confederação Nacional da Indústria (CNI), Robson Andrade, ao falar sobre o Mapa Estratégico da Indústria (2013-2022) durante audiência pública na Comissão de Assuntos Econômicos do Senado. Técnicos estimam que "sem remover os gargalos, como a legislação trabalhista, a indústria não chegará em 2022 nem a 5% do PIB (a soma das riquezas do país)". Temos uma indústria de transformação – que inclui a automobilística, de eletroeletrônicos e de calçados, entre outras – que já representou cerca de 30% do Produto Interno Bruto (PIB) brasileiro e hoje representa só 14%.

A legislação trabalhista no país é regulamentada pela Justiça Trabalhista, e a cada dia novas decisões concedem direitos, se constituindo num pesadelo aos empregadores, que estão reféns de decisões que nunca acompanham uma linha jurídica, o que gera grande insegurança nesse setor. "Como o país é muito grande, uma decisão dada pela Justiça em São Paulo não é a mesma dada no Rio Grande do Sul", comparam os técnicos. A voracidade dos juízes para mudar é criar leis, tendo como fundo a proteção do seu status, já que não assumem a responsabilidade pelo "desastre da morosidade" reinante nesse judiciário. Temos esse caso que a CCJC acabou de aprovar, com o parecer da relatora, deputada Sandra Rosado (PSB/RN), com emendas do PL 2214/2011, que altera regras de processamento de recursos na Justiça do Trabalho.

A proposta, no seu conteúdo original, com o fito de garantir celeridade processual, acabava por mitigar a aplicação dos princípios do devido processo legal e do duplo grau de jurisdição, especialmente ao restringir hipóteses de cabimento de recursos e estabelecer multa em valor considerável nos casos de recursos entendidos como protelatórios. Outro senão é quanto ao acesso à JT, que esbarra e bate, mesmo no pós-acesso, quando juízes inseguros e insensíveis travam ações sem o menor pudor humano e jurídico. "A expressão acesso à Justiça é reconhecidamente de difícil definição, mas serve para determinar duas finalidades básicas do sistema jurídico..: 1º – o sistema deve ser igualmente acessível a todos; 2º – ele deve produzir resultados que sejam individual e socialmente justos" (Cappelletti e Garth, in *Acesso à Justiça*, 1988, p. 8).

A displicência dos dirigentes do tribunal se estendeu por longos oito anos, equivale dizer que quatro dos seus presidentes, durante os seus mandatos, não resolveram o problema da informatização, causando inquietação e reação do *trade* trabalhista do Rio de Janeiro. Como reflexo, acabou culminando com o pedido de providências da Ordem dos Advogados do Rio de Janeiro ao Tribunal Superior do Trabalho; quando, no período compreendido entre os dias 18 a 22 de outubro de 2010, o excelentíssimo ministro Carlos Alberto Reis de Paula, corregedor-geral da Justiça do Trabalho esteve no Tribunal Regional do Trabalho, da 1ª Região, fez uma correcional no TRT do Rio detectando não só essa irregularidade na prestação dos seus serviços à comunidade, mas, entre outras, quanto ao expediente compreendido das 8:00 às 18:00 horas, com encalhes de processos, irregularidades estas que foram transcritas na Ata da Correcional.

No período, a média de gastos com informática da primeira e segunda instâncias foi de 0,95%. Analisando os números, concluímos que a ação, chegando aos juízos e tribunais do Trabalho, é mais uma na longa lista de processos do que os magistrados conseguem julgar. Em 2006, ingressaram na Justiça do Trabalho 3.504.204. Foram julgados 3.306.831. A conclusão é que, no fim do ano, havia quase 200 mil processos a mais nas gavetas da Justiça do Trabalho, que se somaram ao estoque de anos anteriores de cerca de 3 milhões de causas, mas, segundo fontes oficiosas, estima-se que existem 14,5 milhões de ações congelados na Especializada.

Ainda de acordo com os números de 2007, a Justiça do Trabalho é entre todas a que possui a maior taxa de reforma das decisões da primeira e segunda instâncias do judiciário brasileiro. A segunda instância trabalhista é a que mais reforma decisões dos juízes de primeiro grau. De cada cem sentenças das varas trabalhistas submetidas à análise dos tribunais regionais, 43 são modificadas. O índice de reforma das decisões de segundo grau contestadas no TST é de 25,3, e os juízes que mais têm as decisões cassadas por seus superiores são os paraibanos, pois neste estado, de cada dez sentenças, oito são modificadas. As decisões dos juízes da 11ª Região da Justiça do Trabalho (Amazonas e Roraima) são as que menos sofrem alterações. Nesse caso, a taxa de reforma é de 30,6%. O índice de recorribilidade também é maior no judiciário trabalhista.

Há recurso ao TST contra decisões dos TRTs em 34,6% dos casos. Em 2007, o percentual de sentenças de primeiro grau que são contestadas em segundo, contudo, é bem maior – 77,9% nos processos em fase de execução e 62,7% nas ações em fase de conhecimento. Mas de acordo com os números oficiais do programa "Justiça em Números" do CNJ, 46,3% das ações trabalhistas estavam sem solução. Foram julgados mais de 3,5 milhões de processos, que correspondem, percentualmente, a 53,3% do total que estavam em tramitação em 2007. Ao todo, a Justiça do Trabalho tinha 6.651.049 processos em tramitação naquele ano.

A taxa de congestionamento da Justiça do Trabalho ficou em 46,7%. Isso significa que, de cada cem processos que estavam em tramitação, aproximadamente 53 conseguiram ser julgados. Em relação à quantidade de processos, a carga de trabalho por magistrado das varas do Trabalho é 19% maior que a dos tribunais regionais do Trabalho, em média – iguais a 2.228 e 1.872 processos por magistrado, respectivamente. Sobre o atendimento à população, a Justiça do Trabalho conta com quase dois (1,7) magistrados para atender 100 mil habitantes. Contudo, há variações nesses números, pois em estados como Maranhão e Ceará há, respectivamente, 0,8 e 0,7 juiz por 100 mil habitantes. Com relação aos novos processos, os magistrados da Justiça do Trabalho de primeiro grau receberam em média 1.407 casos e os de segundo, 1.141.

Na Justiça de primeiro grau de São Paulo esse número correspondeu a 1.966 novos processos por magistrado. No segundo grau, o Tribunal Regional do Trabalho de Campinas (TRT 15) foi o que mais recebeu casos novos por magistrado, com um total de 2.172 processos.[39]

COM R$ 5,00/MÊS POR EMPRESA GERARIA UMA RENDA DE R$ 9,4 BI

As multas e custas são depositadas no Fundo Especial de Indenização Trabalhista do governo, supondo então que, do lote existente de 16 milhões de ações em andamento na Justiça do Trabalho, se cada

---

[39] Iniciativa do CNJ, o "Justiça em Números" foi criado através da Resolução Nº 26 de abril de 2006. O sistema pretende ampliar o processo de conhecimento do Poder Judiciário por meio da coleta e da sistematização de dados estatísticos e do cálculo de indicadores que possam retratar o desempenho dos tribunais. Os dados englobam as seguintes categorias: insumos, dotações e graus de utilização; litigiosidade e carga de trabalho; acesso à Justiça; e perfil das demandas. As informações são fornecidas, semestralmente, pelos tribunais de Justiça dos estados, tribunais regionais federais, regionais do Trabalho e tribunais superiores do Trabalho. O relatório "Justiça em Números" é publicado anualmente, além de ser enviado ao Congresso Nacional como parte do Relatório Anual do CNJ.

empresa que compõe o polo da ação pagasse a quantia de R$ 5,00 por mês por cada ação, o total da soma de R$ 800 milhões/mês seria de R$ 9,6 bilhões/ano, o que é exatamente o total da despesa anual do judiciário trabalhista.

Os 94% do orçamento anual de R49,7 bilhões já são destinados à folha de pagamento de pessoal (serventuários e juízes). Por essa razão, esse dinheiro deveria ir direto para o Fundo Especial Trabalhista, e, através da ordem cronológica da entrada da ação na JT, uma parcela calculada até o montante da parte incontroversa da ação proposta seria destinada ao trabalhador, como parte da sua indenização. Soluções não faltam, o que falta é a vontade de executar programas, exigência que não parece ecoar no judiciário laboral. Somados às custas e multas, teríamos a quantia de R$ 18 bilhões anuais, valor correspondente a quase dois anos de manutenção do judiciário trabalhista, capazes de indenizar aproximadamente 2,8 milhões de ações em andamento na Especializada.

O Conselho Nacional de Justiça anunciou o resultado final do programa Meta 2 (no ano de 2010), desafio proposto ao judiciário, no início de 2009, de julgar todos os processos e recursos ajuizados até 2005. Dados do Meta 2 revelaram que a morosidade do judiciário brasileiro está concentrada nos tribunais de Justiça de seis estados: Bahia, São Paulo, Rio de Janeiro, Minas Gerais, Rio Grande do Sul e Pernambuco. Desde o estabelecimento do Meta 2, 2,72 milhões de processos anteriores a 31 de dezembro de 2005 foram julgados. Estendendo a meta até fevereiro de 2010, foram julgados 2,7 milhões de processos, o equivalente a 60,7% dos cerca de 4,5 milhões pendentes. O número inicial de processos a serem vencidos para que se cumprisse o Meta 2, inicialmente, era de cerca de 40 milhões.

Embora não esteja reunido aqui todo o arcabouço de informações estatísticas do CNJ, essa informação requer uma avaliação não só da sociedade, mas com certeza dos próprios integrantes do judiciário brasileiro, e neste se inclui a Justiça Trabalhista, que vem diminuindo acentuadamente, a cada ano, o percentual de acordos. Convém assinalar dois pontos para essa ocorrência: os valores elevados que atingem as execuções trabalhistas e as sentenças de baixo valor, que, após tramitarem os recursos cabíveis, liquidam com valores elevados, impossibilitando qualquer negociação.

VOZES DISSONANTES

Concluo, então, que a magistratura trabalhista, por minhas razões e conclusões, vem ostensivamente sobrepondo os limites da atuação judicante do juízo para fazer política, *data venia*, no trato dos seus interesses corporativos, até com certa competência e afinco no Congresso Nacional. Dessa forma, consegue intervir sinuosamente no texto da reforma trabalhista, e quando encontra resistência, sua proposta abre campanha contra seus integrantes, dessa vez contra o relator do PL da "Nova Consolidação da CLT", deputado federal Cândido Vacarezza, que afasta do eixo reformista o sectarismo proposto pela entidade que representa os juízes trabalhistas, a Anamatra. O legislador só reconheceu, na oportunidade, a interlocução direta no processo dos legisladores, técnicos do governo, do Fórum Nacional do Trabalho, Fórum Sindical Trabalhista e das confederações de empregados e empregadores.

A associação classista dos magistrados trabalhistas, em que pese sua filosofia pragmática, apesar de o trabalhismo ser um imperativo, trabalhou politicamente contrária ao imposto sindical, que quer eleger os dirigentes dos tribunais com o voto de juízes de primeiro grau, até os que estiverem no período probatório (substitutos). Inclusive abro aqui um precedente: já que esses magistrados podem concorrer à vaga no Conselho Nacional de Justiça, por que não poderiam concorrer aos cargos da administração dos tribunais?

O empenho para privilegiar candidaturas aos cargos administrativos surge exatamente no bloco que não reconhece a legitimidade das comissões de conciliação prévia (CCPs), e que desdenha por completo as conciliações realizadas pela Lei de Arbitragem (9307/2005), pedindo a extinção do Quinto Constitucional da OAB e do MP. Isso tudo está em flagrante oposição aos ditames das orientações jurisprudenciais do Colendo TST, que recentemente aprovou, num encontro da classe, a proposta com setenta novos enunciados, que, embora não tenham sido aprovados por esse tribunal, já estão sendo utilizados pelos juízes de primeiro grau, em confronto com o preconizado em texto de lei vigente.

O mesmo grupo defende a adoção pelo Brasil das Convenções 151 (negociação coletiva no setor público) e 158 (demissão imotivada), mesmo com a rejeição da segunda matéria pelo relator, deputado Júlio Delgado (PSB-MG), na Comissão de Relações Exteriores da Câmara, o que levou a entidade à derradeira tentativa de aprovar a Convenção, divulgando uma nota técnica para o voto em separado do deputado Viera da Cunha (PDT-RS), relator da Convenção 151.

Há pouco, o legislador, durante a realização do painel oficina "Direito do Trabalho, Flexibilização e Contemporaneidade", afirmou que (...) *a Justiça do Trabalho é pouco entendida por setores que não lidam com ela* sem, contudo, apontar nominalmente os setores referidos. Não tenho como medir tamanho esforço e realmente qual o verdadeiro propósito da entidade ao ter empenho nas questões que são afetas intimamente ao segmento trabalhista fora das divisas do jurisdicionado trabalhista, sendo este tão somente peça independente, portanto, fora da estrutura privada que nada tem a ver com o estatitismo federal.

EM FLAGRANTE ROTA DE COLISÃO COM O LEGISLATIVO

Um movimento deflagrado em março de 2011, no sentido de engessar o Congresso Federal, partiu dos magistrados, insurgindo de forma, diríamos, imprudente aos atos do legislativo. Insatisfeito com o resultado de julgamentos de temas políticos e desconfiado das últimas propostas do Supremo Tribunal Federal, o Congresso Nacional acabou então reagindo, na tentativa de conter a atuação do judiciário. A reação veio através de manifestação do deputado Nazareno Fonteles (PT-PI), lançando uma contraofensiva ao propor uma mudança na Constituição Federal, que daria ao Congresso poder para sustar atos normativos do Poder Judiciário.

A reação foi mais além, porque, aliada à nova proposta, os deputados tirariam das gavetas projetos que poderiam constranger o judiciário. Entre esses, as mais recentes decisões do STF, propondo alterar a aplicação da Lei Ficha Limpa e a de definir a qual suplente de deputado a Câmara deve dar posse, medidas que acabaram reacendendo a animosidade entre Poder Legislativo e Poder Judiciário.

O desfecho veio com a proposta do presidente do STF, ministro Cezar Peluzo, de instituir um controle prévio de constitucionalidade das leis. As reações do Congresso, do governo e do próprio STF fizeram o fluxo recuar. Mas o atrito já estava formado. *Aos poucos, estão criando uma ditadura judiciária no país*, reagiu Fonteles. O fato é que, em uma semana, o parlamentar recolheu quase 200 assinaturas e apresentou uma proposta de emenda constitucional para permitir ao legislativo *sustar atos normativos dos outros poderes que exorbitem do poder regulamentar ou dos limites de delegação legislativa.*

PAÍS POSSUÍA, ATÉ 2010, LOTE DE 86,6 MILHÕES DE AÇÕES

Ainda de acordo com os números divulgados em 2010 pelo CNJ, o Brasil tem 86,6 milhões de processos judiciais em tramitação. Desses, 25,5 milhões chegaram à Justiça no ano anterior. Na Justiça do Trabalho, cujo congestionamento é de 49%, mais da metade dos processos trabalhistas são resolvidos no mesmo ano em que são ajuizados. Com isso, é a mais célere do Poder Judiciário. Por outro lado, olhando com a *permissa venia*, estamos diante de uma situação medíocre em termos de solução, pois, por tratar de verba alimentar do trabalhador, a taxa deveria ter sido infinitamente maior. Isso significa que 51% não conseguiram receber um tostão da ação ajuizada.

No quadro geral, apenas 29% tiveram decisão definitiva antes do fim de 2009, deixando uma taxa de resíduo na ordem de 71%. A Justiça estadual é a mais demandada, com 18,7 milhões de casos novos somente em 2009, o que corresponde a 74% dos novos processos que foram ajuizados no país. Segundo ainda os dados do CNJ, a Justiça do Trabalho e a Justiça federal aportaram 3,4 milhões de novas ações em cada um desses dois ramos do judiciário.

Os números do CNJ não levam em conta uma série de informações incorporadas ao universo de cada tribunal. Por exemplo, na Justiça estadual existem milhares de centenas de ações em tramitação, porque a Justiça do Trabalho não possui varas na maioria das cidades brasileiras, e as reclamações, no caso de não existir vara trabalhista no município, são ajuizadas na Justiça Civil, conforme preconiza a CLT. Essa espantosa realidade é a maior lacuna na proteção laborativa, porque está justamente na própria estrutura da Justiça Trabalhista, na qual 84% da população trabalhadora não conseguem ter facilitado o acesso à prestação jurisdicional especializada. Dos 5.565 municípios existentes no país, somente 1.150 cidades possuem vara do Trabalho, e o tão propalado programa "Justiça Itinerante" ainda é tímido. Até 2003, existiam 1.327 varas do Trabalho, e esse número foi ampliado por força da Lei nº 10.770/2003, que criou mais 269 nas diversas regiões da Justiça do Trabalho, que foram gradativamente implementadas de 2004 a 2008.

Na verdade, em que pese a Justiça Comum poder julgar litígios trabalhistas onde não houver vara do Trabalho, a exemplo do que citamos anteriormente, a Justiça comum (estadual), pode julgar litígios trabalhistas onde não existem vara Trabalhistas, todavia, pouco se colhe. Enquanto a prestação jurisdicional é insuficiente por questão de estrutura territorial, a demanda de crimes contra o trabalho aumenta. O resultado desse quadro é desalentador: o trabalho escravo predomina nessas regiões acéfalas, a exploração de mão de obra sem carteira assinada é enorme, a utilização de menores em atividades de risco é interna e, segundo se estima, em cada grupo de dez trabalhadores em atividade, apenas três possuem CTPS anotada.

O encargo administrativo no território brasileiro é faculdade das delegacias do Trabalho (DRTs), a quem cabe processar as punições contra os abusos e quebra de regras trabalhistas, mas, infelizmente, tanto a JT quanto as DTRs vêm demonstrando total apatia quanto ao clamor da classe trabalhadora nessas regiões.

Em 2010, 10,2 milhões de trabalhadores tinham carteira de trabalho assinada no setor privado. Dessa maneira, em relação ao total de ocupados, o percentual de trabalhadores no setor passou de 44,7%, em 2009, para 46,3%. Em 2003, o índice era 39,7%. O número de trabalhadores sem carteira assinada no setor privado caiu, em 2010, pelo quinto ano consecutivo, segundo pesquisa divulgada pelo IBGE. Do total de trabalhadores na área-base, 12,1% estavam sem o documento, no ano de 2010, contra 12,7% em 2009. Já em 2003, o percentual era de 15,5%.

CADA BRASILEIRO PAGOU R$ 48,33 PARA A JT EM 2008

Conforme dados divulgados pelo CNJ através do programa "Justiça em Números", a Justiça do Trabalho gastou, no ano de 2007, R$ 3,5 mil por cada trabalhador que recorreu a esse judiciário, somando ao todo 2,4 milhões de trabalhadores e empregadores, um total de 8,4 bilhões, o equivalente a 0,31 do Produto Interno Bruto (PIB). Desse total, R$ 472 milhões foram gastos no TST e R$ 1 bilhão no Tribunal Regional do Trabalho da 2ª Região (São Paulo), período em que este tribunal atendeu 617 mil pessoas. Em comparação com 2006, a Justiça do Trabalho gastou R$ 1 bilhão a mais para atender mais de 65 mil pessoas. Isso significa dizer que cada brasileiro (considerando toda a população, e não só a economicamente ativa) pagou R$ 43,55 no ano para manter a Justiça do trabalho, um aumento de R$ 4 em comparação ao ano anterior. Em 2007, o tribunal que mais gastou por habitante foi o da 14ª Região (Rondônia e Acre), com despesa de R$ 80,46 *per capita*.

Em 2008, de acordo com o relatório, em comparação com a Justiça estadual e a federal, a JT teve a menor taxa de congestionamento de processos, pois, de cada grupo de dez processos, quatro deixaram de ser julgados, uma relação entre processos trabalhistas julgados e não julgados de 44,6 (taxa considerada elevada por se tratar de verba alimentar), enquanto que a da Justiça estadual é de 73,1 e a da federal, 58,9. Os dados também indicam que a carga de trabalho dos juízes do Trabalho está num nível mais civilizado que o de seus colegas da Justiça federal e dos estados. Em média, um juiz trabalhista tinha 2.196 processos para julgar em 2008, enquanto os magistrados da Justiça estadual tinham 5.144 e os da federal, 4.112. Mesmo com uma carga de trabalho de mais de 2 mil processos, cada juiz conseguiu resolver pouco mais de 1.200 deles, em média, durante o ano de 2008. Na segunda instância a média de processos julgados por juiz foi de 1.453. Já na primeira instância foi de 1.175.

Apesar de a JT ter um número menor de processos pendentes em relação à Justiça estadual e a federal, analisando os dados dos anos de 2007 e 2008, projetados para o ano de 2009, há uma tendência ascendente, o que é preocupante. O relatório mostra que em 2008 ingressaram 3.855.374 processos na Justiça Trabalhista; no mesmo ano, foram julgados 3.824.100. Embora perto do equilíbrio entre processos que entram e saem das varas e tribunais, no final de 2008 sobraram 31 mil sem serem julgados, que se somaram aos 3 milhões de casos pendentes dos anos anteriores. Os tribunais regionais atenderam 2,5 milhões de pessoas. A pesquisa mostra que a Justiça do Trabalho conta com 3.145 juízes, sendo que 2.691 encontram-se na primeira instância e 454, na segunda. Conta ainda com 43 mil servidores. Em média, há 1,7 juiz trabalhista para cada 100 mil habitantes. No ano de 2006, o orçamento da Justiça do Trabalho foi de R$ 7,3 bilhões, ou seja, R$ 1,3 bilhão a mais em comparação ao ano anterior. Já o gasto somente com o Tribunal Superior do Trabalho foi de R$ 422 milhões.

Os tribunais e varas de todo o país gastaram (números do CNJ) R$ 33,5 bilhões para funcionar; em 2007 o gasto foi de R$ 29,2 bilhões. O fato é que, na medida em que chegam mais processos ao judiciário, a despesa aumenta. Em comparação ao número de habitantes, o judiciário gastou R$ 177,04 por brasileiro em 2008. No ano anterior, foi registrado o custo de R$ 158,87 por habitante. Embora os gastos e a demanda tenham aumentado, o número de juízes se manteve praticamente o mesmo: em 2007 havia 15.623 profissionais. No ano seguinte, 15.731, e o relatório do CNJ revela que o número atual de juízes é considerado baixo – 7,78 por grupo de 100 mil brasileiros. Mesmo assim, o gasto com o número de servidores foi o mais expressivo, R$ 29,5 bilhões, 88% do total da despesa.

O orçamento da Justiça Trabalhista, em 2008, foi de 9,2 bilhões, valor correspondente a R$1,9 bilhão a mais em comparação a 2007, um gasto *per capita* de R$ 48,83. Já em 2007, o valor para cada pessoa era de R$ 43,55 e em 2006, de R$ 39,43. No grupo das preocupações da JT está o alto índice de recursos contra as decisões proferidas. Na primeira instância, 65% das sentenças resultam em recurso para os tribunais regionais, enquanto nos TRTs a porcentagem de decisões recorridas é menor 40%, mas ainda assim pode ser considerada elevada. Especialistas explicam a alta recorribilidade na Justiça do Trabalho pelo fato de 70% dos litígios serem resolvidos na fase de conciliação (audiência inaugural). Assim, apenas as ações mais complexas tornam-se processo.

A taxa de recorribilidade elevada ainda é agravada por uma taxa de reforma de sentenças igualmente elevada. Cerca de 40% das decisões recorridas de primeira instância são reformadas nos tribunais regionais. Desse resultado, os ministros do TST reformam as decisões de 20% das ações. O vilão é a folha de pagamento, que continua a abocanhar a maior parte desses R$ 8,4 bilhões da Justiça do Trabalho — 94% vão para o bolso de servidores e juízes. O número aumentou em relação a 2006 (93,65%) e 2005 (92,5%).

SÃO 1.422 PROCESSOS POR 100 MIL HABITANTES

A Justiça brasileira (federal, do Trabalho e estadual) recebeu, em 2009, 25,5 milhões de novos processos, 1,28% a mais do que em 2008.

Somando todo o estoque de ações ajuizadas em anos anteriores, tramitaram 86,6 milhões de processos nos três ramos da Justiça em 2009, conforme os dados que constam do documento estatístico e de pesquisa do Conselho Nacional de Justiça. Na JT são 1.422 processos por 100 mil habitantes, donde se concluiu que as empresas não cumprem com suas obrigações trabalhistas, e também pelo fato de a lei ser uma porta aberta para a aventura jurídica, estimulada pela própria estrutura disponibilizada para o ingresso de ações, na qual não existem custas.

Apesar de não ser completamente acolhido por seus integrantes, o instituto do *jus postulandi*, que constitui o direito de postular pessoalmente, em juízo, sem necessidade de patrocínio de advogado, pode ser exercitado até o fim do processo (art. 791, da CLT). A matéria é conflitante, por dois aspectos: nos maiores tribunais do país, a postulação sem advogado é praticamente "zero" e a maioria dos magistrados é contra.

Vários são os percalços existentes na esfera laborista, a exemplo dos dissídios coletivos, em que cláusulas de menor risco para o direito do trabalhador são anuladas, em muitos processos, sem nenhum embasamento pelos desembargadores que compõem as turmas dissidiais nos tribunais, isso porque travam uma luta ideológica com esse segmento e usam o distintivo estatal como arma para contrariar os acordos coletivos. Entendo que isso ocorre, *data venia*, porque nunca foram íntimos da relação sindical e nutrem explicita rejeição a esse segmento.

Os articulistas do ramo, que não veem com bons olhos o modelo atual do sistema de Judiciário Laborista, apontam sua influência em razão da existência de dois dispositivos da Carta Laborista, o artigo 8º da CLT e seu parágrafo único: *O direito comum será fonte subsidiária do Direito do Trabalho naquilo em que não for incompatível com os princípios fundamentais deste* e o artigo 769: *Nos casos omissos, o Direito Processual Comum será fonte subsidiária do Direito Processual do Trabalho, exceto naquilo em que for incompatível com as normas deste Título*. Ambos acabaram por transformar esse judiciário numa torre de Babel, na qual atuam seus magistrados.

A solidão imposta ao judiciário laborista em relação às demais justiças faz com que esse se diferencie do sistema jurídico tradicional, no qual aplicativos do ramo do Direito são essenciais para atender o cliente do judiciário. Haja vista que nos locais onde não existem varas do Trabalho, as varas estaduais cíveis são competentes para julgar a matéria celetista, e o fazem com todas as suas letras, ao passo que no judiciário laboral se adotam regras do CPC, em especial no socorro ao artigo 769 supramencionado.

É por aí que vertem uma série de injunções, a exemplo do capítulo da execução, quando, no processo de execução, pode, no parágrafo 1º do artigo 888 da CLT, a representação do exequente (advogado) tomar para si (adjudicar), mas esse fato geralmente ocorre através de representação. Nesse ponto, convém ao juízo, *ratio est anima legis*, avaliar se esse ato é perfeito ou se apenas visa chantagear na carona da lei (pobre) de execução trabalhista o possuidor do bem, até porque, ao tomar para si o bem que não tem utilidade e é de difícil colocação no mercado, de que valeria para atender à premissa social de verba alimentar isso?

Embora esse não seja um caso isolado na JT, a matéria supramencionada é bastante polêmica, exige dos envolvidos um profundo conhecimento de técnicas especialíssimas, culminando com o enfrentamento de decisões surpreendentes, justamente porque, em boa parte dos casos, o juiz do Trabalho, no afã de prestar a jurisdição, acaba traumatizando o processo. As decisões vão do não conhecimento do terceiro interessado na lide à aceitação de dívidas fiscais (IPTU) na somatória do valor do lance.

Vale lembrar o ensinamento: *O interesse na plena eficácia da atividade jurisdicional, que autoriza o manejo do direito de ação, não se circunscreve ao plano dos interesses particulares ou privados, por refletir também o interesse do Estado na consecução de um fim seu, que é a realização do direito objetivo, uma vez reclamado pelo seu titular. Com o monopólio da atividade jurisdicional torna-se evidente o interesse do Estado em proporcionar a cada um o que é seu.* (Marins 1996, p. 311).

É por isso que o juízo de execução deve se ater ao providencial exame das condições do bem colocado ao seu poderio, evitando o *in fraudem executionis* e *in fraudem legis* e o zelando pela correta informação no edital do leilão, onde tudo se esclarece antecipadamente.

Ocorre que na Especializada nem sempre são observados os requisitos de segurança do Direito, porque ou o juízo entende (salvo exceções) que o simples fato de levar o bem a leilão vai intimidar o seu proprietário à remissão do título de executivo, ou então, *audita altera partis*, não diligencia o necessário para ter os requisitos de segurança. As consequências dessa linha de entendimento é desastrosa em todos os aspectos.

É justamente nesse capítulo de execução que surge uma série de recursos, e com isso é flagrante o prejuízo levado a terceiro e até mesmo ao próprio reclamante detentor do título executivo. Hoje, preferencialmente, os juízes atacam a penhora on-line, no entanto, por já ser deveras conhecida dos devedores, as suas contas são sempre mantidas com saldo baixo, obrigando, *data venia*, o juízo à penhora de bens, mas para isso precisa ser provocada pela parte autora. No mais, esse procedimento implica uma série de quesitos, que leva o juízo aos préstimos dos códigos (CPC, Lei Fiscal e CDC). Ainda assim, muitos acabam canibalizando seus textos, e por isso o estrangulamento da JT.

CAPÍTULO IV

RANKING DOS CEM MAIORES LITIGANTES DA JUSTIÇA DO TRABALHO

Em maio do mesmo ano, o Conselho Nacional de Justiça realizou o seminário "Os 100 Maiores Litigantes", evento que reuniu em São Paulo representantes dos órgãos e entidades que mais recorrem ao judiciário, no intuito de debater estratégias de ação capazes de reduzir o número de processos em tramitação e prevenir novos litígios.

[O relatório sobre os cem maiores litigantes da Justiça, divulgado em março de 2011, é resultado do estudo feito pelo Departamento de Pesquisas Judiciárias do CNJ em todos os tribunais do país.] Durante o seminário, os participantes propuseram uma série de medidas para a solução dos conflitos, como o acordo, ainda na fase administrativa, mutirões de conciliação e julgamento, listas estaduais dos maiores litigantes, fortalecimento das agências reguladoras, maior efetividade das sanções administrativas aplicadas às empresas, entre outros. Trata-se de mais uma estratégia do CNJ, diga-se, altamente louvável, para tornar a Justiça mais célere e eficiente para o cidadão.

A seguir, encontramos os números originados da Planilha do CNJ. Observa-se, por intermédio da tabela 5, que o setor público (federal e estadual), bancos, indústria e telefonia, representam 82% do total de processos dos cem maiores litigantes da Justiça do Trabalho.

Conforme tabela 6, a seguir, o setor público federal apresentou comportamento na Justiça do Trabalho diferente das demais justiças, uma vez que 81% dos processos desse setor referem-se ao polo ativo. Não foi possível identificar nem analisar as razões para essa excessiva participação do setor público federal enquanto polo ativo na Justiça do Trabalho, fato que merece exame mais detido no futuro. Ressalte-se, por outro lado, que 61% do total de processos dos cem maiores litigantes da Justiça do Trabalho referem-se ao polo passivo.

Observa-se, na Justiça do Trabalho, a presença de maior número de setores entre os processos dos cem maiores litigantes, quando comparado às demais justiças. Verifica-se, também, que 69% dos processos referentes aos cem maiores litigantes da Justiça do Trabalho foram do polo ativo, enquanto os setores bancário, industrial e de telefonia apresentaram mais de 80% de seus processos referentes ao polo passivo.

Tabela 1

LISTAGEM DOS CINCO MAIORES LITIGANTES DA JUSTIÇA DO TRABALHO POR SETOR PÚBLICO

RANK	100 MAIORES LITIGANTES DA JUSTIÇA DO TRABALHO POR SETOR PÚBLICO			
	SETOR PÚBLICO FEDERAL		SETOR PÚBLICO ESTADUAL	
1	União	16,8%	CEDAE – Companhia Estadual de Águas e Esgotos	1,2%
2	INSS – Instituto Nacional do Seguro Social	6,4%	Estado do Rio Grande do Sul	1,2%
3	Fazenda Pública	3,3%	Estado do Rio de Janeiro	1,0%
4	União (Extinta RFFSA)	0,4%	Estado de Roraima	0,7%
5	INFRAERO – Empresa Brasileira de Infra-estrutura Aeroportuária	0,4%	CORSAN – Companhia Riograndense de Saneamento	0,6%
6	OUTROS	0,3%	OUTROS	2,4%
	PERCENTUAL TOTAL	27,6%		7,1%

Fonte: Departamento de Pesquisa Judiciária/ CNJ.

Tabela 2
LISTAGEM DOS CINCO MAIORES LITIGANTES DA JUSTIÇA DO
TRABALHO PERTENCENTES AO SETOR BANCÁRIO

Litigantes dos maiores grupos pertencentes ao Setor Bancário da Justiça do Trabalho	Percentual de Processos em relação aos 100 Maiores Litigantes do Trabalho	Percentual de Processos no Polo Ativo	Percentual de Processos no Polo Passivo
Bancos	20,75%	15%	85%
Caixa Econômica Federal	5,29%	16%	84%
Banco do Brasil	4,82%	19%	81%
Itaú	3,61%	10%	90%
Banco Itaú S/A	2,89%	8%	92%
Unibanco – União de Bancos Brasileiros S/A	0,72%	19%	81%
Santander	2,90%	13%	87%
Banco Santander Brasil S/A	2,21%	12%	88%
Banco ABN Amro Real S/A	0,69%	16%	84%
Bradesco	2,81%	13%	87%
HSBC	0,79%	20%	80%
Banrisul – Banco do Estado do Rio Grande do Sul	0,40%	14%	86%
Banco do Estado de Mato Grosso – BEMAT	0,14%	67%	33%

Tabela 3
LISTAGEM DOS CINCO MAIORES LITIGANTES DA JUSTIÇA DO
TRABALHO PERTENCENTES AO SETOR INDUSTRIAL E DE TELEFONIA

Litigantes dos maiores grupos pertencentes ao setor industrial e de telefonia da Justiça do Trabalho	Percentual de processos em relação aos 100 Maiores Litigantes do Trabalho	Percentual de Processos no Polo Ativo	Percentual de Processos no Polo Passivo
Indústria	19,35%	20%	80%
Grupo Ceee – Companhia Estadual de Energia Elétrica	5,22%	17%	83%

Petrobras – Petróleo Brasileiro S/A	3,80%	13%	87%
Sendas S.A	1,35%	6%	94%
CSN – Companhia Siderúrgica Nacional	1,15%	34%	66%
Carrefour Comércio e Indústria Ltda	1,12%	13%	87%
BRF – Brasil Foods S/A	0,84%	20%	80%
BRF – Brasil Foods S/A	0,50%	14%	86%
Perdigão	0,34%	29%	71%
Vale S/A	0,84%	8%	92%
EMS	0,72%	97%	3%
Sadia S.A	0,71%	14%	86%
AMBEV – Companhia de Bebidas das Américas	0,59%	16%	84%
AMPLA – Energia e Serviços S/A	0,54%	12%	88%
FURNAS – Centrais Elétricas S.A	0,48%	14%	86%
Calçados Azaleia S.A	0,38%	15%	85%
Celesc Distribuição S/A	0,32%	18%	82%
Seara Alimentos S.A	0,29%	16%	84%
CEMAT – Centrais Elétricas Mato-grossense	0,26%	48%	52%
Pampa Telecomunicações e Eletricidade S.A	0,22%	28%	72%
Construções e Comércio Camargo Corrêa S.A	0,15%	47%	53%
Unilever Brasil alimentos Ltda	0,14%	42%	58%
GVA Indústria e Comércio S.A	0,13%	36%	64%
SEMEATO S.A. Indústria e Comércio	0,09%	62%	38%
Telefonia	7,46%	12%	88%
Oi	6,64%	10%	90%
Telemar S/A	4,31%	8%	92%
Brasil Telecom Celular S/A	2,32%	14%	86%
Vivo S.A	0,42%	41%	59%
Telenge – Telecomunicações e Engenharia Ltda	0,41%	14%	86%

Números oficiais do CNJ.

QUADRO MALÉFICO ÀS RELAÇÕES DE TRABALHO

Em trinta anos de dedicação à pesquisa histórica sobre o trabalhismo, e 18 estudando o comportamento da Justiça do Trabalho, há uma constatação desalentadora: não houve evolução; pelo contrário, a forma de julgar as ações se tornou complexa, infecta de nulidades e de excessivo furor contra o empregador, a ponto de revelar práticas lesivas nesse instituto de relação trabalho/emprego, o que equivale dizer, em face do xiitismo e xenofobia, que a JT se converteu na "Santa Inquisição" para aqueles que garantem o emprego. Comparando o quadro evolutivo nas relações de trabalho no Brasil em relação às de outros países, constatei que, entre todos as nações, alcançamos um número expressivo de direitos, mas se pode confundir esse fenômeno com o comportamento monocrático dos juízes que alçam poder além do suficiente e razoável para solidificar a estabilidade nas relações contratuais, ou seja, menos tutela do Estado, mais democracia do Direito e respeito à Constituição Federal.

Na verdade, estamos próximos de afirmar que, no sistema trabalhista, após longa tramitação, examinado-se sem paixão partidária, sob visão crítica e técnica, vamos encontrar milhões de processo (estima-se em números de 2009 que são 14,5 milhões em andamento) com as mais temerárias situações de direito, e se comparadas as decisões, teremos distorções e contrariedades. Em alguns casos, podemos avaliar que, em cada grupo de cem decisões na JT, possam existir, dentro do mesmo tópico, quase a metade como entendimento divergente, ou seja, um juiz diverge do outro, e assim por diante, numa transformação metamorfósica e, diríamos, altamente nociva ao próprio judiciário.

Sob esse aspecto considero algumas ações autênticos cadáveres, pois suas entranhas estão expostas ao relento da morosidade, do insolucionável e ao engessamento do juízo, que ora não move a ação sem provocação e ora a move de forma indulgente (existe dispositivo para tocar a ação de ofício); isso geralmente ocorre quando os órgãos superiores dos tribunais e conselhos de Justiça (leia-se CNJ) requerem dados sobre o andamento das ações. Nessa fase as VTs entram em total balbúrdia. Nesse particular, a Justiça do Trabalho coloca suas VTs e seus gabinetes para inventariar processos, principal alvo das autoridades, exigindo transparência para os números desalentadores, enfaticamente alertados pela imprensa brasileira. Em resposta à sociedade, publicam números evasivos, complexos, incompletos, com nítido descaso à posição estatística.

É fato natural a necessidade de o juiz, na intermediação dos conflitos de interesse da sociedade, focar as pessoas quanto aos seus direitos. O processualista José Carlos Barbosa Moreira, em matéria que versa sobre a transição do liberalismo individualista para o "Estado Social de Direito", assinala que, por substancial incremento da participação dos órgãos públicos na vida da sociedade, projetado no plano processual, traduz-se o fenômeno pela intensificação da atividade do juiz, cuja imagem já não se pode comportar no arquétipo do observador distante e impassível da luta entre as partes, simples fiscal incumbido de vigiar-lhes o comportamento para assegurar a observância das "regras do jogo" e, no fim, proclamar o vencedor.

O fato é que o arquivo do Fórum Nacional do Trabalho já reúne farta documentação para estudar a reforma trabalhista, e a sociedade terá de ser bem esclarecida sobre a causa real de um jurisdicionado caro, moroso e recheado de injunções, que não resolve menos da metade dos seus conflitos, para que possa decidir se deseja que a JT continue com uma legislação que "fabrica" conflitos e é cara ou se prefere um sistema que iniba conflitos a custos desprezíveis.

FOLHA DE PAGAMENTO CONSOME 97% DA VERBA ORÇAMENTÁRIA

A reforma trabalhista congelada no Congresso, e que durante oito anos de governo sindicalista, representada pelo presidente Lula, não conseguiu destravar o texto laboral, precisa, *permissa venia*, ser modernizada e enxugada para melhor atender aos que atuam nesse judiciário, vez que, dos 922 artigos da CLT, cerca de 300 são inócuos, enquanto no capítulo da execução essa Justiça alberga pontos de outros códigos de lei (estima-se que sejam 2 mil artigos e temas incorporados nas decisões de primeiro grau), o que vem gerando nulidades. Analisando detalhadamente os dados do CNJ, podemos constatar que o levantamento mostra também que, de cada duas ações que dão entrada na Justiça do Trabalho, uma resulta em recurso para a segunda instância.

Enquanto isso, de cada três recursos analisados nos tribunais regionais, um sobe para o TST, donde se conclui, com o fim do Agravo de Instrumento, que esse Colendo não mais se fará necessário. E dos que chegam ao que seria a última instância da Justiça trabalhista, um em dez apela para o Supremo Tribunal Federal. Das duas uma: ou a demanda é boa para os litigantes, ou ocorrem incidentes que geram nulidades, a maioria no processo de execução, conforme vem destacando o texto deste livro.

Em 2006, ingressaram na Justiça do Trabalho 3.504.204 processos, e foram julgados 3.306.831. A conclusão é que no fim do ano havia quase 200 mil processos a mais nas gavetas da Justiça do Trabalho, que se somaram ao estoque de anos anteriores de cerca de 3 milhões de causas. O levantamento do CNJ revela que, além dos 27 ministros do TST, a Justiça do Trabalho dispõe de 2.892 juízes, sendo que 2.430 estão na primeira instância e 462 na segunda, e conta também com um total de 76 mil servidores. É difícil saber qual o número ideal de juízes, uma vez que, em média, há três juízes trabalhistas para cada grupo de 200 mil habitantes.

Analisando os números, a média de processos julgados por juiz de segunda instância foi de 1.193 na primeira, de 1.581. Conclui-se portanto cada juiz julgou de cem a 120 processos por mês, ou de vinte a 25 por semana. O problema é que já havia na primeira instância um acumulado de 2,7 milhões de processos não julgados em anos anteriores, aos quais se somaram mais 2,9 milhões de novos casos. Assim, tocou a cada juiz de primeira instância um volume de 2.362 casos para serem julgados.

Na verdade, quando se fala em inércia, podemos somar a esse malfadado travamento da JT a aprovação de paliativos populistas do Direito

Trabalhista, um deles a recente aprovação da proposta de emenda à Constituição 64/07, da senadora Rosalba Ciarlini (DEM-RN), que amplia a licença à gestante de 120 para 180 dias. A proposta altera a redação do inciso XVIII do artigo 7º da CF, estendendo a todas as trabalhadoras o benefício que havia sido concedido pela Lei nº 11.770/08 às funcionárias das empresas que aderissem ao Programa Empresa Cidadã. Por essa lei, as empresas que se engajassem no programa teriam benefícios fiscais.

Mas existe no Senado uma outra proposta: o Projeto de Lei nº 231A/95, que teve relatório favorável da Comissão Especial e já foi aprovado pela Câmara dos Deputados em 2009, reduzindo a jornada de trabalho de 44 para 40 horas semanais. O tema tem inspiração no êxito produtivo e na redução de jornada de países industriais, e por isso seria um enorme passo no campo laboral que o país já devia ter dado. No entanto, ao que tudo indica, o grupo do presidente Lula e seus aliados no Congresso preferiram trabalhar em projetos paliativos, passando ao largo da questão da jornada laboral.

O fato é que o Direito do Trabalho tem sofrido inúmeras transformações nos últimos tempos, algumas dessas tentativas frustradas, como, por exemplo, a pretensa mudança quanto à flexibilização da CLT, do *de cujus* PL 134/2001, pilotado pelo então ministro do Trabalho, Francisco Dornelles, cujo intuito era o de elastecer a possibilidade de negociação, sob o argumento da garantia de manutenção dos empregos e de criação de novos postos de trabalho, com reflexo para diminuir a informalidade.

> O projeto modificava a redação do art. 618 da CLT, conforme seu texto *Na ausência de convenção ou acordo coletivo firmado por manifestação expressa da vontade das partes, e observada as demais disposições do Título IV desta Consolidação, a lei regulará as condições de trabalho. §1º A convenção ou acordo coletivo, respeitados os direitos trabalhistas previstos na Constituição Federal, não podem contrariar a Lei Complementar, as Leis nº 6321, de 14 de abril de 1976, e nº 7418,*

de 16 de dezembro de 1995, a legislação tributária, a previdenciária e a relativa ao Fundo de Garantia do Tempo de Serviço-FGTS, bem como normas de segurança e saúde do Trabalho."

Após esse malogro, no limiar do governo FHC, o país criou uma expectativa de que as relações de trabalho dariam enorme passo para seu aperfeiçoamento, possibilitando mais contratações e segurança para o trabalhador, inclusive quanto à questão da informalidade, desafio permanente dos governos. A flexibilização por esse atalho da modificação do art. 618 era ardilosa, até porque já existem inúmeros artigos na CLT que possibilitam a negociação: o art. 8º, inciso XIV, que permite a majoração da jornada de trabalho por meio de negociação, para empregados que trabalham em turnos ininterruptos de revezamento; além disso, a Lei 6901/98, que institui diversas vantagens – Dentre elas a redução de impostos – ao empregador que contratar empregados, por prazo determinado, além de seu quadro funcional, isto é, não despedindo obreiros seus, visou diminuir o desemprego, pouca coisa resolvendo. Para a sociedade, esse tema trabalhista é um desafio para os políticos, tanto que em nenhum momento os principais atores da sucessão presidencial o abordaram, principalmente quanto à informalidade, que atinge 65 milhões de pessoas.

O ANO DE 2010 FOI MARCANTE E SINUOSO

Em 2010, mais de 2,8 milhões de processos deram entrada na Justiça Laboral, segundo informação do Tribunal Superior do Trabalho (TST). Um dos fatores apontados para que seja estimulada a reclamação trabalhista é a alta rotatividade da mão de obra no mercado brasileiro, o que gera milhares de ações de empregados demitidos. Em 2011, o Cadastro Geral de Empregados e Desempregados (Caged) registrou quase 17,9 milhões de demissões, contra 20,4 milhões de contratações, resultando no saldo positivo de 2,5 milhões de vagas. Entre os problemas, a maior crítica dos especialistas é a legislação trabalhista, considerada anacrônica, detalhista e extremamente protetora do empregado. O sujeito que já perdeu o emprego sabe que não vai sofrer consequência alguma se entrar com um processo na justiça negocia sua demissão para que tenha o benefício do seguro-desemprego, prática comum no mercado, que não sofre fiscalização das Delegacias Regionais do Trabalho (DTRs). Decorridos cinco meses, ajuíza a ação e reclama da demissão injusta, com o item do dano moral, entre outros quesitos, elencando na inicial, geralmente feita por advogados que garimpam esses processos, criando um verdadeiro atacadão de ações.

Nos Estados Unidos, se o trabalhador perde a ação, tem de pagar todas as despesas da outra parte. Na metade do planeta, não existe justiça especializada, e as pessoas pensam dez vezes antes de entrar com uma ação. Para o núcleo jurídico da Central Única dos Trabalhadores (CUT), ninguém entra com processo trabalhista porque gosta ou porque não tem ônus. "O ônus já aconteceu, na medida em que o trabalhador não recebeu seus direitos", dispara a agremiação. O advogado Almir Pazzianoto Pinto, ex-ministro do Trabalho e do TST, explica: "Existe o bom empregador e o mau empregador, mas não acredito que haja um número tão grande de violações como as que estão nesses processos." Entendo que, se as violações são encontradas na fase de instrução processual, é porque o sistema é falho, ou seja, o empregador não foi fiscalizado. Por outro lado, não existe lei que impeça ao empregado denunciar o mau empregador, pelo contrário, para isso existem as DRTs, o Ministério Público do Trabalho (MPT) e os sindicatos das categorias.

O que não pode ocorrer é o desrespeito à norma legal. Se por um lado, o empregador não pode infringir a norma trabalhista, por outro, ele tem o direito de enfrentar o seu revés no judiciário trabalhista, dentro das fronteiras do texto legal. Mas não é isso que assistimos; temos um festival de injunções do início ao término da ação, juízes com rompantes indignos da função judicante, situações de constrangimento das partes, um autêntico surto de juizite. As partes precisam ter o respeito da magistratura trabalhista, não podem ser "capachos" e se tornarem reféns de um sistema processualista, que prima pela reserva de mercado e a elitização do processo do trabalho.

Quando falamos aqui da questão unilateral, não se trata de opor ao princípio defendido por Mauro Capelletti, em que, em nome da efetiva justiça social, recomenda que a teoria processual, sobretudo aquela de extração puramente liberal/individualista, não se deixe levar pela ilusão da igualdade formal entre os litigantes. A ilusão da igualdade formal, adverte o mestre, permite que a relação processual encubra as desigualdades reais entre as partes, impedindo a efetiva distribuição da justiça. Para o mestre italiano, "*a égalité burguesa demonstrou representar um processo importante, porém só parcial*". (...).

Sempre defendi que o Direito do trabalho tem que ser exclusivo, não deve sofrer qualquer aplicativo, importado de códigos parceiros. A parte, o litigante, não pode ser um "tiete" nas mãos do juiz, porque assim, compulsoriamente, é refém da justiça, nas mãos do Estado, o mesmo Estado que, ironicamente, em vez de tonificar o Judiciário, suga todo seu poderio, para lhe servir, seja nas execuções fiscais, seja na morosidade das ações (72%, segundo números do CNJ, são de empresas públicas e dos governos federal, estadual e municipal), em que está envolvido. A EC 45/04, em que pese sua amplitude jurisdicional, não é nem de longe o bem necessário para formatar e capacitar a JT, eis que está ausente, e deveria ser conotada em paralelo, que no plano geográfico essa justiça só atende a 18% das cidades brasileiras, ou seja: não existe Justiça Laboral em 82% do país. Existe uma liturgia de herança de poder que se instala com muita docilidade junto às cúpulas dos tribunais. Milhares de juízes, entre os 16,5 mil espalhados pela federação, carecem de condições técnicas para exercer com dignidade as funções, e no Judiciário Laboral esta situação é inquietante. Muitos perguntam qual a condição especial para um juiz ser ungido na representação estatal, quando, em sua experiência de vida, jamais foi empregado, empregador e menos ainda advogou por um período que o preparasse para a magistratura. Qual seria a idade mínima ideal?

A SOCIEDADE NUNCA CHEGOU TÃO PERTO DO AVESSO DA JUSTIÇA

A reciclagem nos tribunais trabalhistas praticamente não existe; suas escolas e entidades classistas estão mais voltadas à política corporativa que propriamente à questão pedagógica. A corrosão da estrutura da Justiça se deve à judicialização da política ou à postura ativista de nossos magistrados, que investem contra os poderes do Estado (Congresso e Executivo), de tal forma que exigem e cobram postura da sua própria maléfica postura em relação à sociedade. A volúpia pelo poder é tal que se entregam às mais maledicentes práticas jurídicas contra o Estado, contra a sociedade e, muitas vezes, contra si mesmos. Interferem em normas do Direito em áreas que, até pouco, não lhes cabiam manifestar-se. É um fenômeno de politização do Poder Judiciário, embalado por juízes, fazendo com que o país se submeta ao "novo Poder Judiciário" brasileiro. É fato, *data maxima venia*, que a insegurança jurídica é latente, não como causa institucional do Direito – o que poderia ocorrer num ambiente de politização da justiça –, mas por ocasião do abuso institucional a que estamos submetidos compulsoriamente por força das leis do Estado e de nossas elites jurisdicionais e por uma pretensa ideologização monojudicial para servir a poucos.

Em 2010, o Conselho Nacional de Justiça (CNJ) publicou um levantamento, em que o quadro de magistrados e agentes públicos, de apenas dez dos 27 Tribunais de Justiça (TJs), divulgam a relação completa dos servidores. Aprovada pelo CNJ, em 15 de dezembro de 2009, a Resolução 102 regulamenta a divulgação na internet de informações referentes à administração e execução orçamentária e financeira de todos os tribunais do país. A ideia é permitir que qualquer cidadão saiba como o Judiciário está gastando o dinheiro público com pagamento de funcionários (92% da verba do Judiciário é para sua folha de pagamento), gratificações, aluguel, diárias e prestação de serviços. A norma também vale para os demais tribunais, como os regionais, federais, eleitorais e do Trabalho. A resolução deu trinta dias para as cortes publicarem as despesas com recursos humanos e remuneração, com a estrutura salarial do quadro efetivo e comissionado, bem como com subsídios e diárias pagos a membros do Judiciário. A resposta não veio, o CNJ emudeceu e o judiciário reagiu, passando a fustigar a competência desse tribunal de ser o fiscal das ações dos magistrados e dos administradores da Justiça. O embate, em que pese a última decisão do CNJ, ainda não foi vencido pela sociedade.

Uma das matrizes dos princípios que, se extirpadas com a criação de um código processual próprio para o processo do trabalho, podem arrefecer, ou até pôr fim ao trauma laboral, cuja solução não é, *data venia*, as que os juízes trabalhistas estão adotando, é a formatação de um Direito próprio delineado no Legislativo. Eu assevero que o processualismo exacerbado aplicado de forma linear em todas as ações impetradas e julgadas é o vilão da JT. O ideal seria um modelão padrão para resolver e isolar a ação do sistema, deixando para dar seguimento apenas àquelas de maior complexidade.

Quando defendemos a solução da pequena e menos complexa causa pela via extrajudicial, é justamente para esse fator altamente nocivo às relações sociais empregado/empregador não passar para âmbito processualista do julgador, que hoje engloba quase 24 milhões de ações. A JT hoje é uma estranha no universo da relação laboral, sua estrutura é falsa, seus juízes não conseguem realizar a contento as tarefas mais elementares, a exemplo de despachos, assinatura de alvarás, agilizar audiências e a lavratura de sentenças rápidas e eficazes. Os atos de serventia soam, aos que buscam esses serviços, como se fossem dádivas a serem concedidas às partes. Uma simples pergunta do leigo ou do advogado pode ter a resposta insolente ou incipiente e falta respeito. Em suma, não existe interação com a sociedade.

O NÚMERO DE JUÍZES

O Brasil tem 16.108 juízes, uma média de oito magistrados por 100 mil habitantes; na Espanha, há 10 juízes para cada 100 mil habitantes; na

Itália, são 11 por 100 mil; na França, 12 por 100 mil; e em Portugal, 17 juízes para cada 100 mil habitantes. No conjunto da obra, o judiciário, até o quadro fechado pelo CNJ, está próximo aos números de outros países, no entanto, padece de falta de estrutura administrativa, com a singularidade de melhorar a qualidade profissional dos seus integrantes (juízes e servidores). A Justiça brasileira tem 312.573 servidores, somados aos terceirizados, e o pagamento de salários, benefícios e demais vantagens correspondem a 90% do total da sua despesa, o que deixa apenas 10% para investimento na qualidade, por exemplo, de tecnologia e pesquisa.

Até o ano 2000, a JT ainda julgava um número superior ao das ações recebidas a cada ano, isso dentro de uma estrutura de 2.500 juízes, operando em apenas 1.109 unidades jurisdicionais de primeiro grau. Atualmente, após serem criadas novas varas trabalhistas (foram 269 aprovadas na Câmara dos Deputados), o que equivale à média de 160 mil habitantes/vara, funcionando com onze servidores, um juiz titular e auxiliares, não fosse o elevado número de ações trabalhistas, esse quadro atenderia com razoabilidade os litigantes.

Ocorre que persistem as anomalias, e com isso o desemprego, e, consequentemente, uma enorme demanda de ações trabalhistas, e Sua Majestade, a Justiça do Trabalho oferece aos seus súditos hipossuficientes 1.370 varas trabalhistas, a maioria concentrada nas grandes capitais, para cobrir 5.565 cidades do país, e com isso deixa a esmo milhões de trabalhadores, principalmente nas regiões de baixa renda e no interior dos estados brasileiros, onde acontecem toda a sorte de crimes (90%) contra o trabalho.

O CNJ, a partir de 2005, vem informando que pretende implementar o projeto para agilizar o andamento das ações; tal método vai auxiliar o tribunal na adoção de práticas mais modernas de gestão nos gabinetes, de maneira a reduzir o tempo de tramitação dos processos. O TRF3 é o primeiro atendido pelo projeto, que se estenderá a outros tribunais.

Com toda vênia, pode ser essa a oportunidade mister para trazer auxílio aos desembargadores, por meio da convocação de juízes de primeiro grau, o que é plenamente louvável neste momento, por se tratar de recurso administrativo que visa à celeridade. Por outro lado, existem hoje, nos tribunais, 800 vagas de desembargadores do Quinto Constitucional, cadeiras ocupadas por juízes convocados num suposto movimento de clara xenofobia contra o Quinto, em afronta à Carta Magna, matéria que vem sendo objeto de exaustiva discussão e gerando uma onda de protesto das OABs regionais.

Existe, e é visível para o *trade* trabalhista, o fato de que a magistratura trabalhista quer trabalhar isolada, sem estar oficiosamente vinculada a qualquer organismo estatal, subordinando seus feitos e responsabilidades. Tal comportamento é reflexo da, constantes críticas desse segmento ao CNJ, aos dispositivos como a Súmula Vinculante e a outros meios que pressionam o funcionamento da especializada.

Um sinal desse enfrentamento com medidas que possam influenciar no habitat da toga na JT é o instituto da transcendência criado pela MP nº 2.226/2001, em que o juízo deixará de julgar casos de menor relevância. Com isso, se deverão reduzir em dois terços os processos acumulados e se dará mais agilidade aos julgamentos, conforme verificamos em um pronunciamento no ano de 2008, em que o defensor da transcendência, ministro Ives Gandra Martins Filho, advertia: "*A medida é urgente para desobstruir o TST e fazer com que a Corte possa se dedicar plenamente aos temas considerados relevantes.*"

É preciso destacar que, enquanto os magistrados da especializada continuarem importando subsidiários do CPC, da Lei Fiscal e do Código de Defesa do Consumidor (CDC), de forma interpretativa, as injunções, omissões e insegurança reinarão soberbamente na estrutura processualista da Justiça do Trabalho. Mais do que nunca, se requer um novo código atualizado e completo de leis, que supere entraves, se aproxime da realidade global e extirpe do judiciário laboral o estigma de que o empregador é sempre o vilão da história, até porque uma simples reclamação trabalhista não pode ser tornar um processo repleto de itens de Direito, extraídos no varejo de péssima qualidade de informações, conforme reitero mais vez, a ponto de transformar o contrato de trabalho inexecutável.

Essa interação do juízo do trabalho com os demais temas jurídicos, comprovadamente viabilizados em lides de outros segmentos do judiciário, é salutar para o processo trabalhista mas sua aplicação deve ser de forma impecável e, sobretudo em cunho ideológico, elemento este que, se levado ao teor da decisão monocrática debilita a saúde do judiciário, expondo a fragilidade na estrutura do Estado democrático, demonstrando ser tendencioso perante o trade trabalhista.

Ainda sob o foco da estatística de 2008, percebe-se que todos os tribunais trabalhistas entraram em erupção, os 25 TRTs ficaram com resíduos: São Paulo é recordista, com um resíduo de 96.924 processos, e o da 1ª Região (RJ), até setembro, era de 12.035, e o total de resíduos nos TRTs é de 236.231 processos, número que reflete por demais uma anomalia jurídica sem precedente na história da JT. e Com a agravante de ter ainda o somatório das novas execuções fiscais migradas para a especializada com o advento da EC 45/2004.

CRESCIMENTO IMPERCEPTÍVEL

O volume de ações existentes no judiciário brasileiro não está aí por acaso, não veio no formato de tsunami, se formou aos poucos, conforme as anomalias de mercado causassem dano ao cidadão. No judiciário laboral: acontece o mesmo aqui se discute o salário alimento, mas, no meio deste acerto de contas, somam-se dezenas de rubricas, todas consoantes aos direitos do trabalho. A matéria de prova, a exemplo das horas-extras, é conflitante, e pode inviabilizar um pequeno empregador, caso não seja bem esclarecida durante a instrução em sede de audiência.

O judiciário estatal, como um todo, está inchado, não consegue atender a demanda dos conflitos que ingressam aos milhares a cada mês nas varas federais, cíveis e trabalhistas. De acordo com a pesquisa do programa "Justiça em Números", do CNJ, existem hoje 86 milhões de processos tramitando na Justiça brasileira; só na JT são 14,5 milhões, e a solução para essas ações é imprevisível; os custos extrapolam e, mesmo com a crise financeira mundial, o Judiciário já anunciou que precisa de uma verba de R$ 50 bilhões. Também reclama do excesso de processos e da falta de verba, numa flagrante situação de que o modelo de administração é avesso à realidade do país.

A lentidão parece não incomodar os juízes, são poucos os que se interessam em debater o tema. Os que se apresentam são discriminados pelos demais, vistos como criadores de problemas, que querem, na realidade, a criação de mais cargos, redução da jornada nos tribunais, majorar remunerações e gratificações por cargos, e travam uma antiga pretensão da base dos juízes (primeiro grau), para que a eleição dos membros da administração dos tribunais tenha a participação de todos.

O modelo global de justiça universal tem forte referência no judiciário europeu, pois na França existem apenas 9 mil magistrados; desses, 1,5 mil são promotores, 900 são juízes administrativos. Na Inglaterra, existem apenas 1.800 juízes judiciais e mais de 20 mil juízes leigos, enquanto na Alemanha são 160 mil juízes, média de um juiz para cada 5 mil habitantes, mas quase 90% são juízes leigos, de paz e arbitrais, e todos são tratados como magistrados, se formam na mesma escola numa prova de critério mais rígido que o do Brasil, e o custo de pessoal é proporcionalmente menor que a metade do custo nacional, sem contar a própria autossustentação do juízo arbitral. Em que pese a cultura da população, o litígio ocorre pelos mesmos problemas enfrentados pelos brasileiros, exploração de mão de obra, descumprimento das regras trabalhistas, direito do consumidor, ou seja, execuções de títulos hipotecários, empréstimos financeiros, enfim, tudo que aqui se discute, nesses países também é discutido.

Seria leviano a essa altura, em plena crise financeira mundial, com desemprego em massa, a exemplo do que ocorre com setores conservadores e antipopulares, propor a extinção da Justiça do Trabalho. Longe disso, deixando-a de lado, podemos rediscutir a questão das relações trabalhistas, tema que merece o esforço conjugado do *trade* trabalhista com a sociedade não elitizada, por uma solução que possa amenizar a situação caótica de funcionamento do judiciário trabalhista. Esse projeto de reabilitação da debilitada JT resgataria o empregador de pequeno porte, que, devido à falta de recurso para contratar uma boa assessoria, é massacrado, marginalizado e vilipendiado nos tribunais do Trabalho. É preciso pautar pela conciliação. O esforço, no sentido de encontrar a saída, para, em harmonia com a classe trabalhadora, analisar com paciência os artigos da Carta Laboral, cuja maioria permaneceu inalterada desde 1943, quando Getulio Vargas sancionou a CLT, *data venia*, muitos, apesar do tempo, ainda estão atualizados.

A verdade é que o comportamento avesso em grande parte de juízes trabalhistas estigmatiza o empregador como o vilão da crise do trabalho, quando não são as anomalias sociais e os desníveis de mercado e da economia que produzem os entraves, que deságuam no jurisdicionado estatal, até porque a JT tem o monopólio do trato dessas questões e, quando seus membros estão insatisfeitos, excluem mecanismos de solução que estão ao seu alcance, parcela de valores, extirpando pontos dúbios da ação etc., optando pelo litígio duradouro, com sentenças complexas e exageradas.

São os próprios magistrados que extrapolam, hipervalorizando sua posição, e não sua função de julgador, tudo a ponto de não reconhecer que os mecanismos extrajudiciais de solução de conflitos (arbitragem, conciliação, mediação e CCP) não precisam necessariamente ser excluídos sob a acusação de serem estes disformes do Direito. Ao profanar este instituto, a magistratura trabalhista assume, perante a sociedade, a responsabilidade de solucionar as questões a ela entregue. Isso não está ocorrendo, até porque solução não é apenas um papel escrito "sentença"; é a entrega do direito e a liquidação deste direito.

CAPÍTULO V

FESTIVAL DE NÚMEROS

OS NÚMEROS DO CNJ E DA FGV EM 2009

O congestionamento de processos na fase de conhecimento na Justiça estadual totalizou 67,2%, em 2009, mas chegou a 87,7% na fase de execução. O mesmo aconteceu com a Justiça federal, que tinha congestionamento de 58% na fase de conhecimento e de 82% na execução.

Em execuções fiscais, a situação é ainda mais preocupante. De cada cem processos em tramitação, em 2009, na Justiça brasileira (federal, do Trabalho e estadual), 29 foram finalizados no mesmo período. No caso das execuções fiscais, esse número cai pela metade; ou seja, de cem execuções fiscais em andamento, em 2009, apenas 14 foram concluídas no mesmo ano.

Dos 86,6 milhões de processos em tramitação na Justiça, 26,9 milhões – o correspondente a um terço do total – são de execução fiscal. Vale destacar que 89% desses processos (23,9 milhões) tramitam na Justiça estadual, colaborando para congestionar esse ramo da Justiça, que é o mais demandando pela população. Enquanto a Justiça Trabalhista e a federal receberam pouco mais de 3 milhões de casos novos em 2009, 18,7 milhões de processos (74% do total) foram ajuizados nos tribunais de Justiça dos estados brasileiros.

Dos 50,5 milhões de processos pendentes na Justiça estadual, aproximadamente 20,7 milhões, o equivalente a 40%, eram execuções fiscais. Para o Conselho Nacional de Justiça (CNJ), a realização de pesquisas contribui para a elaboração de estratégias para o judiciário brasileiro, de forma a permitir a identificação de gargalos e a discussão de propostas que deem maior celeridade aos processos. Nesse sentido, foram firmadas, durante o ano de 2010, parcerias com entidades como Fundação Getulio Vargas (FGV), o Instituto de Pesquisa Econômica Aplicada (Ipea) e o Instituto Brasileiro de Geografia e Estatística (IBGE).

Em dezembro de 2010, o CNJ apresentou três estudos realizados por entidades de pesquisa no seminário "Combate à Morosidade da Justiça – diagnósticos e propostas", realizado no Superior Tribunal de Justiça (STJ). As pesquisas foram realizadas a pedido do CNJ pela FGV, pela Pontifícia Universidade Católica do Paraná (PUC-PR) e do Rio Grande do Sul (PUC-RS) e apresentam um diagnóstico sobre os gargalos no Poder Judiciário.

A pesquisa estudou ações em três grandes tribunais brasileiros que possuem o Poder Público como grande demandante: o Tribunal de Justiça de São Paulo, do Rio Grande do Sul e o Tribunal Regional Federal da 3ª Região, com sede em São Paulo. Segundo a FGV, aposentadoria e problemas com cartão de crédito abarrotam o Judiciário.

A pesquisa envolveu a análise, com maior profundidade, de uma amostra de 226 decisões judiciais. Também foram realizadas 37 entrevistas com advogados, magistrados, servidores públicos, funcionários de tribunais e membros de ONGs ligadas à judicialização de conflitos nos estados de São Paulo, Rio Grande do Sul e Rio de Janeiro. A pesquisa elegeu dois temas para o estudo de demandas repetitivas: a tese da desaposentação, tema previdenciário pertinente à Justiça federal, e os contratos de crédito, assunto bancário do direito do consumidor e que pertence à Justiça estadual.

De acordo com a pesquisa, o fenômeno da desaposentação – inicialmente negada na esfera administrativa – passou a ser frequente a partir de 2000 e se popularizou, particularmente no TRF da 3ª Região (em fins de 2008, já representava 50% dos processos judiciais em tramitação em algumas varas federais de São Paulo). A criação dos juizados especiais e da gratuidade processual contribuiu para aumentar a litigiosidade. Os juizados não desafogaram as varas federais e previdenciárias existentes. Ao contrário, incentivaram o ingresso de demandas repetitivas e a atuação da advocacia de massa.

A desaposentação[40] é uma tese jurídica sobre a possibilidade de o segurado do Instituto Nacional do Seguro Social (INSS), que continuou a exercer atividade remunerada, renunciar ao benefício atual para requerer nova aposentadoria, mais vantajosa. Em 1995, a extinção do peculato e do abono de permanência de serviço por mudanças legis-

---

[40] A desaposentação é o assunto do momento, interessando a milhões de brasileiros que tiveram seus benefícios achatados por conta do famigerado fator previdenciário, que surrupia pelo menos 1/3 do valor do benefício na hora da aposentadoria. Como os aposentados não podem pedir uma revisão ao INSS, esses beneficiários têm optado por recorrer à Justiça. E têm tido ganho de causa.
A desaposentação permite a quem permaneceu trabalhando após se aposentar renunciar ao benefício que recebe para obter um novo benefício de maior valor. Com a permanência na atividade, o aposentado continua contribuindo para a Previdência, exigência da lei, mas não tem direito à prestação alguma da Previdência Social, com exceção ao salário família e à reabilitação profissional, conforme ministra o artigo 18, § 2º, da Lei 8.213/91. A injustiça é clara: a Previdência é custeada por todos os trabalhadores, mesmo aqueles que não usufruem de seus benefícios.
Assim, uma onda de ações judiciais contra o INSS invadiu os tribunais do país para garantir aos aposentados o direito de se desaposentar, pleiteando uma nova aposentadoria em termos mais vantajosos. No ano passado, esse tipo de causa chegou a representar, só em São Paulo, mais de 40% dos processos distribuídos nas Varas Previdenciárias do estado. Na primeira e segunda instância, tem sido admitida essa possibilidade, mas é exigida a devolução dos benefícios já pagos. Já o Superior Tribunal de Justiça (STJ) tem entendido que, como a pessoa já contribuiu com a seguridade, não haveria por que devolver os benefícios pagos.
Assim, a desaposentação deve ser discutida pelo trabalhador e pelo advogado trabalhista que o orientará sobre como proceder. É importante que, antes de ingressar com essa medida judicial, o segurado faça uma contagem do novo tempo de contribuição, pois este vai se somar a todo o período contributivo anterior e posterior à aposentadoria. Depois, é necessário fazer o cálculo do valor da nova aposentadoria para verificar se é mais vantajoso que o valor da aposentadoria que o segurado recebe atualmente, uma vez que o novo benefício seguirá a regra vigente e o famigerado fator previdenciário continua valendo. (Fonte: Seaac-S.J.Campos – SP).

lativas representou um estímulo à tese, que passou a ser popularizada por meio de advogados e pela mídia.

As questões bancárias, com destaque para os conflitos com cartão de crédito, têm abarrotado a Justiça estadual. A equipe da FGV concluiu que a legislação processual estimula o tratamento individualizado das demandas de massa, e que os consumidores enxergam o judiciário como primeira via para recorrer, como se fosse uma instância administrativa. Para reduzir as demandas previdenciárias, a FGV apontou para o Programa de Redução de Demandas desenvolvido pelas procuradorias do INSS, a uniformização dos entendimentos do judiciário e a definição de critérios mais específicos para a concessão de assistência jurídica gratuita.

EM 2007, A JT RECEBEU 2.636.795 AÇÕES

Em 2008, o vice-ministro do Trabalho e Assuntos Sociais da República Federal da Alemanha, Klaus Brandner, visitou o Tribunal Superior do Trabalho (TST) com o propósito de conhecer de perto o funcionamento da Justiça do Trabalho e da estrutura sindical brasileira. Foi surpreendido com a informação de que a movimentação processual nas varas e tribunais do trabalho, em 2007, totalizou 2.636.795 ações, e com justa razão mostrou seu reconhecimento pela capacidade corpo de magistrados (cerca de 2,4 mil) arcar com a enorme demanda. O problema agrava-se em razão do desemprego – a crise econômica tem efeito direto na despedida de trabalhadores, que não terão a curto e médio prazo facilidade de retorno ao mercado formal. Consequentemente, a renda familiar vai escassear e com isso o governo terá um aumento de gastos com salário-desemprego e custos sociais.

Na presença do então ministro e presidente do TST, Rider de Britto, Brandner assinalou que os efeitos da globalização, do desemprego e da unificação da Alemanha, no fim da década de 1980, resultaram no enfraquecimento do sindicalismo, o que levou o parlamento a discutir pela primeira vez a adoção do salário-mínimo. Segundo o ministro, isso não significou uma intervenção direta do Estado nos contratos coletivos de trabalho nem a perda dos direitos da classe trabalhadora. Para o ministro alemão, a baixa litigiosidade trabalhista na Alemanha estava creditada a dois fatores: a força do contrato coletivo e a existência de canais extrajudiciais de solução dos conflitos.

Ao contrário do Brasil, na Alemanha, o contrato coletivo, uma vez em vigor, não pode ser questionado individualmente por algum trabalhador insatisfeito. O fato é que, apesar das inúmeras irregularidades no judiciário Trabalhista, esta é a única e exclusiva instituição social de bem-estar social que precisa ser preservada, e, por isso mesmo, é necessário um trabalho de sedimentação de uma nova mentalidade adequada à realidade do mundo globalizado, que vive em constante mutação social. O que tem força de lei é aplicado, e as controvertidas normas e a elaboração de textos genéricos não podem substituir o texto convencional como se fosse um estepe, pronto para entrar no lugar da norma vigente ao primeiro sinal de dúvida.

INSUBORDINAÇÃO E ISOLAMENTO

O isolamento e a falta de controle do comando superior (leia-se TRTs e TST) sobre seus subordinados hierárquicos de primeiro e segundo grau vêm permitindo, entre outros desmandos, a convocação arbitrária de juízes de primeiro grau para compor turmas em tribunal, em número majoritário, o que leva à suspeição de que se pode estar diante de um tribunal de exceção, o que é expressamente vedado pela Constituição. Seria pior para o *trade* trabalhista se isso causasse a nulidade dos julgados, conforme precedente do STJ, mas não aplicado na Justiça do Trabalho. A criação de órgãos julgadores por simples emenda regimental contraria o princípio da reserva legal absoluta, decorrente do princípio da legalidade (CF, art. 5º, II). Embora isso aconteça em muitos tribunais estaduais, não deveria ocorrer na especializada, que necessita de meios materiais para subsistir e produzir que precisam ser conquistados sob bom argumento, não por meio do manejo das normas e leis apenas para atender à política de grupos que dominam os tribunais, mas através da interlocução pela via legal, que é a parlamentar.

A engrenagem administrativa da especializada não pode, de forma alguma, estar a serviço dos seus magistrados, não deve olhar apenas para seu interior, *nem omne quod licet honestum est*. Mesmo que não tivessem a intenção na sua deformação, seus integrantes inverteram a via de conduta, até porque, *data venia*, o juízo estatal tem compromisso com a sociedade e, para isso, precisa respeitar a Carta Magna, as normas jurídicas e hierarquicamente o seu comando superior, que está sendo tratado com desdenho pelo juízo trabalhista.

O crescimento das demandas judiciais em desproporção com os recursos materiais para subsidiar a megaestrutura da especializada não pode servir de argumento para a ausência de medidas de racionalização patrocinada pelo esforço de seus membros, muitos menos para a adoção correta dos instrumentos inconstitucionais, descartando os atentatórios contra as garantias constitucionais do Estado de Direito Democrático e violadores dos princípios e valores mais caros da CF, acerca da própria organização do Poder Judiciário e do processo, como os do juiz natural e do duplo grau de jurisdição, entre outros.

PESQUISA REALIZADA EM 2007 REVELA OPINIÃO DOS JUÍZES

Com o objetivo de avaliar a opinião dos magistrados sobre temas ligados ao judiciário, à sociedade e aos fatos relevantes da vida política, social e jurídica do país, a Associação Nacional dos Magistrados da Justiça do Trabalho (Anamatra) realizou, em parceria com o Centro de Estudos de Economia Sindical e do Trabalho (Cesit), da Universidade Estadual de Campinas, uma pesquisa entre seus associados, intitulada "Trabalho, justiça e sociedade: o olhar da magistratura do trabalho sobre o Brasil do século XXI".

Os magistrados desse ramo do judiciário revelaram estarem divididos quanto à regulamentação da profissão de prostitutas – 42,1% são a favor e

39,9%, contrários. Quanto à legalização da união civil de pessoas do mesmo sexo, 66% juízes do trabalho são favoráveis. Setenta e um por cento são contrários à descriminalização do uso de drogas, e 55,5% a favor da descriminalização do aborto. Setenta e nove por cento deles querem a regulamentação do assédio moral. Para a composição dos tribunais superiores, no que tange ao ato de escolha e nomeação, 52,3% são a favor de que essa escolha seja feita pelo voto dos magistrados dos três graus de jurisdição.

A coleta de dados ocorreu entre julho e setembro de 2008. A pesquisa contou com a participação de um universo bastante expressivo de magistrados (792 ao todo), o que corresponde a mais de 20% da população pesquisada, oferecendo enorme representatividade estatística para as informações apresentadas nesse relatório. Todas as instâncias da Justiça do Trabalho estão representadas na pesquisa, tendo em vista que juízes do Tribunal Superior do Trabalho, dos tribunais regionais do trabalho, titulares de varas e juízes substitutos responderam à pesquisa. Magistrados de todas as regiões do Brasil enviaram as suas respostas.

ALGUNS DADOS:

Perfil dos entrevistados – 60,8% são do sexo masculino e 39,2%, do sexo feminino. A maioria (53,4%) tem entre de 40 e 59 anos. Dos magistrados, 85,8% declaram-se brancos; 12,1%, pardos; e apenas 1%, negros; 0,8%, amarelos; e 0,3%, indígenas. Mais de 60% são casados.

Tramitação de processos – 19% receberam mais de cinco mil novos processos em 2007 em sua vara ou gabinete.
– 61,8% consideram insuficiente o número de funcionários no seu local de trabalho.

Sociedade – 55,5% são favoráveis à descriminalização do aborto.
– 83,8% são favoráveis à interrupção da gravidez em caso de acefalia.
– 75,4% são favoráveis à diferenciação do tratamento legal relativo aos usuários de drogas e traficantes.

– 71% são contrários à descriminalização do uso de drogas.
– 63,9%são favoráveis à redução da maioridade penal.
– 66,0% são favoráveis à legalização da união civil de pessoas do mesmo sexo.
– 48,6% são favoráveis à eutanásia.
– 90,2% são favoráveis à pesquisa com células-tronco de origem embrionária.
– 56,8% são favoráveis à adoção de crianças por casal homossexual.
– 74,4% são contrários à pena de morte.

REFORMA TRIBUTÁRIA – 51,7% concordam que, em uma eventual reforma tributária, os mais ricos deveriam pagar mais impostos no Brasil, pois a atual estrutura tributária, relativamente, exige muito da baixa classe média e dos pobres. Sessenta e três por cento acham que a classe média brasileira deveria ter seus impostos reduzidos.

MST – Sobre a atuação do Movimento dos Trabalhadores Sem Terra (MST), no Brasil, 39,2% dos magistrados do Trabalho o consideram uma importante organização, mas que usa métodos condenáveis para atingir suas reivindicações e objetivos. Enquanto 30,9% acham que é um movimento mais preocupado com a agitação política do que com o acesso à terra.

COTAS – 43,3% são favoráveis ao sistema de cotas nas empresas privadas, enquanto 47,5% são contra. Já no setor público a situação é inversa: 47,8% se mostram a favor e 46,7%, contra.

VOTO – 70% dos magistrados são contra o voto obrigatório.

PARA OS MAGISTRADOS DO TRABALHO, A ATUAÇÃO DOS PODERES EXECUTIVO, LEGISLATIVO E JUDICIÁRIO É RESPECTIVAMENTE: regular (50,8%), ruim (72,2%) e boa (46,6%).

SINDICALISMO: 84,4 afirmam que existe a necessidade de um reforma sindical no Brasil.

– 69,1% são contra a unicidade sindical.
– 86,3% são contra a contribuição sindical obrigatória.
– 91,4% são contra financiamento público às entidades sindicais.

Composição do STF – Para 70,6% dos magistrados do Trabalho, o Supremo Tribunal Federal deve ser composto somente por magistrados de carreira.

– 61,2% acham que a escolha dos ministros do STF deve ser feita pelo voto dos magistrados de todos os graus de jurisdição.

Processos mais frequentes – Entre as demandas trabalhistas mais frequentes aparecem as horas extras (31,6%), verbas rescisórias (24,0%), reconhecimento do vínculo de emprego (20,7%), danos morais ou materiais (12,9%).

CAPÍTULO VI
ASPECTO ADMINISTRATIVO E PRECEITOS

PROBLEMAS DA MOROSIDADE ESTÃO
NO CORPO DA PRÓPRIA JUSTIÇA

A Justiça brasileira há muito vem dando sinais de fadiga no processamento administrativo dos atos dos seus integrantes (serventuários e juízes) e dos processos que tramitam no jurisdicionado. A Justiça do Trabalho, que por excelência tem a tutela das questões divergentes dos contratos de trabalho e por isso é responsável pela solução do conflito à luz da questão social, por se tratar de verba alimentar, não está dando conta da sua atribuição, mas nem por isso admite a existência de meios alternativos de solução desses conflitos.

Quando ocorre a retenção dos autos do processo por um advogado, o juiz intima o patrono, sob pena de responder criminalmente pelo seu ato, isso porque, e com razão, se trata de uma forma oblíqua de postergar direitos. Mas quando ocorre a retenção por parte do juiz, não existe à clara luz (existem atualmente no Congresso quatro PLs em andamento com previsão de punição a juízes)[41] dispositivo que possa,

---

[41] A Lei Orgânica da Magistratura Nacional (Loman – Lei Complementar nº 35, de 14.3.1979) trata, nos seus arts. 35 e 36, respectivamente, dos deveres dos magistrados e das vedações a eles impostas.
Art. 35 – São deveres do magistrado:
　I – cumprir e fazer cumprir, com independência, serenidade e exatidão, as disposições legais e os atos de ofício;
　II – não exceder injustificadamente os prazos para sentenciar ou despachar;

com a mesma ênfase, forçar o andamento do feito, a não ser as petições de praxe, que não surtem o menor efeito junto ao magistrado.

A prova latente de que as mazelas do próprio jurisdicionado travam o andamento das ações está nas medidas tomadas pelo Conselho Nacional de Justiça (CNJ), que imprime exaustiva campanha de metas, para diminuir o encalhe. A corregedora nacional de Justiça, ministra Eliana Calmon, lançou, durante evento do jurisdicionado em São Paulo (SP), o projeto "Judiciário em Dia", para promover mutirões de julgamento com o objetivo de dar maior agilidade à tramitação dos processos. De acordo com as informações do CNJ, o projeto começaria pelo TRF3, através de convênio assinado com a corregedoria-geral da Justiça Federal. O mutirão, programado para seis meses de duração,

---

III – determinar as providências necessárias para que os atos processuais se realizam nos prazos legais;
IV – tratar com urbanidade as partes, os membros do Ministério Público, os advogados, as testemunhas, os funcionários e auxiliares da Justiça, e atender aos que o procurarem, a qualquer momento, quando se trate de providência que
reclame e possibilite solução de urgência;
V – residir na sede da Comarca salvo autorização do órgão disciplinar a que estiver subordinado;
VI – comparecer pontualmente à hora de iniciar-se o expediente ou a sessão, e não se ausentar injustificadamente antes de seu término;
VII – exercer assídua fiscalização sobre os subordinados, especialmente no que se refere à cobrança de custas e emolumentos, embora não haja reclamação das partes;
VIII – manter conduta irrepreensível na vida pública e particular.

Art. 36 – É vedado ao magistrado:
I – exercer o comércio ou participar de sociedade comercial, inclusive de economia mista, exceto como acionista ou quotista;
II – exercer cargo de direção ou técnico de sociedade civil, associação ou fundação, de qualquer natureza ou finalidade, salvo de associação de classe, e sem remuneração;
III – manifestar, por qualquer meio de comunicação, opinião sobre processo pendente de julgamento, seu ou de outrem, ou juízo depreciativo sobre despachos, votos ou sentenças, de órgãos judiciais, ressalvada a crítica nos autos e em obras técnicas ou no exercício do magistério.

tinha como objetivo agilizar a conclusão das ações do TRF3. A força-tarefa contaria com a participação de desembargadores, juízes federais e servidores do TRF3, assim como de representantes do Conselho da Justiça Federal e do CNJ.

Em relação ao evento, fica o questionamento quanto à participação de juízes, por meio de suas representadas (AMB, Ajufe, Anamatra) no Congresso, com o objetivo preponderante de fiscalizar a tramitação das emendas e dos projetos de lei, com primazia para os casos que não lhe sejam afetos. Isso significa que em situações nas quais a tramitação não trata de questão pessoal, a atuação dos magistrados é arrefecida. Inúmeras são as questões em que os juízes do Trabalho deveriam ficar à margem, principalmente aquelas que tratam de textos de lei, já que estes serão no futuro julgados pelos próprios juízes. Embora a Loman, nos seus arts. 35 e 36, trate respectivamente dos deveres dos magistrados e das vedações a eles impostas, essa situação é praticamente "folha morta", no Judiciário.

A Lei da Magistratura (Lei Complementar nº 35, de 14.3.1979) é a prova letal do corporativismo no Judiciário, tanto que a sociedade espera, há décadas, pela criação de um órgão fiscalizador dos atos dos integrantes do Judiciário. Agora, o CNJ está trabalhando para trazer à luz informações até então guardadas a "sete chaves" pelos tribunais, e por essa razão vem sendo alvo de intensa campanha dos magistrados para sua extinção.

Podemos observar que a Justiça do Trabalho se mantém à margem das questões internas, voltando-se para as externas. Nesse sentido, o TRT-15 (Campinas, SP) e o Serasa S.A. firmaram um convênio para a agilização da execução trabalhista. A parceria previa que as 153 varas do Trabalho da 15ª Região repassariam ao banco de dados da Serasa, pela internet, as informações relativas às dívidas, objeto das execuções de títulos judiciais trabalhistas decorrentes de decisões transitadas em julgado.

Os dados incluem o número do processo; a qualificação do devedor principal – e do subsidiário ou solidário, quando houver –; os dados cadastrais do devedor e, se for o caso, cópia de seus documentos societários e contábeis, tais como estatutos/contratos sociais e balanços, entre outros; o valor nominal da dívida e a identificação do credor, que, no entender dos juízes, forçará o devedor ao pagamento do título. Ocorre que o valor da execução pode ser discutido por embargos, a legislação tem previsão para isso, e é no processo de execução que os magistrados trabalhistas mais cometem nulidades, fazendo com que a ação se eternize ainda mais.

A causa da morosidade no processo do trabalho é fruto de um elenco de quesitos, parte relacionada diretamente à condução do processo pelo juiz, dos atos de serventia, na segunda instância e ao próprio TST. Nesse conjunto, temos numerosas operações para o cumprimento de pequenas formalidades, começando pelo andamento processual a partir do protocolo da ação, distribuição, autuação, notificação das partes e a marcação de audiência. Grande parte dessa última é desdobrada em várias audiências, para que o juiz cheque a sentença de primeiro grau, e, nesse quesito, o tempo estimado é de um ano.

Ressalva-se que os advogados, dependendo da forma como operam o processo do trabalho, podem empurrar a ação até para o dobro do tempo, isso se os endereços dos atores que compõem a lide não forem devidamente diligenciados pelos patronos, ocasionando, por conta disso, uma série de novas notificações, até a publicação de edital, o que acaba causando revelia ao réu (reclamada), quando a parte autora (reclamante) comparece a todas as audiências. Tudo requer cuidado, desde o envio das publicações, a publicação e o atendimento às partes, quanto os percalços desse quesito.

Na segunda instância, a morosidade dos gabinetes tem como indicador o enorme tempo entre idas e vindas de autuação, diligência do relator junto à VT de origem e o excessivo zelo quanto à documentação juntada aos autos (muito embora as corregedorias tenham baixado atos no sentido de enxugar esses entraves), que pode travar o processo por questionamento de autenticação dos documentos e a exigência da procuração original, sem que fosse verificado se esta se encontra no volume da inicial ou juntada em fase de embargos de declaração, terceira execução e por aí vai.

O suplício de um recorrente, principalmente se houver reclamação para ver seu recurso julgado com celeridade no TRT, é latente em alguns casos, e isso, em tese, ocorre em pelo menos metade das turmas e também em secretarias e respectivos gabinetes dos relatores. Analisando os maiores tribunais do país, em pelo menos cada grupo de cinco turmas, uma é demasiadamente morosa, pois um simples despacho de gabinete, ou a colocação do processo em pauta para julgamento, pode demorar anos. A tramitação, em alguns casos, flutua entre o gabinete e a secretaria numa autêntica metamorfose de idas e vindas capaz de irritar até mesmo os mais parcimoniosos dos advogados.

No TST ocorre exatamente o mesmo nos embargos de declaração, agravos e outros recursos pertinentes ao processo em questão – demora seguramente um ano para ser analisado. Isso sem contar o deplorável exibicionismo dos ministros (atraídos pela mídia eletrônica), quando proferem seus votos, matéria por demais conhecida de todos, que demora em média duas horas para chegar ao fim, com retóricas e flagrantes dissertações inoportunas só para dizer que "acompanha o voto do relator".

Há quem sustente que o maior fator de influência para que isso ocorra é o fato de a TV Justiça exibir as sessões plenárias dos tribunais superiores. Travada no Congresso, a reforma trabalhista permite que integrantes da Justiça do Trabalho, capitaneados pela magistratura de primeiro grau, naveguem divorciados do seu Colendo Superior (TST), ditando regras próprias, em detrimento do texto de lei (art. 8º da CLT) e do Direito interpretativo (CF, CPC, CPC e CLT, CDC e as Convenções da Organização Mundial do Trabalho – OIT). Com isso, alteram geneticamente normas de Direito, rechaçando súmulas e Orientação Jurisprudencial (OJ) sem a menor preocupação, porque estão protegidos pela legalidade estatal, que garante ao juiz a possibilidade de interpretar e tomar decisões de acordo com o seu convencimento.

EM 2008, O PRENÚNCIO DE QUE O ENCALHE IRIA AUMENTAR

O ano de 2008 foi o pior ano de desempenho na história do jurisdicionado trabalhista, que deixou, no período, 1,5 milhão de ações sem julgamento, o equivalente a mais da metade do número de processos que ingressam anualmente na especializada. Para avaliar a dimensão do estrago jurídico que se formou, esse número é infinitamente superior aos processos em resíduo no judiciário Trabalhista até 2000.

Em oito anos, o número de processos parados na JT aumentou de 1.131.046, em 2000, para 1.431.584 até outubro de 2008, o que, *data maxima venia*, são números desalentadores para milhões de trabalhadores, que aguardam por anos, sem ter previsão de solução, em curto ou médio prazo, mesmo para aqueles processos de dez e quinze anos.

Um dos fatores que sinalizam esse quadro e devem ser levados em conta pelas autoridades, principalmente pelos legisladores, é que esse *aberratio juris* foi germinado no seu nascedouro, primeiro pela ineficiência fiscal do Estado, que, através das Delegacias do Trabalho – DRTs (atua com 3 mil agentes), tem sido inoperante e ineficaz; em seguida, pelas injunções nas decisões dos magistrados de primeira instância, que preferem esmagar a empresa a conciliar, apoiados no princípio filosófico e sociológico da relação capital/trabalho, cuja máxima do mercado é o emprego e a renda.

Quando se abrem criticas contundentes a esse avesso da prestação jurisdicional da toga trabalhista, é preciso conviver com essas críticas, levando em consideração se esta é apenas um dado político, ou, se assim entender, o antagonismo ao segmento. Mas a questão que, àquela altura, já era gravíssima, quase patológica, acabou se transformando numa epidemia, crise que se deve principalmente aos constantes desmandos no judiciário Trabalhista, capitaneado pela insubordinação dos juízes de primeiro grau, pela determinação de sua corregedoria e pela orientação jurisdicional do Colendo Superior (TST).

A questão numérica, conforme comprova a estatística do Tribunal Superior do Trabalho, já demonstrava que se tratava de anomalia genérica, em que todos os elementos da máquina judiciária da especializada estão em cumplicidade com os resultados, até porque, no resíduo de 1, 4 milhão de ações (até o mês de outubro de 2008), a distribuição por segmento era a seguinte: varas do Trabalho, 973.308 processos; tribunais regionais, 236.231 processos; TST, 222.045 processos.

Examinando detalhadamente toda a estatística do TST, cabe observar que, em janeiro de 2008, existia, no Colendo Superior, uma taxa de congestionamento de 95,24%, que foi reduzida para 58,58% em outubro, quando tinha acumulado 161.497 processos e julgado 170.140. Ao que se supõe, alguma razão deve existir para tal feito. Os números refletem proporcionalmente a realidade no campo laboral, no qual não existe respeito às mínimas normas do trabalho e há burla dos seus direitos. No entanto, a ausência de equilíbrio para solucionar essa anomalia e a falta da simbiose com as questões conflitantes, substituídas por códigos de lei, não suplantaram os obstáculos e acabaram travando milhões de ações.

No encerramento da semana de conciliação em Cuiabá (MT), o então presidente do Supremo Tribunal Federal (STF), ministro Gilmar Mendes, repetiu o discurso feito na Federação das Indústrias do Estado de São Paulo (Fiesp), e destacou que *"foi dado ao Judiciário o monopólio da solução dos conflitos"*. O ministro voltou a citar o excesso e a lentidão dos processos na Justiça, sem, contudo, acenar com soluções. Responsável por pouco mais de 9% do andamento processual nesse ano (2008) na maior Corte do país, o Direito do Trabalho ocupa a quarta colocação no ranking dos ramos mais acionados no tribunal. São processos mal resolvidos em primeiras instâncias, em varas e, principalmente, nos tribunais regionais do Trabalho (TRTs).

CAPÍTULO VII

NA EXECUÇÃO OCORRE O MAIOR NÚMERO DE NULIDADES

Quando nos referimos às nulidades na execução, os números na Justiça do Trabalho ganham destaque no relatório, e corroboram a nossa preocupação. Segundo dados do CNJ, comparativamente à fase de conhecimento, o congestionamento na execução é 78% maior na especializada. Dos quase 2,9 milhões de processos que ingressaram na primeira instância trabalhista, 26,1% foram na fase de execução, sendo que os casos pendentes nessa fase somaram 65,5%. As questões laborativas julgadas na especializada não fluem da mesma forma que as questões afetas aos juízes comuns.

Temos notícia de que dezenas de juízes e desembargadores integrantes de todos os tribunais brasileiros vão poder se aposentar mais cedo em função de uma decisão do CNJ que, analisando uma decisão que favoreceu um juiz do TRT da Bahia, a ela deu efeitos normativos. Assim, o *"entendimento deverá ser aplicado a todos os magistrados que se encontrem em situação análoga"*. Esse tipo de situação não é o primeiro de que temos notícia, existe uma díspar situação salarial e de benefícios entre servidores e magistrados, fruto do desatrelamento dessas questões entre os dois segmentos.

O sistema acadêmico ensina, pela autoria de Eduardo J. Couture, que o juiz deverá analisar os princípios da efetividade,[42] economia

---

[42] "Da dignidade do juiz depende a dignidade do Direito. O Direito valerá, em um país e em um momento histórico determinado, o que valem os juízes como

processual e da celeridade, e confrontá-los com o princípio geral da menor onerosidade ao devedor. A Constituição Federal, ademais, tem como princípio constitucional a livre iniciativa (art. 1º, inciso IV) e assegura o livre exercício da atividade econômica como princípio geral (art. 170 e §1º), o que deverá ser dosado pelo juiz por ocasião da aplicação da medida. Esse instituto, embora seja admitido na maioria dos casos na execução trabalhista, tem um formato diferenciado quanto à execução nos processos das varas federais e estaduais. Na Trabalhista, ocorre aquela ladainha monocrática de "principio da necessidade", "*in dubio pro misero*", do hipossuficiente.

Existe uma preocupação latente no judiciário Trabalhista quanto à imagem desse jurisdicionado, do próprio magistrado e do desgaste que essas atrocidades jurídicas poderiam acarretar a ponto de inviabilizar o futuro não da Justiça Laboral, mas da sua estrutura administrativa. Ocorre ainda que esses poderes requerem uma contraprestação de que os magistrados têm ciência desde os primeiros dias no exercício da função (ou seria melhor tratá-la por "celibato"?), que é o comprometimento não com a lei, mas, acima dela, com a sociedade e, em última análise, com cada um dos jurisdicionados.

No elenco de elementos dessa aliança em prol do ideal de Justiça, encontramos a segurança na decisão (qualidade) e a celeridade, sendo que esta última está aquém do limite suportável. Esses são valores diametralmente opostos, mas, sabendo que, *in medio stat virtus*, cabe-nos equalizá-los para perseguir uma Justiça democrática, efetiva, célere e eficaz. Todavia, são visíveis os números de incidentes na fase de execu-

---

homens. O dia em que os juízes tiverem medo, nenhum cidadão poderá dormir tranquilo." (COUTURE, Eduardo J. *Introdução ao estudo do processo civil: discursos, ensaios e conferências*. Trad. Hiltomar Martins Oliveira. Belo Horizonte: Editora Líder, 2003, p. 57).

– COUTURE, Eduardo J. Montevidéu, 24 de maio de 1904/11 de maio de 1956, foi um consagrado e reconhecido jurista não só no Uruguai, seu país natal, como em todo o mundo, tendo contribuído com uma teoria sobre o Direito de ação, tema do Direito Processual Civil (Wikipédia).

ção trabalhista, números proporcionalmente superiores aos do processo comum.

Para outros articulistas desse jurisdicionado, a exemplo do autor Marco Antonio Lima Berberi, "(...) *o que se quer é um juiz consciente de seu papel e da repercussão social de seus atos, capaz de, mediante a interpretação dos textos das leis, criar Direito e fazer Justiça, tudo em nome da sociedade da qual também faz parte*" (Berberi).[43] Ainda assim, as responsabilidades do magistrado aumentam em proporção maior que os poderes que lhe são outorgados pela lei, ao passo que a própria sociedade demanda cada vez mais seus serviços e dele espera a melhor das respostas, a entrega ao Direito. O Princípio da Efetividade prega que o processo realize eficientemente e tempestivamente o fim específico do processo, a tutela do direito material.

Não basta que os magistrados findem com um processo, deliberando sobre a pretensão nele esboçada. É preciso que o detentor do direito material esteja declarado. Canelutti,[44] há muito, asseverava que *"sendo praticamente possível, o processo deve dar a quem tem um direito tudo aquilo e exatamente aquilo que ele tem direito de obter"*. Está claro que ao devedor cabe toda sorte em face do não cumprimento da obrigação alimentar do seu empregado, todavia, é preciso que a feitura dessa ação, por consequência do título que gerará para ser executado, não venha lá na frente se transformar num monstrengo jurídico que inviabilize sua liquidação Infelizmente, é o que temos visto na especializada.

EXECUÇÃO É DEFINITIVAMENTE O SEU "CALCANHAR DE AQUILES"

O conjunto de regras processuais utilizadas sem a necessária segurança jurídica pelo juízo de execução trabalhista vem contaminando

---

[43] BERBERI, Marco Antonio Lima. *Os princípios na teoria do Direito*. Rio de Janeiro: Editora Renovar, 2003.
[44] FRANCESCO Canelutti, (Udine, 1879-Milão, 1965) foi um dos mais eminentes advogados e juristas italianos e o principal inspirador do Código de Processo Civil italiano (Wikipédia).

os processos em tramitação na especializada, o que acaba empurrando a demanda para que ocorra mais entrave no judiciário brasileiro. Essa anomalia está corrompendo 3,3 milhões de ações em fase de execução (com título executivo, a maioria sem solução), de acordo com registro das estatísticas oficiais dos TRTs, o que, *data maxima venia*, conforme venho preconizando, só com a centralização desses processos em varas especiais de execução poderá cessar o desmando judicial.

No habitat profissional dos patronos de ações na JT, empregados e empregadores vivem às voltas com problemas de notificações, editais, penhoras e bloqueios de contas, cujas ocorrências negligenciam as mais elementares normas de Direito, ferindo preceitos legais por serem medidas administrativas mal elaboradas, geradas afoitadamente, e, na maioria dos casos, preparadas até mesmo por servidores sem a imprescindível nível jurídico, dada a importância que o processo naquele estágio exige. Um desses exemplos está no título executivo cuja liquidação deve ser tocada pela regra processual pelo interessado. Encontra-se presente o interesse de agir quando o autor tem a necessidade de se valer da via processual para alcançar o bem da vida pretendido, interesse esse que está sendo resistido pela parte *ex-adversa*, bem como quando a via processual lhe traga utilidade real, ou seja, a possibilidade de que a obtenção da tutela pretendida melhore na sua condição jurídica.

Sobre o tema, invocam-se as lições de Adroaldo Furtado Fabrício:[45] "Do ponto de vista da necessidade, a imposição da restrição visa impedir que alguém provoque a atividade jurisdicional do Estado por mero capricho ou comodismo, quiçá com o só propósito de molestar o réu, quando estava apto a obter o mesmo resultado por seus próprios meios e sem resistência. Na perspectiva da utilidade, supõe-se que a sentença almejada represente um proveito efetivo para o autor, no sentido de assegurar-lhe uma posição jurídica mais vantajosa do que a anterior."

---

[45] FABRÍCIO, Adroaldo Furtado. "Extinção do processo e mérito da causa". In: *Revista de Processo* nº 58.

Um dos indícios dessa latente situação que assola a JT se reflete em medida tomada pelo Conselho Nacional de Justiça (CNJ), regulando a penhora on-line via BACEN Jud. (que desde maio de 2001 vem sendo aplicada na ação trabalhista), hoje codificada pela Lei 11.382/2006. Trata-se de uma inovação excepcional para a celeridade e moralização do processo de execução. Pode o juiz facultar ao executado (empregador) a indicação de conta para a constrição pecuniária, evitando a utilização indiscriminada do dispositivo do BACEN Jud. para penhora on-line da conta-corrente.

Em que pese sua eficácia, na prática, peca pelo catastrófico manejo da ferramenta, quase sempre eivada de vícios que levam a nulidades porque ferem direitos imunes a esse dispositivo, a exemplo da conta salário, aposentadoria, proventos, poupança, saldos de conta destinados à folha de empregados, depósitos fundiários, subsidiários e conta conjunta cujo titular não teve participação na sociedade executada.

É necessária profunda reflexão sobre esse instituto em razão do que vem ocorrendo sistematicamente no processualismo trabalhista, até porque a especializada tem natureza corretiva e não pedagógica diante dos maus pagadores, pois seus ditames não cultivam esse *aberratio*. Mas nem sempre esse é problema, tamanha a complexidade de pedidos, que podem transformar um simples processo trabalhista numa massa de milhões de reais, vistos no papel, mas que nunca entram nos bolsos dos trabalhadores.

O esteio protecionista da hipossuficiência é retórico em relação a processos milionários, em que simples ações, com valores dentro da razoabilidade da atividade do ligante, se transformam, no curso do processo, em milionários títulos executivos. Seja por incompetência dos advogados, do calculista da própria vara, e até mesmo por erro material, sem com que o juiz se manifeste, corrigindo. Eis que este, diante da cobrança da estatística do seu trabalho, não iria jamais para a atividade que lhe é mais afeta, a fim de corrigir erro material numa ação em que, do outro lado, o devedor é o empregador. Dentro dessas ponderadas razões, o *trade* trabalhista defende a cobrança de custas para reclamantes cujos processos superem um limite de salários, isolando dessa forma o hipossuficiente do litigante privilegiado.

EXECUÇÃO: UM PROBLEMA QUE SE ETERNIZA

Hoje, a discussão pontual na Justiça do Trabalho é a necessidade de modificação e adequação do processo de execução da sentença condenatória trabalhista, atualmente moroso e repleto de lacunas normativas. O *trade* trabalhista mais atuante nas questões afetas, apesar de minoritário, entende que a Consolidação das Leis do Trabalho (CLT) não acompanhou a evolução do processo de execução de sentenças, diversamente do que ocorreu na Justiça Cível, que adequou o texto normativo às necessidades de uma prestação jurisdicional mais célere e satisfatória. Isso se deve também à baixa qualidade técnica dos seus juízes, que teimam em desvirtuar o objetivo da execução forçada, jogando a ação para a eternidade, quando cometem nulidades, notadamente nos praceamentos e leilões e também nas notificações mal dirigidas. O resultado é que, no fim de 2010, os processos em fase de execução na Justiça do Trabalho apresentavam um índice de congestionamento de 69%, o que equivalia a 2,6 milhões de processos aguardando solução. Na concepção de renomados juristas, corrente da qual compactuo, é necessária uma revisão dos trâmites do processo de execução trabalhista na busca por uma metodologia mais eficiente, justa e efetiva para a satisfação dos créditos trabalhistas que envolvem títulos de natureza alimentar e que alcancem objetivo prático.

Dentro desse panorama, tramita o Projeto de Lei nº 606/2011, de autoria do senador Romero Jucá, bem como o substitutivo de autoria da senadora Ana Amélia, que objetivam alterar a CLT para disciplinar o cumprimento das sentenças e a execução de títulos extrajudiciais na Justiça do Trabalho. A proposta de reforma abrange alterações no capítulo V – do cumprimento da sentença e da execução dos Títulos Extrajudiciais, nos artigos 876 a 889 da CLT – e propõe incluir dispositivos normativos que tragam eficiência à sistemática da execução trabalhista. São eles: determinar regras para a intimação do devedor por meio de seu advogado e o acréscimo de multas de acordo com o comportamento processual protelatório e moroso do devedor; possibilitar o parcelamento do débito executado, tornando o cumprimento da condenação mais eficiente; estabelecer a necessidade de citação prévia dos corresponsáveis pelas condenações executadas; normatizar o processo judicial eletrônico, com criação de mecanismos de execução e constrição eletrônica on-line; criar novas formas de expropriação dos bens penhorados (alienação por iniciativa particular, venda direta, usufruto); e regulamentar a execução de sentenças coletivas.

Na verdade, o PL traz inovações e adequações necessárias ao processo de execução trabalhista, entre as quais destaco a possibilidade de parcelamento do débito executado, já contemplada no artigo 745-A do CPC (infelizmente, pouco aceito no processo do trabalho), a criação de novas formas de expropriação dos bens penhorados e a normatização da execução das sentenças coletivas, até então inexistente. A maior "inovação" está na adoção do artigo 876-A, que prevê a possibilidade de aplicação das regras de Direito comum na Justiça Trabalhista, "sempre que disso resultar maior efetividade do processo". Essas regras de Direito comum já ocorrem, de forma subsidiária conforme preceito do artigo 769 na CLT, que trata da aplicação do processo civil ao processo do trabalho. Ocorre que a aplicação subsidiária vigente é tumultuada, acirra ainda mais a judicialização e se tornou ineficiente pela criação de "normatizações" peculiares e híbridas, que têm gerado tumulto processual e insegurança jurídica na fase de execução da sentença, o que fulmina, a meu ver, a regra do artigo 876-A na CLT. O legislador deve evitar criar um mecanismo que torne o processo de execução ainda mais incerto, acrescentando ao seu denso texto mecanismos simples, ágeis, seguros, e que possam ser utilizados, por exemplo, nas negociações extrajudiciais entre advogados das partes, tendo força de lei.

Em suma, a criação e definição de normas específicas aplicáveis ao processo de execução trabalhista, importadas para a CLT, devem ficar distantes de outros preceitos complementares, subjetiva e teoricamente mais efetivos, como forma de preencher lacunas da lei, muitas vezes controversas.

ASPECTOS DA DURAÇÃO RAZOÁVEL DO PROCESSO

Eu tenho feito várias referências ao inciso 78 do art. 5º da Constituição, incluído pela EC n. 45/2004 aludindo que: "*A todos, no âmbito judicial e administrativo, são assegurados a razoável duração do processo e os meios que garantam a celeridade de sua tramitação*". Este alinhamento jurídico define o direito da cidadania com aplicação imediata. Quem observar as encenações em julgamento dos tribunais pela TV a cabo irá constatar que o comportamento dos membros do Judiciário, até mesmo no ato de proferir voto, já se estende no tempo, pois eles leem textos enormes, com visível propósito de obter exposição na mídia. É o caso dos onze membros do STF e dos 33 do STJ. Por outro lado, agrego aqui, que, nos níveis inferiores, o poder público não quer gastar mais com o judiciário, até porque, em geral, tem interesse na demora do processo. Na cidade de São Paulo, onde estão os maiores tribunais do país, a custa revela montantes que dão inveja a qualquer negócio bem-sucedido; reputo seja o Judiciário uma grande indústria de causas, com efeito lucrativo para os tribunais, estes, *data venia*, são os que sempre ganham, em detrimento da sorte das partes. Outro senão, vale registrar, é de que o prazo certo e definitivo só existe para os advogados.

INTERPRETAÇÃO DO ART. 620 DO CÓDIGO DE PROCESSO CIVIL

"Constitui princípio informativo ao processo de execução trabalhista a satisfação do crédito do empregado; é esta a sua razão de existir, pois a execução se realiza no interesse do credor (artigo 612 do CPC). Assim, apenas se não resultar em qualquer prejuízo para o credor judicial tra-

balhista, é que se poderá admitir que a execução se processe do modo menos gravoso para a reclamada. O que se objetiva é o pagamento do débito reconhecido em juízo, da forma mais rápida e eficiente possível." Com base nesse voto do desembargador Maurício José Godinho Delgado, a 1ª Turma do TRT-MG considerou cabível a penhora de 10% do faturamento bruto da empresa para garantir crédito do reclamante em execução definitiva.

> *Não se olvida que a execução deve se processar da forma menos gravosa ao devedor, consoante dispõe o artigo 620 do CPC. Não obstante, deve se ressaltar que o processo de execução visa exatamente a satisfação do crédito do exequente da forma mais rápida e eficiente possível, em face de sua natureza alimentar. Nesse sentido, o artigo 620 do CPC estabelece que a execução se realiza no interesse do credor. Apenas se não resultar em qualquer prejuízo para o hipossuficiente é que se poderá admitir o processamento da execução do modo menos gravoso para o devedor, nos termos do art. 620 do CPC –* conclui o desembargador. (AP nº 00257-2006-074-03-40-0).

PENHORA ON-LINE DE CONTA BANCÁRIA E FINANCEIRA

Vamos analisar com parcimônia todo o desfecho dessa ação, quando verificamos que o julgador fixou o limite de 10% para bloqueio da conta-corrente do executado. Se a conta bancária não é comprovadamente somente conta salário, é regular a execução através de penhora on-line para dívida trabalhista de empregador pessoa física. Penhorável também é a conta poupança, desde que respeitado o limite de 40 salários-mínimos estabelecido no artigo 649, inciso X, do Código de Processo Civil. A Seção Especializada em Dissídios Individuais do TST entendeu, ao julgar recurso ordinário em mandado de segurança, não haver ofensa ao direito líquido e certo na penhora desses valores, pois não houve comprovação de que o bloqueio judicial gerou dificuldades na subsistência do devedor.

A pessoa que teve as contas penhoradas é curadora do próprio pai, a quem um enfermeiro prestou serviços, recebendo R$ 700,00 mensais. Ao ser dispensado, em abril de 2003, sem aviso prévio e sem justa causa, o enfermeiro ajuizou ação trabalhista pleiteando R$ 7.094,80 como verbas rescisórias, horas extras e adicional noturno, entre outros itens.

Na audiência de conciliação e instrução, foi feito acordo para pagamento de R$1.500,00, em parcelas, incidindo multa de 50% em caso de mora, sendo a última parcela programada para agosto de 2004.

No entanto, os valores não foram pagos. O juiz presidente da 2ª Vara do Trabalho de Belém (PA) determinou, então, em fevereiro de 2007, o bloqueio on-line das contas bancárias em nome da curadora, para a quitação da dívida. Para contestar o ato do juiz, a executada impetrou mandado de segurança, com pedido de liminar, no qual asseverou ser parte estranha à relação processual que resultou no débito trabalhista. Mais, ainda, que os valores bloqueados tinham origem em pagamento de salário, e este é impenhorável em razão do artigo 649, VI, do Código de Processo Civil. Para demonstrar, a executada juntou comprovantes de recebimento de salário. A liminar foi indeferida, e a curadora apelou ao TST com recurso ordinário em mandado de segurança.

O ministro Pedro Paulo Manus, relator do recurso ao qual foi negado provimento pela SDI-2, considerou, para sua decisão, que, apesar de a executada receber por uma das contas bloqueadas os vencimentos provenientes do seu trabalho prestado ao Estaleiro Rio Maguary S.A., também percebe outros valores em conta, de origem não salarial, uma vez que os gastos apresentados por ela superam o valor de seus vencimentos. Daí não ter sido provada a natureza de conta salário.

O relator informou, ainda, que a executada, no curso do processo trabalhista que deu origem ao débito, procedeu à venda de imóvel, apesar de proibição legal devido à penhora. O inciso IV do artigo 649 do CPC prevê a impenhorabilidade do salário, por este deter natureza alimentícia, destinada a sustento e manutenção do indivíduo e de seu núcleo familiar. Porém, na avaliação do relator, *"não se pode esquecer a natureza alimentícia também dos créditos trabalhistas resultantes de prestações pecuniárias descumpridas ao trabalhador, onde o débito advém de serviços de enfermagem contratados, prestados e não pagos".*

Assim, tanto parte dos valores constantes das contas da executada quanto o débito que deve quitar com o trabalhador têm a mesma condição. No entanto, o ministro Manus considerou que a curadora, ao vender o imóvel no curso do processo trabalhista (o que configura fraude à execução), detém agora, evidentemente, meios de garantir sua subsistência. Além disso, ressaltou o ministro, não restou demonstrado que os valores retirados de suas contas são de origem salarial, podendo ser fruto, talvez, da venda irregular do imóvel. Concluiu, então, não se verificar o direito líquido e certo necessário para a concessão de mandado de segurança. (ROMS nº 195/2007-000-08-00.9 – com informações do TST).

TRATAMENTO DESIGUAL E EXCESSO DE PRECIOSISMO

Inúmeros são os percalços e as decisões que comprometem a prestação jurídica do advogado ao cliente, notadamente quando se está pelo lado do empregador. Não que o patrono de empregada também não tenha suas agruras. ÚNICO IMÓVEL DO CASAL/ IMPENHORÁVEL QUANDO RESIDENCIAL – A 9ª Turma do TRT3 (MG) manteve a decisão de 1º Grau que negou provimento aos embargos à execução opostos pelo reclamado e manteve a penhora sobre o imóvel, embora por fundamentos diversos. Isso porque o julgador sentenciante considerou que a trabalhadora era empregada doméstica, o que caracterizaria exceção à impenhorabilidade. Mas a própria sentença determinou a anotação da Carteira de Trabalho e Previdência Social (CTPS) da reclamante como vigia, condenando os reclamados, inclusive, a pagarem a ela o piso da categoria.

A Lei nº 8.009/90 define como bem de família o imóvel residencial próprio do casal ou da entidade familiar e estabelece que esse bem não responda por qualquer tipo de dívida contraída pelos cônjuges, pelos pais ou filhos, que sejam proprietários e nele residam, com algumas exceções previstas na própria lei, como no caso de créditos de trabalhadores da própria residência.

O juiz convocado João Bosco de Barcelos Coura acentuou que a impenhorabilidade do bem de família poderia ser alegada, desde que se tratasse de imóvel residencial do casal. Entretanto, o reclamado não comprovou que reside no imóvel penhorado. Pelo contrário, era a reclamante quem residia no local. "Se isso não bastasse, foi a agravante quem ofereceu à penhora o bem objeto da constrição e declarou anteriormente que não possuía endereço fixo" – acrescentou, negando provimento ao recurso do executado (AP nº 00996-2007-139-03-00-9). Estamos por hipótese diante de um caso típico em que o juiz alega o que é correto, mas, no sentido inverso, outro membro do próprio jurisdicionado decide de forma diferente. Ocorre que essa decisão só foi proclamada em face da ausência do teor da impenhorabilidade do bem familiar residencial. Caso não fosse esse o caso, o magistrado teria negado, talvez com outro argumento.

Outra questão versa sobre a penhora de conta-corrente, enquanto o Tribunal Superior do Trabalho (TST) garante imunidade para os consulados e embaixadas nas ações movidas por trabalhadores brasileiros; por outro lado, não protege o micro e pequeno negócio que tem amparo no Estatuto da Micro e Pequena Empresa. Em recente julgamento, a Subseção II Especializada de Dissídios Individuais do TST não acatou recurso contra decisão do TRT da 10ª Região (DF/TO), que liberou os valores que foram constritos na conta bancária da Finlândia. No caso, a embaixada entrou com o mandado de segurança no TRT com o objetivo de liberar recursos penhorados pela 3ª Vara do Trabalho de Brasília para pagamento de dívidas em processo trabalhista.

De acordo com o TRT-10, mesmo ao se afastar a imunidade do Estado estrangeiro em questões trabalhistas, não se pode fazer a execução forçada com a utilização de bens para pagamento de dívida judicial, assinalando que:"*O Estado estrangeiro não pode ser constrangido ou molestado na sua condição de Estado, ou ver os seus bens e numerários necessários ao bom e fiel desempenho de sua missão sujeitos a medidas judiciais de nenhuma natureza*", segundo garantias do Direito Internacional (Convenções de Viena, 1961 a 1962). O trabalhador recorreu ao TST; no entanto, a SDI-2 do TST manteve a decisão. Embora a imunidade na execução do processo trabalhista contra outros países não possa ser absoluta devido aos princípios da dignidade humana e dos valores sociais do trabalho, não haveria como separar os valores da conta bancária destinada especificamente às atividades de representação diplomática do restante com outras utilidades.

Para o relator, ministro Emmanoel Pereira, sem a possibilidade de identificar esses valores, não teria como haver a penhora da conta bancária, pois, em respeito ao artigo 122 da Convenção de Viena de 1961, são impenhoráveis *"todos os bens afetos à missão diplomática ou consular"*. Dessa forma, a SDI-2 não acatou recurso ordinário contra o mandado de segurança que liberou o dinheiro (ROMS nº 321/2004-000-10-00.1 – com informações do TST). Esse tipo de decisão conflita a memória e a estabilidade do Direito, eis que o nosso Colendo entrega o pecuniário sob argumento da proteção diplomática.

NOVA LEGISLAÇÃO ALBERGA EM PARTE O DEVEDOR

Numa pesquisa realizada junto aos tribunais, encontramos o desfecho de um recurso conforme transcrevemos: Mesmo com a nova legislação, o método de cobrança deve ser o que, sem criar prejuízos para o credor, seja o menos gravoso para o devedor. O entendimento é da ministra Nancy Andrighi em recurso movido pela Companhia Vale do Rio Doce contra acórdão do Tribunal de Justiça do Espírito Santo (TJES). O voto da relatora foi acompanhado pelo restante da Terceira Turma do Superior Tribunal de Justiça (STJ).

No caso, a Vale foi executada pela Abase Vigilância e Segurança, em setembro de 2005, para o recebimento de crédito de pouco mais de R$ 1,1 milhão, fixado em sentença judicial. A Vale, inicialmente, ofereceu um equipamento de valor superior ao débito para penhora.

Posteriormente, a devedora solicitou a substituição desse bem pela penhora de carta fiança bancária de valor igual ao da execução. A Abase, entretanto, não aceitou a carta, solicitando a penhora on-line de ativos financeiros da mineradora.

A penhora foi executada e a Vale recorreu. O TJES negou o recurso, considerando não haver ofensa ao princípio de menor onerosidade para o devedor, já que a ordem legal de nomeação de bens para penhora, prevista no artigo 655 do Código de Processo Civil (CPC), teria sido respeitada. O tribunal capixaba também salientou que a legislação dá preferência à penhora de dinheiro. O TJES reconheceu que há jurisprudência do STJ que equipara a carta de fiança bancária a dinheiro. Para o tribunal local, tal equiparação só seria válida em execução fiscal; em outros casos, só seria válida com a concordância do credor.

A defesa da Vale recorreu. Em seu voto, a ministra Nancy Andrighi apontou que o STJ definiu pelo rito dos recursos repetitivos que, após a Lei nº 11.382/2006, "para deferimento de penhora sobre aplicações financeiras do executado não é necessário esgotar, preliminarmente, todas as diligências para localizar outros bens passíveis de penhora".

Porém, no caso, a execução foi iniciada pelo credor antes da entrada em vigor da Lei nº 11.382/06. Além disso, foi o próprio devedor que ofereceu a carta fiança à penhora, antes de qualquer iniciativa do credor. "Em uma situação como esta, não se pode aplicar, de maneira direta, o entendimento de que a penhora de dinheiro, mediante bloqueio de valores em conta-corrente, tem prioridade absoluta sobre o oferecimento de qualquer outro bem", apontou a relatora. "O processo civil deve ser campo de equilíbrio, não de posições extremadas", aconselhou.

A ministra destacou que imobilizar um capital acima de R$ 1,2 milhão seria difícil para qualquer empresa. Além disso, a Vale tem notória solvência e uma carta de fiança dela não poderia ser considerada de baixa liquidez. A magistrada reconheceu que as novas legislações (Lei nº 11.232/2005, Lei nº 11.280/2006 e Lei nº 11.386/2006) deram mais força ao credor, mas também atribuiu ao devedor a possibilidade de substituição da penhora "por fiança bancária ou seguro de garantia judicial, em valor não inferior ao do débito constante da inicial, mais 30%". No caso, a carta oferecida cobre apenas o valor do débito executado, até porque seu oferecimento se deu antes da Lei nº 11.382/06. "Contudo, a rejeição da fiança não pode se fundamentar na mera existência de numerário em dinheiro depositado em conta-corrente", disse a ministra.

"A paralisação dos recursos naturalmente deve ser admitida, mas se há meio de evitá-la, sem prejuízo para o devedor, tais meios devem ser privilegiados pelo julgador", afirmou. Seguindo as considerações da ministra, a turma determinou a penhora sobre a carta de fiança oferecida pelo devedor, desde que esta cubra a integralidade do débito mais 30%.

PRINCÍPIO NÃO ADOTADO EM PRIMEIRO GRAU

Como podemos observar na decisão acima, o executado teve que percorrer um longo caminho para alcançar seu direito, que é o do menos gravoso, consagrado na jurisprudência dos tribunais. Em seu trabalho analítico sobre a execução por penhora da renda, Tereza Aparecida Asta Gemingnani,[46] disserta: "Exige que o meio utilizado esteja em proporção com o objetivo almejado por um, e a capacidade de suportar o ônus, pelo outro. A fim de atendê-lo é fixado um percentual, geralmente em torno de 30%, procedendo-se a uma equânime distribuição da carga coativa que a norma legal atribui ao direito de receber salários, tanto em benefício do ex-empregado, quanto do ex-empregador, preservando os restantes 70%, assim deixando de causar ônus excessivo ao devedor. Por outro lado, tal percentual permite que a dívida seja gradualmente quitada, o que atende não só aos interesses do credor, mas também aos objetivos da própria jurisdição, preservando o resultado útil do processo e a justiça das decisões, o que evidente-

---

[46] Tereza Aparecida Asta Gemignani – juíza do Tribunal Regional do Trabalho de Campinas e doutora em Direito do Trabalho, nível de pós-graduação, pela Universidade de São Paulo (USP).

mente vem conferir maior credibilidade à atuação judicial, sinalizando para a sociedade que a decisão tem que ser cumprida."

Para a autora, "não menos importante é ressaltar a natureza pedagógica desta solução, pois todos os meses o devedor é lembrado que o salário de seu ex-empregado é tão importante quanto o seu, e todo aquele que se beneficia do trabalho de outrem deve remunerá-lo por isso. Esta ideia é central no Estado de Direito, e está posta expressamente na Constituição, ao reconhecer a dignidade da pessoa humana e o trabalho como bases de sustentação da República Brasileira". Ela enfrenta a execução, "ao discorrer sobre o princípio da proporcionalidade, Willis Santiago Guerra Filho[47] explica que deve ser entendido como um mandamento de otimização do respeito máximo a todo direito fundamental em situação de conflito com outro, na medida do jurídico e faticamente possível".

Ademais, continua a autora, a aplicação dos princípios constitucionais, pelo critério da ponderação, vem conferir "unidade e harmonia ao sistema, integrando suas diferentes partes e atenuando tensões normativas", como bem ressalta Luis Roberto Barroso.[48] Para tanto, o intérprete tem que superar a crença de que os princípios seriam dotados apenas de dimensão axiológica e programática. Os conflitos que marcam nossa época contemporânea exigem que se reconheça a eficácia normativa também aos princípios, sendo que tal diretriz está inserida na lógica do próprio sistema, intrinsecamente dialético e edificado por normas articuladas entre si, que podem incidir de maneira concomitante, sem necessidade de exclusão ou privilégio a uma em detrimento de outra, como acontece com as regras.

É interessante trazer aqui entendimentos de outros articulistas do tema executório, para que não surjam dúvidas quanto às razões do au-

---

[47] GUERRA FILHO, Willis Santiago – "Sobre o princípio da proporcionalidade" in *Dos princípios constitucionais – Considerações em torno das normas principiológicas da constituição* Malheiros Editores.
[48] BARROSO, Luis Roberto – "Fundamentos teóricos e filosóficos do novo Direito constitucional brasileiro" in *A nova interpretação constitucional – ponderação, direitos fundamentais e relações privadas*. Rio de Janeiro: Editora Renovar. 2ª edição, 2006, pp. 1 a 48.

tor no tocante às críticas asseveradas ao longo desta obra. Prosseguindo, a autora traz a enfática posição de Barroso, de que a "perspectiva pós-positivista e principiológica do Direito influenciou decisivamente a formação de uma moderna hermenêutica constitucional. Assim, ao lado dos princípios materiais envolvidos, desenvolveu-se um catálogo de princípios instrumentais e específicos de interpretação constitucional". Por tais razões, carece de sustentação jurídica a interpretação que reconhece a aplicação do princípio da legalidade apenas para beneficiar o ex-empregador, esquecendo-se de que a lei também garante os salários do ex-empregado, que foram sonegados pelo primeiro, de modo que o princípio da legalidade deve ser garantido e aplicado a ambos, pelo critério da ponderação.

Assim é porque o método da subsunção, em que a premissa maior (norma) é aplicada e valorada sobre a premissa menor (fato), a fim de se obter uma solução para o conflito, tem se revelado insuficiente para resolver os *hard cases*, como ocorre na presente questão, em que convivem "diversas premissas maiores igualmente válidas e de mesma hierarquia que, todavia, indicam soluções normativas diversas e muitas vezes contraditórias".

Por tais razões, a "subsunção não tem instrumentos para produzir uma conclusão que seja capaz de considerar todos os elementos normativos pertinentes", notadamente porque sua lógica, destinada a "isolar uma única norma para o caso", se revela incompatível com o princípio da unidade, "pelo qual todas as disposições constitucionais têm a mesma hierarquia e devem ser interpretadas de forma harmônica" *sem exclusão*, como esclarece Ana Paula de Barcellos.[49] Nesae sentido, também enfatiza que o "propósito da ponderação é solucionar esses conflitos da maneira menos traumática para o sistema como um todo, de modo que as normas em oposição continuem a conviver, sem

---

[49] BARCELLOS, Ana Paula – "Alguns parâmetros normativos para a ponderação constitucional" in A *nova interpretação constitucional – ponderação, direitos fundamentais e relações privadas*, Rio de Janeiro: Editora Renovar, 2ª edição, 2006, pp. 49 a 118.

a negação de qualquer delas, ainda que em determinado caso concreto elas possam ser aplicadas em intensidades diferentes".

CONCEITUAÇÃO DA TUTELA COMPULSÓRIA

O maior entrave na especializada é a execução. Nesse capítulo, ocorrem as maiores injunções decisórias, que permitem recursos infindáveis, e, quando a majoração do valor do título executivo ao longo do processo extrapola, atrai nulidades opostas através de embargos de execução (embargos de devedor), cuja petição pode percorrer uma via-crúcis no tribunal e no TST por conta das decisões, *permissa venia*, passíveis de recursos. Como se depreende da salientada explicação, nem sempre o executado/devedor é o responsável pela demora na entrega da tutela compulsória da JT.

Temos nessa seara, em hipótese, a execução do termo de conciliação extrajudicial, que não poderá ser apreciada *ex-officio*, devendo a parte interessada interpor ação executiva por meio de petição inicial. Por consequência, a ação corre, aplicando-se desde logo a regra do art. 880 da CLT: expedição de Mandado de Citação para pagamento em dinheiro em 48 horas ou garantia da execução, sob pena de penhora. Nos casos em que a execução demanda de outros títulos (CCPs e Termo de Ajuste de Conduta do MPT), a parte interessada na utilização de vias oblíquas, da homologação na forma do art. 847, § 1º da CLT.

Pelo que se vê, em sua essência, a execução trabalhista, apesar de pouco instruída pela CLT, é simples, objetiva e ávida para ser elastecida com novas regras próprias; *permissa venia*, diria que a execução laboral posa para ser pintada nas cores que inspirados legisladores imprimirem. A CLT não prevê a existência do título executivo extrajudicial, porém, pelo conhecimento da validade de crédito de posse do empregado que tenha recebido do empregador título extrajudicial (termos de conciliação mediada pelas Comissões de Conciliação Prévia e o de ajuste de conduta firmado perante a Procuradoria do Trabalho).

Cabendo a ação monitória que é prevista no processo civil no artigo 1102, A, B, C, após inclusão da lei 9079/95, e que é cabível no processo do trabalho por regra da interpretação do artigo 769 da CLT: *"Nos casos omissos, o Direito processual comum será fonte subsidiária do Direito processual do trabalho (...)"*. Consequentemente, depois de transcorrido o prazo de 15 dias (lei 9079/95), não tendo sido o título questionado, ou não tendo sido sua eficácia invalidada, após o trânsito em julgado ou da prescrição ou da sentença que o validou, terá então o título valor de execução judicial.

Os títulos exequíveis previstos pela CLT são judiciais, e mestres da sabedoria como Valentin Carrion, Tostes Malta, Manuel Antônio Teixeira Filho, entre outros, entendem não ser cabível a execução por título executivo extrajudicial na seara trabalhista, entendimento este que também vem sendo sedimentado por grande parte da jurisprudência. Já Humberto Theodoro Júnior tem como definição que os títulos executivos judiciais são aqueles "oriundos do processo". As decisões, sejam elas transitadas em julgado ou não, são sentenças, e os acordos homologados pelos juízes a elas se equivalem. Portanto, podemos concluir que tanto as decisões quanto os acordos, mencionados pela CLT são títulos executivos judiciais.

Abre-se aqui enorme lacuna interpretativa, preliminarmente sobre a sua validade e, em segundo introito, quanto ao seu valor (cálculos), que fica submetido ao acionamento do juízo e poderá sempre ser atacado pelo devedor, desde que exista "nulidade", a partir daí, só com a importação de códigos. O fato é que a execução seguirá seu curso, abastecida pelo combustível do CPC, do CC e do CDC (lei 8078/95), por omissão da CLT da necessidade da despersonalização da pessoa jurídica, lei 9605/95 de Direito Ambiental, sem antes a inobservância do art. 5º do CC, art. 5º XXXVII, XXXIX, XXIII e XXXV, o *disregard of legal eutity*.

Embora a matéria tenha sido abordada em outro ponto deste trabalho, convém reeditá-la para melhor elucidar o leitor. Nos dias 24, 25 e

26 de novembro de 2010, a Associação Nacional dos Magistrados do Trabalho (Anamatra) e a Escola Nacional de Formação dos Magistrados do Enamat realizaram na cidade de Cuiabá (MT) a Jornada Nacional sobre Execução na Justiça do Trabalho. Conforme o programa, até o dia 16 os magistrados encaminharão suas propostas para debate, com prioridade para as que ampliem o número de dispositivos na CLT. Para que sejam incorporadas na reforma da CLT, as propostas aprovadas devem conter exiguidade, qualidade e serem destinadas à celeridade. O objetivo do evento é *firmar um amplo fórum de debate entre os operadores do Direito sobre execução no processo trabalhista, com a apresentação de enunciados aos magistrados, aos membros do Ministério Público, às associações, aos advogados e aos bacharéis em Direito.*

De acordo com seus organizadores, o encontro dará a oportunidade para apresentação de propostas jurídicas (enunciados) com o objetivo de facilitar a execução trabalhista, de oferecer alternativas para a concretização dos direitos estabelecidos na sentença e promover a aproximação jurídica entre os vários setores da Justiça do Trabalho.

Existe, de fato, enorme preocupação com o tema, até porque há sérios indícios de que uma das principais causas da morosidade da ação trabalhista reside na fase de execução. Isso se deve à precariedade dos artigos existentes na CLT e pela adoção subsidiária de artigos do CPC, na maioria dos casos, *data maxima venia*, aplicados em dissonância à regra processual. Com efeito, o Processo de Execução Trabalhista não tem correspondido às expectativas gerais, eis que, por mais que haja esforços no sentido de enunciar com celeridade a sentença, o cumprimento do que está nela contido enfrenta, por vezes, as barreiras das minúcias exigidas pela execução, como se iniciar toda a discussão já encerrada e, pior, como se a sentença fosse algo pífio, que necessitasse de aperfeiçoamento posterior, e não a expressão máxima da vontade do Estado-Juiz, instrumento da coerção legítima para efetivação do que nela está contido.

Diferentemente de outros modelos de execução, o trabalhista não acarreta certidão negativa que impeça ao devedor contrair outras obrigações perante a sociedade ou contratar com o poder público (no caso das terceirizadas). Advogando a necessidade teórica da preferência dos mesmos sobre os demais créditos civis, sucumbe à verificação cabal de que qualquer um prefere quitar estas àquelas, sob pena de não mais conseguir sobreviver às exigências cotidianas para abertura de crédito ou para ajustar contratos administrativos, nem, às vezes, para possuir mera conta bancária, exigência do mundo moderno.

As execuções trabalhistas têm se demonstrado eivadas de vícios, em grande parte por erro de conduta do juízo de execução. Em um de seus capítulos, grande parte é refém da má-fé dos devedores, que desenham suas obrigações alimentícias com seus empregados, praticam crime fiscal (retém a parcela previdenciária e não recolhem), indicam, como garantia, bens em repetição (já dados em garantia em outras execuções), ou de valor excessivo para o montante dos créditos, apenas para postergar a alienação judicial.

É por isso que o processo de executório exige o máximo de talento para seu manejo, notadamente por outras tantas discussões que passam a envolver a possibilidade de um juízo constringir bens penhorados por outro juízo, ou de efetivar a alienação judicial de bem que supera em muitas vezes o crédito perseguido. Enquanto, em verdade, inúmeros outros aguardam numa fila por vezes inidentificável, numa corrida desenfreada de penhoras sobre penhoras, em que a parte credora passa a perseguir não mais a satisfação de seu crédito, mas o implemento especial de celeridade para suplantar outras possíveis execuções em curso contra a mesma parte devedora.

CAPÍTULO VIII

AS EXECUÇÕES FISCAIS E DO INSS

**TRAVAMENTO AUMENTOU COM AS
EXECUÇÕES FISCAL E PREVIDENCIÁRIA**

Inserido em uma das dez metas já estabelecidas para o nivelamento do planejamento estratégico do Poder Judiciário, elaborado pelo Conselho Nacional de Justiça (CNJ), que prevê a redução em pelo menos 10% dos processos na fase de cumprimento ou de execução e, em 20%, o acervo de execuções fiscais (referência às ações até 2009), o tema execução precisará receber dos participantes dos "Encontros Trabalhistas" um tratamento diferenciado e especial, sob pena de expor à sociedade uma das suas graves mazelas.

É bom lembrar que, em 2007 (três anos após a introdução da EC nº 45/2004), o CNJ acendeu a "luz vermelha" para o judiciário Trabalhista no tocante à demora na entrega da prestação jurisdicional. Em 2005, cerca de mil juízes trabalhistas participaram, na cidade de São Paulo, do seminário organizado pela Anamatra (entidade classista), e o tema latente era a preocupação com a nova competência, que logo mostrou seu principal tentáculo, a migração de milhões de ações da Justiça Federal, referente à execução da Previdência Social. Esse "presente de grego" (a JT não estava juridicamente e materialmente aparelhada para tamanha demanda) veio escrito em boas letras o entrave previdenciário da Justiça federal, uma das razões da aprovação da EC nº 45/2004.

No final de 2007 ocorreu a última tentativa dos magistrados trabalhistas para aplicar o torniquete nas relações de trabalho tutelado, a jornada, organizada pela Anamatra, com apoio da Escola Judicial do Tribunal Superior do Trabalho e do Conselho de Escolas de Magistrados do Trabalho. Foram aprovados 79 "enunciados", um deles o de número 63, "prestação de serviço pessoa física", se não trágico, pelo menos inusitado: *Interdição de estabelecimento e afins. Ação direta na Justiça do Trabalho. Repartição dinâmica do ônus da prova. I – A interdição de estabelecimento, setor de serviço, máquina ou equipamento, assim como o embargo de obra (artigo 161 da CLT) podem ser requeridos na Justiça do Trabalho (artigo 114, I e VII, da CRFB), em sede principal ou cautelar, pelo Ministério Público do Trabalho, pelo sindicato profissional (artigo 8º, III, da CRFB) ou por qualquer legitimado específico para a tutela judicial coletiva em matéria labor-ambiental (artigos 1/, I, 5º e 21 da lei 7.347/85), independentemente da instância administrativa.*

A realização do encontro de Cuiabá propiciará aos magistrados trabalhistas oportunidade ímpar para responder ao anseio da sociedade, que clama por celeridade. Para isso, será necessário priorizar temas objetivos, sem os incidentes, *fraudem legis facere*, que cotidianamente praticam. De nada adianta o juízo de execução empreender método gravoso (em dissonância com o art. 620 do CPC, em 95% das execuções) contra aquele que não dispõe de condições para honrar título trabalhista, quando poderia, de forma mais prática, intermediar situações de negociação acessível, celebrando acordos com maior número de parcelas e, com isso, criando o título de conhecimento da execução, a exemplo do que ocorre na execução fiscal, irreversível, com exceção de uma reconvenção por vontade das partes e que permitirá ao credor a utilização de ferramentas de execução mais contundente.

A contrapartida nesse caso é a reivindicada celeridade, a formatação do débito trabalhista sem contestação (coisa julgada), ao contrário da eterna discussão, que se prolonga por anos (segundo dados do CNJ, existem 4 milhões de ações na JT com mais de seis anos), e que, se aplicado método negocial mais brando para o devedor e com satisfação para o credor, esses processos poderiam estar liquidados. No universo dos 16 milhões de ações que existem na especializada, 40% são de entes públicos que poderiam ser resolvidas através da negociação modelo, dentro dos termos supracitados.

Temos diante dessa deformada prestação jurídica tutelada, o fato de que existem milhões de microempregadores afastados da formalidade, empurrados para a clandestinidade. De acordo com estudo realizado e divulgado recentemente pela Organização Internacional do Trabalho (OIT) e pela Organização Mundial do Comércio (OMC), com apoio do Instituto Internacional de Estudos do Trabalho da OIT e da Secretaria da OMC, existe uma franca preocupação com a informalidade no planeta. O Brasil tem hoje 65 milhões de pessoas na informalidade, uma das taxas mais altas entre os países em desenvolvimento, o que significa de que da nossa população não têm proteção social. Perdem com isso a Previdência Social e o sistema de saúde.

A União perde na arrecadação de tributos; em suma, por mais que sejamos condescendentes, a perda para a economia brasileira é sinuosa. Quando falamos em avaliar no momento da constrição para garantia do título trabalhista que toda engenharia legal, meio legal e ilegal empreendida pelo juiz pode causar dano, devemos avaliar se é válida tamanha erupção judicial para solucionar uma ação, que tem sequencialmente que atender ao trabalhador (alimento), ao juiz (para sua estatística), numa equação de custo/benefício que deve ter como primazia a entrega da prestação jurisdicional de forma séria.

ATOS DE SERVENTIA MALCONDUZIDOS GERAM NULIDADES

No judiciário laboral se nota que, devido do elevado número de processos, serventuários são incumbidos pelo juiz (*data venia*, também sobrecarregado pela demanda) de redigir despachos nos processos, mesmo os mais complexos, que demandem direito, entre os quais a escolha de titulares de empresas para penhora em conta-corrente via BACEN Jud., a alienação de bens sem a devida cautela do reparo saneador (o que gera leilões irregulares), a elaboração de editais, grande parte deles eivados de vícios e sem agasalho do texto legal, deixar de aplicar os pedidos de benefício da gratuidade a microempresas, em afronta à Lei 1.060/50,[50] suspender execuções (praças e leilões), o desrespeito aos ditames dos artigos 683 do CPC (avaliação do bem),[51]

---

[50] Lei 1.060/50, Art. 1º – Os poderes públicos federal e estadual, independentemente da colaboração que possam receber do município e da Ordem dos Advogados do Brasil – OAB concederão assistência judiciária aos necessitados nos termos desta lei.
[51] Art. 683. É admitida nova avaliação quando:
I – qualquer das partes arguirem, fundamentadamente, a ocorrência de erro na avaliação ou dolo do avaliador;
Redação dada pela Lei nº 11.382, de 6.12.06.
Para viger 45 dias após a data da publicação (7.12.06), nos termos do art. 1º do Decreto-Lei nº 4.657, de 4.9.42 – Lei de Introdução ao Código Civil Brasileiro.
Redação anterior: Art. 680 – Prosseguindo a execução, e não configurada qualquer das hipóteses do art. 684, o juiz nomeará perito para estimar os bens penhorados, se não houver, na comarca, avaliador oficial, ressalvada a existência de avaliação anterior (art. 655, § 1º, V).
Redação dada pela Lei nº 11.382, de 6.12.06
Para viger 45 dias após a data da publicação (7.12.06), nos termos do art. 1º do Decreto-Lei no 4.657, de 4.9.42 – Lei de Introdução ao Código Civil Brasileiro.
Redação anterior: Art. 681 – O laudo do avaliador, que será apresentado em 10 dias, conterá:
Redação dada pela Lei nº 11.382, de 6.12.06
Para viger 45 dias após a data da publicação (7.12.06), nos termos do art. 1º do Decreto-Lei no 4.657, de 4.9.42 – Lei de Introdução ao Código Civil Brasileiro.
Redação anterior: Parágrafo único – Quando o imóvel for suscetível de cômoda divisão, o perito, tendo em conta o crédito reclamado, o avaliará em suas partes, sugerindo os possíveis desmembramentos.
Redação dada pela Lei nº 11.382, de 6.12.06
Para viger 45 dias após a data da publicação (7.12.06), nos termos do art. 1º do Decreto-Lei nº 4.657, de 4.9.42 – Lei de Introdução ao Código Civil Brasileiro.
Redação anterior: Art. 683 – Não se repetirá a avaliação, salvo quando:
Redação dada pela Lei nº 11.382, de 6.12.06
Para viger 45 dias após a data da publicação (7.12.06), nos termos do art. 1º do Decreto-Lei no 4.657, de 4.9.42 – Lei de Introdução ao Código Civil Brasileiro.
Redação anterior: I – se provar erro ou dolo do avaliador;
II – ou se verificar, posteriormente à avaliação, que houve majoração ou diminuição no valor do bem; ou 555 III – se houver fundada dúvida sobre o valor atribuído ao bem (art. 668, parágrafo único, inciso V). 556

1052 do CPC (que suspende o processo de execução para julgar recursos),[52] entre outros. E ainda quando recorridos em afronta aos artigos 620 e 655 do CPC, bem como a reserva declarada em edital quanto à meação em se tratando de cônjuge, sem responsabilidade na composição societária do negócio.

FLAGRANTE IMPOSIÇÃO IDEOLÓGICA

É fato que o juiz possui a caneta estatal, mas, por mais que tenha motivos e até mesmo pela regra infralegal, quando entrega para o serventuário decidir sobre a lesão no contrato laboral, é ato que equivale ao motorista regular entregar o veículo para uma pessoa não habilitada, até porque, no afã de proteger o hipossuficiente, esses, motivados pela emoção de ajudar na solução do processo, extrapolam limites da razoabilidade prevista em lei da doutrina jurídica e do próprio ordenamento jurídico. Quando da sentença, pela natureza da instrução e da possibilidade de recursos – Recurso Ordinário (RO) e Recurso Revisto (RR) –, ocorrem menos injunções, mas quando se trata de execução, pesam os

---

[52] Art. 652. O executado será citado para, no prazo de 3 dias, efetuar o pagamento da dívida. (Redação dada pela Lei nº 11.382, de 2006).

§ 1º Não efetuado o pagamento, munido da segunda via do mandado, o oficial de justiça procederá de imediato à penhora de bens e a sua avaliação, lavrando-se o respectivo auto e de tais atos intimando, na mesma oportunidade, o executado. (Redação dada pela Lei nº 11.382, de 2006).

§ 2º O credor poderá, na inicial da execução, indicar bens a serem penhorados (art. 655). (Redação dada pela Lei nº 11.382, de 2006).

§ 3º O juiz poderá, de ofício ou a requerimento do exequente, determinar, a qualquer tempo, a intimação do executado para indicar bens passíveis de penhora. (Incluído pela Lei nº 11.382, de 2006).

§ 4º A intimação do executado far-se-á na pessoa de seu advogado; não o tendo, será intimado pessoalmente. (Incluído pela Lei nº 11.382, de 2006).

§ 5º Se não localizar o executado para intimá-lo da penhora, o oficial certificará detalhadamente as diligências realizadas, caso em que o juiz poderá dispensar a intimação ou determinará novas diligências. (Incluído pela Lei nº 11.382, de 2006).

sentimentos de pena e ojeriza ao empregador e medidas de sua rubrica fluem de natureza ideológica. Nesse sentido, a lesão ao cxccutado é da maior gravidade, porque causa prejuízo material e dano irreparável de difícil solução, após o feito.

É deveras preocupante a entrega de responsabilidades da ordem jurídica não administrativa aos subordinados do juiz. Os cartórios estão se transformando em verdadeiros feudos políticos: o juiz é quem nomeia os serventuários, ele é quem indica as comissões (rubricas de remuneração). É exatamente por isso, imagino eu, na análise despreconceituosa, que o comando do juiz no cartório é de extrema necessidade. Já a forma de comandar, essa é que precisa ser mais bem definida. Temos a conceituação de que os diretores de varas trabalhistas se transformaram em "autênticos coronéis do cartório". A desculpa, quando infringem a lei, é de que foi "determinação do juiz". Sendo assim, por que o juiz teria que dar a ele o poder de demandar as ações e práticas processuais. Esse feudo político, a meu ver, está atrapalhando e por isso terminantemente as nomeações e indicações dos cargos não deveriam mais ser da responsabilidade do juiz.

Há que se ter em vista o que ordinariamente ocorre no meio social; onde a lei não distingue, o intérprete não deve distinguir; todas as leis especiais ou excepcionais devem ser interpretadas restritivamente; em se tratando de interpretar leis sociais, é necessário temperar o espírito do jurista, adicionando-lhe certa dose do "alfa" social, sob pena de sacrificar-se a verdade à lógica, tratamento jurídico, *data maxima venia*, que não é propriedade do servidor.

O conjunto da doutrina/jurisprudência estabelece várias regras de interpretação, entre elas a de que se deve preferir a inteligência que faz sentido à que não faz; deve preferir-se a inteligência que melhor atenda a tradição do Direito; deve ser afastada a exegese que conduz ao vago, ao contraditório, ao absurdo, *aberratio juris*. Evidentemente que o Direito do Trabalho não foi concebido para lutar contra o empregador, detentor do capital, mesmo porque, se este for destruído, desaparecerá o emprego, mas isso precisaria se tornar um referencial para a magistratura trabalhista.

A intervenção estatal sempre foi reclamo da sociedade, capitaneada pelo sindicalismo, porque a ganância do lucro sobrepuja a causa humanitária. A pesquisa por um novo Direito Laboral para solucionar as diferenças, equilibrar os valores éticos pode ser disciplinada com aplicativos do Estado juiz, mas estes não podem extrapolá-los, sob risco de transformá-lo em empregador/desertor.

Essa adequação à globalização, à adoção de interpretativos de texto de lei e à insubordinação ao comando das decisões dos tribunais superiores vem mexendo com a inteligência dos legisladores. Esse conjunto não é fruto dos novos tempos, ele surgiu com a Revolução Industrial, e acabaramou se multiplicando a ponto de transformar a mais-valia em produto de negociação. Por esse motivo, a tutela do Estado deve ser vigiada, até mesmo para evitar o excesso de práticas nada salutares para o judiciário e o abuso do Direito estatal precisa ser coibido em todas as suas letras. O Estado não pode ser transformado num infame; seus interlocutores não podem se apropriar da estabilidade a eles entregue em razão da sua relação profissional e a ingerência de práticas que desestruturam negócios em detrimento de sua vontade pessoal e ímpeto ideológico.

GENOMA DO TRABALHISMO ESTÁ SENDO MUTILADO

O genoma (essência) do trabalhismo brasileiro, submetido a contínuas alterações nas razões de origem, entrou em fase de decomposição e assim, acabou ganhando contorno elitista, tamanha as injunções praticadas pelos atores do judiciário Trabalhista, que o transformaram num pandemônio jurídico. São responsáveis por essa violência boa parte dos serventuários magistrados, cuja subsistência é extraída dos conflitos desse jurisdicionado. São muitas e contínuas as práticas antidemocráticas no trato das questões trabalhistas ajuizadas na JT.

A marca dessa anomalia é detectada nos processos julgados, nas relações serventuário/partes litigantes, juiz/advogado, por conta de inaceitável falta de cordialidade com a sociedade. Incapaz materialmente de atender a demanda de ações, que acumula 16,5 milhões de causas, esse segmento especializado oferece alternativa tão somente para solucionar questões de pessoal, em princípio para atender o corporativismo e manter a reserva de mercado. Em uma análise comparativa, podemos dizer que os integrantes da JT agem da mesma forma que os jogadores de futebol quando fogem à qualidade técnica na base da falta para parar a jogada. Nada deve ser generalizado, pois, quando apontamos os senões do judiciário, devemos levar em conta que a Justiça Laboral vem sendo conduzida de forma estreita a sua real vocação, poucos zelam por sua essência de Justiça moderadora, enquanto outro grupo prefere optar pela linha do processualismo exacerbado.

Dois aspectos dividem esse judiciário: o político, em que assistimos a um enorme desenvolvimento, quando, a partir da década de 1990, os juízes trabalhistas passaram, através de sua entidade classista, a desenvolver uma ação coesa em prol de seus projetos dentro da carreira da magistratura do trabalho; outro, que ficou ao relento das questões de ordem estrutural, com atitudes paliativas do governo, que autorizava a criação de duas dezenas de varas trabalhistas, e novas vagas em concursos. Mas nada perto da real necessidade, num impasse sem-fim, em que nunca, ao longo de décadas, o governo definiu a sua estratégia política em relação a esse Judiciário.

Reflexo dessa disforme linha ideológica e material é a existência permanente de barreiras enfrentadas pelos legisladores para implantação do Juizado Especial Trabalhista e das varas centralizadas de Execução. Acresce a reticente rejeição ao pressuposto legal da necessidade da demanda trabalhista ser submetida às Comissões de Conciliação Prévia – CCP (lei nº 9.958/2000) e da rejeição da arbitragem de bens disponíveis, com foco na lei 9.307/96, cujas alternativas servem para desobstruir a pauta das varas trabalhistas e enxugar as questões menores da relação de trabalho, ambas, com toda vênia, sem o menor risco de prejuízo material ao trabalhador. Convém lembrar que um grupo seleto de legisladores, com participação do executivo estatal e entidades sindicais, trabalha na elaboração de um Simples Trabalhista no

Brasil, a exemplo da Lei Complementar 123, que instituiu o Estatuto Nacional da Microempresa e da Empresa de Pequeno Porte, estabelecendo normas gerais relativas ao tratamento diferenciado e favorecido a essas empresas.

Um das razões para a aprovação do Simples Trabalhista é a carga tributária sobre a folha de salários, que varia entre 34,3% e 39,8%, onerando por demais as empresas. Tendo em vista a tributação excessiva, de acordo com o relatório, a folha de pagamento fica onerada, e, consequentemente, causa impacto negativo sobre a economia brasileira. Entre outros problemas, acaba agravando as condições de competitividade das empresas nacionais, levando à informalidade, e, por consequência, à baixa cobertura da Previdência Social. Em suma: perdem o empregador, o trabalhador e o governo.

Para os defensores do projeto, os dois (Reforma Tributária e Desoneração da Folha de Salários), simultaneamente, irão contribuir para desonerar 8,5% da folha salarial das empresas. Caminham lado a lado no Congresso a PEC 233/8 e a PEC 242/8; a segunda cria uma contribuição sobre a movimentação financeira para substituir o INSS recolhido pelas empresas sobre a folha de pagamentos e para desonerar o trabalho assalariado por meio do aumento da isenção do IRPF para R$ 30 mil.

Em 2011, a reforma tributária, que também é influente nas relações de trabalho, voltou à discussão no Congresso e pode ter como referência a PEC 233/08 (projeto que objetivava centralizar a tributação sobre consumo em um imposto único sobre valor agregado), derivado da proposta Mussa Demes, de 1999, que nunca foi apreciada no plenário da Câmara dos Deputados. Não existe a menor dúvida de que não é aceitável discutir os derivados das relações de trabalho (taxação, impostos e obrigações sociais), sem que este apêndice fique atrelado às controvérsias do contrato laboral quando submetidas à JT, na qual ocorrem as maiores injunções.

Em que pese ser do segmento patrão, a (...) *Fecomércio sustenta ainda que um Simples Trabalhista só seria completo se, a partir da de-*

soneração da folha de salários, houvesse a flexibilização das relações trabalhistas. Para a entidade (...), *a realidade mostra que a maioria esmagadora dos deveres e direitos decorrentes das relações de trabalho continua prevista em leis que não traduzem a realidade das partes envolvidas, levando as empresas à informalidade que, certamente, diminuiria com a flexibilização.*

Entendo (compartilhando com outros articulistas laboristas) que é possível tornar o Direito do Trabalho flexível, incorporando novos mecanismos de pacificação de conflitos, capazes de compatibilizá-lo com as mudanças decorrentes de fatores de ordem econômica, tecnológica ou de natureza diversa, que exijam soluções e ajustes imediatos, permitindo a adequação da norma jurídica segundo a realidade do contexto social e das relações trabalhistas da atualidade. No entanto, não é aceitável extinguir direitos trabalhistas conquistados há décadas;. Por outro lado, é preciso combater as práticas nocivas às relações de trabalho, existentes no judiciário Trabalhista – são posicionamentos absurdos, fruto de uma ideologia incompatível com a ordem jurídica celetista, que agride os mais elementares conceitos de Direito, cujas decisões são anuladas através de recursos em grau superior.

Não se trata da aplicação da lei, e sim da sua deformação: *bona est lex si quis ea legitime utatur*. Nesse caso, dificilmente caberia recurso. Alterado o genoma da doutrina trabalhista (que é a sua essência), ocorre a prova mais desleal e descabida de condução de uma demanda tutelada, desfigurada, e, por fim, decreta-se a falência da proteção estatal ao trabalho.

AUSÊNCIA DE CORDIALIDADE E HUMILDADE

No dia a dia na especializada, as partes são submetidas às mais variadas formas inadequadas de relação, pois o serventuário não interage e os juízes não permitem qualquer tipo de aproximação. Se insistir, corre o risco de ser hostilizado, sem contar que a maioria só trabalha terças, quartas e quintas-feiras. Não obstante, o Decreto Federal nº 1.171/94 cuida da Ética do Servidor Público: IX – A *cortesia, a boa vontade, o cuidado e o tempo dedicados ao serviço público caracterizam o esforço pela disciplina. Tratar mal uma pessoa que paga seus tributos direta ou indiretamente significa causar-lhe dano moral. Da mesma forma, causar dano a qualquer bem pertencente ao patrimônio público, deteriorando-o, por descuido ou má vontade, não constitui apenas uma ofensa ao equipamento e às instalações ou ao Estado, mas a todos os homens de boa vontade que dedicaram sua inteligência, seu tempo, suas esperanças e seus esforços para construí-los.* Mas quem liga para isso? Quantos serventuários já foram punidos por infringir o código?

As relações da magistratura trabalhista com as partes são reguladas pelo Código de Ética da Magistratura, que prevê em seu Capitulo VII Cortesia. Art. 22. *O magistrado tem o dever de cortesia para com os colegas, os membros do Ministério Público, os advogados, os servidores, as partes, as testemunhas e todos quantos se relacionem com a administração da Justiça. Parágrafo único. Impõe-se ao magistrado a utilização de linguagem escorreita, polida, respeitosa e compreensível.* Embora não exista matéria que verse sobre seu comportamento com a sociedade, existe o bom senso. Já a Lei Complementar nº 35/79 – Loman, dispõe sobre as sanções disciplinares, no seu art. 49, Capítulo III – *Da Responsabilidade Civil do Magistrado, Art. 49 – Responderá por perdas e danos o magistrado, quando: I – no exercício de suas funções, proceder com dolo ou fraude; II – recusar, omitir ou retardar, sem justo motivo, providência que deva ordenar o ofício, ou a requerimento das partes.*

Portanto, está claro que os instrumentos de manejo existem e, nesse sentido, as OABs têm procurado atuar em todo o Brasil. Ainda assim perdura o tratamento nada amistoso entre as partes que compõem o universo do Judiciário, e se perde uma enormidade de tempo no trato dessas questões por pura prepotência dos envolvidos, chamando a intervir corregedorias, OABs e a presidência dos tribunais. Essa situação poderia ser evitada se os estatutos das entidades fossem respeitados, conforme podemos examinar no Estatuto da Ordem dos Advogados do

Brasil (OAB), que dispõe em seu art. 6º: *Não há hierarquia nem subordinação entre advogados, magistrados e membros do Ministério Público, devendo todos tratar-se com consideração e respeito recíprocos.*

O processo de globalização exige maior competitividade entre as empresas, por sua vez também na relação Estado e sociedade. Isso significa que necessitamos não só de uma reforma trabalhista, mas de uma reforma nos quadros da Justiça do Trabalho. Os conflitos entre o capital e o trabalho não encontram mais soluções por meio da tutela estatal. Não bastando o ambiente medieval que se formou, somam os gravíssimos problemas de informática, constantes mutações decisórias e o total desrespeito hierárquico dos seus quadros, que se mostram a cada dia mais inadequados para a solução dos conflitos. Isso reflete nos resíduos 28% a cada ano (fonte CNJ) e 60% de execuções engessadas.

Com toda vênia, um Judiciário que detém a tutela exclusiva dos conflitos das relações de trabalho se obriga a entregar a prestação jurídica para o trabalhador que bateu às suas portas, atraído pela garantia de solução da lesão contratual. É bom lembrar que, na sua origem, a JT dispensava ao trabalhador a assistência de três representantes, Estado juiz, sindicatos e Ministério Público (MPT). O segundo foi dispensado em seu lugar criaram as Comissões de Conciliação, renegadas pela magistratura.

MUDANÇAS INTRODUZIDAS A PARTIR DOS ANOS 1980 E 1990

Podemos tecer nossas observações com fundamento no seminário "Mudanças Trabalhistas na Espanha", realizado em abril de 2006, em Brasília. O governo espanhol realizou várias mudanças nas leis trabalhistas ao longo das décadas de 1980 e 1990, quando foram negociados um vasto elenco de acordos voluntários, várias mudanças nas leis do trabalho e milhares de negociações entre representantes de empregados e empregadores com vistas a elevar o nível de emprego, a renda e a qualificação dos trabalhadores, assim como melhorar a competitividade das empresas. Foi um longo período de acertos e erros.

De acordo com o relatório oficial do evento, em todas essas mudanças sempre se praticou o diálogo social entre os principais protagonistas – sindicatos de trabalhadores, associações de empregadores e representantes do governo, inclusive parlamentares. Nenhuma reforma foi imposta aos trabalhadores ou aos empresários. As reformas trabalhistas da Espanha fizeram parte de um *processo* e não de uma decisão isolada. Toda vez que determinada mudança se mostrou contraproducente, ela foi modificada e adaptada às novas necessidades. Por isso, elas adquiriram um caráter *dinâmico* e não estático. Mesmo porque é muito difícil acertar de modo definitivo em matéria de mudanças sociais.

Porém, no Brasil, as reformas da Espanha foram mal divulgadas. Deu-se grande ênfase aos "contratos por prazo determinado", como se isso compreendesse todas as mudanças realizadas. O seu entendimento foi prejudicado pela divulgação de dados parciais, o que gerou críticas demolidoras sobre a suposta "precarização do emprego" naquele país. Poucas pessoas puderam apreciar as medidas adicionais que foram introduzidas com o objetivo de corrigir os exageros no uso dos contratos por prazo determinado e de outras mudanças; além disso, a dinâmica do mercado de trabalho exigiu adaptações.

DESINFORMAÇÃO

No Brasil, as reformas da Espanha foram divulgadas como uma espécie de contraexemplo para se "provar" um suposto fracasso da modernização das instituições do trabalho. Nessa linha, costuma-se citar (erroneamente) que o desemprego na Espanha explodiu depois da introdução de leis que abriram as alternativas de contratação. Ao lado da informação parcial, notou-se também um viés ideológico contra as reformas espanholas, que foram interpretadas pelos incluídos como uma ameaça ao seu *status quo*, o que prejudicou ainda mais a formação de uma visão balanceada a respeito das virtudes e limitações daquelas mudanças.

A primeira grande reforma, de 1994, transformou alguns direitos inegociáveis em direitos negociáveis – como a jornada de trabalho e a estrutura salarial – e criou uma variedade de contratos de trabalho: por prazo determinado, em tempo parcial, para trabalho eventual, por obra certa, para a formação de jovens, para estímulo às pessoas de meia-idade etc. Tais contratos foram amplamente usados pelas empresas por serem mais simples, mais flexíveis e menos dispendiosos. São contratos que, apesar de oferecerem benefícios parciais, garantiam as proteções fundamentais do trabalho: aposentadoria, pensão, seguro-acidente, licença para tratamento de saúde, gravidez e várias outras. Na mesma época, foi atenuada a rigidez de certas regras de demissão. Dois anos depois, observou-se uma utilização exagerada dos contratos por prazo determinado. De fato, a maioria dos empregos criados entre 1994 e 1996 foi atrelada a esse tipo de contratação.

EM 1997, OS CONTRATOS FORAM ALTERADOS

Em vista disso, a Espanha decidiu "reformar a reforma". Um conjunto de inovações, iniciado em 1997, visou estimular os empregadores a transferirem, gradualmente, uma boa parte dos empregados contratados por prazo determinado para prazo indeterminado. Dentre os estímulos, destacaram-se a: 1 – redução dos encargos sociais; 2 – a simplificação da burocracia; e 3 – a criação de um contrato de trabalho com indenização de dispensa de 33 dias em lugar dos 45 dias estabelecidos na lei existente. O importante é que, ao começar a aludida transferência, os contratados por prazo determinado já estavam atrelados ao sistema previdenciário. Os estímulos funcionaram como melhoria de uma situação parcialmente protegida. O contrato com indenização de 33 dias impulsionou um grande número de contratações, que duram até hoje.

Na época, a Espanha passou por uma enorme transformação. Entre 1996 e 1999, a economia cresceu quase 20% em termos reais e o emprego aumentou 13%. O desemprego despencou de 22% para 15% e os trabalhadores, que dependiam do seguro-desemprego, passaram de 22% para 10%. A informalidade baixou de 12% para 8%. A reforma da reforma trouxe resultados positivos. Com a correção introduzida em 1997, os contratos de menor proteção caíram de 40% para 30% em 2005, e os de maior proteção aumentaram de 60% para 70%.

REFORMAS TROUXERAM SUBSÍDIOS PARA O BRASIL

Esses fatos mostram que reformas trabalhistas precisam ter continuidade e devem conter mecanismos de correção para serem usados ao longo do processo de mudança. Essa é uma primeira lição importante. Na impossibilidade de uma reforma completa, certeira e definitiva, as mudanças introduzidas devem ser objeto de uma monitoria constante, o que é fundamental para se fazer uma sintonia fina e promover ajustes permanentes, mesmo porque os efeitos das mudanças não são imediatos. Essa é uma segunda lição importante. As mudanças nas leis e nos métodos de contratar levam certo tempo para serem percebidas. Só depois de incorporadas ao repertório institucional do país é que elas começam a apresentar resultados que atraem o interesse das partes, em especial, dos excluídos.

NÍVEL DO DESEMPREGO

Essa é uma terceira lição. Na Espanha, as reformas de 1994 e 1997 consolidaram seus resultados nos anos seguintes e, na verdade, continuam produzindo efeito até os dias de hoje. A queda do desemprego foi muito gradual. A desocupação foi baixando ano a ano e só mostrou um avanço expressivo depois de quase uma década de implementação das reformas trabalhistas. Na verdade, o desemprego baixou para o patamar fixado como meta pelos reformistas de 1994 (8%) só no início de 2006. A informalidade foi reduzida para apenas 6% e a proporção dos que dependiam do seguro desemprego para 7%.

No período de 1994 a 2004, foram criados 6,3 milhões de empregos (um incremento de 50% no nível de emprego). Trata-se de um desempenho inigualável na União Europeia. Em 2004 havia 18,3 milhões de pessoas trabalhando. No final de 2005 eram 19,3 milhões de pessoas ocupadas, um acréscimo de 894 mil pessoas ao longo daquele ano. Hoje em dia, a Espanha é uma referência em matéria econômica e laboral em toda a Europa. Além da vigorosa criação de novos empregos, o país reduziu drasticamente os gastos com seguro-desemprego, o que ajudou a equilibrar as contas públicas.

Como parte das reformas estruturais, a Espanha implantou a Lei de Estabilidade Orçamentária, uma espécie de Lei de Responsabilidade Fiscal, que trouxe uma ajuda adicional ao controle do déficit público, com grandes benefícios para o item emprego. O país beneficiou-se ainda da entrada na zona do euro. Essa é uma quarta lição importante. As mudanças trabalhistas, quando bem realizadas, contribuem para equilibrar as contas de Previdência Social e, indiretamente, todas as contas públicas. Com isso, estimulam os investimentos e a geração de empregos.

Esta é uma quinta lição de grande importância: o emprego depende da combinação do conhecido tripé formado por crescimento sustentado, educação de boa qualidade e legislação adequada. Da mesma forma que não se pode reduzir o sucesso espanhol às mudanças trabalhistas, não se deve atribuir todo o êxito ao crescimento econômico. Esse é um importante componente do tripé, mas não é o único. Mudanças trabalhistas, sozinhas, não geram empregos. Mas, combinadas, estimulam os investimentos e a criação de novos postos de trabalho. Outros países da Europa, que também cresceram, apresentaram resultados pífios no campo do emprego, como é o caso da Alemanha, que tem mais de 11% de desemprego e da França, que tem quase 10%. São países que pouco fizeram no campo da modernização das instituições do trabalho.

Para atacar os problemas nesse campo, a Espanha atuou nas três frentes: acelerou o crescimento econômico, melhorou a qualidade da educação e da formação profissional e modernizou a legislação trabalhista. Essa lição é de fundamental importância. Repetindo: nenhuma dessas forças, isoladamente, resolve os problemas do desemprego e da informalidade. Mas as três, quando bem articuladas, têm uma boa chance de solucioná-los.

OS PRIMEIROS RESULTADOS

Os primeiros resultados surgiram nos anos de 1997 e 1998 quando a taxa de desemprego demonstrou uma nítida tendência de queda ao ser reduzida de 22% para 15%. Em 1999, as diferenças entre a Espanha e outros países da União Europeia tornaram-se expressivas. A taxa de desemprego da Espanha chegava a 14%. Poucos Estados-membros daquela comunidade conseguiram reduzir o desemprego nessa proporção. Por meio de várias reformas, a Espanha criou instituições do trabalho que: 1 – estimularam novas formas de contratar; 2 – reduziram o custo da admissão; 3 – cortaram o custo da demissão; 4 – estimularam um aumento de horas trabalhadas; 5 – diminuíram o custo unitário do trabalho; e 6 – tudo isso se associou a uma força de trabalho bem preparada.

O país não só fez decrescer a taxa de desemprego como aumentou o volume de trabalho. A jornada anual passou para 1.800 horas, ao passo que na Alemanha e França ficou em 1.600 horas por ano. A renda também aumentou, mas dentro de um quadro institucional favorável. Em 2005, a média do custo da hora trabalhada na indústria da Espanha, nas várias formas de contrato, foi de aproximadamente US$ 18.00, enquanto na Alemanha, que só conta com contratos de trabalho por prazo indeterminado, a média ultrapassou os US$ 35.00. Com a possibilidade de usar vários tipos de contratos, as empresas procuraram maximizar seus recursos e os cidadãos encontraram formas de trabalhar, garantindo as proteções fundamentais. Isso foi essencial para a Espanha enfrentar um mundo globalizado que se tornou extremamente competitivo.

Mesmo assim, o país tem problemas de competitividade dentro da economia globalizada. A China, a Índia e vários países do Leste Europeu – muitos dos quais estão na União Europeia – trabalham com custos muito mais baixos e produtividade mais alta, o que lhes dá uma nítida vantagem nos dias atuais. Em 2000, quando da reeleição de José Maria Aznar, a maioria dos analistas da imprensa brasileira continuou disseminando a ideia de que a modernização das leis trabalhistas foi responsável por uma alta taxa de desemprego que ficou para trás, ignorando que o país estava perseguindo um plano para chegar à meta de 8%, praticamente alcançada no fim de 2005 quando o desemprego caiu para 8,4%.

As reformas trabalhistas não explicam todo o sucesso da Espanha no processo de redução do desemprego e da informalidade, mas elas significaram uma parte importante naquele processo. E de forma alguma podem ser responsabilizadas por aumento de desemprego ou informalidade, que não existiu.

DIFERENÇAS NAS REFORMAS DA ESPANHA E DO BRASIL

Inúmeros estudos demonstraram que os choques econômicos dos anos 1970 e 1980 chamuscaram muito mais a Espanha do que outros países, devido fundamentalmente à rigidez das instituições do trabalho. Ou seja, os problemas macroeconômicos se tornam mais devastadores quando as instituições sociais dificultam os ajustes. Apesar dos grandes pactos sociais dos anos 1980, muitas instituições espanholas mantiveram-se rígidas. No campo do trabalho, as velhas ineficiências da autocracia de Franco foram travestidas em novas ineficiências do sistema "neocorporativista" criado pelos referidos pactos, o que manteve, quase intacta, a armadura anterior.

Em outras palavras, nem sempre as propostas de mudança redundam em modernização. No caso da Espanha, o Estatuto de los Trabajadores, de 1980, juntamente com as regras legais restritivas do velho franquismo formaram as chamadas Ordenanzas Laborales, que, no fundo, impuseram uma forte rigidez ao mercado de trabalho – o que só veio a ser atacado com as reformas iniciadas em 1994. Nesse ponto há uma semelhança entre Espanha e Brasil. Entre nós, a maioria das medidas pseudomodernizantes aprovadas na década de 1990 foi esterilizada por inúmeros empecilhos de natureza neocorporativista.

A FLEXIBILIZAÇÃO NO IMPASSE

Por exemplo, para um trabalhador aproveitar uma vaga em regime de prazo determinado, a Lei 9.601/98 exigia que o sindicato da categoria aprovasse a nova contratação. Como isso não ocorreu, a lei não funcionou. A conclusão, errônea, foi de que a "flexibilização só atrapalhou". Poucos tiveram o cuidado de verificar que o direito de veto dado aos sindicatos na contratação dos novos empregados por prazo determinado colocou o destino dos desempregados nas mãos dos dirigentes sindicais. Estes tomavam decisões em assembleias das quais os pretendentes à vaga não podiam participar, pois não faziam parte nem do sindicato nem da empresa que desejava contratá-los. Trata-se de um eloquente exemplo de injustiça social garantida por lei: ou seja, a vida dos excluídos é decidida pelos incluídos.

Esse tipo de rigidez se repetiu em inúmeros outros diplomas legais aprovados nos anos 1990, que tornaram as novas leis brasileiras tão rígidas e estéreis quanto as antigas. Não podiam funcionar. A análise das leis trabalhistas demanda um exame dos detalhes. Aliás, é nos detalhes que os sistemas de relações do trabalho se diferenciam. O Brasil, por exemplo, costuma ser apontado como um país onde a demissão tem baixo custo, o que levaria as empresas a praticar uma intensa rotatividade de seus empregados. A Espanha é tida como um país que tem os custos mais altos para a demissão. O que dizem os dados?

Na Espanha, a demissão implica pagamento de uma indenização correspondente a 45 dias por ano de trabalho na empresa. Apesar de ser um custo alto, ele é mais baixo do que o do Brasil que, na verdade, ultrapassa, em média, os 60 dias quando se consideram o pagamento de 8,5% do salário mensal a título de FGTS e a indenização de 40% do saldo daquele fundo por ocasião da demissão, lembrando que atualmente está em 50%. Ao contrário do que se fez na Espanha, o Brasil nunca procurou corrigir as distorções das inovações introduzidas na área do trabalho. As poucas mudanças – contrato por prazo determinado, em tempo parcial e interrupção temporária do contrato de trabalho atrelada a treinamentos – não foram realizadas como um processo, mas sim como tentativas estanques, mal planejadas e jamais retocadas.

As centenas de projetos de lei que tramitam no Congresso Nacional, em sua maioria, visam enrijecer ainda mais o quadro legal ao pretender garantir por lei – e não por negociação – o que é impossível conseguir das empresas que têm de vencer a forte competição dos mercados interno e externo.

CAPÍTULO IX

NO BRASIL, O MICROEMPRESÁRIO NÃO TEM PROTEÇÃO EXTENSIVA À JUSTIÇA DO TRABALHO

O POUCO DE BENEFÍCIO NÃO
ALCANÇA A RELAÇÃO DE TRABALHO

Mais grave é verificar que a lei trabalhista brasileira é única para todos os tipos de empresas. O que vale para um fabricante de aviões vale para uma barbearia. Trata-se de uma lei que não respeita as diferenças e que encara todos da mesma forma. Os pequenos e microempresários, que constituem 95% das empresas do Brasil, têm medo de empregar, em decorrência da grande complexidade da legislação atual, das altas despesas de contratação, da pesada burocracia e do alto risco de serem processados na Justiça do Trabalho. Para eles, contratar legalmente é caro, complexo e arriscado. Não é à toa que a informalidade não para de crescer nas pequenas e microempresas.

O Brasil precisa decidir se deseja criar facilidades para o trabalho de forma legal ou se quer continuar na situação atual. Não se trata de concessão, mas do aprimoramento de uma questão vital para promover não só a estabilidade econômica, mas a social, garantindo o emprego com menos sobrecarga e, para isso, com redução de encargos trabalhistas para esses pequenos e microempresários. É urgente saber quais são os parlamentares que compreendem a necessidade e a viabilidade política de se promover reformas que mantêm a proteção dos que estão protegidos, estabelecendo proteções parciais aos que não estão protegidos. Tudo isso dentro de uma concepção de processo através da qual se possam fazer ajustes constantes, adaptando as inovações às novas condições do mercado de trabalho. Enquanto esse tipo de reforma não for feito, o país continuará com altas taxas de desemprego e informalidade.

APRIMORAMENTO DO "JUSTIÇA EM NÚMEROS"

O programa "Justiça em Números", publicado pelo Conselho Nacional de Justiça (CNJ), traz os indicadores da Justiça em números e tem por objetivo a obtenção de informações de gestão dos órgãos da Justiça, visando a ampliação do processo de conhecimento do Poder Judiciário por meio da coleta e da sistematização de dados estatísticos e do cálculo de indicadores capazes de retratarem o desempenho dos tribunais. Esses dados são utilizados pelo CNJ para orientar o planejamento estratégico e permitir a realização de diagnósticos sobre a situação do judiciário brasileiro.

Perseguindo seu aprimoramento, o CNJ lançou o Prêmio Nacional de Estatísticas Judiciárias. O objetivo do evento era colaborar para o levantamento de dados e indicadores que compõem o "Justiça em Números" através de estudos e projetos realizados por integrantes de órgãos judiciários, pesquisadores, jornalistas e demais profissionais da área de comunicação. A ideia traduz de forma indicativa que o sistema adotado pelo CNJ está dando certo, até porque, desde seu início, quando o programa deu seu primeiro passo, foi criado o número único de processos em tramitação em todo país.

A partir daí, já em 2005, o CNJ passou a monitorar o número de processos que davam entrada nos protocolos dos tribunais de Justiça. Até então era impossível operacionalizar até mesmo as suas mais elementares funções, porque não tinha como fiscalizar e até mesmo atender uma reclamação do litigante através do número regional. Isso porque, em muitos casos, os sites desses tribunais ou tinham dados incompletos ou eram inacessíveis, como sempre foi o caso do Tribunal Regional do Trabalho da Primeira Região (TRT-RJ).

AÇÕES PÚBLICAS CONSOMEM 40% DO TEMPO DA JT

Levando em conta o número de processos que ingressam a cada ano na Justiça do Trabalho (2,4 milhões/ano), segundo números do TST/CNJ, contabilizado as ações movidas por trabalhadores contra órgãos públicos (governos federal, estaduais e municipais e estatais), acrescidas das execuções do INSS, pode-se estimar em 40% o total do tempo dispensado pela máquina administrativa na solução dos processos trabalhistas. Esse dado se agravou com a nova competência (EC nº 45/2005) da JT para julgar ações relativas aos débitos e parcelas da Previdência Social (INSS). Ocorre ainda que, além do tempo dispensado pelos serventuários, o juiz também se desgasta conferindo e despachando os atos processuais, consistindo assim numa flagrante agressão ao direito do trabalhador, que procura na Justiça a prioridade na solução dos conflitos laborais, mas acaba refém dessa injunção.

A competência da especializada para executar débitos e parcelas do INSS requer urgentemente a criação dos juizados especiais do trabalho, junto com a competência para julgar as ações da Previdência Social e as pequenas reclamações trabalhistas. No paradigma da Lei 10.259/01, que institui os juizados especiais cíveis criminais no Âmbito da Justiça Federal (leia-se: *São instituídos os Juizados Especiais Cíveis e Criminais da Justiça federal, aos quais se aplica, no que não conflitar com esta lei, o disposto na lei nº 9.099, de 26 de setembro de 1995*). Conforme podemos observar, o artigo 1º da lei 9099/95 estabelece *que o processo orientar-se-á pelos critérios da oralidade, simplicidade, informalidade, economia processual e celeridade, buscando, sempre que possível, a conciliação ou a transação.*

Os objetivos instituídos para um fácil acesso ao Judiciário não podem contrariar a garantia constitucional do artigo 5º LV da Constituição Federal, que estabelece: *Aos litigantes, em processo judicial ou administrativo, e aos acusados em geral são assegurados o contraditório e ampla defesa, com os meios e recursos a ela inerentes.* E neste caso há ausência de juízes leigos, no âmbito dos Juizados Especiais Federais.

No sistema da Lei nº 9.099, eles atuam como auxiliares da Justiça, sendo recrutados, preferencialmente, entre advogados com mais de cinco anos de experiência (art. 7º), enquanto a CF (art. 98) admite juizados especiais constituídos por juízes togados ou por juízes togados e leigos, este jurisdicionado federal, de forma mais política que propriamente no interesse da sociedade, achou inconveniente a existência de juízes leigos em causas submetidas à Justiça Federal. Prevaleceu a ideia de que juízes leigos têm lugar apenas em causas privadas, não devendo participar de causas em que haja interesses do Estado *lato sensu*. Sem juízes leigos, os JEFS perdem agilidade e produtividade.

Quando cobramos dos legisladores o fechamento do texto da reforma trabalhista e a criação dos Juizados Especiais do Trabalho no paradigma dos JEFS, entendemos que estes destravam o andamento das ações trabalhistas. Hoje isso é mais que justificado, não só pelas razões já expostas, mas pelo simples fato de que milhões dessas ações acumuladas nas especializadas são do segmento estatal (ações contra empresas públicas), governos federal, estadual, municipal e as estatais. Donde se conclui que: ou elas migram para os juizados federais ou são criadas as varas especiais no âmbito da Justiça do Trabalho caso contrário, vamos caminhar para o total atrofiamento da JT.

CELERIDADE É PREPONDERANTE NA AÇÃO TRABALHISTA

Muitas são as propostas e soluções apontadas para que o judiciário saia da lentidão, em sua maioria indicada pelos demandantes dentro dos parâmetros (...) do devido processo legal... Esse substantivo que pilota nosso complexo jurídico está nos códigos com todas as suas letras, e agora, com o novo CPC, pretendem os legisladores ofertar a "porção mágica" da celeridade processual.

Essa situação projeta-nos para o texto laureado do mestre Rui Barbosa: *Justiça atrasada não é justiça, senão injustiça, qualificada e mani-*

festa." Nesse mesmo diapasão, temos Hugo Cavalcanti Melo Filho: *De todas as críticas lançadas contra o Poder Judiciário, a mais recorrente é a da morosidade na prestação jurisdicional. É, também, a mais compatível com a realidade. Com efeito, nada justifica que o jurisdicionado espere por uma década a solução do litígio, situação que só amplia o descrédito na Justiça.*[53] Como se fosse uma dádiva a ser concedida, a prestação jurisdicional forjada na fornalha estatal é jurássica, beira o medieval, tamanhas as injunções registradas no processo do trabalho.

Há muitos anos a sociedade civil brasileira anseia por uma resposta rápida e eficaz do Judiciário na apreciação dos litígios. Muitos são os esforços dos juristas, doutrinadores e integrantes do judiciário para dar a resposta capaz de extirpar de vez esse obstáculo maligno à qualidade da prestação jurisdicional. Temos observado que na medida em que nossos legisladores, por sua livre iniciativa ou atendendo ao anseio de entidades que atuam em defesa de um Judiciário célere, trabalham suas propostas, esbarram nas barreiras criadas pelos próprios juízes monocráticos, especialmente na Justiça do Trabalho. Um dos maiores equívocos apontados no combate à morosidade é atribuir a esta o excessivo volume processual, o que devemos observar com severidade diante do descaso de juízes agarrados ao formalismo exacerbado, descomprometido com a finalidade do processo e com o provimento efetivo ao cidadão lesado.

É inaceitável que uma ação trabalhista se perpetue por longos 12 anos, para satisfazer, quando isso ocorre, o crédito alimentar do trabalhador, que teve contratado seu labor e, por infortúnio, precisou recorrer ao judiciário tutelado pelo Estado. A Justiça especializada poderia ao menos reservar em primeira oportunidade o valor principal incontroverso da reivindicação do reclamante (empregado) para ser sumariamente executada. Salvo contrário, o prazo de pelo menos seis meses para satisfazer esse quesito seria razoável, ficando a questão controversa para discutir ao longo da trajetória do processo.

---

[53] MELO FILHO, Hugo Cavalcanti. "Mudanças Necessárias". Revista *Consultor Jurídico*, 25 nov. 2002.

Ainda assim seria necessária uma revisão dos procedimentos dos juízes quanto à execução, isso porque, nesse capítulo, ocorre o maior número de nulidades, por conta dos erros reincidentes nas decisões que envolvem penhora de valores pecuniários e de bens móveis e imóveis no capítulo da constrição. O gene para melhor aproveitamento deste capítulo está fecundado no artigo 475-G do CPC: *É defeso, na liquidação, discutir de novo a lide ou modificar a sentença que a julgou.* Em razão dos referidos dispositivos, não há preclusão para o juiz ao apreciar os cálculos, podendo, *ex officio*, determinar qualquer diligência probatória para que os cálculos espelhem a coisa julgada material.

O empregado não deve suportar essa anomalia criada pelo Estado tutelador, que tem no seu intérprete juiz o condutor de todo rito processual empreendido na ação, e por isso, o dever primordial de satisfazer aquele que depositou confiança nesse jurisdicionado exclusivo, excludente em relação a outros meios de solução de conflitos, prevendo-o capaz de solucionar o impasse. O acesso à Justiça e as dificuldades concretas enfrentadas pelo Poder Judiciário há muito estão divorciados do seu principal objetivo, que é a mediação eficaz de conflitos através da aplicação de mecanismos modernos de solução dos mesmos, sejam eles na área civil e trabalhista. (...) "Assim sendo, mais do que acesso à Justiça, a compreensão que a população faz dela pode ser a chave para se pensar saídas possíveis de pacificação social."

Em outras palavras, "de nada adiantará criar mecanismos de desobstrução do judiciário, visando à facilitação do acesso à Justiça, se não for questionado o *modus operandi* dos tribunais, pois, do contrário, em pouco tempo as soluções inovadoras repetirão os vícios e estrangulamentos do sistema". ("Acesso à Justiça e Reinvenção do Espaço Público – Saídas possíveis de pacificação social". In *São Paulo em Perspectiva*. Vol. 11, nº 3, *Revista da Fundação SEADE*, 1997, p. 89).

Por todos os ângulos e com maior boa vontade, não se admite que o judiciário laboral esteja dando conta do recado. A demanda de novas ações não pode ser suportada com a contratação de mais servidores e juízes, pois a máquina administrativa não suportará esse peso em seu orçamento. Eis por que o custo-benefício do Estado Judiciário para a União é negativo. A questão social que remete o judiciário laboral aos trabalhadores a demandarem por anos, sem a menor expectativa de solução do conflito, faz com que, aos olhos da sociedade civil, seja este uma presa do elitismo de um jurisdicionado que só é bom para seus integrantes. Eis que esses são, de acordo com as planilhas econômicas do Banco Mundial, os mais bem remunerados do planeta.

Um judiciário, cuja égide é a de defender o hipossuficiente *in dubio pro misero*, não pode, em absoluto, minguar sua capacidade de agir em direção a esse apanágio idealista. Assim, é inaceitável que um servidor e até mesmo o magistrado, que percebem salários condignos, venham lidar com questões dessa natureza, sem, contudo, estarem apegados a essa linha ideológica.

Para melhor avaliar a diferença entre os representantes da JT e os que buscam esse jurisdicionado, segundo a Relação Anual de Informações Sociais (Rais), a remuneração média do trabalhador brasileiro, no setor público estadual e municipal, cresceu 30,3% entre 2003 e 2008, e passou de R$ 1.655 para R$ 2.158, e dos servidores com nível superior completo alcançou R$ 3.448,31 ao fim de 2008, equivalente a um aumento de 20,21% desde 2003. Nesse período, o total de trabalhadores – que compreende os setores federal, estadual e municipal – passou de 7,2 milhões para 8,7 milhões.

Em 2003, a esfera pública contabilizava 2,32 milhões de servidores com ensino médio completo, chegando a quase 3,0 milhões em 2008. Já os trabalhadores do setor público federal tiveram a maior remuneração média em cinco anos e também o maior índice de variação positiva. De acordo com a Rais, a remuneração passou de R$ 3.901, em 2003, para R$ 5.247, ao fim de 2008, equivalente à expansão de 34,5%. No setor público estadual, passou de R$ 1.839,9 para R$ 2.432,81 (32,23%); e no municipal, de R$ 1.042,77 para R$ 1.306,33 (25,27%).

MUDANÇA DA REGRA PULVERIZA O DIREITO LABORAL

Muitos atribuem o fato ao juiz estar dispensado de cumprir prazos no tempo fixado pela lei (CPC), visto que sobre ele não recai qualquer responsabilidade. Os prazos podem ser: A – Legais: são os prazos fixados em lei. Ex.: art. 297, 508 etc. B – Judiciais: são os prazos fixados por critérios do juiz. Ex.: art. 182; C – Convencionais: prazo estabelecido pela convenção das partes. Ex.: art.181.

Podemos garantir que as ocorrências registradas nas sentenças e decisões de primeiro grau não redundam em proveito para melhorar a qualidade das decisões trabalhistas. Tem-se destacado nos meios jurídicos que: *Torna-se essencial pensar alternativas que aproximem o Judiciário Trabalhista da violenta realidade da sociedade brasileira onde a maioria dos conflitos entre capital trabalho se espraia para a tutela das garantias básicas de dignidade da atividade humana laboral, pressionando-se o sistema judicial existente, tanto no sentido de forçá-lo a se posicionar a garantir direitos, como no de pensar quais mecanismos poderiam ser adotados como forma de conter e, efetivamente, resolver os conflitos.*

O critério *in dubio pro operario* não é para corrigir a norma ou integrá-la, mas para determinar o verdadeiro sentido entre vários possíveis, ou seja, é imperativa a existência de uma norma, com toda vênia, também é a doutrina defendida pelo jurista Mario De La Cueva: *Em caso de dúvida deve resolver-se a controvérsia em favor do trabalhador, posto que o Direito do Trabalho seja eminentemente protecionista; o princípio é exato, mas sempre que exista verdadeira dúvida acerca do valor de uma cláusula de contrato individual ou coletivo ou da lei, mas não deve ser aplicado pelas autoridades judiciais para criar novas instituições.*

Corroborando essa hipótese doutrinária, uma empresa enfrentou a questão e teve recurso negado pela 5ª Turma do TRT15, que condenou a recorrente reclamada, do ramo de produção e comercialização de grãos para o mercado interno e externo, a pagar uma indenização de R$ 15 mil por danos morais e materiais a uma ex-empregada, por tê-la demitido dois dias após a contratação, com todos os procedimentos admissionais. A relatora do acórdão, desembargadora Gisela Rodrigues Magalhães de Araújo e Moraes, salientou que a reparação decorrente do dano moral encontra fundamento legal nas disposições contidas no artigo 5º incisos V e X, da Constituição Federal. *Dano moral é aquele proveniente da violação dos direitos individuais de cada cidadão relativamente à sua individualidade, privacidade, honra e imagem, de natureza íntima e pessoal, que coloca em risco a própria dignidade da pessoa humana, diante do contexto social em que vive.* (Processo 44600-54.2009.5.15.0065 RO).

Enquanto alguns membros do judiciário, seja no colegiado ou em primeira instância, migram direitos ínsitos em outros códigos e na CF, a maioria envereda por caminho tortuoso do bom direito, importando artigos e normas que não prosperam, e acabam dando à parte a margem para recurso, sob alegação de nulidade. Segmento campeão de ações no judiciário laboral, os entes públicos, empresas de economia mista, com as terceirizações, esbarram em quase sua totalidade nas decisões que punem esse tipo de contrato.

A Lei nº 9.601/98 surgiu da necessidade de adequar a força de trabalho à inserção do Brasil no mundo globalizado e, portanto, competitivo. Para sustentar a sua necessidade, buscou no segmento econômico mundial os índices elevados de desemprego, como forma de legitimar a presente, com a criação de novos postos de trabalhos, reduzindo sobremaneira o número de desempregados, e, por conseguinte, o número de excluídos sociais.

Convém revelar que um estudo de pouca repercussão no Brasil, realizado por um grupo de economistas do Banco Mundial e das universidades de Harvard e Yale, chegou à conclusão de que o Brasil é o campeão mundial da regulação do trabalho. De acordo com o documento, cujos dados foram pesquisados em 85 países entre ricos, emergentes e pobres (...) *no Brasil há falta de flexibilidade nas relações trabalhistas, o que implica aumento do ônus para contratar e demitir, condições estas que desestimulam o trabalho formal e incentivam a informalidade.* No nível de engessamento, comparado aos países ricos, o Brasil foi quem recebeu a maior nota (2,40), superando nações como os Estados Unidos (0,92) e a Alemanha (1,57). Superou, também, Argentina (1,55), Chile (1,57), Peru (1,67) e México (2,01), na América Latina. A nota brasileira é também bastante superior à da Malásia (0,87), Hong Kong (0,76) e Coreia do Sul (1,36), países emergentes da Ásia.

Outro fato revelado pelo estudo é correlação direta entre o nível de rigor da legislação trabalhista e a taxa de ocupação da mão de obra. Cada ponto a mais no índice das leis do trabalho aumenta em 6,7% a informalidade; em 13,74%, a fatia do subemprego; e em 3%, o desemprego. Estamos vendo uma batalha ideológica dos magistrados sob a proteção da tutela do Estado contra os empregadores, de onde se concluiu que, dificilmente, por mais que sejam elaboradas leis que cultivem o equilíbrio dessas relações, esse judiciário sempre enfrentará as questões relativas ao contrato de trabalho de forma unilateral.

TERCEIRA PARTE

CAPÍTULO I
AUSÊNCIA DE CONTROLE E PROTEÇÃO À PRÓPRIA LEI

JUSTIÇA DO TRABALHO NÃO PODE SER EMBUSTE E DESIGUAL

Em novembro de 2008, o então ministro da Justiça Tarso Genro declarou para participantes do seminário "Desenvolvimento e Constituição, 2008/2028", realizado pela Confederação Nacional da Indústria (CNI), que "foi um equívoco dos constituintes terem constitucionalizado os direitos trabalhistas na Carta de 88". Presume-se que o ministro quis fazer média com a plateia repleta de empresários. Segundo o ministro, a CLT está cada vez menos aplicável

Mas o direito conquistado pelos trabalhadores brasileiros acabou ganhando admiração além-fronteiras, numa confrontação no Mercosul, em quatro dos principais itens laboratios, que se dividem entre os países: Argentina e Paraguai, na Jornada de Trabalho, 48 horas semanais Uruguai, 44 horas; Férias, Argentina, 14 dias corridos até cinco anos de serviço, 21 dias até dez anos e de 20 anos em diante, 35 dias; Paraguai é o mais modesto, com 12 dias úteis até cinco anos, de cinco a dez anos 18 dias e, a partir daí, 30 dias; o Uruguai, 20 dias úteis até cinco anos de trabalho, mas tem acréscimo de um dia para cada período de quatro anos.

ESSÊNCIA DO TRABALHISMO EM EXTINÇÃO

Existe de fato um desajuste crônico no seio da JT e nada se fez até o momento no sentido de aplacar a ira executiva dos juízes trabalhistas. Pelo contrário, existe um enorme interesse, que não perceberam os julgadores, para que os empregadores que reúnem assessoria jurídica de qualidade promovam esse desarranjo. O embate serve para travar o processo, pois nesse segmento estão justamente as grandes empresas, as corporações que mais demandam em massa na JT (numa lista dos cem maiores litigantes do judiciário brasileiro, quatro estão na JT),[53] que, através de assessoria jurídica mais qualificada, acabam empurrando o passivo trabalhista para os balanços de provisões e reservas orçamentárias, aproveitando para atravessar cada ano fiscal com uma enorme vantagem financeira, jogando esse ativo contencioso no abate do imposto fazendário.

Muito se discute aqui quanto ao tratamento diferenciado ao micro e pequeno empregador, aplicando a estes regras menos violentas quanto à manutenção do negócio. Outro senão que nos inquieta e ainda persiste como a "erva daninha que renasce após a capina" é o capítulo que trata da execução provisória. Nesse aspecto, destaca-se a existência do item III da Súmula nº 417/TST, que dispõe que nos casos de execução provisória, fere direito líquido e certo do impetrante a determinação de penhora em dinheiro, quando nomeados outros bens.

---

[53] Conselho Nacional de Justiça (CNJ):
* As cem instituições que mais demandam o Judiciário representam cerca de 20% dos 71 milhões de processos registrados até fim de março de 2010 no levantamento do CNJ. A divulgação do ranking serviu para o CNJ debater, em maio de 2011, em seminário com todos os envolvidos, soluções para tentar desafogar a Justiça.
* O governo federal é réu em 67% dos processos em que está envolvido. E os bancos acionam a Justiça na mesma proporção em que são questionados.
* A Previdência Social, por meio do INSS, lidera o ranking de processos. Os dados consideram ações que tramitavam nas Justiças federal, estadual e do Trabalho.
* O relatório apontou ainda que os processos que envolvem o setor público federal e os bancos representam 76% do total dos maiores litigantes nacionais.
* O setor bancário corresponde a mais da metade do total de processos da Justiça estadual, com 54%. Entre os bancos, a maior litigante é a Caixa Econômica Federal, com 8,5%, seguida do Itaú, com 6,8%, e o Bradesco, com 6,1%.
* Em relação à Justiça do Trabalho, o setor público federal é o que mais recorre à Justiça, figurando no polo passivo de 10% desses processos e no polo ativo em 81% das ações.

A Justiça Laboral não pode ser o cadafalso das questões trabalhistas, até porque, se de um lado é tenaz com o executado, por outro gera nulidade no decisório, o antídoto para a parte recorrer. Um desses exemplos está na recente decisão em Mandado de Segurança (MS), com pedido de liminar, impetrado pelo HSBC, no TST, contra ato judicial em que o juiz de primeiro grau decretou a penhora on-line de dinheiro para quitar débito trabalhista, e foi concedida a segurança, pelo relator na SDI-2, ministro Renato de Lacerda Paiva, determinando a liberação do dinheiro penhorado, enquanto provisória a execução promovida nos autos de Reclamação Trabalhista perante a 13ª Vara do Trabalho de Belém (PA). A ação foi rejeitada pelo TRT8 (PR), sob alegação de que o artigo 5º, II, da Lei do Mandado de Segurança (nº 1.533/51) não admite o mandado contra despacho ou decisão judicial passível de recurso ou correição.

Em argumentação, o ministro ratificou a posição da SDI-2, que vem decidindo no mesmo sentido, para, em seguida, concluir pela *aplicação do princípio da menor gravosidade ao executado, por não se ter, ainda, o valor líquido e certo do crédito, uma vez que a decisão judicial exequenda ainda não transitou em julgado* (ROMS-3400-63.2009.5.08.0000).

A questão é residual, porque o judiciário trabalhista é o único entre os existentes no país com seus próprios integrantes agindo com exagerada e incontrolada liberdade, avessa aos ditames de leis e normas jurídicas, tudo com a convicção de que estão desempenhando um papel voluntarioso e colonizador de uma nova era no Direito Laboral, *cum recti conscia*, o que acaba tornando esse instrumento social disforme, distante dos princípios trabalhistas, e que por isso está sendo olhado com reservas pela comunidade jurídica e pela sociedade civil.

Enquanto a natureza do trabalho tem como patrimônio a mais-valia, porque produz a essência e o gene para a graduação do Direito Trabalhista, causa um grupo de juízes fora dessa sintonia perda de qualidade, com acúmulo de entendimentos e desvios de concepção que fragmentam os quatro fundamentos basilares – conciliação, justiça, igualdade e democracia jurídica. Isso, *data maxima venia*, neutraliza eventos socioprodutivos, visivelmente afastados pela nova filosofia adotada pela magistratura trabalhista.

Essa desfiguração reflete em sinais de morosidade, insatisfação, e desperta a desconfiança da sociedade, até porque, ao perder seu real objetivo, que é a consolidação de suas leis e a conciliação nas relações de trabalho, a JT acabou se isolando do maior grupo de trabalhadores do país, que são os informais (existem 65 milhões no Brasil). Nessa especializada nada se faz: primeiro, por ausência de provisão no plano jurídico; por outro, pela falta de prática e de criatividade da toga para sua proteção, até porque a EC nº 45/2004, tida como antídoto salvador da extinção da especializada, trouxe a malfadada execução do INSS para a seara trabalhista, ocupando enorme espaço antes reservado à laborativa. Por isso mesmo deveria emprestar seus préstimos a esse segmento. Recentemente a Comissão de Trabalho, Administração e Serviço Público da Câmara dos Deputados rejeitou o PL nº 2636/07, do deputado Eduardo Valverde (PT-RO), que inclui, entre as atribuições da Justiça do Trabalho, processar e julgar os crimes oriundos das relações de trabalho.

É sempre assim. Os juízes querem mais poder, a manutenção de práticas que comprovadamente não levam à solução dos processos e não se empenham na busca de antídotos para os males que afligem os trabalhadores, menos ainda para os informais. A indicação de coadjuvantes causadores da demora inclui, no conjunto de ocorrências, férias de 60 dias, recesso de mais 30, cursos infindáveis, licenças não questionadas, expedientes de três dias na semana, horários de três horas na jornada e a desculpa da lavratura de sentenças fora do tribunal, quando muitos (isso é incontestável), contam com o auxílio de servidores na elaboração de despachos e sentenças.

DIREITO DO HIPOSSUFICIENTE QUE SE TORNOU PRIVILÉGIO DE ELITE

Na medida em que o Direito evolui, questões estritamente de caráter reivindicatório são levadas ao Judiciário para que o Estado juiz atinja, sob a luz da legislação, o meio de garantir a proteção e a entrega do almejado direito. Nesse aspecto, dois institutos norteiam a decisão – o pedido com base na prova (material ou sob testemunho) e a insofismável situação na qual se vê o aviltamento do direito, comumente de ocorrência na ação de consumo e no processo do trabalho.

Estabelecendo um paralelo entre os dois polos da prestação jurisdicional, encontramos pontos convergentes em ambos os códigos o Código de Processo Civil (CDC) e a CLT, com o destaque de que ambos só funcionam com os préstimos do CDC, da Lei Fiscal e da própria Constituição Federal. A diferença é que na ação proposta pelo consumidor o julgador se atém com prioridade ao CDC, ao passo que na ação trabalhista o julgador nem sempre acolhe esse diploma, na questão do acesso, deixando pesar, sob a sua consciência, a questão da hipossuficiência quanto à característica da ação, por ser de natureza alimentar.

No entanto, causa impressão aos mais influentes operadores do Direito Laboral, que essa especializada, no acolhimento égide da necessidade alimentar, é fragilizada, abrange todos os níveis de empregados, mesmo aqueles que pleiteiam alta indenização em suas ações, por terem ocupado posto de trabalho de privilegiada remuneração e de gozarem do mesmo benefício da gratuidade. Convém lembrar que a dicção do art. 5º, CF/88, *in verbis*, dispõe que: *A lei não excluirá da apreciação do Poder Judiciário lesão ou ameaça a direito*. Esse texto protecionista não faz distinção para ter o acesso gratuito ao Judiciário.

Mas por razões que se justificam, este deve ser interpretado de maneira criteriosa, até porque a norma constitucional impede que através de qualquer norma legal o legislador venha a impedir que o Poder Judiciário acolha determinadas matérias, mas nunca as de cunho de gratuidade. A preocupação quanto a essa injunção existente no seio da especializada é quanto à prestação jurisdicional gratuita para contratos cujos demandantes reúnem condições de subsidiar sua própria litigância, ao passo que o hipossuficiente, principal inspirador da criação da Justiça do Trabalho, pelo espaço tomado pelo ator elitizado, dispõe de menor tempo de seus integrantes na solução do diminuto conflito laboral.

A Justiça Laborista brasileira há muito se deixou levar pela elitização da forma de julgar. Com isso, o trabalhador acabou se distanciando do seu eixo central, tornando-se um mero coadjuvante em seu universo. Enquanto isso, em 2009, houve um caso que foi denominado pelo jornal *The Independent* de "uma luta de Davi e Golias": a jovem britânica Georgina Blackell, de 23 anos, recebeu uma bolsa de estudos para cursar a sonhada faculdade de Direito após derrotar uma empreiteira na Justiça sem a representação de um advogado.

A sentença de primeiro grau decidiu em favor da empreiteira e ordenou à mãe da jovem pagar 25 mil libras (quase R$ 70 mil) em custas legais e "uma soma de cinco dígitos" em compensações pela interrupção do trabalho da empresa. Segundo a família, esse valor arruinaria as suas finanças e poderia levar à perda da casa. Georgina resolveu assumir a defesa da família – mesmo sem ser advogada – e apelou na alta Corte do país, escrevendo uma bem fundamentada petição e apresentando-se na tribuna para fazer a sustentação oral.

Fica claro para a sociedade que ao conduzir ao longo de anos o processo do trabalho, o complexo patamar em que hoje se encontra o juiz arrebatou para si maior poder de ser onipresente no julgamento e na condução da ação. Sendo assim, diante da brutal diferença do simples para tecnicismo, esse processo depurou a presença da hipossuficiência e do *jus postulandi*, a ponto de esse intuito ser colocado em xeque na reforma trabalhista.

Voltando a comentar sobre *jus postulandi*, podemos afiançar que, na esfera trabalhista, não se trata de um conquista exclusiva do Direito brasileiro, segundo pesquisas sobre a matéria. Embora presente na legislação laboral de quase todos os países do globo, em nenhuma dessas nações, até agora, se tem notícia de que foi abolida a capacidade postulatória. Capacidade esta que difere, substancialmente, da chamada *capacidade processual*, ou seja, por esta, somente podem estar em juízo aqueles que, por possuírem personalidade, possam ser parte, postulando por si ou por seus procuradores. Os tributos e taxas incidentes sobre a folha de pagamento são deveras elevados, a contratação de um trabalhador com carteira assinada é prioridade social, seja para a micro, pequena, média ou grande empresa.

A informalidade é prejudicial a todos. O formal obriga o empregador ao recolhimento equivalente a 67,53% dos vencimentos, a título de encargos trabalhistas e previdenciários sobre o salário, além de adicionais e benefícios garantidos pela CLT e pelas convenções coletivas. Na distribuição, temos o composto de férias e 1/3 (11,11%), décimo terceiro (8,33%), INSS por sua alíquota máxima (28,8%), INSS sobre férias e décimo terceiro (5,6%), FGTS (8,5%), FGTS sobre férias e décimo terceiro salário (0,94%) e FGTS calculado sobre a rescisão (4,25%).

Na maioria dos casos julgados, o pagamento de horas extras, adicionais noturnos, de insalubridade e periculosidade, com seus respectivos encargos previdenciários e do FGTS, se transformam em títulos executivos, e, se devidamente reconhecidos, incontestavelmente devem ser pagos, não há o que discutir. Ocorre que a CLT e o processo civil adotado pela JT permitem recursos de embargos, ordinários, revista e extraordinário, mas não está aqui o senão maior. Esse ocorre quando a execução perfeita forçada (desobediência ao art. 620 da CLT) atrai o embargo de terceiros, agravo de petição, recurso ou mandado de segurança, agravo regimental, ordinário agravo de instrumento e recurso extraordinário, constituindo-se em um monstrengo jurídico, enquanto a ação se perde no infinito do tempo.

SOLUÇÕES DEVEM FLUIR DO SEU HISTÓRICO SOCIAL

De forma alguma, o julgador laboral conseguirá alcançar a plena justiça numa contenda trabalhista, sem passar pelo social da causa, que, *data permissa*, passa pelo emprego, remuneração, condições de trabalho e segurança. Esses quatro substantivos não podem escapulir de nenhuma forma do conceito final de um processo trabalhista, sob o risco de se cometer injustiça social. Por isso a cautela, principalmente na execução, é recomendável. A Declaração Universal dos Direitos Humanos, em relação ao Direito Laboral preconizado nos (artigos 23 e 24), tratou das três questões básicas de toda proteção ao ser humano trabalhador: o salário justo, a limitação da jornada de trabalho e a liberdade de associação sindical para defesa desses direitos.

No artigo 24 da Declaração, temos: *Toda a pessoa tem direito ao repouso e aos lazeres e, especialmente, a uma limitação razoável da duração do trabalho e a férias periódicas pagas*. Quanto à limitação razoável, levantamos aqui a questão da jornada laboral, em estudo no Congresso através da alteração da PEC 231-A, de 1995, da redução da jornada de trabalho de 44 para 40 horas semanais, sem redução salarial, aumentando para 75% a remuneração de serviço extraordinário.

A primazia na proteção ao trabalhador com vistas a se alcançar "justiça social", veio do pioneirismo de Robert Owen, autor de *New View of Society* (1812), que implantou reformas sociais em sua própria fábrica; passando pela *Primeira Internacional Socialista* (1864), em que atuaram Marx e Engels; pela *Enciclica Rerum Novarum* (1891), do papa Leão XIII; até a criação da Organização Internacional do Trabalho (OIT), constituída em 1919 pelo Tratado de Versalhes – vinte e sete anos antes de se vincular à própria ONU.

Esse ideário pelo social sobreviveu a regimes totalitaristas, anarquistas porque o capitalismo entendeu, a partir de meados do século XVIII, que com certeza sobreviveria aos representantes do judiciário que teimam na aplicabilidade de normas próprias, personalíssimas, destratando todo o conjunto de leis que regula o contrato laboral, tecendo um código paralelo nocivo à saúde do judiciário trabalhista. Convém lembrar aqui o art. Adotado 5º do Código Civil Brasileiro (1973), que reza: *na aplicação da lei, o juiz atenderá aos fins sociais a que ela se dirige e às exigências do bem comum*. No mesmo sentido, o art. 8º, *in fine*, da CLT, o qual ressalta: *nenhum interesse de classe ou particular deve prevalecer sobre o interesse público*.

Na questão da participação do advogado em juízo, o art. 133 da Constituição Federal, como o entendeu o legislador, diz que, se o advogado é indispensável à administração da Justiça e essa administração se exerce através do processo. Resta evidente que o *jus postulandi* esculpido no art. 791 da CLT não foi recepcionado pela nova Carta da República, e o advogado, para validade plena dos feitos judiciais, há que estar obrigatoriamente presente em todos os processos, de todas as instâncias, tal como dito pelo art. 1º, inciso I, da Lei nº 8.906/94, absolutamente acorde com os princípios pétreos constantes do art. 5º da mesma Carta Magna, se quiser que seja respeitado e cultuado o princípio da isonomia, pois sem a presença do advogado de uma das partes, não se terá como proclamar que haja igualdade de representação no processo.

Não só os polos demandantes precisam estar atentos à sinalização de que o judiciário trabalhista enveredou por um caminho tênue e ardiloso. Não se pode criar mais direito onde já existe o direito, da mesma forma que não se pode aumentar uma indenização trabalhista com base tão somente na culpabilidade do segmento empregador. Da mesma forma que o Estado juiz não pode operar como o justiceiro estatal dos litígios contratuais do trabalho. O estigma que a magistratura do trabalho carrega foi construído por ela mesma, e hoje se faz urgente dissipar esse peso de sua aura.

A magistratura laboral deve estar atenta à nova demanda por Justiça, assumindo sua responsabilidade na gestão da instituição, construindo um novo perfil de juiz, pragmático, gestor, participativo, questionador, líder, transformador. Isso requer cuidado para, no conceder o direito, este não lesione a questão social, que é primordial e essencial para o Estado. Da mesma forma que o juiz responde por cerceio de defesa num recurso gratuito do empregado, já que oreclamante não paga, o empregador, para buscar esse direito (numa primeira fase em Recurso Ordinário), na segunda, por meio da ação rescisória (AR), precisa efetuar depósito recursal. Sendo assim, ao deixar de ouvir testemunha importante para elucidar a lide quanto ao pedido, na outra ponta, ao se defender a testemunha do empregador, poderá contrariar o depoimento desta, por ser a Justiça essencialmente pedagógica e de oralidade. No entanto, se nem uma nem outra falar em juízo, como poderá o juiz conceder um direito, se o testemunho do fato, embora impedido, se tornou abstrato à luz do bom Direito?

ENTRE OS PAÍSES DA AMÉRICA LATINA O BRASIL É O ÚNICO QUE POSSUI FGTS

Na rescisão do contrato, o Brasil é mais condolente com o trabalhador. Não que isso não seja necessário, mas existe conceito seletivo que deve ser observado, a exemplo do micro e pequeno empregador. No caso de rescisão sem justa causa, permite o saque do Fundo de Garantia do Tempo de Trabalho (FGTS) acrescido de 40% de multa (o Brasil é único país latino que paga FGTS), aviso prévio de 30 dias e o 13º nos contratos prefixados. Nos casos de experiência, apenas o saque do FGTS e o 13º salário, em comparação à Argentina em que o trabalhador ganha um mês de remuneração ou fração igual quando atingir três meses de trabalho, mais aviso prévio de 30 dias, subindo para 60 dias quando atingir cinco anos de serviço. O Paraguai paga 15 dias de salário por ano de serviço, ou fração de seis meses, e 30 dias de aviso prévio.

É bom lembrar que o maior entrave para a consolidação do Mercosul continua sendo os direitos trabalhistas, *hic est difficultas*; isso porque outros países não aceitam a regra brasileira devido à enorme sobrecarga de impostos sobre o contrato laboral. Outro ingrediente é a taxação desse contrato, em que o Brasil é campeão, com 102,76% de taxas e impostos encarecendo o emprego. Como resultado desta irracionalidade estatal, paga-se alto, se comparado a outros países, como, por exemplo, os EUA, cuja carga de encargos sobre a folha de pagamentos é de 9,03%; na Dinamarca, 11,6%; Uruguai é de 48,5%; Alemanha, 60%. O resultado é que mais da metade dos trabalhadores brasileiros está sem contrato e necessita dos serviços sociais nas áreas de saúde, educação e cidadania.

Infelizmente, a voz dissonante do judiciário trabalhista é leiga, é a própria sociedade que, a distância, permanece vigilante quanto à gula dos magistrados e servidores da estatal, sem, contudo, poder combater a anomalia. Isso é visível enquanto desavisados julgadores procuram criar uma segunda geração de Justiça, *data venia*, de inovações estapafúrdias e inchada pelas ações fiscais, e apresenta um comportamento avesso quanto às normas regimentais e de lei, como a convocação arbitrária de juízes de primeiro grau para compor turmas em tribunal, em flagrante ofensa ao princípio basilar constitucional, como o do juiz natural.

A partir de 5 de outubro de 1998, com a Constituição Federal, passamos a ter garantidos direitos individuais e coletivos, principalmente nos artigos 7º e 8º e incisos. Entre os direitos sociais mais importantes assegurados ao trabalhador pela nova Constituição podemos mencionar os seguintes: aumento da multa do FGTS em caso de dispensa injusta para 40%; seguro-desemprego; salário-mínimo; décimo terceiro salário; duração do trabalho de oito horas por dia e quarenta e quatro semanais; jornada de seis horas para o trabalho em turnos ininterruptos de revezamento; repouso semanal remunerado; remuneração de serviço extraordinário com acréscimo de pelo menos 50%; férias anuais, com acréscimo de um terço; licença-maternidade de 120 dias e paternidade de cinco dias; aumento da prescrição para cinco anos; ampliação dos direitos para os trabalhadores domésticos (art. 7º da CF/88 e incisos).

Esse contexto legal ainda permanece como piloto das relações de trabalho; consequentemente, novas leis e resoluções incorporaram o universo trabalhista, ganhando gordura com a EC nº 45/2004, que ampliou a competência da JT. Nas rescisões, o FGTS é um dos seus principais itens indisponíveis, e o Estado tem o dever de mantê-lo na folha rescisória para homologação, sendo inaceitável em quaisquer circunstâncias a sua exclusão. A própria Justiça Laboral vem decidindo sobre a matéria, reconhecendo que a falta de recolhimento do Fundo de Garantia do Tempo de Serviço é justa causa para que o trabalhador peça a rescisão indireta do contrato de trabalho. Decisão da 10ª Turma do Tribunal Regional do Trabalho da 2ª Região (SP) foi aplicada no julgamento do Recurso Ordinário (RO) de uma ex-funcionária da

Legião da Boa Vontade – LBV. A trabalhadora ingressou com processo na 73ª Vara do Trabalho de São Paulo pedindo que fosse decretada a rescisão indireta de seu contrato de trabalho. Ela apontou como razão o descumprimento de obrigações contratuais por parte da LBV, tais como atraso no pagamento de salários, o não recolhimento do FGTS (...). RO 00006.2005.073.02.00-9.

MUDANÇA E MODERNIDADE NO JUDICIÁRIO EM 2009

O resultado da avalanche de propostas inovatórias tem gerado uma enxurrada de leis com o objetivo de desafogar o judiciário. Uma delas está dificultando o recurso das empresas com a aprovação da Lei Federal nº 11.495/07,[54] que altera a redação do artigo 836 da Consolidação das Leis do Trabalho (CLT), e passa a exigir um depósito prévio de 20% do valor da causa para tornar possível uma ação rescisória, visando desconstituir a coisa julgada em instâncias superiores e decisões em execução. *Data venia*, trata-se de ação que não tranca a execução, seguindo normalmente no grau de origem.

Esse caminho vetusto do Direito parece mais um derradeiro apelo daquele que não consegue, por si mesmo, conter a demanda através de medidas, meios e leis adequados e com perfeição do Direito democrático, pois são sabedores de que estão impingindo a alguém buscar garantias mirabolantes para obter seu direito. Esse esbulho estatal tem muito a ver com direito ditatorial. Melhor seria, até mesmo para não esvaziar a justiça e o direito de inserção do cidadão, que fosse importado o modelo dos juizados especiais civis, *data maxima venia*, discriminados pelos juristas elitistas, que não permitem a ação rescisória.

---

[54] Lei nº 11.495/07. Art. 1º – O caput do art. 833 da CLT ganha a seguinte redação. "Art. 836. É vedado aos órgãos da Justiça do Trabalho conhecer questões já decididas, excetuados os casos expressamente previstos neste Título e a ação rescisória, que será admitida na forma do disposto no Capítulo IV do Título IX da Lei nº 5.869, de 11 de janeiro de 1973 – Código de Processo Civil, sujeito ao depósito prévio de 20% do valor da causa, salvo prova de miserabilidade jurídica do autor."

Outro aspecto anômalo é que, na esfera civil e federal no âmbito estatal, os conciliadores e árbitros, embora sejam reconhecidamente vitais para o bom desempenho dos JECs e tenham obtido a confiança da sociedade, não são remunerados, apesar de desempenharem importante papel nesse jurisdicionado. Isso requer que seja examinadas suas condições para que não se perca no caminho a Lei da Arbitragem nº 9.307/96,[55] que é respeitada e reconhecida pelos tribunais internacionais (160 países adotam a arbitragem privada), vem desenvolvendo importante função auxiliar no âmbito privado, conciliando e mediando conflitos de bens disponíveis, e seu processo é remunerado. Caberia, nesse caso, uma regulamentação material e disciplinar, que já tem previsão no seu artigo 18,[56] e a criação de dispositivos de fiscalização dos atos dos árbitros e tribunais arbitrais.

No entanto, cabe o revés da rejeição desse dispositivo na seara trabalhista, uma vez que seus juízes são antagônicos à ideia de que os direitos trabalhistas disponíveis sejam conciliados em sede arbitral. A arbitragem trabalhista está sendo discutida na Comissão de Trabalho da Câmara, que é presidida pelo deputado Vicentinho (PT-SP), tendo como foco o PL nº 5930/09[57] de autoria do deputado Paulo

---

[55] A nova Lei de Arbitragem (Lei nº 9.307/96), no Brasil, é de autoria do senador Marco Maciel. Foi instituída como lei no ano de 1996 e surgiu para suprir a demanda do judiciário, resolvendo de forma rápida litígios que envolvem bens disponíveis e, devido a seu formato ágil, evita ações que poderiam se estender por vários anos na Justiça comum.

- Apesar de ser a primeira lei específica sobre o tema, arbitragem está prevista em nosso ordenamento jurídico há aproximadamente 200 anos. A Constituição de 1824, em seu art. 160, já possibilitava às partes a nomeação de árbitros para resolver questões cíveis. Do mesmo modo, o Código Civil de 1916 previa, como forma de solucionar uma obrigação (mesmo que já estivesse sendo discutida judicialmente), a realização de compromisso arbitral (arts. 1.037/1.048).
- O Decreto nº 21.187/32 internalizou no país o Protocolo de Genebra de 1923, sobre compromisso arbitral e cláusula compromissória em contratos comerciais.

[56] Arbitragem: Art. 18. O árbitro é juiz de fato e de direito, e a sentença que proferir não fica sujeita a recurso ou à homologação pelo Poder Judiciário.

[57] PL-5930/2009, de autoria do deputado Paulo Bezerra (PMDB-MT). Ementa: Acrescenta parágrafo único ao art. 1º da Lei nº 9.307, de 23 de setembro de 1996, que

Bezerra (PMDB-MT), que barra a arbitragem trabalhista privada. Nesse sentido atuam a própria Associação de Magistrados Brasileiros (AMB) e a Associação Nacional de Magistrados da Justiça do Trabalho (Anamatra). Mais à frente, no capítulo reservado às instituições, o leitor vai encontrar a íntegra da ata da última reunião da Comissão.

Na verdade, o universo da Justiça brasileira, sem exceção, requer um profundo exame técnico administrativo para serem criados padrões práticos, sem, em absoluto, ceifar direitos; até porque existe no país um milhão de bacharéis em Direito, dos quais 700 mil estão advogando, ou seja: fomentam a máquina do judiciário, instrumentando ações, mas, ao que parece, não há interesse da classe jurídica em auxiliar o Legislativo na feitura de boas leis, até mesmo para melhor formatar essas novas situações que chegam ao judiciário.

É inaceitável que nosso processo jurisdicional até há pouco atribuía ao magistrado o papel medíocre de carimbar ações de divórcio amigável, inventários sem conflito, furto simples e outros confrontos menores. Da mesma forma que foi superado esse capítulo, outros devem seguir a mesma trilha (e não são poucos), número que iria desafogar principalmente o judiciário trabalhista, que está mergulhado em milhões de ações insolúveis. Para isso é preciso que seja superada a cultura medíocre do juízo estatal e que a população seja conscientizada do novo mecanismo por meio da publicidade do Estado, prestando informações exatas, e através de uma ampla campanha de esclarecimento, debates e conclaves, aproximando o cidadão desse dispositivo, inclusive com a atuação material e de voz dos magistrados.

---

dispõe sobre arbitragem, para excluir as relações individuais de trabalho do âmbito de sua incidência. Indexação: alteração, Lei da Arbitragem, caracterização, relação de emprego, direito indisponível, impossibilidade, arbitragem, matéria trabalhista.

CAPÍTULO II

AUSÊNCIA DE CULTURA JURÍDICA

HISTÓRICO SOCIAL DO TRABALHISMO É IGNORADO

É necessária uma maior intimidade com as raízes do trabalhismo, por sua longa e nobre história de conquistas sociais, até porque envolve a garantia do trabalho, a manutenção de milhões de empregos e a estabilidade econômica do país. Não se pode tratar a questão sob a ótica do pré-julgamento de que todo patrão é desonesto, e mais, não deveria sequer existir no universo laboral a exploração do trabalho e o calote salarial, os quais indicam criminosos, a meu entendimento, fatos passivos de prisão em flagrante, inafiançável, a exemplo do aplicativo legal no processo de família e da Lei Maria da Penha.

Esse quadro anômalo tem a reprovação da sociedade civil, questionando, com toda razão, o débil preventivo fiscal dos agentes federais no combate ao trabalho escravo, às contratações irregulares e aos maus pagadores, críticas que se estendem ao trabalho preventivo dos agentes fiscais do trabalho (leia-se DRTs) e da ação do Ministério Público do Trabalho (MPT), que estão aquém das reais necessidades do combate a esses crimes. Temos, angularmente falando, uma visão que demonstra a debilitada atividade do Estado, cuja presença é detectada apenas em situações excepcionais ou isoladas, insuficiente para minimizar tamanha afronta ao labor e à violação de direitos.

A carta celetista, abraçada no pilar do art. 7º da Constituição Federal, ao que tudo indica, não foi suficiente para o resguardo dos direitos trabalhistas. O reflexo disso é que a magistratura trabalhista passou a aplicar entendimentos inovatórios, supradireitos em desobediência à regra processual natural, transformando o processo trabalhista numa complexa peça jurídica, senão um *aberratio juris*, de inúmeros incidentes.

No processo administrativo evolutivo, a EC 45/04 deu maior amplitude à Justiça do Trabalho, mas trouxe inúmeras injunções que ainda não foram superadas, o que requer seu aprimoramento, principalmente no quesito previdenciário. O artigo 114,[58] com nove incisos, três (um terço da nova lei) dos quais versam sobre multas e tributos (alterado pela EC 45/04), trouxe preocupação aos integrantes da JT, pela ganância do poder estatal. A análise cuidadosa do art. 114 da vigente Carta

---

[58] Art. 114 – Compete à Justiça do Trabalho processar e julgar:
I – as ações oriundas da relação de trabalho, abrangidos os entes de direito público externo e da administração pública direta e indireta da União, dos estados, do Distrito Federal e dos municípios;
II – as ações que envolvam exercício do direito de greve;
obs. dji.grau.5: Competência – Processo e Julgamento – Ação Possessória – Exercício do Direito de Greve – Trabalhadores da Iniciativa Privada – Súmula Vinculante nº 23 – ST;
III – as ações sobre representação sindical, entre sindicatos, entre sindicatos e trabalhadores, e entre sindicatos e empregadores;
IV – os mandados de segurança, *habeas corpus* e *habeas data*, quando o ato questionado envolver matéria sujeita à sua jurisdição;
V – os conflitos de competência entre órgãos com jurisdição trabalhista, ressalvado o disposto no art. 102, I, "o";
obs. dji. grau. 1: Art. 102.I. "o". Supremo Tribunal Federal – CF;
VI – as ações de indenização por dano moral ou patrimonial, decorrentes da relação de trabalho;
obs. dji.grau.5: Competência – Processo e Julgamento – Ação Indenizatória Propostas por Viúva e Filhos de Empregado Falecido em Acidente de Trabalho – Súmula nº 366 – STJ;
VII – as ações relativas às penalidades administrativas impostas aos empregadores pelos órgãos de fiscalização das relações de trabalho;
VIII – a execução, de ofício, das contribuições sociais previstas no art. 195, I, "a", e II, e seus acréscimos legais, decorrentes das sentenças que proferir; obs.dji. grau.1: Art. 195. I. "a". e II. Disposições Gerais – Seguridade Social – CF;
IX – outras controvérsias decorrentes da relação de trabalho, na forma da lei.

Magna também nos leva a concluir que, definitivamente, três são as regras constitucionais de competência material da Justiça do Trabalho, que podem ser assim sistematizadas: a) Competência material natural ou específica; b) Competência material decorrente; c) Competência material executória.

JUSTIÇA DESCONFIGURADA

Durante a realização de seminário organizado pela entidade dos magistrados (Anamatra), em março de 2005, na cidade de São Paulo, para um auditório de 600 juízes do trabalho, embora a pauta estivesse centrada na ampliada competência, a maioria dos juízes não demonstrou total satisfação com a importação dos aplicativos fiscais. Já em 2007, em outro evento organizado pela Anamatra (EJTST e CEMT), em Brasília, com quase o dobro de juízes do primeiro encontro, foram aprovados setenta e nove enunciados "genéricos", versando sobre falência, honorários, conflitos inter e intrassindicais, herança, FGTS e serviços prestados por pessoa física, tudo encoberto por uma tentativa supra-administrativa para suplantar a cultura do judiciário trabalhista de tribunal de causas do trabalhador e empregador, iniciando uma traiçoeira e vetusta derrubada da velha CLT.

É visível que não existe a consciência da predominância da cultura da relação trabalhista através do contrato escrito, pois as normas estão sendo ditadas ao sabor da vontade de magistrados, muito embora o *jus postulandi*, na especializada, agregue a oralidade. Não temos um formato definitivo de Justiça moderna, atualizada e definida em seus parâmetros de prestação jurisdicional, próxima dos modelos que ornamentam a globalização. Mas o exagero de conflitos de competência, (dados oficiosos estimam em mais de 10 mil deles), encontrado, entre outras, na recente decisão da 8ª Turma do TRT da 4ª Região (RS), que determinou a remessa dos autos referentes a recurso ordinário interposto de sentença proferida pelo Juízo da Vara do Trabalho de São Gabriel com o objetivo de obter o pagamento de comissões de corretagem no mercado imobiliário.

A relatora juíza, Ana Rosa Pereira Zago Sagrillo, decidiu que: A *ação decorre de relação consumerista, cuja decisão foi declarada de ofício a incompetência da Justiça do Trabalho para julgar a matéria, com anulação das decisões.* (RO 00286-2006-861-04-00-0 -0). Enquanto desavisados julgadores procuram criar uma segunda geração de Justiça por meio de um código paralelo, *data venia*, esta inchada pelas ações fiscais, vai somando as constantes anomalias jurídicas, criando uma imagem de Justiça de experiências, como se esta fosse o laboratório para criação de nova gênese, numa constante usurpação da delegação constitucional do Congresso brasileiro, através dos seus legisladores.

NÚMEROS REVELAM DISCREPÂNCIA E DESPREZO ESTATAL

Outro aspecto desalentador da pesquisa é que existe infraestrutura insuficiente para atender à população mundial. Na Índia, segunda maior nação em habitantes, há aproximadamente 11 juízes para cada 1 milhão de pessoas, e mais de 20 milhões de casos estão pendentes de decisão; alguns processos civis demoram 20 anos para serem julgados. No Brasil, a Justiça do Trabalho não existe em 84% do seu território e, nas regiões mais precárias, com grande concentração de trabalho escravo, violência contra a mulher e o menor, a JT inexiste.

Por outro lado, a Associação dos Magistrados Brasileiros (AMB), após realizar uma pesquisa com 1.228 juízes de todas as regiões do Brasil (7,7% dos 16 mil magistrados brasileiros) sobre suas condições de trabalho (e que foi entregue ao então presidente do STF, ministro Gilmar Mendes), defende que é necessário, para conter a morosidade do judiciário, duplicar o quadro de juízes em todo o país. Mas a mesma pesquisa aponta que 99% dos juízes não fazem a menor ideia do orçamento que os tribunais calculam para cada vara.

No ranking parcial da proteção previdenciária no mundo, realizada pelo Conselho Nacional da Indústria (CNI), em 2007 – esse órgão, por conta da sua atuação junto à reforma trabalhista, não tem a simpatia dos juízes trabalhistas –, o Brasil se encontrava muito distante do nível de cobertura previdenciária dos países desenvolvidos.

Os números pesquisados atestam esta realidade: Holanda 100,0; Croácia 100,0; Eslováquia 70,9; Reino Unido 96,2; Noruega 95,3; Portugal 94,7; Estados Unidos 92, 2; ficando o Brasil com 56,4; seguido de Chile 56,2; Romênia 55,0; Argentina 34,9; Turquia 33,2; México 25,1. Já os números da tributação são inquietantes, e um relatório demonstra que o excesso de tributação é causa fundamental da informalidade, sendo que Brasil tem uma das taxas mais elevadas do mundo: Ucrânia 35,30; Portugal 34,75; Letônia 33,09; Itália 32,70; Polônia 32,52; Brasil 31,00; seguido de Romênia 30,00; Espanha 28,30; República Tcheca 28,00; Finlândia 27,09; Lituânia 26,10; Holanda 25,53; (...) França 16,65; Estados Unidos 12,40; Chile 10,00; Canadá 9,90 e México 6,28 (Fonte: Social Security Administration, 2004/05).

Uma abordagem interessante e realista foi o resultado de uma pesquisa realizada em 2003 pelo National Bureau of Economic Research, que publicou um amplo artigo sobre as questões do emprego, desemprego e informalidade à luz da flexibilidade ou rigidez das leis trabalhistas em 85 países (Simeon Djankov e colaboradores, *The Regulation of Labor*, Washington, NBER, 2003). As principais conclusões são: os países ricos regulam o trabalho muito menos do que os países pobres; níveis mais altos de regulação estão relacionados com informalidade e altas taxas de desemprego, especialmente entre os mais jovens; dentre os 85 países estudados, o Brasil é o mais regulamentado de todos, apresentando as mais altas taxas de informalidade e desemprego, mesmo nos períodos de forte crescimento econômico.

Um estudo realizado recentemente revelou que o número de juízes de 1º grau aumentou, desde 1999 (última pesquisa de dados do STF) até hoje, em aproximadamente 10%. Em 1889, havia 1.576 juízes e promotores no Brasil. Hoje, são mais de 23 mil membros. O Brasil gasta mais de 3,6% do PIB anualmente apenas com o Poder Judiciário, sem computar as demais carreiras jurídicas. É um dos maiores quocientes do mundo. É mais do que se gastou com educação em 2005 (3,5%). Uma total inversão de valores. Consome mais de dois bilhões de reais ao ano com assistência jurídica, incluindo as isenções de tributos, mas pouco resultado obtém para o efetivamente pobre.

O fato é que o número de magistrados na Alemanha, França e Estados Unidos não é muito maior que o do Brasil, distanciando no máximo 2,5 vezes, mas o prazo no Brasil para resolver o mesmo problema chega a ser 15 vezes maior que nesses países. Quanto ao declínio do valor dos salários, decorre do crescente número de profissionais admitidos em concurso e, muitas vezes, para fazerem atividades repetitivas ou manuais, sem grande complexidade política, jurídica ou técnica. O salário deveria ser fixado não em função do cargo em si, mas em razão da função desempenhada, bem como por produtividade e por cursos realizados. Um juiz norte-americano chega a sentenciar dez vezes mais ao ano que um brasileiro, mas raramente se divulga esse dado.

Os estudiosos da matéria trabalhista sugerem: redução dos encargos, principalmente para micro e pequenas empresas; eliminação do excesso da burocracia e de regras desnecessárias, modernizando os controles governamentais; reforma da legislação trabalhista e previdenciária favorecendo a formalização, a cobertura e o desenvolvimento econômico. Na reforma, é bom salientar, a flexibilização não deve esbarrar nas regras fundamentais de conquista do trabalho, mas todo esforço deve ser no sentido de atingir e fulminar o desacerto monocrático nas decisões prolatadas na JT, reordenar o sistema da prestação jurisdicional e disseminar uma nova visão social trabalhista, com inclusão do micro e pequeno empregador.

CAPÍTULO III

PRINCÍPIOS DA OCUPAÇÃO GEOGRÁFICA E IMPOSTOS

DIREITO EXCLUSIVO

O Direito do Trabalho é, na sua pura concepção, o direito exclusivo, e só para esse fim o identifica, seja ele de natureza contratual verbal ou escrita, ou de forma subjetiva, alcançada por diligenciamento dos órgãos fiscalizadores (DRTs e MPT). É prioritário, indo de um oposto ao outro sem perder sua legitimidade como Direito especializado, e por mais que seus integrantes tentem mudar essa coloração da sua prestação jurisdicional, pode-se dizer que o direito do trabalhador é todo aquele que advém da relação de trabalho, fazendo algo em benefício de outro, que leva vantagem com o fruto desse labor; este é o seu DNA.

O princípio do Direito do Trabalho não precisa ser dito em linguagem jurídico-tecnocrata, deve sempre evitar o difícil acesso ao leigo. Pelo contrário, sua expressão é didática, e o que se toma é força do trabalho, em troca de remuneração digna e justa, pelo serviço prestado, independentemente do mínimo previsto por lei (salário-mínimo regional). Essa primazia é paradigma do novo direito do consumidor e nas pequenas causas, o leigo pode pleitear seu direito preenchendo um formulário disponibilizado nos balcões dos Juizados Especiais.

Existe um sábio princípio aplicável para o contrato de trabalho, e muitas vezes me foi lembrado por juristas que interagem essas questões via on-line: que todos os serviços que contratamos pela via direta ou indireta e utilizam os serviços do obreiro, deveria o contratante previamente depositar garantias mínimas para, no futuro, poder honrar a rescisão do contrato. Esse princípio já é adotado por obrigação contratual dos tomadores de serviços com empresa pública. A exigência vem expressa nos editais e na carta de obrigações, mas nem sempre esse contrato terceirizado honra seus compromissos com os trabalhadores terceirizados. Como resultado, hoje, pelo menos 8% das questões que estão ajuizadas na Justiça Trabalhista são desse segmento.

Existe um hiato no formato linear do Direito Trabalhista Executório, quando se trata do título devido por órgão de comunicação, quando o valor destinado à verba publicitária é de origem estatal. Em outras palavras, o juízo do trabalho não pode bloquear valores nas mãos de ente público. Essa e outras pequenas nuances transformam o processo do trabalho elitista e de difícil interação com os demandantes leigos.

DESMANDO E INSURREIÇÃO

A prolação de sentenças e decisões no processo trabalhista, juridicamente e geneticamente alterada, fere o princípio do equilíbrio e da moderação e sinaliza que a especializada ganhou roupagem disforme; por isso necessita que os legisladores (deputados federais e senadores), no mínimo, proponham alterações na lei trabalhista que garantam aos magistrados a liberdade de inovar. Além desse importante anteparo legal a ser criado, é urgente a aprovação da Vara de Execução na Justiça do Trabalho, porque, na prática, esta será o antídoto capaz de fulminar esse modelo disforme que vem sendo aplicado. Isso porque, particularmente, a maioria das sentenças de primeiro grau e os provimentos dos tribunais estão causando dano irreparável ao micro e pequeno empregador, com reflexo negativo no próprio trabalhador, já que os recursos acabam sendo necessários para aplacar a ira jurídica de magistrados xenófobos, que não medem a consequência de seus atos quando tomam suas decisões processuais.

O judiciário trabalhista, por sua característica diferenciada das demais justiças, vem atuando com plena liberdade, a ponto de permitir que seus integrantes extrapolem os limites da tolerância, sob o ponto de vista legal. É por isso que muitos acreditam que a especializada vive uma fase de insurreição, com seus integrantes protegidos por uma estrutura blindada, resistente à cobrança de seus atos jurídicos pela sociedade, pelos agentes governamentais, e também divorciados do próprio ordenamento, já que agem sem o constrangimento de ter que responder aos seus superiores (leia-se corregedores e TST).

Examinando a questão sob o princípio *jura novit curia*, em que o juiz tem o dever de conhecer a norma jurídica e aplicá-la por sua própria autoridade, temos aqui um oxigenado tentáculo. Coerente com esse princípio, o art. 126 do CPC dispõe que *o juiz não se exime de sentenciar ou despachar alegando lacuna ou obscuridade da lei. No julgamento da lide caber-lhe-á aplicar as normas legais; não as havendo, recorrerá à analogia, aos costumes e aos princípios gerais de Direito*. É justamente aqui que o legislador deve atuar, eis que o dever não pode extrapolar a ponto de inovar, de forma violenta, uma das partes no processo.

Ocorre que o Código de Processo Civil, em seu art. 125, III, determina que *o juiz dirigirá o processo conforme as disposições deste Código, competindo-lhe: ...venir ou reprimir qualquer ato contrário à dignidade da Justiça*. Nesse caso, o próprio magistrado, usando de sua autoridade, materializou o ato contrário à dignidade da Justiça. Apontamos nesse sentido porque desconsiderou desnecessária e ilegalmente o cumprimento à regra, passando destarte a ser o vilão na ação. É bom salientar que a Lei Orgânica da Magistratura Nacional (Loman), Lei Complementar nº 35, de 14 de março de 1979, dispõe em seu art. 35 que: *São deveres do magistrado: I – Cumprir e fazer cumprir, com independência, serenidade e exatidão, as disposições legais e os atos de ofício*.

Essa determinação acaba sendo perfumaria, pois, quando se trata de "disposições legais", a restrição quanto à liberdade ao magistrado não significa a concessão de um direito de criação derivado de lei. Inclusive, lembrando bem, é comum às entidades alegarem antes mesmo a violação ao artigo 135 do CPC, que, em seu parágrafo único, reserva ao juiz a possibilidade de se declarar suspeito por motivo de foro íntimo, dispensando-o de declinar os motivos.

A visão da sociedade quanto a esses dispositivos é de que são letras evasivas dentro de um contexto jurídico clinicamente difícil, que é o da decisão quando o juiz viola o art. 49 da Loman – ele está quase próximo do que seria ideal para romper com essa blindagem. O procedimento do juiz tem responsabilidade civil prevista na Loman, no art. 49 – *Responderá por perdas e danos o magistrado, quando: I – no exercício de suas funções, proceder com dolo ou fraude; II – recusar, omitir ou retardar, sem justo motivo, providência que deva ordenar o ofício, ou a requerimento da parte. Parágrafo único – Reputar-se-ão verificadas as hipóteses previstas no inciso II somente depois que a parte, por intermédio do escrivão, requerer ao magistrado que determine a providência, e este não lhe atender ao pedido dentro de dez dias.* Nesse particular, basta que os legisladores acrescentem neste artigo o seguinte: *III – O juiz responderá materialmente e criminalmente quando causar prejuízo por violar texto de lei, dando-lhe redação interpretativa, manejado de forma a causar dano ao empregador.*

Pressionado pela grita da sociedade por conta da morosidade, o Conselho Nacional de Justiça (CNJ) vem cobrando exaustivamente da magistratura a solução das ações. Quando alertamos a sociedade, entre outros, sobre essa injunção praticada na fase de execução no processo trabalhista, existe aqui uma preocupação quanto à celeridade, pois achamos que é preciso salientar que não se trata de blindagem ao devedor, ou tentativa de deformação do sistema de proteção aos direitos do trabalhador. É que não existe necessidade de a penhora ser abrupta e indulgente para atingir seu objetivo, o juízo de execução deve se ater ao art. 620 do CPC, que leciona a execução ser menos gravosa.

Esse é o meio, o princípio e o fim da investidura estatal, nesse caso em particular, pois em se tratando de micro e pequeno empregador, o confisco do capital existente em conta do negócio ou da pessoa física, é letal, até para a manutenção do negócio, por se tratar de saldo disponibilizado para suprir despesas com salário, matéria-prima para gerir o negócio, conta de energia, suprimentos e os impostos sociais.

É pura questão de interpretação do Direito Laboral de forma vertical, olhando para os dois polos da demanda, encontrando um ponto comum entre a aplicação da lei e atendendo à necessidade de levar adiante a execução, mesmo que aos poucos, através de bloqueios limitados a percentuais suportáveis, *data venia*, o que já vem indicando a jurisprudência dos tribunais. Não se trata de rotular o juiz de "bonzinho" ou "carrasco", mas sim de ele ser objetivo quanto à forma de executar, dentro dos padrões aceitáveis, indo até o limite da tolerância.

EXPLORAÇÃO DOS TRABALHADORES?

Os trabalhadores estão à mercê de exploradores de mão de obra nos canaviais, carvoarias, como cortadores de madeira, como transportadores e peões, nos porões dos prédios urbanos, onde a maioria é composta de imigrantes ilegais, explorados por uma máfia de agentes e "empresários" no ramo da produção de manufaturados, todos num território sem lei, abandonados à própria sorte, conforme assistimos nos noticiários, quando a Polícia Federal dá apoio ao Ministério Público Federal e coíbe essa prática nociva ao Estado democrático.

Isso ocorre, *data permissa*, após denúncia de sindicatos rurais e da própria imprensa, antídoto extremamente crucial no combate a esse crime do trabalho, porque são os únicos, por estarem próximos dessa base territorial, capazes de chegar aos longínquos recantos deste imenso Brasil. Por essas e outras razões é que legisladores que defendem esse segmento não veem com bons olhos a perseguição xenófoba que parte dos magistrados da Justiça do Trabalho empreende contra esse mecanismo constitucional.

Podemos dizer, sem cometer equívoco, que a prestação jurisdicional da especializada abrange muito bem os grandes centros, onde o comércio, ao lado dos bancos, setor de transportes, terceirizados e empresas públicas capitaneiam a demanda trabalhista nos tribunais regionais.

O Conselho Nacional de Justiça (CNJ) divulgou, em abril de 2011, o resultado de uma pesquisa indicando que o governo é réu em dois terços das ações em que tem interesse. A lista reúne cem instituições com maior quantidade de ações tramitando nas diversas esferas do judiciário, e aponta que o governo federal e os bancos estatais e privados são os que mais sobrecarregam a Justiça.

O Rio Grande do Sul é o único estado que aparece entre os dez primeiros. De acordo com o documento, as cem instituições que mais demandam o judiciário representam cerca de 20% dos 71 milhões de processos registrados até o fim de março de 2010 no levantamento do CNJ. Percentualmente, o governo federal é réu em 67% dos processos em que está envolvido, e os bancos acionam a Justiça na mesma proporção em que são questionados.

Os grandes bancos públicos e privados também estão na lista dos cem maiores litigantes, entre eles o Banco do Brasil, Caixa Econômica Federal, Bradesco e Itaú. As empresas de telefonia, lideradas pela Brasil Telecom, comprada pelo Grupo Oi, o INSS, a Caixa e a União são os maiores usuários da Justiça e do Supremo também. Dos usuários privados, os bancos e as empresas de serviço público, como telefonias, também são os maiores no Supremo.

Outro dado interessante é o de que a Previdência Social, por meio do INSS, lidera o ranking de processos. O relatório apontou ainda que os processos que envolvem o setor público federal e os bancos representam 76% do total dos maiores litigantes nacionais. O setor bancário corresponde a mais da metade do total de processos da Justiça estadual, com 54%. Entre os bancos, a maior litigante é a Caixa Econômica Federal, com 8,5%, seguida do Itaú, com 6,8%, e do Bradesco, com 6,1%. Já em relação à Justiça do Trabalho, o setor público federal é o que mais recorre à Justiça, figurando no polo passivo de 10% desses processos e no polo ativo (a Previdência é autora) em 81% das ações.

OS IMPOSTOS NO BRASIL

Comparando o Brasil com outros países, vemos nos Estados Unidos a percentagem que o empregador paga de encargos sobre a folha de pagamentos: 9,03%; na Dinamarca, 11,6%; no Uruguai, o custo é de 48,05%; e na Alemanha atinge 60%. O Brasil é o recordista mundial absoluto em encargos trabalhistas: 102,76%, mais do que o próprio salário, um hiato entre linguagem usual no meio social do trabalho, no binômio salário/alimento. Na verdade, realçando que a lei trabalhista foi elaborada numa época em que o trabalhador era totalmente desprotegido, e sequer existia a Justiça do Trabalho, muitos de seus artigos foram se dissipando, ao passo que a voracidade do Estado aperfeiçoou seus mecanismos, extraindo compulsoriamente da força laboral tributos que deveriam ir direto para o bolso do trabalhador.

INSS E OS TRABALHADORES COADJUVANTES

Os números do Conselho Nacional de Justiça (CNJ), em março de 2011, revelaram que o governo federal e os bancos estatais e privados são os que mais sobrecarregam a Justiça brasileira. Na Justiça do Trabalho, o setor público federal é o que mais recorre à Justiça, figurando no polo passivo de 10% desses processos e no polo ativo em 81% das ações. É o vilão dos trabalhadores, já que as execuções e ações ordinárias contra o INSS sobrecarregam as varas trabalhistas e com isso suprimem o tempo que poderia estar sendo utilizado na solução das ações dos trabalhadores contra o empregador do setor privado.

A lista do CNJ informou em 2010 que as cem instituições que mais demandam o judiciário representam cerca de 20% dos 71 milhões de processos registrados até fim de março de 2010 (extraoficialmente, pode chegar a 84 milhões). A Previdência Social, contabilizadas as ações que tramitavam nas Justiças federal, estadual e do Trabalho, liderava o ranking de processos. Ao setor bancário corresponde mais da metade do total de processos da Justiça estadual. A Caixa Econômica

Federal (54%), o Banco do Brasil (8,5%), seguido do Itaú (6,8%) e do Bradesco (6,1%) são os maiores litigantes. O INSS, a Caixa e a União são os maiores usuários da Justiça e do Supremo; na lista estão ainda os bancos privados e as empresas de serviço público.

Ocorre que mais da metade das 2,3 milhões ações que ingressam anualmente na Justiça do Trabalho ficam um ano na sala de espera de juízes, sem serem analisadas. A taxa de congestionamento na primeira instância trabalhista foi de 51,76% em 2006, e, na segunda instância, de 29,12%. No Tribunal Superior do Trabalho (TST), a situação é mais complicada, registrando uma taxa de 63,56% de congestionamento. O índice, que teve uma leve queda entre 2004 e 2005 influenciado pela EC nº 45/04 que ampliou a competência da JT, voltou a crescer no ano de 2010. Embora seja a mais ágil entre as Justiças, a Trabalhista não deveria apresentar número (48%) tão alto de encalhe, já que o processo do trabalho é de natureza alimentar e a entrega da prestação judicial teria que ser mais eficaz e rápida.

Os dados do programa "Justiça em Números – Indicadores Estatísticos do Poder Judiciário", em levantamento do Conselho Nacional de Justiça divulgado no dia 6 de fevereiro de 2007, com números referentes a 2006, registram que continuam chegando aos juízos e tribunais do Trabalho mais processos do que os magistrados conseguem julgar. Nesse ano, ingressaram na Justiça do Trabalho 3.504.204 processos. Foram julgados 3.306.831.

No final de 2006, havia quase 200 mil processos a mais nas gavetas da JT, que se somaram ao estoque de anos anteriores de cerca de 3 milhões de causas, completamente congeladas nas prateleiras. O quadro de pessoal existente na Justiça do Trabalho não justifica tamanha anomalia, com 27 ministros do TST, um total de 2.892 juízes, sendo que 2.430 estão na primeira instância e 462 na segunda, além de um total de 76 mil servidores. Seus integrantes querem o aumento do quadro de serventuários, juízes, verba orçamentária, benefícios, cargos gratificados, promoções e o direito à greve por reivindicação de salários, com a firme convicção de que essa é a única forma de solucionar a morosidade processual.

A sociedade, embora seja taxada de mera coadjuvante, ressente-se da ausência do respeito a sua reivindicação. Essa questão, quando levada ao âmbito do jurisdicionado, tem sempre a mesma resposta, ou seja, a culpa é do excesso de trabalho. Mas não é exatamente isso que relataram as correcionais realizadas nos tribunais trabalhistas no ano de 2010. No registro das atas das correcionais, podemos constatar inúmeras irregularidades, as varas do trabalho operam com número insuficiente de serventuários, e, no entanto, seu quadro está completo. Então onde estão os gazeteiros da JT?

Que a Justiça Laboral não é um primor de justiça, todos sabemos, mas até admitir que suas mazelas decorrem de efeito externo é uma heresia produzida pela absoluta falta de comprometimento com a atividade mister. Enquanto os legisladores corporativistas, atrelados aos compromissos políticos e ideológicos, ligados ao judiciário, obstaculam os projetos de lei propostos para o fortalecimento do sistema paraestatal e extrajudicial de solução de conflitos (CCP, Mediação, Arbitragem e os Juizados Especiais Trabalhistas), a sociedade padece a espera de decisões processuais que demoram, em média, três a quatro anos, e a solução do conflito nunca tem fim.

É preciso, ao contrário de se propor a criação de mecanismos usinados no próprio texto legal e geneticamente modificados para açambarcar o direito da ampla defesa, que os magistrados atrelados a este projeto maléfico às instituições se atenham à objetividade, não trapaceiem com promessas aos advogados e também não subestimem os leigos, porque estes desconhecem a cultura do Direito. Eis porque, racionalmente, a sociedade é o "calcanhar de Aquiles" para o judiciário, pois o povo cobra, e as respostas estão refletidas nas pesquisas de opinião, que há vinte anos permanecem sem resposta a essa crucial questão da morosidade.

JT TRANSFORMOU-SE EM ARRECADADORA DE TRIBUTOS

A notícia alvissareira da Justiça do Trabalho é a arrecadação de tributos, contribuições e taxas que registram um novo recorde, atingindo um total de R$ 3,2 bilhões, recolhidos aos cofres públicos em custas, emolumentos, contribuição previdenciária, Imposto de Renda e multas. A maior parte desse valor é relativa à arrecadação do Instituto Nacional do Seguro Social (INSS) sobre os valores pagos aos trabalhadores nas condenações e acordos trabalhistas. A arrecadação das contribuições previdenciárias sobre condenações judiciais dos empregadores, também prevista na EC nº 20/1998, é efetuada pela Justiça do Trabalho desde 1999.

Uma beleza extraordinária: os juízes que foram aprovados nos concursos para julgar questões trabalhistas estão empenhadíssimos em mostrar desempenho na arrecadação fiscal. A coisa está tão feia que nem os acordos parcelados se desprendem dos tributos, e juízes, forçosamente, arbitrariamente, fazem acordo parcelado na cota do INSS e da Fazenda, mas, sem embasamento legal, até porque, *data venia*, os representantes desses órgãos públicos teriam que estar presentes no ato da homologação. Afinal, o juiz não tem procuração para representá-los.

De acordo com os registros oficiais do CNJ, de 2005 a 2010, a arrecadação de INSS pela Justiça do Trabalho praticamente duplicou, subindo de R$ 990.635.687 para R$ 1.850.101.801. Enquanto os valores recolhidos a título de Imposto de Renda passaram de R$ 956.570.571 para R$ 1.099.709.998. Pelo exposto, conclui-se que a JT interessa mais para o governo federal que a própria classe trabalhadora, que demanda ações por falta de direito e pagamento dos seus salários. Tudo indica que uma vez cooptada, a Justiça do Trabalho mostra suas qualidades como cobradora de tributos; já em relação ao processo do empregado, um depende agora do outro, INSS, Fazenda e o numerário do trabalhador.

Após exaustiva discussão em 2005, o TST editou a Súmula 368 reconhecendo a competência da Justiça do Trabalho para a execução do título previdenciário sobre as sentenças condenatórias em pecúnia e aos valores, em acordos homologados, que integrem o salário de contribuição. A arrecadação do IR na Justiça Laboral passou a ser implementada em 2005, quando o TST assinou convênio com a Secretaria da Receita Federal com o objetivo de racionalizar a execução trabalhista e aperfeiçoar a fiscalização tributária na arrecadação sobre os valores repassados aos trabalhadores nas decisões dos órgãos da Justiça do Trabalho.

Já em 2010, os trabalhadores que tiveram suas ações trabalhistas concluídas e executadas partilharam o montante de R$ 10.250.122.310. O conjunto de medidas reunindo o INSS e o Imposto de Renda ganhou, no arrojo da EC 45/04, o aditivo do BACEN-Jud, sistema de constrição a partir da penhora em contas bancárias, de investimentos, só que com maior incidência na Justiça Trabalhista. Esse mecanismo acabou sendo transformado num complicado e desastroso aplicativo malconduzido pelos seus juízes, acabou gerando uma série de nulidades, com contas de aposentadoria, proventos, salário bloqueados, em acinte à lei que protege essas contas.

O fator preponderante para que a JT ordene da melhor forma sua postura em relação à prioridade da sua função é o de que caberá sempre ao juiz determinar o que é prioritário. Todavia, é tarefa difícil por se tratar de ação de verba alimentar, para que não sacrifique o demandante trabalhador nas ações ordinárias em detrimento do tempo despendido para executar o título do INSS e da Fazenda. Quanto mais processos solucionados (livre de nulidades), quanto maior for o número de trabalhadores que recebem os valores referentes a direitos trabalhistas reconhecidos pela JT, maior é a fatia de tributos recolhidos aos cofres públicos.

Mas esse resultado, para ser alcançado de forma definitiva, precisa estar envolto nas soluções pacificadas em acordos, em conciliações e acordos homologados. Mas como aumentar esse número e ao mesmo tempo não negligenciar as ações de rito comum em tramitação, que necessitam de despachos, sentenças e decisões interlocutórias? Longe de se preocupar com o litigante privado, para dar a resposta ao governo, e não à sociedade, o TST empreendeu um exaustivo programa para cumprir as metas estabelecidas para o judiciário, denominado "Programas de Metas", realizando jornadas de conciliação em todos os tribunais do país, o que consiste, *data maxima venia*, numa vitrine para a sociedade e uma dádiva para a União.

Recentemente, o plenário da Câmara, após um coordenado lobby dos magistrados e dos servidores, aprovou quatro projetos de lei criando 76 varas de Justiça do Trabalho, 1.294 cargos de juiz, analistas e técnicos em tribunais regionais trabalhistas e outros 553 cargos em comissão, sem necessidade de concurso público, e funções de gratificação que significam acréscimo salarial. O impacto anual do aumento de cargos nos cofres públicos é da ordem de R$ 182,11 milhões; sua implementação deverá ocorre em etapas, sendo que a mais difícil é a primeira, já que o governo federal está em fase de contenção de despesas.

O DNA trabalhista vem sendo alterado. Com isso, o ponto medular no judiciário trabalhista, e ao passo que avançam suas manifestações de complexidade jurídica, cada vez mais vai se distanciando do Direito simples, consubstanciado na mais-valia de proteção ao hipossuficiente, concedida (Art. 7º e Ecs) na Carta Laboral. O que mais traz inquietude ao universo do trabalhismo tutelado, por consequência judicializado, é por que se prolatar essa justiça de social? Na verdade, estamos diante de um judiciário elitizado, com integrantes encastelados, e um alto índice corporativista, insubordinado nas suas próprias fileiras, aparelhado politicamente, de fleuma ideológica, intimidativo, sem interagir com o mundo exterior.

CAPÍTULO IV
A PREVIDÊNCIA SOCIAL E A JUSTIÇA LABORAL

Quanto à Previdência Social, está intrínseca às nossas considerações e justifica reservar um capítulo para ela. Segundo dados oficiais, ela é responsável pelo pagamento de 28,1 milhões de benefícios ao mês e pela cobertura previdenciária para cerca de 55 milhões de trabalhadores.

Eis a Lista Oficial do Conselho Nacional de Justiça – CNJ, com as dez maiores empresas que utilizam o judiciário brasileiro:

Ranking	Nacional	Justiça federal	Justiça do Trabalho	Justiça estadual
1	INSS – Instituto Nacional do Seguro Social	INSS – Instituto Nacional do Seguro Social	União	Estado do Rio Grande do Sul
2	CEF – Caixa Econômica Federal	CEF – Caixa Econômica Federal	INSS – Instituto Nacional do Seguro Social	Banco do Brasil S/A
3	Fazenda Nacional	Fazenda Nacional	CEF – Caixa Econômica Federal	Banco Bradesco S/A
4	União	União	Grupo CEEE – Companhia Estadual de Energia Elétrica	INSS – Instituto Nacional do Seguro Social
5	Banco do Brasil S/A	Advocacia Geral da União	Banco do Brasil S/A	Banco Itaú S/A

Ranking	Nacional	Justiça federal	Justiça do Trabalho	Justiça estadual
6	Estado do Rio Grande do Sul	Funasa – Fundação Nacional de Saúde	Telemar S/A	Brasil Telecom Celular S/A
7	Banco Bradesco S/A	Incra – Instituto Nacional de Colonização e Reforma Agrária	Petrobras – Petróleo Brasileiro S/A	Banco Finasa S/A
8	Banco Itaú S/A	Emgea – Empresa Gestora de Ativos	Fazenda Nacional	Município de Manaus
9	Brasil Telecom Celular S/A	Ibama – Instituto Brasileiro do Meio Ambiente e dos Recursos Naturais Renováveis	Banco Itaú S/A	Município de Goiânia
10	Banco Finasa S/A	Bacen – Banco Central do Brasil	Banco Bradesco S/A	Banco Santander do Brasil S/A

Fonte: Conselho Nacional de Justiça (CNJ)

O Direito do Trabalho aplicado no terreno urbano vem se transformando, de forma controvertida, em autêntica obra jurídica, com adoção de temáticas subsidiadas por códigos adesivos, fazendo com que o processo trabalhista ganhe formatos, diríamos, "sofisticados", com sentenças (decisões) incompreensíveis para o trabalhador, tal o uso de termos jurídicos e prolixos e de teses modernas de grande complexidade até mesmo para os mais íntimos da área trabalhista.

A bem da verdade, não se pode exigir, ou até mesmo dosar esse formato decisório, até porque existem as instituições governistas que podem e devem executar um papel moderador no seio da magistratura do trabalho. Senão vejamos: o que pode acrescentar uma decisão complexa num processo de relação de trabalho (contrato laboral) de doméstica, se o mais importante é que prevaleçam seus direitos conforme o princípio legal?[59] O mesmo pode ocorrer quando se trata de um micro e pequeno empregador, que, diferentemente de uma grande empresa, não dispõe de uma assessoria de ponta para atender a demanda judicial, e cujo mister está no fato de que esse segmento é responsável por 80% da formalidade no país e emprega diretamente 50% do total da força ativa. Mas, *data venia*, não suporta uma sentença majorada, execução forçada e, menos ainda, abrupta e insensível do ponto de vista pedagógico e jurídico.

REFORMA ENGESSADA E GENEROSA COM O INSS

Enquanto a Previdência Social, na carona do EC nº 45/2004, está se beneficiando da nova estrutura da Justiça do Trabalho, para executar sua parte nos processos liquidados nos últimos cinco anos (já que os outros estão prescritos), o trabalhador amarga a morosidade na solução dos que tramitam em execução. Trata-se de um contencioso de bilhões

---

[59] Os direitos do empregado doméstico:
– Carteira de trabalho devidamente assinada.
– Receber mensalmente pelo menos um salário-mínimo (de acordo com a Constituição Federal de 1988).
– Irredutibilidade salarial.
– Gozo de férias anuais remuneradas com um terço a mais que o salário normal. A partir da Lei 11.324, de 19/7/2006, as férias passaram a ser de 30 dias corridos, em vez de 20 dias úteis.
– Estabilidade no emprego até o quinto mês após o parto, a partir da Lei 11.324, de 19/7/2006.
– 13º salário com base na remuneração (fração igual ou superior a 15 dias trabalhados).
– Repouso semanal remunerado (preferencialmente aos domingos).
– Aviso prévio de no mínimo 30 dias para a parte que rescindir o contrato, sem justo motivo.
– Salário-maternidade sem prejuízo do emprego e do salário, com a duração de 120 dias, pago pelo INSS.
– Licença-paternidade (5 dias).

de reais, que vai se dissipando, ao passo que os devedores dos créditos trabalhistas desaparecem do universo comercial (a média é de quatro para o grupo de dez ações), o que demanda a segunda fase da execução contra a pessoa do sócio. É preciso salientar, em primeiro plano, que a reforma trabalhista, em tramitação há 18 anos no Congresso, está ancorada na CCJ do Senado desde o início do governo Lula 2002, e não avança porque seus integrantes não encontram meios para agilizá-la ou perderam o interesse em fazê-lo, porque, segundo previsões, só deve ir a plenário em 2012.

A Emenda 45/04 trouxe à JT, entre outras, as seguintes alterações: aumento da composição do TST de 17 para 27 ministros (Art. 111-A); fixação do número mínimo de 7 juízes para os TRTs (Art.115); ampliação do rol de competências constitucionais (Art. 114): julgamento das ações oriundas da relação de trabalho incluídas as relações entre servidores e administração pública, ações oriundas do exercício de direito de greve e representação sindical, os remédios constitucionais sujeitos à jurisdição trabalhista, os conflitos de competência entre órgãos da jurisdição laboral, as ações de indenização por dano moral ou patrimonial afetas à relação de trabalho.

No tocante ao benefício da máquina da especializada, temos as ações relativas às penalidades impostas pelos órgãos de fiscalização, as execuções de ofício das contribuições sociais relativas à seguridade social do empregador e do trabalhador e outras controvérsias oriundas da relação de trabalho. O *trade* jurídico independente do Estado/judiciário questiona se a atuação de ofício do juiz do Trabalho, para cobrança de contribuição previdenciária em decorrência de suas decisões/sentenças/acordos, não feriria os princípios da imparcialidade do devido processo legal e da inexistência do contraditório: essa é a questão central.

Seguindo a linha dos defensores da inconstitucionalidade da execução de ofício, podemos arrazoar que haveria a quebra da imparcialidade se o magistrado iniciasse a execução de ofício para cobrar as contribuições sociais, atuando assim, em tese, como parte. Vejamos a lição de Idelson Ferreira: Ao presidir o processo de execução, mesmo quando este tem por objetivo a apuração e o recolhimento do crédito previdenciário, o juiz participa da relação processual como órgão do Estado, encarregado da prestação jurisdicional, e não no interesse do Poder Executivo. Para tanto, a sua participação deve se limitar à composição dos interesses em conflito; e como são sabidos, os interesses do Poder Executivo, no caso da execução das contribuições sociais, nem sempre estão representados por título líquido e certo, pois ainda dependem de um procedimento de liquidação, sujeito a ato decisório que integra o exercício da jurisdição (...).

COMPROMETIMENTO DA MÁQUINA LABORATIVA

Diante desse quadro inquietante que se formou no seio da especializada, pelo menos dois pontos são relevantes: o uso da máquina laborativa em benefício da Previdência Social, envolvendo o magistrado que deixa seus afazeres processuais de cunho essencialmente trabalhista, e o tempo suprimido dos serventuários.

Do ponto de vista legal, trazemos à tona o atual parágrafo único do artigo 876 da CLT, que trata da execução *ex officio* das contribuições previdenciárias incidentes sobre os salários pagos no período objeto do reconhecimento judicial do vínculo. Comparando o texto anterior com o texto atual do parágrafo único: Art. 876 – *Serão executadas* ex officio *os créditos previdenciários devidos em decorrência de decisão proferida pelos juízes e Tribunais do Trabalho, resultantes de condenação ou homologação de acordo (red. L. 10.035/00).*

Ou então, na segunda hipótese em vigor: Parágrafo único. Serão executadas ex officio as contribuições sociais devidas em decorrência de decisão proferida pelos juízes e Tribunais do Trabalho, resultantes de condenação ou homologação de acordo, inclusive sobre os salários pagos durante o período contratual reconhecido. (red. L. 11.457/2007).

Assim, está claro que a redação anterior do parágrafo único do artigo 876 da CLT não fazia menção aos salários pagos ao trabalhador durante o período em que havia reconhecimento judicial da relação de emprego. No entanto, a Justiça do Trabalho, de ofício ou mediante a descabida provocação do INSS, já promovia a execução de contribuições previdenciárias sobre os valores pagos durante o período em que foi reconhecida a vinculação jurídica empregatícia, com base no ilegal (para não dizer inconstitucional) § 7º do artigo 276 do Decreto 3.048/99, que regulamenta o artigo 43 da Lei 8.212/91.

PREVIDÊNCIA SOCIAL POSSUI A MAIOR FOLHA DE PAGAMENTO DO PLANETA

A Previdência Social é a responsável por mais de 26 milhões de benefícios diretos a pessoas que subsistem graças aos seus pagamentos de aposentarias, pensões, auxílios etc. A Previdência Social pagou: a) em 2005: R$ 146 bilhões; b) em 2006: R$ 165 bilhões; c) em 2007: R$ 185 bilhões; d) em 2008: R$ 201 bilhões; e) em 2009: projetados R$ 228 bilhões (dados da *Folha de S. Paulo*, 9.11.08). E isso consiste na maior folha de pagamento do planeta. Hoje, independentemente da ausência de dados de 2011, 2012 e 2013, esse quadro revela a necessidade premente de arrecadação dos tributos sociais, em consonância ao que dispõe o art. 114, VIII da CF/88: *Compete à Justiça do Trabalho processar e julgar: (...) VIII – a execução, de ofício, das contribuições sociais previstas no art. 195, I, a, e II, e seus acréscimos legais, decorrentes das sentenças que proferir*. Esse mecanismo, *data maxima venia*, só ganhou corpo após a EC 45/2004, que ampliou a competência da especializada.

Vale lembrar que a Lei nº 8212, de 24/6/91, que cuida da Organização da Seguridade Social e institui o Plano de Custeio, no seu art. 43, com a nova redação dada pela Lei nº 8620, de 5/1/93, prevê que *nas ações trabalhistas de que resultar o pagamento de direitos sujeitos à incidência de contribuição previdenciária, o juiz, sob pena de responsabilidade, determinará o imediato recolhimento das importâncias devidas à Seguridade Social*. Mas foi o Pleno do Tribunal Superior do Trabalho (TST) que pacificou a questão, ao decidir que não cabe à Justiça do Trabalho a cobrança das contribuições devidas ao INSS sobre as ações declaratórias, nas quais é reconhecido o vínculo de emprego do trabalhador sem pagamentos de quaisquer parcelas trabalhistas.

Neste capítulo reside uma das maiores agressões aos cofres da Previdencia, quando o juiz reconhece período com base em prova testemunhal, sem que o empregador seja ouvido, isso ocorre justamente quando se trata de empresa com atividade encerrada. A partir da referida decisão, o inciso I da Súmula 368 passa a dispor que *a competência da Justiça do Trabalho, quanto à execução das contribuições previdenciárias, limita-se às sentenças condenatórias em pecúnia que proferir e sobre os valores objeto de acordo homologado que integrem o salário de contribuição.*

Os frequentes erros de avaliação do Judiciário Laboral partem dos seus próprios integrantes, começando pelo comportamento discriminatório que dão aos sindicatos. É um desses equívocos, porque reflete posicionamento da entidade associativa dos juízes trabalhistas, antagônicos à PEC da Reforma Sindical, que modificava a estrutura das agremiações de trabalhadores, e foi apresentada pelo Ministério do Trabalho e Emprego, com subsídios do Fórum Nacional do Trabalho, contando com ostensiva oposição da entidade classista dos juízes (Anamatra).

Ocorre que a reforma trabalhista, como pretendia a elite nacional, não poderia anteceder à sindical. Os pontos da nova carta sindical e da laboral eram necessários para atender a enorme demanda legal dos direitos trabalhistas, que, se levados ao juízo, sem o anteparo das comissões de trabalhadores, ganhariam roupagem de complexo processualismo. Esse formato reacionário contra a estrutura jurídica do contrato laboral foi fulminado por força da alteração do art. 8º da CF na PEC da reforma, inciso VI – *É obrigatória a participação das entidades sindicais na negociação coletiva*, e ainda sendo mantido: *Às entidades sindicais cabe a defesa dos direitos e interesses coletivos ou individuais no âmbito da representação, inclusive em questões judiciais e administrativas.*

As agruras do empregador ganham dimensão irracional, senão vejamos: na oportunidade, o presidente do Flamengo, Walter Oaquim, deu a seguinte declaração à imprensa: *Não me lembro de ter vindo ninguém com papel timbrado para comprar o Marco Antônio (jogador). Até por-*

que ele não demonstrou qualidades para ser titular do Flamengo e ficava atrás do Athirson e do Cássio. Você acha que diante disso eu não venderia? Até porque o Flamengo sempre precisa de dinheiro. Acho ridícula essa pretensão de receber dinheiro alegando isso. Só pode ser brincadeira. E foi mais à frente: *Infelizmente, no Flamengo, existe uma indústria da Justiça Trabalhista. Funcionários que trabalham ganhando R$ 1 mil e depois conseguem R$ 400 mil na Justiça tornaram-se rotina.*

Mas isso também ocorre com frequência, entre outros, no segmento da gastronomia, em que garçons, com pouco tempo de contrato, são contemplados com sentenças milionárias. Esse *aberratio juris* pode ser contestado, mas, para isso, a reclamada precisa estar bem assessorada, o que nem sempre é possível devido à escassez de recursos para manter um departamento jurídico capaz de enfrentar essas nuances do processo trabalhista. Este poderia ser agasalhado no sentido de acolher a proteção do estatuto do microempresa, ao passo que o reclamante, sob a égide da hipossuficiência, recebe enorme ajuda do juiz no quesito execução, graças ao termo "de ofício", que faculta ao juiz a condição especial de impulsionar o feito. O reflexo dessa anomalia é o baixo índice de arquivamento de processos na JT.

Aqueles que defendem maior liberdade na solução dos conflitos não podem olvidar que o Direito positivo não autoriza a Justiça do Trabalho a atuar na homologação de acordos celebrados antes da interposição da competente ação, posto que o art. 114 da Constituição Federal é claro ao dispor que: *Compete à Justiça do Trabalho conciliar e julgar os dissídios individuais e coletivos entre trabalhadores e empregadores, abrangidos os entes de Direito público externo e da administração pública direta e indireta dos municípios, do Distrito Federal, dos estados e da União, e, na forma da lei, outras controvérsias decorrentes da relação de trabalho, bem como os litígios que tenham origem no cumprimento de suas próprias sentenças, inclusive coletivas.*

Enquanto pairam dúvidas quanto ao tema específico proposto, há quem defenda a inconstitucionalidade parcial do §3º do artigo 114 da CF/88 no que tange à expressão "de ofício", que comprometeria a imparcialidade do juiz. De modo incisivo, vem o posicionamento daqueles que vislumbram no parágrafo citado a violação aos princípios do devido processo legal, da ampla defesa, do contraditório e da independência e separação dos poderes. Isso porque, na petição inicial trabalhista, não haveria pedido de condenação do réu (reclamado) ao pagamento de contribuições.

Ao contrário de sua linha filosófica, conciliadora, célere e eficaz, a reforma trabalhista não tem, no seu texto, até o momento, propostas viáveis para torná-la moderna, ágil e capaz de atender sua enorme demanda de ações, agravada pela enchente de execuções da Previdência Social. Mais de 80% delas envolvem valores incontroversos que já deviam ter sido pagos ao trabalhador, o que não ocorreu por deficiência fiscal do INSS. Isso ocorre porque os dois pontos nevrálgicos que tratam do conhecimento da ação, instrução e sentença, ganharam, nos últimos anos, por conta da inexplicável liberdade para julgar e formatar suas peças decisivas, oposição aos critérios rígidos de viabilidade incorporados por enorme gama de inovações que elitiza o processo trabalhista, deixando-o sem consistência necessária para sua eficácia.

Se a máxima da magistratura considera que o juiz não é onipresente, e para suas decisões cabe recurso, a prática desarranjada do ritual processual põe em risco a execução, e inúmeros são os erros que levam a nulidades e transformam a lide num *aberratio juris*. Vale lembrar que em 1992, o então ministro do TST, Almir Pazzianotto, em texto extraído de documento dos anais do Senado, deu a seguinte declaração. "Senadores, volto à Justiça do Trabalho, que é um caso à parte. Um lamentável caso à parte". *A Justiça do Trabalho é lenta, conservadora, tem grande dose de vaidade e precisa compreender que não resolverá os problemas do país. A afirmação é minha? – assevera. (...).*

Enquanto proferem discursos, os legisladores continuam míopes com relação a esse *aberratio juris* na Justiça do Trabalho, na qual, por exemplo, o advogado que durante anos trabalhou a causa, na hora de receber sua mais-valia (honorários), recebe tão somente sobre o valor líquido, a não ser que, num acordo com seu cliente, ele inclua uma cláusula contratual que abranja toda a verba quitada na homologação do processo. Isso seria, *data venia*, impossível para os processos anteriores ao ano de 2000, até mesmo naqueles casos em que parte do período laborado esteja acima deste.

PRÁTICAS NOCIVAS NÃO PUNIDAS

Os excessivos erros que ocorrem no judiciário brasileiro causam prejuízos aos litigantes e, na concepção de renomados juristas, acontecem porque não existe lei específica independente (autônoma) que permita a ação da sociedade civil, e trate dos "aspectos punitivos". Isso acaba deixando a parte desprotegida, porque o juízo estatal (federal e estadual) tem suas funções reguladas pelo código disciplinar, a Lei Orgânica da Magistratura Nacional (Loman).

O Código de Ética da Magistratura (CEM) recém-aprovado pelo CNJ reúne 42 artigos, mas apenas um deles, o art. 25, de redação sucinta impõe ao magistrado o dever de cautela, conforme sua letra: *Especialmente ao proferir decisões, incumbe ao magistrado atuar de forma cautelosa, atento às consequências que pode provocar*. Mas existem outros dispositivos da mesma Carta que estabelecem penas severas ao magistrado: os artigos 35 e 49.[60]

---

[60] Art. 35 – São deveres do magistrado:
I – cumprir e fazer cumprir, com independência, serenidade e exatidão, as disposições legais e os atos de ofício;
II – não exceder injustificadamente os prazos para sentenciar ou despachar;
III – determinar as providências necessárias para que os atos processuais se realizem nos prazos legais;
IV – tratar com urbanidade as partes, os membros do Ministério Público, os advogados, as testemunhas, os funcionários e auxiliares da Justiça, e atender aos que o procurarem, a qualquer momento, quando se trate de providência que reclame e possibilite solução de urgência;
V – residir na sede da Comarca, salvo autorização do órgão disciplinar a que estiver subordinado;

Só no caso de violação à regra imposta pelo CEM, quando necessária, as penalidades são julgadas por Corte dos próprios tribunais, mas acabam em paliativas e medíocres decisões corporativistas, mesmo em se tratando de erro grave, cuja lesão leva irreparável dano à parte, em especial o material. Em alguns casos, a própria sociedade é a maior penalizada, conforme decisão do juiz criminal titular do fórum da cidade do Rio de Janeiro, Alcides da Fonseca Neto, que colocou em liberdade Valter Barbosa da Paixão. Segundo o processo, *ele foi encontrado armado dentro de um carro roubado em Marechal Hermes, bairro do subúrbio do Rio, e processado por porte de arma e corrupção.* Nas suas razões, o magistrado fluminense explicou que *o erro ocorreu por descuido da servidora da vara, da promotoria e dele mesmo, que copiou um texto já utilizado em outro processo, e assinado após ser colado nos autos.*

Numa decisão do então ministro Carlos Alberto Menezes Direito, do Supremo Tribunal Federal (STF), foi concedida uma liminar devolvendo a vitaliciedade ao promotor Thales Ferri Schoedl, contrariando decisão do Conselho Nacional do Ministério Público (CNMP), que havia decidido pela retirada do direito, além de exonerá-lo do cargo. Thales foi acusado de *ter atirado contra dois jovens, ambos de 20 anos, na cidade de Bertioga, litoral de São Paulo, em dezembro de 2004, quan-*

VI – comparecer pontualmente à hora de iniciar-se o expediente ou a sessão, e não se ausentar injustificadamente antes de seu término;
VII – exercer assídua fiscalização sobre os subordinados, especialmente no que se refere à cobrança de custas e emolumentos, embora não haja reclamação das partes;
VIII – manter conduta irrepreensível na vida pública e particular.
Art. 49 – Responderá por perdas e danos o magistrado, quando:
 I – no exercício de suas funções, proceder com dolo ou fraude;
 II – recusar, omitir ou retardar, sem justo motivo, providência que deva ordenar o ofício, ou a requerimento das partes.
Parágrafo único – Reputar-se-ão verificadas as hipóteses previstas no inciso II somente depois que a parte, por intermédio do escrivão, requerer ao magistrado que determine a providência, e este não lhe atender o pedido dentro de dez dias.

do o estudante Diego Mendes Modanez acabou morto e Felipe Siqueira Cunha e Souza ficou gravemente ferido.

MAGISTRADOS NÃO ADMITEM RESPONSABILIDADE PELA LENTIDÃO

Essa deformação administrativa, corrompida com o distanciamento e insubordinação ao mando superior, acaba produzindo efeitos colaterais, freando grande massa de processos que, na primeira instância, não está acontecendo por acaso, tendo suas raízes no 17º Congresso da Associação de Magistrados Brasileiros (AMB), realizado na cidade de Natal, em outubro de 2001, quando foram discutidas propostas da reforma do judiciário levadas pelo então ministro da Justiça Bernardo Cabral.

Eram questões cruciais para os juízes, entre outras, da Súmula Vinculante, do Conselho Nacional de Justiça (CNJ), mudança das regras para ingresso na magistratura, com exigência de comprovação de cinco anos de exercício da advocacia, e a quarentena, obrigando juízes, desembargadores, promotores e procuradores a ficarem três anos sem advogar depois de deixarem suas funções no judiciário. Quando se atacou a reforma do judiciário, o foco era a magistratura. Esse foi um erro crucial, que, naquele momento, a reforma poderia ter avançado em questões administrativas. O esqueleto do judiciário brasileiro precisava de uma arquitetura jovial, com novas linhas de procedimentos, sendo a principal delas a comunicação com as partes que litigam na Justiça.

Aprovado na reforma do judiciário, o CNJ foi criado com pequena alteração em sua composição, excluindo os representantes da sociedade, e atuando com punições aos juízes que cometeram delitos administrativos, obrigando-os ao cumprimento da lei, extirpando do jurisdicionado brasileiro o nepotismo na contratação de funcionários do judiciário. Mas a verticalização era previsível em resposta à aprovação da súmula vinculante (os juízes queriam a súmula impeditiva, porque não travaria as decisões de primeiro grau), com o segundo e primeiro graus do judiciário. Por outro lado, a eleição direta para cargos de direção nos tribunais também não foi incluída no texto da reforma.

Diante da barreira legislativa enfrentada pela magistratura para aprovação, um dos seus temas preferidos, a Justiça Trabalhista foi a que mais se ressentiu. Em resposta, reorganizou-se com tamanha rapidez, somando forças, e hoje está isolada do seu Colendo Superior (TST), a ponto de não respeitar a grande maioria de suas decisões, inclusive as do CNJ, TST e corregedorias dos TRTs, que são totalmente ignoradas entre os magistrados que atuam dessa forma. Diria até que com razão dependem da boa aplicação do Direito para tramitar sem incidentes de fluxo.

O mais grave é que esse senão ocorre por ausência de um código do trabalho mais abrangente e capaz de suprir as constantes aplicações do texto subsidiário do CPC e da Lei Fiscal, este último de extrema urgência, já que justamente nesse capítulo reside a maior vulnerabilidade da JT. Na execução, são tomadas inúmeras decisões processuais com aplicativos que alteram o DNA da lei, corrompendo os códigos vigentes no país. Esse posicionamento da toga trabalhista na primeira instância é altamente danoso, pois corrompe todo processo jurisdicional.

OMISSÃO OU FALTA DE PREPARO TÉCNICO DO JUIZ

Existe ainda outra questão da maior importância e pouco abordada pelos que interagem nas questões do judiciário trabalhista: a falta de conhecimento dos seus juízes no trato de matérias diferenciadas. Sendo uma Justiça especializada nas relações de trabalho, estão esses profissionais distantes de questões que envolvem os mais variados temas que por veze envolvem o processo trabalhista, a exemplo da penhora, quando se trata de cotas societárias. Esse é, *data venia*, um universo muito pouco trabalhado na formação do magistrado trabalhista, já que é uma matéria que vem sendo tratada na Justiça comum, nas varas empresariais e que por isso mesmo produzem todas as informações que podem ser aplicadas, subsidiariamente, ao processo do trabalho, até porque é assim que a CLT determina. Da mesma forma que o advogado garimpa subsídio para formatar suas petições de recursos, pode o juiz fazê-lo antes de tomar uma decisão sobre essa matéria, mesmo que seja um simples despacho denegativo ao de admissão.

O problema é que muitos decidem sob a inspiração do *in dubio pro misero*. Assim, surgem aqueles fenômenos em que só a Justiça kaboral produz a sentença ou decisão, em matéria da qual não se pode extrair uma vírgula, porque o ponto cerne da questão não foi atacado, sequer admitida a matéria, estando o juiz preventivamente se esquivando de resolver ou trabalhar o tema. Quem acha que ainda é pouco aguarde as questões que vão envolver o processo eletrônico, pois teremos com certeza um turbilhão de nulidades e a propagação de uma onda de novas ações, para desfazer as que, pelo rito eletrônico, serão transformadas em autênticos farrapos.

CASOS DE PUNIÇÃO AOS JUÍZES

Examinando os procedimentos administrativos nas corregedorias dos tribunais e nos Colendos Superiores, esses não são casos isolados no jurisdicionado brasileiro, pois existem milhares de processos com erros de juízo. Os números alertam para o pior. Na grande maioria, esses procedimentos são esvaziados e acabam engavetados. Não foi esse o caso do juiz titular da 4ª Vara Criminal (SP), José Fernando Azevedo Minhoto, da comarca de Osasco, que recebeu pena de censura "por ter descumprido decisão do Tribunal de Justiça de São Paulo. Ele ficará um ano fora da lista de promoção por merecimento".

A punição foi aplicada pelo Órgão Especial do TJ paulista, e o magistrado respondeu por afronta aos deveres do cargo, infração disciplinar prevista na Lei Orgânica da Magistratura Nacional. Ele descumpriu uma decisão da 5ª Câmara Criminal do TJ-SP. O acórdão descumprido é datado de 12 de abril do ano de 2007; tratava-se de um pedido de *habeas corpus* apresentado pelo réu Emerson Rodrigues dos Santos, acusado de roubo duplamente qualificado.

O fato é que o nosso modelo de Justiça tem estruturado historicamente o direito à segurança jurídica. Assim, o cidadão pode exercer seus direitos individuais contra interferências arbitrárias do Estado, do poder arbitrário de terceiros, do descumprimento de contrato ou de outras ações que atinjam seus interesses individuais, mas, no caso da magistratura, esse capítulo é atípico, porque existe um "buraco negro".

A germinação de ocorrências acidentárias no judiciário brasileiro é fruto da clonagem do modelo vetusto das antigas cortes europeias dos séculos XVI, XVII e XVIII, cujos magistrados, senhores da verdade absoluta, tinham poderes de Estado e podiam, sem ser contestados, praticar os atos, sob o apanágio do dever de Estado.

A existência de Cortes Especiais não tem oferecido aos prejudicados com *damnum rei amissa*, a real garantia de restabelecimento pela via legal do dano causado por decisão do julgador, porque não existe lei própria para esse fim quando se trata de punição ao magistrado, meio apenas previsto no processo administrativo, que é levado aos Órgãos Especiais dos tribunais. Essa visão corretiva para o judiciário estatal precisa, *data maxima venia*, de texto legal próprio, embora enfrente o corporativismo. O processo legal, para reparo por si, já penaliza o magistrado faltoso, e acabará solidificado no decorrer do tempo, inibindo erros, tornando mais aguda a atenção do julgador.

Essa preocupação dos atos do juízo trabalhista não vem à tona por nada, aparentemente não oferece risco, só que, na tentativa de solidificar medidas restritivas, supraleis, magistrados trabalhistas participaram, em 2007, de evento no qual aprovaram setenta e nove enunciados, genéricos, sem fundamento de lei, ou seja, pontos alienígenas que seriam, no futuro, enxertados nas sentenças de primeiro grau.

Um deles prevê: *A interdição de estabelecimento e afins, ação direta na JT (…)*, com *A interdição de estabelecimento, setor de serviço, máquina e equipamento, assim como o embargo de obra (art. 161 da CLT) que podem ser requeridos na especializada, com a proteção do art. 114,*

I e VII, da CF, sem sede principal ou cautelar, pelo MPT, pelo sindicato profissional (art. 8º, III, da CF), ou qualquer legitimado específico para tutela judicial coletiva em matéria labor-ambiental (arts. 1º. I, 5º, e 21 da Lei 7.347/85), independentemente de instância administrativa. Preocupante, embora tenha alguma razão isolada na peça extrajudicial de normas, a posição do grupo que reuniu menos de oitenta magistrados e aprovou esse conjunto de supranormas, que hoje já são, temerária e arbitrariamente, aplicadas pelos juízes de primeiro grau.

OPINIÕES CHEGAM AO RADICALISMO

Muitos entendem que somente com medida ampla e concreta, corajosa e radical, se poderia chegar próximo da modernização da Justiça no Brasil e, consequentemente, modificar o atual quadro de insatisfação pela morosidade processual. Por exemplo, a extinção de todos os tribunais superiores que não servem para seus propósitos, em especial o Superior Tribunal de Justiça (STJ), que reiteradamente decide e cria súmulas de jurisprudência contrárias à lei e aos interesses da cidadania, conforme verbetes nºs 371 ("nos contratos de participação financeira para a aquisição de linha telefônica, o Valor Patrimonial da Ação é apurado com base no balancete do mês da integralização"), 380 ("a simples propositura da ação de revisão de contrato não inibe a caracterização da mora do autor") e 381 ("nos contratos bancários, é vedado ao julgador conhecer, de ofício, da abusividade das cláusulas"). Não seria pouco, eis que estamos falando objetivamente de um tribunal superior, onde as principais ações estão, hoje, fora do lote comandado pelas pequenas causas cíveis.

Existe a revisão do Código de Processo Civil brasileiro, ou o novo CPC, que se encontra nas mãos de juristas e legisladores. Temos normas processuais anacrônicas, ultrapassadas, formalistas e que acabam sendo transformadas em autênticos monstrengos jurídicos. Assim sendo, normalmente se prestam a favorecer aquelas partes desprovidas do efetivo direito material. Dessa forma, caminhamos para a extinção de vários recursos atualmente existentes, cabendo aos tribunais estaduais, como já ocorre, revisar, além da matéria impugnada em sede de apelação, todas as questões debatidas e decididas durante a tramitação processual (art. 515 e seus §§ c/c art. 267, § 3º, ambos do CPC).

Perto disso, e com os olhos voltados à especializada do Trabalho, vamos analisar com parcimônia alguns pontos que são aplicativos aos juízes:

Art. 37 – *Os Tribunais farão publicar, mensalmente, no órgão oficial, dados estatísticos sobre seus trabalhos no mês anterior, entre os quais: o número de votos que cada um de seus membros, nominalmente indicado, proferiu como relator e revisor; o número de feitos que lhe foram distribuídos no mesmo período; o número de processos que recebeu em consequência de pedido de vista ou como revisor; a relação dos feitos que lhe foram conclusos para voto, despacho, lavratura de acórdão, ainda não devolvido, embora decorridos os prazos legais, com as datas das respectivas conclusões.*

No capítulo "Da Responsabilidade Civil do Magistrado" – Art. 49 – *Responderá por perdas e danos o magistrado, quando: I – no exercício de suas funções, proceder com dolo ou fraude; II – recusar, omitir ou retardar, sem justo motivo, providência que deva ordenar o ofício, ou a requerimento das partes. Parágrafo único – Reputar-se-ão verificadas as hipóteses previstas no inciso II somente depois que a parte, por intermédio do escrivão, requerer ao magistrado que determine a providência, e este não lhe atender ao pedido dentro de dez dias.* Quem conhece de perto essas questões, que afligem as pessoas envolvidas com ações e seus advogados, sabe perfeitamente que estamos diante de um texto quase que ausente do jurisdicionado brasileiro.

CAPÍTULO V

"PARTIDARIZAÇÃO" DA JUSTIÇA DO TRABALHO

JUDICIÁRIO POLITIZADO

O tema da politização do judiciário vem ganhando bastante notoriedade nos últimos dez anos no Brasil, principalmente na especializada. É o caso de se pensar em organizar o Partido da Justiça do Trabalho. O Supremo Tribunal Federal (STF), diante de acontecimentos que ocasionaram transformações na jurisdição constitucional, encontra-se em um estágio de sua magistratura talvez não conhecido pelos clássicos do Direito Constitucional pátrio. É que, a Corte enfrenta uma sucessão de casos que demandam, como nunca antes, um "atravessar de fronteiras" do papel judicial rumo às questões "essencialmente" não jurídicas, ou, pelo menos, condizentes com a moral, o poder e mesmo com a justiça. Os autores clássicos do Direito Constitucional brasileiro, como Rui Barbosa, entendiam ser "estranha" ao Poder Judiciário a análise de questões políticas, tema bastante debatido nos Estados Unidos, modelo de inspiração de nossas instituições político-jurídicas após o advento da República, em 1889.[61]

Observei que desde 2001 a nova roupagem da Justiça do Trabalho deu cores berrantes aos seus atores, com posicionamento político não apenas em relação aos seus problemas afetos, mas também a questões

---

[61] BARBOSA, Rui. *Comentários à Constituição Federal brasileira*. São Paulo: Saraiva, 1933.

políticas do país. Isso, embora seja, a meu ver, um direito comum a todos, em se tratando de magistrados, assinalo que esse posicionamento deve ser expressado entre eles, isto é, de forma segmentada, e não pela exposição aberta e exagerada, conforme vem se constatando e permanece até hoje. A falta de compostura ficou tão latente que muitos ostentaram *bottons* do PT durante as audiências, em total falta de decoro e desrespeito aos jurisdicionados.

Questiono aqui se esse tipo de partidarismo atrelado a agremiações de esquerda traz algum benefício ao servidor juiz. Afinal, do outro lado do balcão dessa especializada está o cliente (empregador e empregado). São eles, com as ações propostas em face de outro, que fomentam a máquina judiciária, alimentam e acalentam o sonho de milhares de servidores e juízes que recebem os mais altos salários, gratificações e benefícios do planeta. A sociedade de consumo judiciário exige dos seus membros resultados que preencham os seus anseios na solução da sua pendenga judicial. O trabalhador não quer uma "sopa de letrinhas jurídicas", pergaminho de decisório que não alcance a eficácia. É fato concreto que os que demandam na JT são seus principais impulsionadores e, consequentemente, a resposta no mínimo seria um tratamento à altura, e sobretudo, com o merecido respeito aos patronos das ações (advogados), que hoje se deparam com piadas irônicas, acintes e total desrespeito, até mesmo às suas prerrogativas, garantidas no art. 133 da Constituição da República.

Na verdade, a metamorfose das relações entre o Direito e a política, tão afeita ao Direito constitucional, era, no passado, matéria inerente ao chamado direito político, que estabelecia de forma mais satisfatória as fronteiras existentes entre o jurídico e o político.[62] Atualmente, estamos a assistir, cada vez mais, ao paulatino desaparecimento dessas fronteiras, ocasionadas pelo "alargamento proposital" das funções do Poder Judiciário com relação a temáticas antes desconhecidas pelo

---

[62] Nesse sentido, ver TEJADA, Francisco Elías de. *Derecho Político*. 1ª ed. Madrid: Marcial Pons, 2008, p. 17 e seguintes.

mesmo. Esse fator de amplitude do campo de atribuições da jurisdição sobre matérias inerentes aos poderes políticos vem acarretando inúmeros problemas até então desconhecidos, como, por exemplo, a natureza "não democrática" do Poder Judiciário querendo tomar para si atribuições inerentes ao processo político da democracia, ou então a anexação de funções "típicas" de outros poderes.

A separação de poderes tem como foco a ideia genuína de "limitar o poder", de estabelecer um "controle" recíproco entre os poderes a fim de garantir a liberdade. A limitação do poder é algo inerente ao Estado de Direito. Porém, estamos assistindo no Brasil à progressiva flexibilização do "controle", sua superação para um regime institucional inteiramente novo, estranho aos modelos imaginados pelo Direito constitucional nos últimos dois séculos. De fato, o alargamento do Poder Judiciário no Brasil para além de sua competência está a demonstrar que o atual cenário da jurisdição constitucional entre nós não se dá mais no campo do "tipicamente jurídico", mostrando-se, de que o judiciário está a realiza uma autêntica "jurisdição política", segundo a qual aparece como *ultima ratio decidendi* no Estado de Direito democrático brasileiro.

Não obstante isso, subsistem constituições que alargam funcionalmente o papel da jurisdição para além de atribuições anteriormente desconhecidas, ora em razão do aumento de competências das cortes constitucionais europeias – órgãos de jurisdição especializada –, ora em supremas cortes – órgãos de última instância do Poder Judiciário – que, em sistemas de *stare decisis*, por vezes, encampam para si matérias relativas ao campo político. Assim, a politização da Justiça, ou judicialização da política, pode ser fenômeno previsto pelos sistemas jurídicos existentes. Por isso, entende-se o ingresso do Poder Judiciário na área da política governamental, isto é, no conjunto de matérias próprias da governabilidade e da política propriamente dita, tendo por base uma previsão normativa que propicie essa ampliação funcional.

Ordenamentos jurídicos existem, por outro lado, que não preveem tal fenômeno. Geralmente, constituições de tais sistemas não estipulam diretamente a ampliação do judiciário para questões políticas, embora, na prática, isso possa suceder com reformas institucionais e dinâmicas processuais. Entre nós, reformas institucionais e processuais tais como a ampliação de instrumentos do controle abstrato de normas como as leis nºs 9.868 e 9.882, ambas de 1999, bem como a importação de ideias "distorcidas e mal compreendidas" do Direito anglo-saxônico por parte da atual *jus* publicística nacional, como é o caso do chamado neoconstitucionalismo, estão acarretando a deformação do papel clássico do Poder Judiciário no atual sistema judicial brasileiro. Temas como bioética,[63] fidelidade partidária,[64] medidas provisórias,[65] comissões parlamentares de inquérito,[66] entre outros, permitiram a entrada do Supremo Tribunal Federal em temas específicos da política. A análise do mérito de tais questões levou, e ainda está levando, o Poder Judiciário brasileiro a assenhorar questões existenciais e políticas estranhas à sua natureza funcional.

Hoje, constata-se que o Poder Judiciário quer tomar para si atribuições inerentes ao processo político da democracia, ou então a anexação de funções típicas de outros poderes. Isso significa que o tribunal que tem função de julgar recursos e examinar matérias de sua consulta/competência, passou a legislar ao sabor de códigos, quase sempre deturpados até mesmo do seu texto original. Uma dessas ingerências está na aplicação do artigo 475-J do CPC, que afronta dispositivo da CLT, em que a execução está afiançada pelo artigo 880.

Nesse cenário atípico, e cabe a pergunta: isso se deve a judicialização da política ou à postura ativista de nossos magistrados, sedentos por "dizer" o Direito em áreas que, até pouco, não lhes cabiam manifestar-se? É um fenômeno de politização do Poder Judiciário ou de ativismo judicial? O que estamos vivenciando com o "novo poder judiciário" brasileiro? Seria

---

[63] STF, ADIn nº 3.510-0 – DF, 2008.
[64] STF, Mandado de Segurança nº 26.603-1 – DF, 2007.
[65] STF, Mc-ADIn nº 1.910 – DF.
[66] STF, Mandado de Segurança nº 24.831 – DF, 2005.

esse novo judiciário o cartório do governo federal, que repatriou seus afazeres administrativos, na execução fiscal, banalizada pela incompetência dos seus agentes, cujas negociações jamais atingiram os reais propósitos do erário?

Leniente e obcecado por direitos corporativos, os magistrados optaram por trocar os conhecimentos jurídicos pela praticidade de seus benefícios pessoais, a saber, remuneração, vantagens, status e, por fim, o superpoder, de tal forma que jamais poderiam ser contestados (essa é a prática) de fora ou dentro do seu habitat. A prova cadente desse senão subtraímos das jornadas realizadas pelos juízes do Trabalho, que aprovam dezenas de enunciados genéricos. O fato é que a insegurança jurídica está em marcha, não como causa institucional do Direito – o que poderia ocorrer num ambiente de politização da Justiça –, mas por ocasião do abuso institucional que estamos a presenciar, a saber, um ativismo que corrói as bases da certeza judicial e que é movido, no âmago volitivo de nossas elites jurisdicionais, por uma pretensa ideologização judicial. A blindagem dos magistrados é visível, a própria sociedade já não digere tamanha injunção. Como prova disso, estão aí os baixos índices de credibilidade do judiciário. Com a judicialização da existência, verifica-se uma ideologização da vida social, segundo a mentalidade dos agentes da magistratura constitucional que, por suas decisões, "obrigam a consciência" de nossas classes jurídicas. Tal fenômeno, que abarca o foro da consciência individual e a transforma em foro coletivo segundo o entendimento dos "agentes constitucionais", está ocasionando a perda da imparcialidade jurisdicional em nome da "Justiça"! E jogando no abismo o mais sublime dos direitos, o da igualdade social.

MUITAS VOZES SE LEVANTAM

Já faz algum tempo que o judiciário vê a imagem refletida no espelho da descrença. As razões devem-se tanto ao comportamento de alguns quadros quanto à própria jurisprudência produzida nos tribunais.

Muitos manifestam sua opinião em conceituados sites interativos, para dizer o quanto é comum confundir o ente político, que se põe a serviço da coletividade, com o ator, que usa a política para operar interesses escusos. Naquele habita a grandeza, neste reside a vilania. Considerando essa diferença, alguns membros do Poder Judiciário, entre muitos que orgulham a nação, possivelmente lendo de maneira enviesada o conceito aristotélico, parecem confundir Política com P maiúsculo com politicagem com p minúsculo. A politização, portanto, tem duas bandas.

Particularmente na esfera de comandos de grande visibilidade, como é o caso dos presidentes do Supremo Tribunal Federal (STF) e do Superior Tribunal de Justiça (STJ), constata-se uma verbalização fecunda, quando não contundente, e intensa articulação com representantes de outros poderes, derivando daí a impressão de que os ministros desceram do altar na qual se cultua o judiciário para implantar a banalização política. Enquanto o judiciário como sustentáculo democrático de fazer direito é olhado pelo retrovisor dos dirigentes dos tribunais, cresce em todos os sentidos a descrença da sociedade.

Há, ainda, um pérfido voto que sai aos montes das cortes: o ideológico. Nas demandas trabalhistas, empresas governamentais sempre levam a melhor. Se a empresa é privada, o vitorioso quase nunca é o patrão, comprovando que as decisões não contemplam os fatos. Não se enxergue, aqui, defesa de categoria social. O que se pretende demonstrar é que o maior patrimônio de um juiz é a independência. Essa é a ferramenta para ele ultrapassar a barreira da democracia formal e galgar as fronteiras da democracia substantiva, seara em que deve julgar conforme a consciência, indo até contra a vontade de maiorias, defendendo direitos fundamentais, não se curvando às pressões midiáticas nem às correntes de opinião.

Não se pretende também defender a ideia de que o juiz precisa vestir o figurino da neutralidade. Juízes insípidos, inodoros e insossos tendem a ser os piores.

O que a sociedade quer é voltar a encontrar no judiciário as virtudes que tanto enobrecem a magistratura e outros serventuários da Justiça:

independência, saber jurídico, honestidade, coragem e capacidade de enxergar o ideal coletivo. O filósofo Bacon[67] já pregava: *Os juízes devem ser mais instruídos que sutis, mais reverendos que aclamados, mais circunspetos que audaciosos. Acima de todas as coisas, a integridade é a virtude que na função os caracteriza.* Por que esses valores têm sido tão fragmentados? A ingerência do executivo sobre o judiciário é uma delas. Ingerência que se liga ao patrocínio de nomeações. A mão que nomeou um magistrado parece permanecer suspensa sobre a cabeça do escolhido, gerando retribuição.

O Poder Executivo acaba quase sempre levando a melhor quando se vale do STF, o que leva o jurista Paulo Bonavides à ênfase: *A Suprema Corte correrá breve o risco de se transformar em cartório do Poder Executivo.* Diria que hoje ela já é a extensão desta pretensão latente no meio jurídico estatal. Escrevem os articuladores que, noutras instâncias, as promoções na carreira costumam passar por cima de critérios de qualidade. Uma liturgia de herança de poder se instala, com muita docilidade, junto às cúpulas dos tribunais. Milhares de juízes, entre

---

[67] Francis Bacon, também referido como Bacon de Verulâmio (Londres, 22 de janeiro de 1561 – Londres, 9 de abril de 1626), foi um político, filósofo e ensaísta inglês, barão de Verulam (Verulamo, ou ainda Verulâmio), visconde de Saint Alban. É considerado o fundador da ciência moderna. Desde cedo, sua educação orientou-o para a vida política, na qual exerceu posições elevadas. Em1584, foi eleito para a Câmara dos Comuns. Sucessivamente, durante o reinado de Jaime I, desempenhou as funções de procurador-geral (1607), fiscal-geral (1613), guarda do selo (1617) e grande chanceler (1618). Nesse mesmo ano, foi nomeado barão de Verulam e, em1621, barão de Saint Alban. Também em 1621, Bacon foi acusado de corrupção. Condenado ao pagamento de pesada multa e proibido de exercer cargos públicos. Como filósofo, destacou-se com uma obra em que a ciência era exaltada como benéfica para o homem. Em suas investigações, ocupou-se especialmente da metodologia científica e do empirismo, sendo muitas vezes chamado de "fundador da ciência moderna". Sua principal obra filosófica é o *Novum Organum*. Francis Bacon foi um dos mais conhecidos e influentes rosa-cruzes e também um alquimista, tendo ocupado o posto mais elevado da Ordem Rosa-cruz do Imperator. Estudiosos apontam-no como o real autor dos famosos manifestos rosa-cruzes, *Fama Fraternitatis* (1614), *Confessio Fraternitatis* (1615) e *Núpcias alquímicas de Christian Rozenkreuz* (1616) (fonte:Wikipédia).

os 13,4 mil espalhados pela federação, carecem de condições técnicas para exercer com dignidade as funções.

A CONDENAÇÃO DO ESTADO POR DEMORA DA JUSTIÇA

Em entrevista concedida pelo ministro Luiz Felipe Salomão,[68] do STJ, ao conceituado site gaúcho *Espaço Vital*, o magistrado afiançou que *Itália, Portugal, Espanha e França já sofreram condenações no âmbito da União Europeia por não cumprirem o princípio da razoável duração do processo, que vige no bloco europeu. Para ele, se o atual quadro no Brasil não mudar, chegará o momento em que o Estado brasileiro também será chamado a responder pela demora injustificável no desfecho das causas, e sofrerá condenações.*

Em suas considerações, Salomão reconhece *as reclamações e críticas de partes da sociedade e da imprensa em relação à Justiça. O juiz precisa de um tempo para resolver o processo, para maturar a questão, meditar, colher prova. Mas, claro, esse tempo não precisa ser tão longo*

---

[68] Luis Felipe Salomão (Salvador, 18 de março de 1963), juiz brasileiro indicado pelo presidente Luiz Inácio Lula da Silva, em 2008, para integrar o Superior Tribunal de Justiça (STJ). O magistrado construiu sua carreira acadêmico-jurídica no estado do Rio de Janeiro. Graduou-se pela Faculdade Nacional de Direito da Universidade Federal do Rio de Janeiro e foi desembargador do Tribunal de Justiça do Rio de Janeiro (TJ). Lecionou Direito Comercial e Processual Civil na Escola da Magistratura daquele estado de 1991 a 2008. No primeiro grau, atuou como juiz de Direito em diversas comarcas do interior do estado e na capital fluminense. Presidiu a Associação dos Magistrados do Rio de Janeiro no biênio 2002/2003 e atuou como secretário-geral e diretor da Associação dos Magistrados Brasileiros (AMB) nos biênios 1998/99 e 2000/01.
No dia 2 de setembro de 2008, Salomão deu o voto de desempate em um recurso histórico para a comunidade LGBT. O STJ decidiu que o reconhecimento da união entre pessoas do mesmo sexo se dará sob a ótica do Direito de Família. Com essa decisão, fica aberta a porta para que se estabeleça a existência de uma união estável entre pessoas do mesmo sexo. O voto de desempate do ministro Salomão pode dar um novo rumo aos direitos dos homossexuais, tanto no judiciário como em futuros projetos do Legislativo. Livros publicados:

assim. Por outro lado, a culpa não pode ser atribuída simplesmente ao juiz. Qualquer ser humano tem uma capacidade para trabalhar e os juízes brasileiros são alguns dos que mais julgam no mundo".

Sobre a responsabilidade do juízo, ele explicou: "*o Estado pode ser responsável pela demora?*" Salomão responde que "*vai chegar o momento em que a demora ensejará a responsabilidade do Estado. Isso já acontece em vários países da Europa. A Itália, por exemplo, é seguidamente condenada por desrespeito a esse princípio junto à Comunidade Europeia. Portugal, Espanha e França já foram condenadas*".

Para ter uma Justiça eficiente, o ministro prega a necessidade de se ter *bons instrumentos processuais, leis de qualidade, gestão eficiente; mas precisamos ter, também, juízes preparados para decidir bem e com rapidez; e aí temos a questão da formação e seleção dos juízes; o atual modelo de concurso público para a magistratura apresenta sinais de cansaço. Está desgastado.*

Sobre os concursos avaliou: *Estamos selecionando juízes que, tecnicamente, são os mais preparados, mas não necessariamente os mais vocacionados. É preciso reformular o processo de ingresso na magistratura. Na Europa continental, por exemplo, o candidato, primeiro, vai para a escola de magistratura, onde é treinado, preparado e avaliado para saber se tem ou não condições de tomar posse efetiva no cargo de juiz. No Bra-*

– *Manual do Juizado de Pequenas Causas e do consumidor*. Editora Escola da Magistratura do Rio de Janeiro, EMERJ, 1994.
– *Roteiro do Juizado de Pequenas Causas*. Editora Ideia Jurídica, 1995.
– *Roteiro dos Juizados Especiais Cíveis*. Editora Destaque, 1997 e 2ª edição em 1999.
– *Corregedorias do Poder Judiciário*. Editora Revista dos Tribunais, 2003, coautoria.
– *A nova lei de falências e de recuperação de empresas – Lei nº 11.101/05*. Editora Forense, 2006, coautoria.
– *Comentários aos verbetes sumulares do TJRJ*. A Editora Espaço Jurídico, 2006, coautoria.
– *Responsabilidade civil – estudos e depoimentos no centenário do nascimento de José de Aguiar Dias (1906/2006)*. Editora Forense, coautoria.

sil, em regra, acontece o contrário. O juiz entra, é atirado à jurisdição e, depois, avaliado. É preciso buscar os mais vocacionados, os que detêm equilíbrio emocional para julgar.

CNJ REGISTRA 11 DENÚNCIAS/DIA CONTRA JUÍZES

De acordo com uma pesquisa com base nos dados registrados na página do Conselho Nacional de Justiça (CNJ), a média diária de denúncias de irregularidades cometidas por juízes é de 11 a cada dia, a maioria reclamando da morosidade na solução do processo, seguida da fraude em concursos e vendas de sentenças, denúncias que se agravam porque as providências demoram, fazendo com que a cada mês acumulem mais reclamações. A maior porte dessas é arquivada pelo CNJ, infelizmente acompanhando uma tendência das decisões corporativas já praticadas nas corregedorias dos tribunais.

O quadro da especializada é alarmante: existe um acúmulo total de 14,5 milhões de ações, e 2,3 milhões continuam ingressando anualmente na JT. Em 2007, o resíduo (sem solução no primeiro grau), foi de 1,2 milhão de ações trabalhistas. Em recente pesquisa da Associação Nacional de Magistrados do Brasil (AMB), realizada com 3.200 juízes, (a entidade reúne 14,5 mil juízes), a maioria confirmou que a Justiça é lenta; 9,9% responderam que é boa; enquanto 48,9% disseram que é ruim; outros 38,7% consideraram regular; e outros 2,5% não responderam ou não deram opinião.

A comunidade jurídica brasileira propõe rediscutir novas possíveis formas de regulação dos litígios trabalhistas, conservando suas conquistas básicas, salário, proteção social e remuneração justa, deixando para a contabilidade do Fórum Trabalhista, que discute a reforma, analisar o combatido (principalmente pela Anamatra) PL nº 1987/07 ,do deputado Cândido Vaccarezza (PT-SP), que institui o novo código trabalhista alterando os artigos 1º a 642 da CLT.

Ocorre que a reforma não para por aí, precisa incorporar outros mecanismos de proteção e solução de conflitos, como forma de agilizar as questões principais da relação laboral, alcançando outros segmentos informais. Uma sugestão seria a de que os tribunais extrajudiciais ficassem responsáveis por questões limitadas até 20 salários-mínimos, que seria uma forma de desafogar o Judiciário Laboral, deixando para o juízo estatal as questões de maior potencial jurídico e de valores superiores. Até porque as injunções, na prática, dos julgados na especializada não cessam.

JURISDICIONADO DIVORCIADO DA SOCIEDADE

Os críticos mais severos do *trade* trabalhista consideram que a JT é a Justiça bastarda da Constituição de 1988, ao compará-la com outros jurisdicionados, que evoluíram, a exemplo da Justiça estadual e federal, criando os juizados especiais (pequenas causas) como forma de arrefecer a forte demanda de ações de rito ordinário. Ao passo que na especializada, na oportunidade em que se discutiu a adoção do Juizado Especial Trabalhista na reforma do judiciário, seus integrantes, por rejeição ao juiz leigo, travaram a sua criação e hoje amargam um encalhe de milhões de ações, a maioria com 90% de pequena demanda.

Com a EC nº 45/04, a JT abocanhou o quinhão da Justiça federal das execuções do INSS, o que veio congestionar mais ainda seu combalido sistema, já que não tinha estrutura ampliada com objetivo de atender a forte demanda das executórias do INSS e a safra de novas ações da nova competência primada na citada emenda. Apesar desse avanço material, a qualidade da especializada, que já definhava através do tempo, ganhou maior densidade e heterogeneidade ao associar as sentenças e decisões monocráticas a resultados jurídicos dos aplicativos da Justiça estadual e federal.

Essa realidade jurídica fez com que a especializada desvirtuasse sua natureza conciliadora, para se tornar Justiça comum processualista das questões do trabalho, judicializada, sem contudo ter uma identidade jurídica própria, e sem a necessidade de esposar textos legais de outros códigos. Com o passar do tempo, ruiu sua estrutura, pela primazia de seu comportamento oblíquo em relação às questões plurissociais.

CNJ ALERTA JT SOBRE A CRISE FINANCEIRA MUNDIAL

Ao que tudo indica, nos anos de 2007 e 2008, da mesma forma que ocorreu nos anos de 1999, 2000 e 2005, estabelecia-se um marco de acontecimentos preocupantes para o Judiciário Laboral, e, por isso, surgiram os paliativos do rito sumaríssimo (ano 2000), a Emenda constitucional nº 45/04 (2005) e o "Programa de Metas" (2007/2008) do judiciário brasileiro, implementado pelo CNJ, alavancado com o objetivo de conciliar milhões de ações que tramitavam (e ainda tramitam) no Judiciário Laboral.

Ainda assim, tomava forma no Congresso uma proposta de minirreforma para ajudar o funcionamento da Justiça. A matéria fluiu no rastro da definição do projeto de mandato para os ministros do Supremo Tribunal Federal (STF), e os parlamentares que articulavam a ideia levaram-na ao presidente da casa, Michel Temer, com a criação de um grupo de trabalho para discutir, entre outros, *o período de férias do judiciário; a função do Ministério Público; o tempo de experiência dos juízes que prestam concurso público; e a remuneração dos juízes*. Nesse pacote de alterações e novas propostas, seriam ainda abordados pontos importantes que já são tratados na reforma trabalhista, a exemplo da redução de horas da jornada semanal de trabalho (44 para 40 horas semanais) e a livre negociação para férias, décimo terceiro e horas extras.

Ocorre que, no universo das relações do trabalho, quando os contratos se transformam em litigiosos, sempre surgem fatos novos e polêmicos, já que, no embate do capital/trabalho, o jurisdicionado tem forte inclinação em aceitar os argumentos dos empregados. Esse ponto, *data maxima venia*, reitero, fomenta com aspereza a enorme polêmica, transformando a lide trabalhista em extremo litígio de complexo processualismo, com decisões monocráticas das mais absurdas e contraditórias, com críticas dos que não comungam com o exacerbado processualismo na ação trabalhista, até mesmo no círculo dos próprios integrantes do Judiciário Trabalhista.

É mister estar atento porque, a exemplo do que sempre ocorre, a crise financeira mundial fará com que o Poder Judiciário brasileiro seja um dos setores mais afetados, e isso decorre do aumento no número de demissões e da redução do fluxo de capital. Mostrando preocupação com o problema, os então conselheiros do CNJ, ministros João Orestes Dalazen e Rui Stoco, recomendaram aos tribunais e gestores públicos o monitoramento dos gastos, antecipando as possíveis novas medidas que o Congresso estava prestes a aprovar. Para se obter uma melhor dimensão da crise no setor do trabalho, ocorreram 650 mil demissões, ocorridas, em dezembro de 2008, percentuais que variaram ao longo de 2009.

Ao que tudo indica, a especializada se mantinha fora de sintonia com a realidade que o mundo vem vivendo, pois, de acordo com as recentes declarações do ministro Dalazen, *apesar do aumento de processos que as demissões podem provocar, a Justiça do Trabalho está apta para atender aos pedidos.* Ora! Essa afirmação seria uma clara e descompromissada desinformação, fora de sintonia com a realidade. Todos sabem que a JT está atrofiada, e não é de hoje, e, com a devida vênia dos que podem discordar, vale registrar aqui o alerta publicado pela OAB do Rio de Janeiro em seu site, quando destacava que no momento em que o judiciário pressionava o executivo para receber passivos de até R$ 7,4 bilhões, para atender demandas como o pagamento de auxílio-moradia para juízes de primeira instância e de adicionais salariais para servidores como tempo de serviço, quintos e incorporação da diferença de 11,98% da URV, o espectro da crise não era impedimento para a reivindicação.

De maneira geral, o judiciário brasileiro vem dando gradativamente sinais profundos de fadiga. Um exemplo: o Tribunal de Justiça do estado do Pará (TJ-PA) tinha, em novembro de 2007, um estoque de quase 750 mil processos (o décimo maior do país). Podemos comparar a gravidade da informação em relação ao estoque dos tribunais estaduais de Justiça, que, através de números oficiosos e incompletos, já superavam em todo o país 37 milhões de processos, para apenas 11 mil magistrados.

Os dados podem ser encontrados na página do CNJ, e está de acordo com uma pesquisa do jornal *Liberal* e da OAB-PA, sabendo-se ainda que São Paulo, Rio Janeiro, Minas Gerais, Bahia, Pernambuco, Rio Grande do Sul, Santa Catarina, Paraná, Ceará e Pará são os estados com registro de um maior volume de ações em tramitação. Então constatava-se que o judiciário brasileiro, num todo, seguia àquela altura vulnerável para enfrentar a crise. Paralelamente a esse quadro caótico, a JT, isolada politicamente das questões que eram de interesse da sociedade, estava mergulhada em 14,5 milhões de ações e fechou 2008 com um estoque de 1,8 milhão de ações sem julgamento.

DIFICULDADES CRIADAS PELAS PRÓPRIAS INJUNÇÕES

O resultado da desfiguração da JT responde com sinais de morosidade, insatisfação e desperta a desconfiança da sociedade, até porque, ao perder seu real objetivo, que é a consolidação de suas leis e a conciliação nas relações de trabalho, ela acabou se isolando do maior grupo de trabalhadores do país, os informais (existem 65 milhões no país). Os integrantes dessa especializada, que batem constantemente às portas do Congresso em busca de vantagens pessoais, nada fizeram no plano jurídico para sua proteção, até porque a EC nº 45/2004, tida como antídoto salvador da sua extinção, trouxe a malfadada execução do INSS para a seara trabalhista, ocupando enorme espaço, antes reservado à ação ordinária laborativa.

Conforme manifestamos acima, cabe colocar que, em 2008, a Comissão de Trabalho, Administração e Serviço Público da Câmara dos Deputados rejeitou o Projeto de Lei 2636/07, do deputado Eduardo Valverde (PT-RO), que incluía, entre as atribuições da Justiça do Trabalho, processar e julgar os crimes oriundos das relações de trabalho.

O prudente parecer vencedor foi do então relator, deputado Nelson Marquezelli (PTB-SP), que defendeu a rejeição da proposta por ela supostamente "invadir" as atribuições da Justiça Criminal e sobrecarregar ainda mais a Justiça do Trabalho.

O parlamentar assim sustentou em sua decisão: *Existiam ações trabalhistas esperando há mais de 25 anos para serem julgadas, não era possível aumentar o volume, a não ser que dobrem a quantidade dos juízes do Trabalho.* Lidando com pequenos delitos laborativos de natureza indenizatória, o risco seria de ocorrer constantes aberrações jurídicas, com o poder temerário de a toga trabalhista punir a parte ré/patrão criminalmente. E quanto à hipótese de aumentar o número de juízes, a crise econômica mundial é seu maior obstáculo, já que o governo terá que reduzir drasticamente seus custos.

O *trade* trabalhista percebe que existe de fato uma cisão entre os juízes de primeiro grau e os órgãos superiores do tribunal. Como reflexo da afirmação, a entidade que representa os magistrados trabalhistas, Anamatra, ajuizou, no Supremo Tribunal Federal (STF), Ação Direta de Inconstitucionalidade (ADIN 4168) questionando os artigos 13, § 1º, e 17, inciso II, do Regimento Interno da Corregedoria-Geral da Justiça do Trabalho (RICGT), cujos dispositivos, entre outros, permitem que o corregedor-geral despache a petição inicial da reclamação correcional e defira, liminarmente, a suspensão do ato impugnado, suspendendo ou cassando decisões judiciais.

Para os juízes, *os dispositivos ampliam significativamente as faculdades do corregedor-geral no âmbito da reclamação correcional, atribuindo-lhe inclusive competências jurisdicionais.* Na época, a nota no site da associação informava: A *Anamatra busca a independência da atuação jurisdicional do magistrado, lutando para não permitir que a correição parcial (que serve apenas para corrigir erro* in procedendo*) sirva para interferir em decisões judiciais de juízes de primeiro grau e até mesmo dos tribunais.*

SENTENÇAS EXTRAPOLAM A CAPACIDADE DO NEGÓCIO

A especializada do Trabalho foi criada por seus idealizadores para ser uma Justiça conciliadora, célere, eficaz. Sua maior virtude é a de orquestrar sua prestação jurídica ao hipossuficiente, com a singeleza de não sufocar o empregador, mas hoje, ao contrário de sua linha filosófica, a JT se tornou violenta, excessivamente favorável ao empregado, a ponto de violar dispositivos legais, com o fito de atender a demanda do empregado, dando a nítida impressão de que, ao demandar nessa Justiça, o empregador se torna refém e caminha para o cadafalso. Hoje, podemos detectar esse trauma jurídico no Judiciário Trabalhista, não só pela insatisfação por suas elucubrações processuais, mas também pelo número exorbitante de processos, já que o ingresso da ação na JT pode significar enriquecimento ao reclamante. São milhões de causas de curto período laborado, com sentenças e execuções estratosféricas, que ultrapassam R$ 400 mil, valor inexecutável e extremamente fora da realidade, quando se trata de reclamantes contra micro e pequenos empregadores.

O *trade* trabalhista aposta que isso ocorre em detrimento da demora em aprovar o texto da reforma, que tramita há quase duas décadas no Congresso Nacional, que, *data venia*, não conseguiu agregar ao seu texto propostas viáveis para torná-la moderna, para atender a hiperdemanda de ações, sendo mais de 60% envolvendo valores incontroversos que já deviam ter sido pagos ao trabalhador, sem a necessidade de o processo seguir *ad eterno*, sem que exista uma argumentação aceitável.

Isso ocorre, *data maxima venia*, porque os dois pontos nevrálgicos que tratam do conhecimento da ação (instrução e sentença) ganharam, nos últimos anos, a liberdade para julgar e formatar suas peças decisivas, sem observar os critérios rígidos de viabilidade, trazendo frutos da enorme gama de inovações que sofistica e elitiza o processo trabalhista. Além do conflito de interesses na reforma e o pleito dos tribunais do Trabalho, a complexidade do trato das questões alinhadas trava o andamento do texto, que ainda não discute a informalidade, a criação do juizado especial na JT e a formulação de uma nova política de decisões processuais menos gravosa para micro e pequenos empregadores.

Sem a consistência necessária para sua eficácia, conforme refletem os 15 milhões de processos travados nesse Judiciário, com inúmeros recursos, fruto da prática desarranjada do ritual processual, isso acaba levando risco à execução, travada por erros que levam a nulidades e transformam a lide num *aberratio juris*. Ocorre que os textos das sentenças proferidas em primeiro grau, em grande parte, saltam aos olhos dos mais benevolentes juristas, e são, à luz do bom Direito, peças dignas de publicação nos badalados e irreverentes títulos literários, pela bizarrice e por tamanha insensatez, que seria melhor considerá-los apócrifos, e não reconhecer que foram gerados no juízo trabalhista.

Os frequentes erros de avaliação do Judiciário Laboral partem dos seus próprios integrantes, a partir do comportamento discriminatório que reservaram aos sindicatos (na reforma sindical). Num desses equívocos, a posição antagônica da entidade corporativa da magistratura do Trabalho, junto ao Congresso, na aprovação da PEC da Reforma Sindical, que modificava a estrutura das agremiações de trabalhadores e que foi apresentada pelo Ministério do Trabalho e Emprego, com subsídios do Fórum Nacional do Trabalho. A pretensão dos juízes da Laboral, por certo irônica, desdenha exatamente o fio condutor avenças na relação capital/trabalho, que é a representação da classe trabalhadora – os sindicatos.

A reforma trabalhista, sob influência da elite nacional, e tutelada pelo Banco Mundial e pelo FMI, não poderia (e isso não ocorreu) anteceder a sindical. Até porque os pontos da nova carta sindical e da laboral eram necessários para atender a enorme demanda legal dos direitos trabalhistas, que, se levados ao juízo, sem o anteparo das comissões de trabalhadores, ganhariam roupagem de complexo processualismo, fulminado por força da alteração do art. 8º da CF na PEC da reforma, inciso VI – *é obrigatória a participação das entidades sindicais na negociação coletiva*, e ainda sendo mantido que: *Às entidades sindicais cabe a defesa dos direitos e interesses coletivos ou individuais no âmbito da representação, inclusive em questões judiciais e administrativas.*

Mesmo assim, hoje, as sessões dissidiais dos tribunais ainda insistem no desarranjo de suas cláusulas coletivas, travando um elenco de reivindicações, que se estenderam pela década de 1990, e que acabaram se tornando lei. O Congresso aprovou várias emendas e projetos de lei, a exemplo da licença-maternidade aumentada para seis meses e da licença-paternidade, para 15 dias, entre outros, esses são pontos já discutidos e existentes há muito tempo, nos termos das convenções coletivas, travados, porém, pela inércia dos magistrados trabalhistas.

CAPÍTULO VI
DOS CRIMES CONTRA O TRABALHO

CONTEXTO ATUAL À LUZ DA EC 45/04 E DA PEC 327/09

Com o advento da Emenda Constitucional nº 45/04, que alterou a competência da Justiça do Trabalho, essa especializada passou a abranger todas as demandas decorrentes da relação de trabalho. Assim alterado o artigo 114 da Constituição Brasileira e ampliando a sua competência, veio à baila a discussão sobre a competência da Justiça do Trabalho para julgar as ações de natureza penal que decorram da relação de trabalho, como os crimes de assédio sexual, redução à condição análoga à de escravo, crimes contra a organização do trabalho, entre outros.

O novo dispositivo trouxe a discussão dos limites da abrangência nesse tópico e a questão foi remetida para o Supremo Tribunal Federal (STF), que decidiu, em face do Recurso Extraordinário 459510/2009, que a Justiça do Trabalho não tem competência para julgar o crime de redução à condição análoga à de escravo. Em outras palavras, não é competente para julgar os crimes que ocorrem na relação de trabalho.

Mas a polêmica não parou, se não provisoriamente, eis que está em curso no Congresso Nacional projeto de emenda à Constituição (PEC) 327/09, de autoria do deputado Valtenir Pereira (PSB-MT), para alterar o art. 144 e estabelecendo a seguinte redação:

Art. 114 ...

IX – as ações trabalhistas e penais que envolvam submissão de trabalhadores à condição análoga à de escravo ou trabalho degradante;

X – *as infrações penais praticadas contra a organização do trabalho e aquelas decorrentes das relações de trabalho, sindicais ou do exercício do direito de greve;*
XI – *os crimes contra a administração da Justiça, quando afetos à sua jurisdição, e aqueles decorrentes de atos praticados no curso de processo ou de investigação trabalhista, ou no âmbito das inspeções de trabalho;*
XII – *quaisquer delitos que envolvam o trabalho humano, bem como as infrações penais e de improbidade administrativa praticadas por agentes públicos em detrimento do valor social do trabalho;*
XIII – *outras controvérsias decorrentes da relação de trabalho, na forma da lei. (NR)*

O fato é que todos os juízes exercem jurisdição, mas a exercem numa certa medida, dentro de certos limites. São, pois, "competentes" somente para processar e julgar determinadas causas. A "competência", no melhor do seu ângulo é assim "a medida da jurisdição", ou ainda, é a jurisdição na medida em que pode e deve ser exercida pelo juiz. Ocorre que estamos diante de uma enorme lacuna jurisdicional de razão meramente geográfica, e, em face de não existir vara federal, e havendo a vara civil, a demanda pode ser levada a esse jurisdicionado, pelo menos até se o caso for aprovado na PEC 329/09, prevalece a regra escrita nesse sentido.

Mais ainda, a Justiça Trabalhista é a que mais deve aos seus jurisdicionados a presença territorial, porquanto, tornando-se ausente na maioria das cidades brasileiras, a questão do crime contra o trabalho fatalmente cairá para a Justiça federal e a estadual. Não podemos olvidar da existência do Ministério Público Federal, cuja presença do Estado nessas questões fundamentais é obrigatória, mas devemos aquilatar suas possibilidades materiais e de pessoal para se fazer presente. Na quarta parte do livro, o leitor vai conhecer melhor as retóricas, hermenêutica e as nuances que envolvem esse instituto.

Mas, discussão à parte, Mário Guimarães,[69] é o que melhor define esse arsenal de dispositivos que envolvem mais uma polêmica no judiciário quanto a mando jurisdicional: *A jurisdição é um todo. A competência, uma fração. Pode um juiz ter jurisdição sem competência. Não poderá ter competência sem jurisdição.*

DISCUSSÃO LEVA A COMPETÊNCIA PARA A JT

Paira no âmbito da especializada uma zona cinzenta de dúvida sobre atribuição/competência, começando pelo Ministério Público do Trabalho (MPT). No Judiciário Trabalhista, no qual a discussão ganhou maior densidade, há alguns equívocos, senão uma mera discussão, onde se questiona: O que tem maior interesse, a competência ou a prestação jurisdicional, afinal tudo não é Justiça? Assim, existindo correlação da matéria com as hipóteses constitucionais legais de competência firmadas para o órgão cuja atuação está sendo vindicada, é correto declinar em favor de outro ramo, mormente se não especializado/familiarizado com o assunto?

A matéria é preocupante, de difícil equação, e tão cedo não veremos resultados práticos, mas vamos alicerçar nossa discussão começando pelo II Encontro de Juízes e Procuradores do Trabalho de Santa Catarina, realizado em outubro de 2005, quando o juiz do Trabalho Jonatas dos Santos Andrade trouxe à baila a tese desenvolvida no STF por ocasião de decisões acerca da competência da Justiça do Trabalho.

O encontro realizado pela Procuradoria Regional do Trabalho de Santa Catarina, pelo TRT/SC e pela Escola Superior do Ministério Público da União, com apoio da Associação Nacional dos Procuradores do Trabalho (ANPT) e da Associação dos Magistrados Trabalhistas da 12ª Região, trouxe enorme contribuição para a polêmica que se avizinhava em relação aos crimes contra o trabalho e a competência

---

[69] GUIMARÃES, Mário. *O juiz e a função jurisdicional*. Rio de Janeiro: Forense, 1958, p. 56.

do jurisdicionado laboral. Destacamos o painel coordenado pelo juiz Reinaldo Branco de Moraes e pelo procurador do Trabalho Jaime Roque Perottoni, quando lançaram a ideia da criação de varas especializadas para lidar com as questões criminais dentro da Justiça do Trabalho.

A escassa jurisprudência existente sobre os delitos em questão costuma ser negativa, e raras são as condenações. Estabelecendo um breve paralelo com a Lei Ambiental, ambas podem se dar as mãos, tamanho o vazio que compõe seus códigos, o que, aliás, deveria ser o caminho para a Trabalhista, não ficando tão somente na criação das varas especializadas, mas também na elaboração do seu código criminal. Ainda sobre os atuais julgados, isso deve ser atribuído à inocorrência dos tipos ou à falta de familiaridade/especialização/sensibilidade dos juízos e tribunais a quem é levada a apreciação dos mesmos, em função de o substrato fático residir na relação de trabalho.

As consequências desastrosas dessa dura realidade são sentidas no quotidiano forense da Justiça do Trabalho – o trabalho informal, a sonegação de direitos mediante diversas fraudes (recibos em branco, *truck-system*, falsificação de assinaturas dos empregados, controle paralelo de jornada, salário "extrafolha", falso cooperativismo, constituição irregular de pessoas jurídicas, discriminações, e, pior, isso ocorrendo no âmbito da própria administração pública), ou, ainda, a simulação de ações trabalhistas para constituição de crédito privilegiado e burla a credores etc. Essas são todas condutas gravíssimas, mas de repúdio social diminuído ante a tolerância criminal estabelecida ao longo do tempo pela falta de competência penal da Justiça Especializada. A ponto de se chegar ao cúmulo da existência de seminários propagando formas de evitar a atuação do Ministério Público do Trabalho.

Na prática, no âmbito trabalhista, a situação é alarmante, conflitam-se as leis, a sua aplicabilidade, competência, enfim, temos um engessamento não só do juiz trabalhista, mas de todo o sistema, conforme já descrevemos e falaremos a seguir. Não bastando a enorme polêmica que cerca esse instituto, o título do Código Penal dedicado aos crimes contra a organização do trabalho é quase letra morta ante o desuso dos operadores do Direito quanto aos tipos penais que decorrem da relação de trabalho.

Cada ramo do Direito apresenta pontos de contato com outros ramos, como um sistema de tentáculos comunicantes. Assim também acontece com o Direito material e processual do Trabalho e o Direito material e processual Penal. Muitas vezes, o juiz do Trabalho se vale de vários conceitos do Direito Penal como dolo, culpa, legítima defesa etc. para enfrentar questões de justa causa (artigo 482, da CLT).[70] No processo do Trabalho, há a eclosão de delitos como falso testemunho, fraude processual e também delitos contra a organização do trabalho. Embora a

---

[70] Art. 482 – Constituem justa causa para rescisão do contrato de trabalho pelo empregador:
  a) ato de improbidade;
  b) incontinência de conduta ou mau procedimento;
  c) negociação habitual por conta própria ou alheia sem permissão do empregador, e quando constituir ato de concorrência à empresa para a qual trabalha o empregado, ou for prejudicial ao serviço;
  d) condenação criminal do empregado, passada em julgado, caso não tenha havido suspensão da execução da pena;
  e) desídia no desempenho das respectivas funções;
  f) embriaguez habitual ou em serviço;
  g) violação de segredo da empresa;
  h) ato de indisciplina ou de insubordinação;
  i) abandono de emprego;
  j) ato lesivo da honra ou da boa fama praticado no serviço contra qualquer pessoa, ou ofensas físicas, nas mesmas condições, salvo em caso de legítima defesa, própria ou de outrem;
  k) ato lesivo da honra ou da boa fama ou ofensas físicas praticadas contra o empregador e superiores hierárquicos, salvo em caso de legítima defesa, própria ou de outrem;
  l) prática constante de jogos de azar.
  Parágrafo único. Constitui igualmente justa causa para dispensa de empregado a prática, devidamente comprovada em inquérito administrativo, de atos atentatórios contra a segurança nacional.
** Parágrafo único acrescentado pelo Decreto-lei nº 3, de 27 de janeiro de 1966.

Justiça do Trabalho seja uma Justiça Especializada, e o juiz encarregado de garantir o cumprimento e a efetividade do Direito do Trabalho, há também uma gama de tipos penais que visam também a garantir a legislação trabalhista, os valores sociais do trabalho e a dignidade da pessoa humana do trabalhador.

JUIZ PRECISA ZELAR PELA DIGNIDADE DO PROCESSO

O juiz do Trabalho exerce atividades penais periféricas, incidentais em sua atuação jurisdicional e tem o dever de zelar pela dignidade do processo e pelo cumprimento da legislação, inclusive a criminal. Pode o juiz do Trabalho comunicar aos órgãos competentes a ocorrência de delito nos autos do processo (artigo 40 do CPP), pode dar voz de prisão, inclusive à testemunha que comete delito de falso testemunho ou em caso de desacato à sua autoridade. Como destaca Guilherme Guimarães Feliciano:[71] *Os juízos do Trabalho exercitam, todavia, funções penais periféricas de ordem correcional e administrativa, que podem ser condensadas em três paradigmas, a saber, os institutos penais afins, o dever de noticiar (notícia-crime judicial compulsória – artigo 40 do CPP) e a prisão em flagrante. Sobre esta última, entendemos aplicar-se ao juiz do Trabalho, como a todo juiz investido de jurisdição no local dos fatos, o ditame do artigo 307 do CPP.*

O Código Penal apresenta um capítulo dedicado aos crimes contra a organização do trabalho e também um capítulo dedicado aos crimes contra a organização da Justiça do Trabalho. Em leis esparsas, também há previsão de conduta criminosa pelos abusos praticados durante o movimento paredista (artigo 15, da Lei 7783/89).[72]

---

[71] FELICIANO, Guilherme Guimarães. "Aspectos penais da atividades jurisdicional do juiz do Trabalho." Revista *LTR-66-12/1487*.

[72] Art. 15 da Lei 7783/89: A responsabilidade pelos atos praticados, ilícitos ou crimes cometidos, no curso da greve, será apurada, conforme o caso, segundo a legislação trabalhista, civil ou penal.

Com a redação dos incisos I e IX do artigo 114 da CF, articulistas voltados para essa doutrina sustentam a validade da competência criminal da Justiça do Trabalho para apreciar os delitos contra a organização do trabalho e contra a administração da Justiça do Trabalho. O embasamento se prende porque, antes da EC 45/04, o artigo 114 atribuía competência à Justiça do Trabalho para os dissídios entre empregados e empregadores. Agora o eixo central da competência deixou de ser as pessoas que compõem a relação de trabalho, para ser, objetivamente, a relação jurídica de trabalho.

Trazemos aqui a posição de José Eduardo de Resende Chaves Júnior,[73] no tocante à Lei de Greve: "Após a Emenda Constitucional nº 45, a situação ganhou contornos bem distintos. Com a elisão dos vocábulos 'empregador' e 'trabalhador' do art. 114 da Constituição, a competência da Justiça do Trabalho deixou de se guiar pelo aspecto subjetivo (sujeitos ou pessoas envolvidas na relação de emprego), para se orientar pelo aspecto meramente objetivo, qual seja, as ações oriundas da relação de trabalho, sem qualquer referência à condição jurídica das pessoas envolvidas no litígio."

Dessa forma, a ação penal oriunda da relação de trabalho, que processualmente se efetiva entre Ministério Público e réu, passou a ser da competência da Justiça do Trabalho, em decorrência da referida mutação do critério de atribuição. Isso porque o critério objetivo, assim, se comunica com a natureza da infração, que é uma das formas de fixação da competência nos termos do artigo 69, III, do Código de Processo Penal.

No mesmo sentido, temos a posição de Nilton Rangel Barretto Paim:[74] "Neste plus, ao analisar o art. 69 do Código de Processo Penal,

---

Parágrafo único. Deverá o Ministério Público, de ofício, requisitar a abertura do competente inquérito e oferecer denúncia quando houver indício da prática de delito.

[73] CHAVES JÚNIOR, José Eduardo de Resende. "A Emenda Constitucional nº 45/2004 e a competência penal da Justiça do Trabalho." In *Nova competência da Justiça do Trabalho*. Coordenação de Grijalbo Fernandes Coutinho e Marcos Neves Fava São Paulo: LTR, 2005, p. 222.

[74] PAIM, Nilton Rangel Barreto. "A competência criminal da Justiça do Trabalho" –

veremos expressamente dito que determinará a competência jurisdicional: I – *o lugar de infração*; II – *o domicílio ou residência do réu*; III – a *natureza da infração*; (...) e assim segue a estabelecer outros critérios. Ora, ao conjugarmos: a) os incisos I e IX do art. 114, da Constituição Federal, nos quais constam expressamente as atribuições de competência à Justiça do Trabalho em razão da natureza da matéria – oriunda das relações de trabalho, sobretudo quando, ao final do inciso IX, refere-se a outras controvérsias decorrentes da relação de trabalho, *na forma da lei*, b) com o inciso III, do art. 69 do Decreto-lei nº 3689/1941 (Código de Processo Penal) e mais ainda, c) com o Título IV – Dos Crimes contra a organização do Trabalho, do Decreto-lei nº 2.848/1940 (Código Penal), concluímos que está tecida a teia que culmina na competência criminal da Justiça do Trabalho."

Argumentam ainda os defensores da competência criminal da Justiça do Trabalho que o inciso IV do artigo 114 já atribuiu competência penal à Justiça do Trabalho, pois o *habeas corpus* é uma ação de índole penal e que o julgamento dos crimes contra a organização da Justiça do Trabalho e contra a administração da Justiça do Trabalho fortalece a instituição e dá maior respeitabilidade a esse ramo especializado do Poder Judiciário,[75] restando ainda aguardar o êxito da PEC 327/09.

---

uma discussão antiga que se reafirma em face da Emenda Constitucional nº 45/2004, In *Competência da Justiça do Trabalho-aspectos materiais e processuais. De acordo com a EC 45/2004*. São Paulo: LTR, 2005, p. 190/191.

[75] Resgata a dignidade da jurisdição trabalhista e consolida o respeito aos direitos sociais conquistados e à atuação do órgão defensor da sociedade por excelência, o Ministério Público do Trabalho. O exercício da ação penal trabalhista na Justiça do Trabalho possibilitará, em curto prazo, diminuir sensivelmente as ocorrências de investidas criminosas comuns nas relações de trabalho concernentes a trabalho e salário sem registro, *truck-system*, cooperativismo irregular, discriminações e fraudes diversas, acarretando diminuição de ações trabalhistas e acrescendo elemento de valor e qualidade à jurisdição especializada" (A competência criminal na Justiça do Trabalho e legitimidade do Ministério Público do Trabalho em matéria penal: elementos para reflexão, In *Revista LTr.* 70-02/195).

Artigo 109 da Constituição Federal: "Aos juízes federais compete processar e julgar:

POLÊMICA QUE PRECISA DE SOLUÇÃO

As prisões determinadas pelo juiz do Trabalho decorrem do cumprimento das decisões trabalhistas, são de natureza cautelar e não penal. Não se trata de aplicação de pena e sim de dar efetividade às decisões judiciais. Ainda que se possa ventilar que o *habeas corpus* tem natureza de ação criminal, o artigo 109, IV, atribui competência restritiva penal à Justiça do Trabalho para essa ação, não podendo se estender tal competência para outras ações de índole penal.

Por sua vez, não foi revogado o artigo 109, VI, da CF, que atribui competência à Justiça federal para os crimes contra a organização do Trabalho. Como é curial, quando a Constituição fixa a competência penal de forma expressa de um determinado órgão jurisdicional, como

---

(...) VI – os crimes contra a organização do trabalho e, nos casos determinados por lei, contra o sistema financeiro e a ordem econômico-financeira".
A jurisprudência firmou entendimento de que se os crimes contra a organização do trabalho ofenderem uma coletividade de trabalhadores, a competência é da justiça federal; se atingir um único trabalhador, a competência é da Justiça Estadual. Nesse sentido, Fernando Capez, citando a jurisprudência a respeito: "Crime contra a organização do trabalho: depende. Se ofender a organização do trabalho como um ato, a competência será da Justiça Federal (STJ, 3ª Séc., CComp 10.255/RS, rel Min. Edson Vidigal, v. u., DJ, 20 fev. 1995); se atingir direito individual do trabalho, a competência será da Justiça comum Estadual (STJ, 3ª Séc., Ccomp 388, DJU, 16 out. 1989, p. 15854; Ccomp 1.182, RSTJ, 18/2001)" (*Curso de Processo Penal*. 6ª edição. São Paulo: Saraiva, 2001, p. 2001). A Súmula 62 do STJ diz que "Compete à Justiça Estadual processar e julgar o crime de falsa anotação na Carteira de Trabalho e Previdência Social, atribuído à empresa privada". A Súmula 200 do extinto TFR aduz: "Compete à Justiça Federal processar e julgar o crime de falsificação ou o uso de documento perante a Justiça do Trabalho." Quanto ao delito de falso testemunho, assevera a Súmula 165 do STJ que "compete à Justiça Federal processar e julgar crime de falso testemunho cometido no processo trabalhista".
MIRABETE, Júlio Fabbrini. *Código de processo penal interpretado*, 6ª edição. São Paulo: Atlas, 1999, p. 137.
Como lembra Júlio Frabbrini Mirabete no livro supracitado: "A competência, inclusive na matéria penal, é disciplinada na Constituição Federal, em leis complementares e nas constituições estaduais"

a Justiça federal, a competência criminal dos demais órgãos é residual. Como adverte Júlio Fabbrini Mirabete, *a chamada Justiça comum estadual, com competência residual, ou seja, a fixada por exclusão; tudo o que não cabe na competência das justiças especiais e da Justiça federal é da competência dela.*

Não nos parece que a Justiça do Trabalho está afeita às ações criminais, uma vez que seu foco é o acesso do trabalhador à Justiça e garantir os direitos fundamentais para a dignidade da pessoa do trabalhador e dos valores sociais do trabalho. Acreditamos que não é missão institucional da Justiça Trabalhista propiciar que o Estado ingresse com ações criminais para exercer o seu poder punitivo, porquanto a ação criminal tem como partes o Estado (ativa) e uma pessoa física no polo passivo (réu). Ainda que a ação penal se inicie por iniciativa do ofendido (queixa-crime) ou por representação da vítima, o *jus puniendi* pertence ao Estado.

Quanto ao artigo 69, III, do Código de Processo Penal referido pelos autores citados como um dos argumentos para justificar a competência material da Justiça do Trabalho para os crimes oriundos da relação de trabalho, não obstante a combatividade do argumento, no nosso sentir, esse artigo trata da competência funcional dos órgãos que têm competência material penal fixada na Constituição Federal, tanto é que traça critérios de competência conforme a natureza do crime. Primeiramente, o lugar da infração, o domicílio ou residência do réu, a natureza da infração, a distribuição, a conexão ou continência, a prevenção à prerrogativa de função.

SANÇÕES RESTRITIVAS E SUA EFICÁCIA

A especializada dispõe de um diminuto arcabouço de medidas restritivas para punir o mau pagador; no entanto, quase sempre estão na carona do Ministério Público do Trabalho e do Ministério do Trabalho (MPT), quando determinadas questões estão lincadas com reclamações trabalhistas, em que ocorrem os danos às relações de trabalho.

Alguns instrumentos legais relevantes são disponibilizados. Estabelece a CLT (art.449 § 1º) ser o crédito trabalhista privilegiado no advento de falência do empregador. Tal garantia, por força de outros diplomas legais, foi ampliada para estabelecer que os créditos dos trabalhadores se situem no grau máximo de prioridade de pagamento nos casos de falência, liquidação extrajudicial de instituições financeiras e inventário ou arrolamento (Decreto-lei nº 7.661/45, art. 102, Lei nº 6024/74, art. 34, e Código Tributário Nacional, arts. 186 e 187), prevalecendo inclusive em relação aos créditos tributários.

No campo das sanções restritivas, destaca-se o Decreto-lei nº 368/68, que impõe às empresas em mora salarial contumaz a proibição de pagar retribuições ou retirada a seus diretores, sócios, gerentes, titulares de firma individual; de distribuir lucros ou outros rendimentos a acionistas e membros de conselhos, sob pena de detenção de um mês a um ano, e mesmo de ser dissolvida (arts. 1º e 4º). As empresas em tal situação também são excluídas de regalias tributárias ou financeiras patrocinadas pelos órgãos federais, estaduais e municipais, inclusive da administração pública indireta (art. 2º).

Embora sejam fortes as restrições impostas, tem sido rara a aplicação dessa lei. Em primeiro lugar, porque só as enseja a mora salarial, em sentido estrito, não alcançando dívidas de outra natureza (horas extras, adicionais e verbas resilitórias irreconhecidas e impagáveis, por exemplo), ainda que constituídas por sentença judicial transitada em julgado. Em segundo lugar, porque a contumácia só se caracteriza com o acúmulo de três meses de atraso no pagamento (Decreto-lei nº 368/68, art. 2º, § 1º) e é raro que o trabalhador permaneça ligado a empregador por tanto tempo sem receber, preferindo postular a rescisão indireta do pacto laboral (CLT, art. 483, d).

VULNERABILIDADE DA LEI 8009/90 NO CASO DO EMPREGADO DOMÉSTICO

Outra proteção legal tópica foi dedicada aos trabalhadores domésticos. A cobrança de seus créditos em execução pode atingir o bem de família, de regra impenhorável (Lei nº 8.009/90, art. 3/, I). Garantias especiais também têm sido conferidas ao Fundo de Garantia do Tempo de Serviço. Exige-se Certificado de Regularidade do FGTS para participação em licitações públicas em todos os níveis da administração pública direta ou indireta, para obtenção de favores creditícios de instituições oficiais, para transferência de domicílio para o exterior e para o registro de alteração ou destrato de contrato social que redunde na mudança na estrutura jurídica da empresa ou na sua extinção (Lei nº 8009/90, art. 27).

Mais recentemente, com o advento da Lei nº 9.012/95) estabeleceu-se explícita proibição às instituições financeiras oficiais para a concessão de empréstimos ou de perdão de juros, multa ou correção monetária ou parcelamento de débitos a empresas em situação fundiária irregular (art. 1º). Reiterou-se a proibição de participação em concorrência pública e fecharam-se as portas para quaisquer operações de prestação de serviços ou de compra e venda com órgãos públicos em geral quando a empresa interessada estiver em débito com o FGTS (art. 2º). É curioso notar que, na pirâmide de credores das massas falidas, das instituições financeiras em liquidação extrajudicial e dos espólios, os ex-empregados de tais entidades ocupem seu ápice, sem concorrência. Entretanto, tão nobres deferências legislativas, embora louváveis, mostram-se precárias.

Em outras palavras, os créditos fiscais, topograficamente subalternos aos créditos obreiros nas hipóteses de extinção do empregador, esbanjam fartura de instrumentos legais assecuratórios de sua satisfação em qualquer circunstância. E tais mecanismos, em grande parte, são totalmente incomunicáveis aos créditos trabalhistas, uma vez que as normas instituidoras de privilégios hão de ser interpretadas estritamente.

Maior perplexidade perturba quem se debruce sobre o tema ao constatar que, equiparadas aos créditos fiscais, as contribuições previdenciárias incidentes sobre as folhas de salários também gozam de garantias bem maiores que os créditos trabalhistas, como já demonstrado. Mesmo o FGTS, equiparado nos privilégios legais aos créditos obreiros (Lei nº 8.844/94, art. 2º, § 3º), desfruta de proteção inédita para estes. Ou seja, as entidades credoras dos encargos sociais mais importantes e onerosos gozam de inúmeras e eficazes garantias, enquanto o crédito trabalhista só dispõe de segurança executória efetiva quando extinto o empregador.

Não paira dúvida de que as medidas restritivas impostas para garantia de recebimento dos créditos tributários, previdenciários e fundiários surtem mais efeito que a tradicional execução forçada. O devedor de tais obrigações apressa-se em adimpli-las não somente em respeito ao império da lei e à força coercitiva do judiciário, mas também por razão justificadamente egoística: salda suas dívidas para que não perca oportunidades de negócio e para que possa continuar desempenhando suas atividades sem óbices previsíveis. Desnecessário discorrer sobre as vantagens práticas dessas medidas para o desenrolar da execução, tranquilamente visíveis: torna mais veloz o processo de recebimento, poupando atos e despesas da máquina judiciária.

Aí certamente está uma das chaves para a agilização das execuções trabalhistas. A par da conveniência e necessidade de se aperfeiçoarem os procedimentos executórios, seria de extrema utilidade a criação imediata de estímulos extraprocessuais para que o devedor trabalhista não mais protelasse o pagamento a ele imposto por sentença condenatória: estender as restrições creditícias, comerciais, administrativas e fiscais aludidas às dívidas em execução na Justiça do Trabalho. De extrema utilidade porque, além das vantagens já expostas, implicariam a atenuação rápida da situação financeira dos credores, em geral caótica por estarem, ao tempo do processo, desempregados ou subempregados, contribuindo para a manutenção da paz social, para o resgate do prestígio do Poder Judiciário e para o maior respeito da classe empresarial aos direitos de seus empregados.

Deve ainda o juiz que proferir a execução da empresa que tenha sido derrotada na demanda trabalhista utilizar o princípio da despersonalização da pessoa jurídica, para com isso buscar os meios de satisfazer o adimplemento do crédito trabalhista, buscando direto nos sócios da empresa a condição de satisfazer o pagamento desse crédito. Essa forma de conseguir o pagamento é da responsabilidade do juiz, conquanto é feita após a petição inicial, esta por conta do reclamante. O instituto da despersonalização da empresa para que se alcancem os bens dos sócios já é utilizado penalmente na lei 9605/95 de Direito Ambiental e no CDC, lei 8078/95.

QUARTA PARTE

CAPÍTULO I
MONTAGEM DE UMA JUSTIÇA PARALELA

A realização da Jornada Nacional sobre Execução na Justiça do Trabalho, realizada sob o crivo da Associação Nacional dos Magistrados Trabalhistas (Anamatra), encerrada no dia 26 de novembro de 2010 na cidade de Cuiabá (MT), na qual foram aprovadas 58 propostas de enunciados (oficiosos), veio mais uma vez revelar o quanto essa Justiça se distancia do real, dando lugar à utópica concepção de que o emparedamento dos executados levará à solução dos conflitos trabalhistas.

Em que pese a extrema necessidade de o processo trabalhista alcançar maior agilidade no primeiro grau jurisdicional da especializada, não existe razão para que magistrados trabalhistas possam prematuramente incorporar novos mecanismos, extraídos de forma temerária em reuniões temáticas, se esses textos, ao serem adotados futuramente, vierem contrariar elementares conceitos de Direito. Ferido no seu âmago, esse novo mecanismo alienígena poderá ser revisto em instâncias superiores, fazendo com que a ação, que precisa ser ágil por se tratar de verba alimento, seja arremessada para a eternidade.

Mais que a insubordinação à ordem jurídica, modelo que se avizinha no jurisdicionado trabalhista nada mais é que um corpo estranho no universo das leis vigentes, que não atende ao anseio da sociedade que clama por celeridade. No conjunto da obra, isso nada mais é que uma caricatura dessa Justiça Laboral, belíssima, social e bem formatada desde o seu nascedouro, mas que hoje prescinde de um código trabalhista atualizado, com seu capítulo de execução juridicamente perfeito, discutido, legislado e aprovado no Congresso Brasileiro. Esse é, *data maxima venia*, o habitat da elaboração das leis, garantido pelo preconizado na Carta Magna, que propugna pela ordem democrática e a estabilidade entre os poderes. Violar esse preceito, a que título for, equivale à renúncia ao Estado de Direito, incidente judiciário sem precedente entre os Poderes, o qual não ocorreu nem durante o regime de exceção.

A realização de encontros de natureza temática é bem-vinda ao universo da Justiça Laboral brasileira, conforme enfatizou um dos dirigentes do evento, Fabrício Nogueira, ao ressaltar a importância de os magistrados se engajarem na produção de enunciados: *A discussão aqui foi profícua e profunda. Quem veio à jornada enriqueceu muito seu conhecimento*. Nogueira lembrou que a publicação que será feita com as propostas aprovadas servirá para fundamentar mais as discussões dos temas país afora. Sem dúvida, grande parte desses enunciados genéricos de Cuiabá poderão até ser utilizados, mas convém lembrar, *ex tota justitia*, que o laboratório de pesquisa terá como cobaias as partes litigantes. De um lado o empregado, do outro o empregador, fustigados, escamoteados em particular o trabalhador, prejudicado pela ausência do Estado fiscalizador (leiam-se DRTs) juntos às empresas.

De toda forma, com a adoção desses paliativos, teremos o equivalente à aplicação dos genéricos em substituição à alopatia da medicação existente nos códigos do Trabalho (leiam-se: CLT, enunciados, jurisprudências e súmulas), CC, CPC, Lei Fiscal, Código de Defesa do Consumidor (CDC). É necessário que se dê atenção às mudanças, porque a figura central é o trabalhador. Sem tê-lo como reserva para subsidiar nossos atos, estes serão insuficientes, e é o que vem ocorrendo na especializada, lembrando a frase do célebre Karl Marx: *De cada um, de acordo com suas habilidades, a cada um, de acordo com suas necessidades*.

São as injunções de ordem jurídica que resultam em incidentes e permitem recursos dos devedores, e também pela tentativa de solucionar o enorme entrave existente nesse jurisdicionado pela via oblíqua do

Direito, através de medidas drásticas que acabam atingindo o microempregador, presa fácil do juízo, que capitula inerte, por estar desprovido de assistência jurídica adequada. O instituto em tela merece ser revisto nos conceitos dos juízes trabalhistas.

Um desses exemplos é quanto à proposta da aplicação do enunciado genérico proposto pelo juiz Guilherme Guimarães Feliciano (Amatra15 – Campinas e região), que pugna pela possibilidade de prisão do depositário judicial infiel economicamente capaz. O problema é saber qual o critério válido para aquilatar o "economicamente capaz" e se o executado teria que provar sua incapacidade atrás das grades. Ainda assim, esse dispositivo teria que superar decisão do Supremo Tribunal Federal (STF), contrária à prisão do fiel depositário por dívida trabalhista. Outro genérico do participante Gabriel Velloso defende "a redução drástica dos recursos quando houver decisões do juízo de execução". O juiz Vicente José Fonseca (Amatra 8) pede a "implementação do Fundo de Execuções Trabalhistas, previsto na CF/88".

PROPOSTAS DE ENUNCIADOS

No evento, foram discutidas cem propostas jurídicas, distribuídas pelas cinco comissões temáticas da Jornada Nacional sobre Execução na Justiça do Trabalho.

Comissão 1 – representada pela Amatra 1-RJ, que analisou propostas sobre prescrição, decadência e tributação na execução, execução de contribuições previdenciárias, nomeação de bens a penhora e garantia de execução, depósito de bens constritos, limites para penhora e efetividade e alternativas à hasta pública. O magistrado representante destacou a importância do enunciado, que considera o sucedido solidariamente responsável com o sucessor pelos créditos trabalhistas no prazo de um ano. Outra proposta destacada foi a que admite a possibilidade de constrição de bens dos sócios, em sede cautelar, e independentemente de citação, quando não encontrado patrimônio da empresa.

Comissão 2 – foram apontados como de destaque os seguintes enunciados liberação de valor incontroverso na execução; instauração da execução provisória de ofício, mesmo na pendência de agravo de instrumento interposto contra decisão denegatória de recurso de revista; e aplicação do disposto no artigo 475 – O do Código de Processo Civil ao processo de trabalho. *Os enunciados têm uma forte tendência de observar a efetividade e a celeridade do processo de execução*, destacou a nota da Anamatra.

Comissão 3 – o TRT-10/ TO/DF assinala os mesmos enunciados aprovados, como os mais relevantes. No relatório que transcrevemos temos: *Observamos uma interessante posição dos juízes do Trabalho que efetivamente mexem com a execução de tentar impressionar o Tribunal Superior do Trabalho na questão de que hoje o Código de Processo Civil tem dispositivos mais modernos e eficazes do que a CLT para fazer com que a pessoa receba o que está previsto na sentença.*

A Comissão 3 foi presidida pelo representante da Amatra 9 (PR), que debateu enunciados sobre cumprimento de sentença, obrigações de fazer ou não fazer, tecnologia e efetividade na execução, desconsideração da personalidade jurídica, liquidação e execução e fraude. De acordo com a proposta, é cabível a prescrição intercorrente na execução trabalhista. *Trata-se de um tema polêmico, com divergência de entendimento entre magistrados e entre tribunais superiores* assinala o relatório. Outro participante afirmou que a comissão também entendeu que, com base na legislação vigente, é possível a realização de hasta pública eletrônica.

Comissão 4 – com a participação da 23ª Região, foi discutida a penhora de bens móveis e imóveis, outras penhoras, intimação da penhora, problemas da expropriação e temas avulsos. Entre os enunciados aprovados, o magistrado destacou a aplicabilidade do art. 745-A do CPC no âmbito do processo do trabalho. Outra proposta aprovada, que gerou polêmica entre os participantes da comissão, foi a que possibilita a reversão para a execução de valores pagos a financeiras, em casos de fraude à execução. *A primeira proposta é objeto de controvérsia entre estudiosos e operadores do Direito, assim como a segunda, que é vanguardista e ousada.*

Comissão 5 – a Amatra/PR destacou dois enunciados como de grande relevância. Um deles trata da delimitação em quais decisões cabem agravos de petição, e o outro é sobre a garantia da execução como requisito para os embargos à execução, principalmente quando não são encontrados outros bens do devedor.

JUDICIÁRIO ONEROSO E DESCONFIGURADO

O Brasil gasta mais de 3,6% do PIB (fonte: Banco de dados do STF), anualmente, apenas com o Poder Judiciário, sem computar as demais carreiras jurídicas. Verificando os índices globais, é um dos maiores quocientes do mundo, e o valor é superior ao que se gastou (3,5%) com educação em 2005. Uma total inversão de valores, que consome mais de dois bilhões de reais ao ano com assistência jurídica, incluindo as isenções de tributos, mas é pouco o resultado para o efetivamente (hipossuficiente) pobre. O problema central não é a falta de magistrados, serventuários ou de operadores do Direito; a lentidão decorre em grande parte por causa de outros elementos, como a falta de eficiência administrativa, a leniência, a falta de segurança para agir e decidir, ausência de previsibilidade (o que ocorre na JT no capítulo da execução) e outros problemas graves que são ofuscados, como a ausência de gratificações por produtividade no serviço público.

Penso na mais utópica pretensão de mudança, inspirado no Encontro de Cuiabá, que poderia sugerir o genérico como tentáculo no Código de Defesa do Consumidor (CDC, lei 8.078/90), que no seu art. 22 admite: *Os órgãos públicos, por si ou suas empresas, concessionárias, permissionárias ou sob qualquer outra forma de empreendimento, são obrigados a fornecer serviços adequados, eficientes, seguros e quanto aos essenciais, contínuos. Parágrafo único: Nos caso de descumprimento total ou parcial das obrigações referidas neste artigo, serão as pessoas ju-*

rídicas compelidas a cumpri-las e a reparar os danos causados, na forma prevista neste código. Cominado com o art. 34: *O fornecedor do produto ou serviço é solidariamente responsável pelos atos de seus prepostos ou representantes autônomos.*

Dessa forma, concordo com o genérico proposto pelo juiz João Bosco Coura, da Amatra 3 (MG), preocupado em dar maior efetividade à ação: *Na falta de indicação de bens penhoráveis do devedor principal e do esgotamento, sem êxito, das providências ex officio, autoriza-se a imediata instauração de execução contra o devedor subsidiariamente corresponsável.* Só que o art. 22 do CDC fala em órgão público, o que vem a ser, nesse caso, a Justiça do Trabalho, seu agente o juiz, eis que a tutela é dela e, portanto, é a responsável subsidiária pelo resultado dos serviços.

Assim, o que parece fácil, se superada a xenofobia às propostas de "fora para dentro na JT" e aceito o genérico em tela (o jurisdicionado estaria mordendo o próprio rabo), se esbarraria em mais uma nova hermenêutica. O plenário do Supremo Tribunal Federal (STF) decidiu, no dia 24 de novembro 2005, a constitucionalidade do artigo 71, parágrafo 1º, da Lei 8.666, de 1993, a chamada Lei de Licitações. O dispositivo prevê que a inadimplência de contratado pelo poder Público em relação a encargos trabalhistas, fiscais e comerciais não transfere à administração pública a responsabilidade por seu pagamento, nem pode onerar o objeto do contrato ou restringir a regularização e o uso das obras e edificações, inclusive perante o Registro de Imóveis. Para o presidente do STF, Cezar Peluzo, isso *não impedirá o TST de reconhecer a responsabilidade, com base nos fatos de cada causa. O STF não pode impedir o TST de, à base de outras normas, dependendo das causas, reconhecer a responsabilidade do poder público.*

Relator da matéria, o ministro Peluzo justificou o seu voto pelo arquivamento. É que, no seu entendimento, não havia controvérsia a ser julgada, uma vez que o TST, ao editar o Enunciado 331, não declarou a inconstitucionalidade do artigo 71, parágrafo 1º, da Lei 8.666. Ele admite que o TST tem reconhecido que a omissão culposa da administração em relação à fiscalização se a empresa contratada é ou não idônea, se paga ou não encargos sociais gera responsabilidade da União.

Ocorre que, mais uma vez, *data permissa*, a figura central desse imaginário (até porque a utópica execução contra a União em face da inércia da sua tutelada não iria prosperar) é o trabalhador, que é compelido a aceitar termos que se configuram os mais desprezíveis, em razão da não liquidação do seu título executivo produzido pelo Judiciário Laboral tutelado, que sequer conquista o respeito da maior Corte do país.

Em suma, podemos ainda lembrar que o PLC nº 591/10, dos deputados Vignatti (PT-SC) e Carlos Melles (DEM-MG), muda uma série de regras para micro e pequenas empresas, entre as quais assegura a estas tratamento jurídico diferenciado e simplificado nos campos administrativo, tributário, previdenciário, trabalhista, creditício e de desenvolvimento empresarial. Sendo assim, convém questionar o que vem a ser o tratamento jurídico diferenciado no campo trabalhista.

A PRIMEIRA DISCUSSÃO OCORREU EM 2007

Nos meses de setembro a novembro de 2007, por iniciativa exclusiva do Tribunal Superior do Trabalho (TST), tendo como protagonistas a Associação Nacional de Magistrados da Justiça do Trabalho (Anamatra), a Escola Nacional de Formação e Aperfeiçoamento de Magistrados do Trabalho (Enamat) e apoiada pelo Conselho Nacional de Escolas de Magistratura do Trabalho (Conemat), com a participação de operadores de Direito, foi realizada a "1ª Jornada de Direito Material e Processual na Justiça do Trabalho", que teve como objetivo a aprovação de enunciados para serem incorporados ao processo do trabalho, facultando extraoficialmente aos magistrados a sua utilização.

Dos 79 enunciados aprovados, um deles, o de nº 60, é parâmetro para que o *trade* trabalhista entenda as razões das constantes violações de texto de lei na especializada, porque previa a interdição de estabelecimento, setor de serviço, máquina ou equipamento e o embargo de obra.

Esse aplicativo medieval, felizmente, não foi aprovado, além do que é inconstitucional e também inaceitável do ponto de vista moral, porque é prova inconteste da xenofobia que a maioria dos integrantes da JT nutre pelos empregadores, senão vejamos a íntegra: I – A *interdição de estabelecimento, setor de serviço, máquina ou equipamento, assim como o embargo de obra (artigo 161 da CLT), podem ser requeridos na Justiça do Trabalho (artigo 114, I e VII, da CRFB), em sede principal ou cautelar, pelo Ministério Público do Trabalho, pelo sindicato profissional (artigo 8º, III, da CRFB) ou por qualquer legitimado específico para a tutela judicial coletiva em matéria labor-ambiental (artigos 1º, I, 5º, e 21 da Lei 7.347/85), independentemente da instância administrativa. II – Em tais hipóteses, a medida poderá ser deferida (a) inaudita e altera parte, em havendo laudo técnico preliminar ou prova prévia igualmente convincente; (b) após audiência de justificação prévia (artigo 12, caput, da Lei 7.347/85) (...).*

No universo da prestação jurisdicional, justamente por conta dessa postura medieval, a JT é considerada "o patinho feio" do judiciário brasileiro, tornado-se o terceiro elemento nesta química social, degenerada pelos excessos de juízo.

Esse evento reuniu cerca de trezentos advogados, bacharéis em Direito, juízes e procuradores do Trabalho para discutir matérias relevantes do Direito do Trabalho e debater as 140 propostas de enunciados inicialmente selecionadas pela comissão científica do evento, divididas em sete grandes temas: 1 – "Direitos fundamentais e as relações de trabalho"; 2 – "Contrato de emprego e outras relações de trabalho"; 3 – "Lides Sindicais: Direito Coletivo"; 4 – "Responsabilidades civis em danos patrimoniais e extrapatrimoniais"; 5 – "Acidente do trabalho e doença ocupacional"; 6 – "Penalidades administrativas e mecanismos processuais correlatos"; e 7 – "Processo na Justiça do Trabalho". Muitas dessas questões vieram à baila como reflexo da ampliação da competência da Justiça Trabalhista pela Emenda Constitucional 45/2004 (da Reforma do Judiciário).

Os integrantes da Justiça Especializada continuam divorciados dos princípios que deram origem a sua criação e manutenção – ela deve servir e ser servida –, até porque têm como princípio para julgar o litígio a hipossuficiência. Um exemplo é negar ao trabalhador a participação na audiência por estar calçando chinelos, um dos maiores absurdos praticados pelos juízes e que compõe esse jurisdicionado, conforme segue.

JUIZ BARRA AUDIÊNCIA DE TRABALHADOR POR ESTAR CALÇANDO CHINELOS

Em março de 2011, a União foi condenada a reparar o dano moral sofrido pelo trabalhador paranaense que teve que se retirar de uma audiência porque calçava chinelos de dedo. O valor arbitrado foi de R$ 10 mil. A sentença foi proferida pela juíza Marize Cecília Winkler, da 2ª Vara Federal de Cascavel (PR). Já foi interposto recurso de apelação ao TRF da 4ª Região.

O trabalhador Joanir Pereira ingressou com reclamatória trabalhista contra a empresa Madeiras J. Bresolin, em 29 de março de 2007, perante a 3ª Vara Trabalhista de Cascavel, sendo a audiência de conciliação designada para 13 de junho daquele ano. Quando da realização do ato, o juiz do Trabalho Bento Luiz de Azambuja Moreira cancelou a audiência sob a alegação de que o autor não trajava calçado adequado, pois usava chinelos de dedo. A audiência foi adiada para o dia 3 de julho. Alega o trabalhador que nessa segunda oportunidade teria sofrido nova humilhação, *pois o juiz lhe ofereceu, na própria audiência, um par de sapatos.*

De acordo com a petição inicial, *o autor não tinha a intenção de ofender a dignidade da Justiça ao ir calçando chinelos de dedo, sendo a forma como está acostumado a se trajar, não podendo isto ter mais importância que o direito de acesso à Justiça*. A União contestou, sustentando haver a impossibilidade jurídica do pedido, *porque se objetiva indenização por ato praticado no pleno exercício da função judicante, o qual só gera dever de indenizar nos casos previstos expressamente em lei ou na CF/88. Além disso, deve ser provado dolo ou fraude por parte do magistrado, nos termos do art. 133 do CPC, não se aplicando o art. 37, §6º, da CF/88, pois possui regramento específico*.

O recurso da União revelou uma singularidade: *Não só essa, mas diversas outras audiências foram adiadas pelo magistrado em razão de as partes estarem trajando vestimentas inadequadas, o que comprova que o dr. Bento não considerou o autor indigno, mas sim considerou o calçado que ele utilizava inapropriado*.

A julgadora entendeu que: *Não prosperam os argumentos da União no sentido de que o juiz teria agido no estrito cumprimento do dever legal ou no exercício regular de um direito, uma vez que comparecer a um ato judicial trajando calça jeans, camisa social e chinelo não gera ofensa alguma à Justiça do Trabalho*. A magistrada argumenta que a ofensa ocorreria *caso o reclamante comparecesse fantasiado, num nítido tom de deboche, o que não ocorreu*. E arremata que *calçar chinelos numa audiência não causa tumulto algum à realização do ato, não justificando sua postergação*. (Proc. nº 2009.70.05.002473-0).

CAPÍTULO II

ESTRUTURA ALTERNATIVA DAS RELAÇÕES DE TRABALHO NO BRASIL

MECANISMOS EXTRAJUDICIAIS:

– Comissão de Conciliação Prévia – CCP. Lei 9958/2000
Câmaras Arbitrais:
– Lei 9.307/06 (ainda se discute sua validade como meio de conciliação trabalhista)

CÂMARAS ARBITRAIS EXTRAJUDICIAIS:

(Arbitragem no processo do trabalho)
Evolução histórica

O instituto da arbitragem não é desconhecido no Direito Civil brasileiro, pois desde a Constituição Imperial de 1824 até hoje esteve presente no ordenamento jurídico, com a denominação de juízo arbitral ou compromisso, mas não recebeu o devido tratamento, pelo fato de não oferecer garantia jurídica e ser muito burocratizada sua forma de utilização. Segundo Rui Barbosa: *A justiça atrasada não é justiça, senão injustiça, qualificada e manifesta. Porque a dilação ilegal nas mãos do julgador contraria o Direito escrito das partes, e assim as lesa no patrimônio, honra e liberdade.*

No Brasil, ela foi instituída em lei no ano de 1996, entrando em vigor através da Lei nº 9.307. Surgiu com a finalidade de suprir a demanda do judiciário, resolvendo de forma rápida litígios que poderiam se estender por vários anos na Justiça comum. Nos primórdios da sociedade romana, surgiu o instituto da arbitragem como forma de resolver conflitos oriundos da convivência em comunidade, como função pacificadora entre os litigantes. Inicialmente, gerado um conflito, os litigantes procuravam um árbitro neutro para intervir e dar uma sentença.

Era conhecida como arbitragem facultativa, na qual o árbitro não exercia função pública. Mais adiante surge a arbitragem obrigatória, em que as pessoas em litígio compareciam perante o pretor, comprometendo-se a aceitar o que viesse a ser decidido, pois não aceitavam qualquer intromissão do Estado nos negócios particulares. Escolhiam um árbitro e este recebia do pretor o encargo de decidir a causa. Em meados do século III d.C., o pretor chamou para si a função do árbitro, surgindo aí a jurisdição e o processo como instrumentos de pacificação social.

SENTENÇA ARBITRAL

Dispõe a Lei de Arbitragem que a solução de litígios abrange os relativos a direitos patrimoniais disponíveis, com anuência das partes. O árbitro escolhido poderá ser qualquer pessoa capaz, e que seja independente e imparcial, não podendo estar vinculado a nenhuma das partes litigantes. Terá a missão de proferir a sentença arbitral, resolvendo as pendências judiciais ou extrajudiciais. Segundo o artigo 18 da Lei 9.307-1996, o ato decisório não fica sujeito à homologação ou recurso ao órgão jurisdicional, ocorrendo assim a extinção do litígio, sendo os litigantes obrigados a acatar tal decisão. Mas, a decisão não tem caráter coativo, de obrigar ao cumprimento da sentença, podendo então a parte lesada buscar o cumprimento da sentença (execução) junto ao órgão jurisdicional.

Sobre o enfoque da irrecorribilidade da sentença arbitral, a Comissão de Constituição, Justiça e Cidadania do Senado Federal proferiu o seguinte parecer: *A irrecorribilidade da sentença arbitral não viola o princípio constitucional de ampla defesa. A sentença arbitral tem efeito, força de coisa julgada entre as partes. A arbitragem é instituto de natureza contratual e as partes, que livremente e de comum acordo instituírem o juízo arbitral, não podem romper o que foi pactuado.* Ao dispensar a homologação, a lei conferiu força executória à sentença, equiparando-se à sentença judicial transitada em julgado.

O Supremo Tribunal Federal estabeleceu um paralelo entre a garantia constitucional do direito de ampla defesa e o juízo arbitral, sendo que uma coisa é impedir o acesso ao judiciário nos casos previstos pela lei, outra é confundir tal acesso em função do mérito que se encontra definitivamente solucionado pelo árbitro. Sobre esse assunto, o ministro Castro Nunes, do Supremo Tribunal Federal, fundamentou seu voto dizendo: *O que se assegura é o Direito a jurisdições regulares, a possibilidade ressalvada de poderem levar a juízo a sua pretensão ou de não responderem senão em juízo; do inverso, o Juízo Arbitral supõe, no ato de sua constituição, o acordo das partes que consentem em subtrair a causa às Justiças regulares, estando pelo que decidirem os juízes-árbitros por eles escolhidos. Jamais se entendeu, aqui ou alhures, que pudesse o compromisso arbitral constituir uma infração daquele princípio constitucional.*

O inciso VI do artigo 51 do Código de Defesa do Consumidor, criado pela Lei nº 8.078/90, considerava nulas, de pleno direito, as cláusulas contratuais relativas ao fornecimento de produtos e serviços que determinassem a utilização compulsória de arbitragem. Esse foi revogado conforme parecer nº 221/93 do Senado Federal. A nova lei no § 2º do art. 4º cita que, nos contratos de adesão, a cláusula compromissória só terá eficácia se o aderente tomar a iniciativa de instituir a arbitragem, ou concordar, expressamente, com sua instituição.

Há que ser observado que estão fora do âmbito de aplicação da arbitragem questões sobre as quais não podem efetuar transações; não podem dispor como quiserem, por exemplo, as referentes aos impostos, a estado civil, ao nome da pessoa, a delitos criminais. Enfim, todas as questões que estão fora da livre iniciativa das pessoas e que só podem ser resolvidas através da intervenção do Poder Judiciário.

A lei permite, mesmo sem a cláusula contratual prevendo a utilização da arbitragem, que as partes podem invocar, mesmo depois de ter surgido um conflito, uma solução arbitral, podendo os litigantes já ter ingressado no judiciário. Assinarão um documento particular, na presença de duas testemunhas ou por escritura pública, que é chamado de compromisso arbitral ou cláusula compromissória. Sendo somente válida essa cláusula se for estabelecida por escrito no próprio contrato, não sendo considerada uma forma verbal de estipulação. Porém, pode-se incluí-la em outro documento separado do contrato a que se refira, devendo citar a existência de outro documento no qual esteja inserida a cláusula compromissória.

Outra característica da utilização da arbitragem é a possibilidade de o árbitro usar um critério de julgamento que não seja juridicamente legal, mas entendido por ele como sendo o mais justo, não podendo as partes se furtarem do resultado do julgamento.

A única possibilidade de anulação de uma sentença arbitral é quando:

a) quem for árbitro estiver impedido;
b) quando a sentença não estiver fundamentada;
c) quando não decidir toda a controvérsia;
d) quando for comprovado que foi proferida por prevaricação, concussão ou corrupção passiva;
e) quando não se observaram os princípios da igualdade das partes e de direito de defesa;
f) quando for proferida fora do prazo.

Em alguns casos, o juiz poderá determinar que o árbitro emita nova sentença arbitral, sendo que o prazo para as partes proporem uma ação de anulação da sentença arbitral é de noventa dias.

– RECONHECIMENTO E EXECUÇÃO DE SENTENÇAS ARBITRAIS ESTRANGEIRAS: sentenças arbitrais proferidas fora do território nacional serão reconhecidas aqui de conformidade com os tratados internacionais com eficácia no ordenamento interno e na ausência, estritamente de acordo com os termos dessa lei (art. 34), estando sujeitas, unicamente, à homologação do Supremo Tribunal Federal (art. 35). A petição inicial, além dos requisitos do art. 282 do CPC, deverá ser instruída com os requisitos do art. 37. Poderá ocorrer denegação de tal pedido nos casos dos arts. 38 e 39, mas o art. 40 prevê a renovação do pedido, uma vez sanados os vícios formais que a afetavam.

– SENTENÇA ARBITRAL: produz efeito entre as partes e seus sucessores sem depender de homologação em juízo e, sendo condenatória, constituirá título executivo. Deverá ser proferida no prazo previsto na Convenção Arbitral ou em seis meses, caso tal previsão inexista, contado da instituição da arbitragem ou da substituição do árbitro (art. 23). A sentença será sempre expressa em documento escrito e deverá sempre conter os requisitos do art. 26.

– RECURSOS: a sentença proferida por árbitros não fica sujeita a recursos nem depende de homologação judicial, mas cabem embargos de declaração, no prazo de cinco dias, conforme o art. 30. E, da sentença que julgar o pedido de instituição de arbitragem, por recusa de cumprimento voluntário da cláusula compromissória (art. 7º), caberá apelação, sem efeito suspensivo, caso seja decretada a procedência do feito.

– NULIDADE DA SENTENÇA ARBITRAL: casos do art. 32, devendo, de acordo com o art. 33, serem postulados no juízo ordinário (Poder Judiciário), no prazo de noventa dias da notificação da sentença arbitral. A diferença dos casos de nulidade absoluta e relativa é feita pelo § 2º do art. 33.

O autor traz argumentos que já são bem difundidos nos meios de conjugação de controvérsias extrajudiciais. Ele argumenta, com propriedade, que o Direito do Trabalho é composto por regras de Direito público e privado, além de questões administrativas. A CLT é o instrumento legal que prevê proteção ao trabalhador na relação de emprego.

Após a análise de conceitos como Direito público e privado, disponibilidade, indisponibilidade, renúncia, transação e conciliação, concluímos que os direitos patrimoniais disponíveis são aqueles em que é possível contratar ou transigir sem ferir normas de ordem pública. A disponibilidade em face do Direito do Trabalho deve ser estudada de acordo com o caso concreto e não podemos reconhecer o seu caráter indisponível de forma geral e irrestrita.[76]

A CLT impõe a conciliação como principal via de pacificação dos conflitos trabalhistas. Somente o direito disponível pode ficar sujeito à transação, que é resultado da conciliação legalmente prevista para a pacificação definitiva dos litígios decorrentes das relações de emprego, analisando a possibilidade de resolução de conflitos trabalhistas individuais com a utilização do procedimento arbitral.

Veremos, ao final, que há respaldo doutrinário, jurisprudencial e legal para a utilização do instituto da arbitragem na solução de conflitos individuais.[77]

ASPECTOS DA DISPONIBILIDADE NOS CONTRATOS TRABALHISTAS

A Consolidação das Leis do Trabalho (CLT) traz regras de Direito público, administrativo e privado. Assim, nossa proposta, no presente texto, é apresentar um estudo sobre o que se pode dispor em matéria trabalhista e em que momento contratual é factível essa condição. Os meios de pacificação de conflitos trabalhistas giram em torno desse entendimento, qual seja, a disponibilidade e indisponibilidade do Direito em face do caso concreto e, portanto, nossa colaboração visa permitir uma melhor atuação das instituições judiciais e extrajudiciais na solução de litígios decorrentes das relações de emprego.

Há muito, os operadores da arbitragem vêm reivindicando a validade desse meio como alternância à solução de conflito somente dos

---

[76] Nos contratos de trabalho em que existe estabilidade, a rescisão sem justa causa implicará a obrigação de indenizar pelos direitos decorrentes da estabilidade.
[77] SUSSEKIND, Arnaldo. *Instituições de Direito do Trabalho*, vol. I, 18ª ed., LTr Editora, 1999, p. 224.

bens disponíveis. No entanto, existe uma blindagem imposta pelos magistrados trabalhistas, ganhando resposta do Colendo TST, que vem se decidindo contrário a à adoção da realização da arbitragem nas relações de trabalho. Vejamos abaixo uma decisão com base na Súmula 330 do TST:[78]

> ARBITRAGEM – MEIO INEFICAZ PARA QUITAÇÃO RESCISÓRIA – DIREITOS TRABALHISTAS INDISPONÍVEIS – QUITAÇÃO RESTRITA – POSSIBILIDADE DE ANULAÇÃO JUDICIAL. O artigo 1ª da Lei nº 9307/96 é cristalino ao estipular que a arbitragem presta-se a dirimir litígios relativos a direitos disponíveis; tanto é assim que o artigo 23 da referida lei determina a suspensão do procedimento arbitral, se surgir questão ligada a direitos indisponíveis, e o artigo 33 deixa expressamente assentada a possibilidade de a sentença arbitral ser anulada pelo órgão competente do Poder Judiciário. Nem poderia ser diferente, pois a ordem jurídico-trabalhista não pode ser derrogada pela vontade dos particulares, e a proteção mínima de origem estatal não comporta mitigações em desacordo com a *mens legis*. Essas observações são suficientes para afastar alegações de coisa julgada, ou quitação geral, que impediriam a apreciação judicial da lide. Em se tratando de quitação rescisória, a arbitragem não constitui meio eficaz, já que o artigo 477 e seus parágrafos, da CLT, possuem norma expressa no que tange à assistência do trabalhador por ocasião da rescisão contratual, que somente poderá ser realizada pelos órgãos e autoridades ali. A via oblíqua da arbitragem, portanto, não resiste às determinações legais constantes do artigo 8º, parágrafo único, e 9º, da CLT. De corolário, o referido acordo não tem eficácia liberatória geral, em relação aos demais títulos e valores ainda devidos, na forma do artigo 940 do Código Civil e Súmula nº 330, do C. TST. (TRT/SP – 00652200602802002 – RO – Ac. 4ª T 20090261270 – Rel. Paulo Augusto Camara – DOE 28/04/2009).

---

[78] Relator juiz Lauro da Gama e Souza, 11ª Reg. do TRT (RO 464/91), em 07/07/1992.

CLÁUSULA QUE IMPÕE ARBITRAGEM TRABALHISTA É INCONSTITUCIONAL

Para a 4ª Turma do Tribunal Regional do Trabalho da 2ª Região (TRT-SP), é nula a cláusula do acordo coletivo que substitui a Justiça do Trabalho por um "tribunal de arbitragem" nos conflitos entre patrões e empregados, pois afronta o artigo 5º, inciso XXXV, da Constituição Federal. Esse foi o entendimento aplicado pelos juízes da turma no julgamento de Recurso Ordinário de um ex-vigilante do Banespa – Banco do Estado de São Paulo S/A. O ex-empregado entrou com processo na 69ª Vara do Trabalho de São Paulo reclamando o pagamento de verbas trabalhistas. O reclamante ajuizou a ação contra a Estrela Azul Serviços de Vigilância, Segurança e Transporte de Valores Ltda., empresa que o contratou, e, solidariamente, contra o Banespa.

Em sua defesa, as empresas alegaram que a rescisão do contrato de trabalho do ex-empregado foi homologada por Comissão de Conciliação Prévia, conforme previsto na convenção coletiva da categoria profissional. A vara decidiu que os direitos e valores homologados pela comissão não poderiam mais ser questionados na Justiça do Trabalho. Inconformado, o reclamante apelou ao TRT-SP, sustentando que o acordo *representa fraude à legislação trabalhista"*. Para o juiz Ricardo Artur Costa e Trigueiros, relator do recurso no tribunal, *a cláusula coletiva que substitui a Justiça do Trabalho por um "tribunal de arbitragem" é nula de pleno direito.*

Segundo o relator, a exigência cria "óbice inconstitucional ao acesso à jurisdição (art. 5º, XXXV, CF)" e "embaraços à aplicação dos princípios protecionistas da legislação trabalhista". *O sistema de solução de conflitos através de arbitragem, nesta Justiça, por força do parágrafo 1ª do artigo 114 da Constituição Federal, é limitado às demandas coletivas*, explicou o juiz Ricardo Trigueiros.

A DISPONIBILIDADE DO BEM

O art. 841 do Código Civil esclarece que é disponível somente o direito sobre o qual as partes podem transigir. Sobre a disponibilidade de créditos decorrentes de relação de emprego, discutidos em uma reclamação trabalhista, se obteve a seguinte decisão: *Mesmo tratando-se de créditos de natureza alimentar é possível a transação, ainda que somente no que concerne ao* quantum *devido.*[79]

O Tribunal Superior do Trabalho, conhecedor da dificuldade de entendimento quanto às condições de solução dos conflitos individuais do trabalho, em decisão recente, esclareceu que: *Após a dissolução do pacto, no entanto, não há de se falar em vulnerabilidade, hipossuficiência, irrenunciabilidade ou indisponibilidade, na medida em que o empregado não mais está dependente do empregador.*[80]

Nesse mesmo diapasão, acrescenta Alexandre Nery de Oliveira, juiz do Trabalho em Brasília, que os direitos normalmente discutidos em reclamação trabalhista ficam sujeitos à conciliação, consequência de uma transação realizada entre as partes:

> *Ora, inequivocamente os direitos que se questionam costumeiramente perante a Justiça do Trabalho envolvem direitos patrimoniais disponíveis e pressupõem a capacidade das partes para ajustarem as condições da relação jurídico-material instaurada, ainda que o Estado os mesmos proteja pela presunção de desequilíbrio na relação decorrente do contrato de trabalho entre o patrão e o trabalhador pelo maior poderio do capital, quando não envolvidas partes diversas em razão de controvérsia decorrente da relação do trabalho, nos termos de lei própria, como admite o artigo 114 da Constituição Federal.*[81]

---

[79] Juiz Sérgio Roberto Rodrigues. TRT 2ª Região. 1ª Vara do Trabalho de Mauá. Processo nº 1186/2003, 27/8/2003.
[80] Juíza relatora Maria Doralice Novaes. TST-RR –1650/1999-003-15-00. Publicação DJ 30/9/2005 – Acórdão 4ª Turma.
[81] OLIVEIRA, Alexandre Nery. "Arbitragem e Justiça do Trabalho: análise da lei 9.307/96". *Universo Jurídico*, 5 de novembro de 1996.

Como já analisamos, o principal modelo de pacificação das questões individuais de trabalho realizado perante a Justiça do Trabalho ocorre por meio de conciliação, que nada mais é do que o resultado de transação de direitos realizada entre as partes, sendo certo que para o Estado-Juiz interessa muito mais a pacificação do que propriamente as condições que proporcionam o acordo obtido em sede de conciliação.[82]

A renúncia de direitos após a rescisão do contrato de trabalho é prática comum na ação trabalhista, visto que a conciliação tem por objetivo a transação que leva como regra à renúncia e concessão de direitos para a pacificação definitiva do litígio levado à apreciação do Poder Judiciário. Vencido o debate quanto às condições de disponibilidade dos direitos trabalhistas, passamos a analisar as possibilidades de pacificação dos conflitos decorrentes das relações de emprego por meios alternativos não estatais, entre os quais destacamos o procedimento arbitral.

---

[82] A juíza dra. Silvane Aparecida Bernardes, em decisão proferida perante a 49ª Vara do Trabalho, ao tratar das condições em que ocorrem os acordos levados à conciliação, expressamente fez constar o seguinte: A *se admitir que pelo simples fato de necessitar do dinheiro o obreiro tivesse sofrido coação econômica, teríamos honestamente que reconhecer que centenas de acordos firmados nesta Justiça Especializada não teriam regularidade, pois sabido que muitos destes acordos são celebrados em valores infinitamente inferiores ao valor da pretensão.* Proc. 01634200304902006 – D.O. 15/10/2003.

CAPÍTULO IV
MEIOS ALTERNATIVOS NÃO ESTATAIS NA SOLUÇÃO DE CONFLITOS

ARBITRAGEM COMO ALTERNATIVA

Novamente destacaremos alguns conceitos que podem ser úteis para complementar as propostas que levamos à discussão com o presente estudo. A arbitragem, atualmente regulamentada pela lei 9.307/96, poderá proporcionar resultados sociais interessantes, pois permite a ampliação do acesso à Justiça sem faltar com nenhuma condição dos procedimentos previstos na CLT, salvo quanto às condições recursais.

A arbitragem é um *instituto misto, porque, como leciona Guido Soares, é, a um só tempo, jurisdição e contrato, sendo um procedimento estipulado pelas partes, com rito por elas determinado, ou, na falta, suprido pela lei processual da sede do tribunal arbitral, fundando-se no acordo de vontade das partes que procuram obter a solução de um litígio ou de uma controvérsia.*[83]

Faz-se mister salientar que a arbitragem, em nosso ordenamento jurídico pátrio, não é uma obrigação ou uma imposição, mas uma faculdade do titular do Direito quanto ao uso desse modelo de procedimento. Alguns operadores do Direito, desconhecedores dos princípios expostos anteriormente, sustentam que a utilização de meios alternativos não estatais ofende a legislação trabalhista, pois o princí-

---

[83] FRANCO FILHO, Georgenor de Sousa. *A arbitragem e os conflitos coletivos de trabalho no Brasil*. São Paulo: LTr, 1990, p. 31.

pio que norteia esses meios, entre os quais destacamos a mediação, a conciliação e especialmente a arbitragem, é oposto a irrenunciabilidade, elemento essencial no Direito do Trabalho, visto que no artigo 1º da Lei nº 9.307/96 está estabelecido que a arbitragem somente pode ser utilizada "para dirimir litígios relativos a direitos patrimoniais disponíveis".

A aplicação da lei de arbitragem em matéria trabalhista é possível e legal por não ferir qualquer direito do trabalhador. A arbitragem é mero procedimento e nenhum direito material tem alterado a sua condição. Portanto, no procedimento arbitral, nenhum direito é acrescentado ou sonegado e as regras da CLT ou convenção coletiva serão aplicadas normalmente. Algumas leis que compõem a CLT têm expressa previsão da arbitragem como via de solução de conflitos. Podemos, como exemplo, citar a Lei de Greve (Lei 7.783/89), que cuida de questões portuárias (Lei 8.630/93), e também a lei que regulamenta a participação nos lucros e resultados das empresas – PLR (Lei 10.101/00).[84] A própria CLT não rechaça esse modelo de pacificação de conflitos; muito ao contrário, prestigia-o.

A emenda constitucional nº 45 – EC 45 – estabeleceu que o dissídio coletivo de caráter econômico somente será levado ao TRT se houver a concordância expressa das entidades sindicais envolvidas. Tal condição nos remete ao fato de que a solução para os dissídios dessa natureza seja conforme prevê o artigo 114 da Constituição Federal, em seu parágrafo 2º quando, literalmente, expressa que: *Recusando-se qualquer das partes à negociação coletiva ou à arbitragem, é facultado às mesmas, de comum acordo, ajuizar dissídio coletivo de natureza eco-*

---

[84] Lei nº 10.101/00 - Criada pela Constituição Federal, art. 7º, XI, de 5/10/88, foi regulamenta pela Medida Provisória nº 794, de 29/12/94, DOU de 30/12/94 e reedições posteriores. A última publicação foi a Medida Provisória nº 1.982-77, 23/11/00, DOU 24/11/00. Transformada em Lei nº 10.101, de 19/12/00, DOU de 20/12/00. Art. 1º – A Lei regula a participação dos trabalhadores nos lucros ou resultados da empresa como instrumento de integração entre o capital e o trabalho e como incentivo à produtividade, nos termos do art. 7º, inciso XI, da Constituição.

nômica, podendo a Justiça do Trabalho decidir o conflito, respeitadas as disposições mínimas legais de proteção ao trabalho, bem como as convencionadas anteriormente.

Quanto à validade e à eficácia da solução das relações de emprego por meios alternativos não estatais, ensina o professor Paulo André de França Cordovil.

> Em relação à questão da previsão legal e constitucional, o que se pode dizer é que o art. 114 visou tão somente estabelecer a competência material da Justiça do Trabalho, sem, todavia, excluir outras formas de solução de conflitos.[85]

O ex-ministro Almir Pazzianoto, ao se manifestar sobre os meios alternativos não estatais, concluiu que *esses mecanismos estão evoluindo de maneira muito lenta. Mas acredito que uma hora as pessoas vão se dar conta de que esse é o melhor caminho contra a morosidade.*

Ora, consoante fundamentação acima expendida ao acordo na via arbitral, *imputam-se idênticos àqueles emprestados ao acordo judicial e, portanto, inegáveis os efeitos de coisa julgada à avença assim perfeita, impondo-se a acolhida da preliminar relativa à coisa julgada, extinto o feito sem julgamento do mérito, a teor da previsão do inciso V do artigo 267 do diploma instrumental civil.*[86]

TRT2 JÁ DECIDIU PELA UTILIZAÇÃO DA ARBITRAGEM

O Tribunal Regional do Trabalho de São Paulo (TRT2) também tem decidido a favor da utilização da arbitragem para a resolução dos

---

[85] CORDOVIL, Paulo André de França. "**A** nova Lei de Arbitragem sob a óptica do processo individual do trabalho." Revista LTr, vol. 61, nº 5, maio de 1997, pp. 650/654.
[86] Juíza dra. Alcina M. F. Beres. Processo 2547/00. 72ª Vara do Trabalho de São Paulo, 30/10/2000.

conflitos envolvendo empregados e empregadores, destacando que *a arbitragem, como forma alternativa de solução heterônoma do conflito de trabalho, não é exigida como condição de acesso ao Poder Judiciário (art. 1º da Lei 9.307/96 e art. 5º, XXXV, da CF), mas quando eleita pelas partes que, através de ato jurídico perfeito, se conciliam, gera efeito de coisa julgada, que não é afastado pela genérica alegação de fraude trabalhista, desacompanhada de provas e tardiamente manifestada, sobretudo quando não envolvidos direitos indisponíveis.*[87]

Dessa forma, tecnicamente não podemos afastar a possibilidade de utilização da arbitragem e da lei 9.307/96 para as relações de emprego, uma vez que as partes possuem liberdade para contratar e também devem ser livres para resolver as controvérsias do que anteriormente pactuaram.

André Cremonesi ensina *ser possível solucionar conflitos individuais trabalhistas por meio do instituto da arbitragem, especialmente quando finda a relação jurídica existente entre as partes, o que permite asseverar que os direitos tornam-se patrimoniais disponíveis. Entender ao contrário seria concluir equivocadamente pela impossibilidade de acordo perante a Justiça do Trabalho.*[88]

O empregado no setor privado – é capaz para transacionar seus direitos quando não mais estiver presente a subordinação decorrente da relação de emprego. Vale ressaltar que a utilização da arbitragem está adstrita a direitos passíveis de serem transacionados, ou seja, direitos de índole patrimonial.

O professor e juiz do Trabalho Antônio Gomes de Vasconcelos, que iniciou os trabalhos do Núcleo Intersindical em Patrocínio-MG, também admite o uso do procedimento arbitral na solução dos conflitos trabalhistas e, nesse sentido, ensina:

---

[87] Rel. Catia Lungov – 8ª Turma. RO. Julgamento 2.2.2004. Acórdão 20040026617, publ. 17/2/2004.
[88] CREMONESI, André. "A cláusula compromissória de arbitragem no contrato individual de trabalho". Revista *Genesis*, v. 119, novembro de 2002, p. 653.

> Não se diga que a nova lei de arbitragem não se aplica aos dissídios individuais do trabalho. O direito comum (material e processual) é aplicável subsidiariamente ao Direito do Trabalho (art. 8º e art. 769/CLT), no que com este for compatível. Perfeitamente possível à eleição do juízo arbitral para dirimir os dissídios individuais do trabalho, se não por ato isolado do querelante (empregado), sê-lo-á se o procedimento arbitral constitui objeto de norma coletiva a ele aplicável. Isto por força do disposto na Constituição Federal (art. 7º, XXVI, CF/88)".[89]

Georgenor de Souza Franco Filho, ao comentar sobre a Lei de Arbitragem (art. 21, § 4º) e sua utilização em questões trabalhistas, afirma textualmente:

> O §4º é perfeitamente compatível com a arbitragem em matéria trabalhista. É da essência do processo do trabalho a tentativa de conciliação. Segundo a regra do § 1º, do art. 764, da CLT, esta deve ser tentada a todo o instante e pode se dar a qualquer momento, mesmo depois de encerrado o juízo conciliatório (art. 764, § 3º, da CLT), o que se dá com a formalização da segunda proposta de conciliação (art. 850, da CLT).[90]

Importante observarmos também, no presente estudo, que a Constituição Federal faz referência explícita a possibilidade de adoção do juízo arbitral no âmbito dos dissídios coletivos (art. 114, § 1º). Referida previsão legal não induz, de forma alguma, à conclusão de que há vedação implícita de sua adoção no âmbito dos dissídios individuais trabalhistas. Tal interpretação foge ao entendimento mediano dos princípios constitucionais de um Estado.

No âmbito das relações particulares, é possível se fazer tudo o que a lei não proíbe, pois vigora o princípio da autonomia da vontade, em

---

[89] VASCONCELOS, Antonio Gomes de. *Sindicatos na administração da Justiça*. Belo Horizonte, Ed. Del Rey, 1995.
[90] FRANCO FILHO, Georgenor de Souza. *A nova lei de arbitragem e as relações de trabalho*. São Paulo: LTr, 1997, p. 50.

conjunto com o inciso II, do artigo 5º da Constituição Federal, que estabelece o princípio da legalidade, e, dessa forma, tudo aquilo que não for proibido é legal e, consequentemente, poderá ser praticado.

Para corroborar com a visão que ora é apresentada, nos socorremos da decisão proferida pelo TRT 2ª Região/SP, que concluiu que *não existe lei proibindo terceirização na atividade-fim da empresa. O que não é proibido é permitido. Assim, nada impede a terceirização na atividade-fim.*[91]

Também sobre outras matérias, a visão jurisprudencial é a mesma. Em sede de procedimento de execução, a visão não é outra. Mesmo na execução é possível haver o desconto do Imposto de Renda ou da contribuição previdenciária, se não constou determinação autorizando o desconto. Não há proibição do desconto na sentença ou no acórdão, que importaria ferir a coisa julgada. Aquilo que não é proibido é permitido. Procedendo-se ao desconto, não estará havendo ofensa à coisa julgada.[92]

E novamente com relação à discussão sobre a jornada de trabalho móvel, prevalece o entendimento de que o que não é proibido é permitido:

Inexistindo demonstração de vício de consentimento, no sentido de que o empregado foi coagido a assinar o contrato de trabalho, que prevê a jornada móvel, não se pode falar em nulidade. O horário móvel não contraria o inciso XIII do artigo 7º da Lei Maior. A lei não veda a jornada móvel e variável. As convenções coletivas, de modo geral, não proíbem a jornada móvel e variável. Logo, aquilo que não é proibido é permitido. Fraude não se presume, deve ser provada.[93]

---

[91] Rel. Sérgio Pinto Martins. Recurso Ordinário – 3ª Turma – Acórdão nº 20040352905. Publicado em 13/7/2004.
[92] Rel. Sérgio Pinto Martins. Agravo de Petição – 2ª Turma – Acórdão nº 20050046254. Publicado em 22/2/2005.
[93] Rel. Sérgio Pinto Martins. Recurso Ordinário – 3ª Turma – Acórdão nº 20040000529. Publicado em 20/1/2004.

O importante, e o que se deve ter como fundamento, é que o legislador na elaboração da Lei nº 9.307/96 não proibiu a arbitragem como forma de solucionar conflitos individuais do trabalho.[94] A Constituição Federal de 1988 não veda a arbitragem nos dissídios individuais; em consequência, aplica-se a máxima, *o que não é proibido é permitido*.

O juiz e professor Sérgio Pinto Martins[95] afirmou que:

A Lei 9.307 não proibiu a arbitragem como forma de solucionar litígios individuais do trabalho. A Constituição não veda a arbitragem nos dissídios individuais. O que não é proibido é permitido. (...) Direitos patrimoniais disponíveis são diferentes de direitos irrenunciáveis. Direitos disponíveis são normas direcionadas às partes e não exatamente normas de ordem pública absoluta. Os direitos dos trabalhadores não são patrimoniais indisponíveis. O trabalhador não está renunciando, alienando ou transacionando direitos quando submete o conflito à arbitragem, mas apenas escolhe um terceiro para solucionar o litígio. O árbitro irá dizer o direito do trabalhador (...). Se não há mais contrato de trabalho entre empregado e empregador, não se pode falar que o trabalhador está sofrendo pressão do empregador para renunciar a verbas trabalhistas, principalmente diante do fato de que a controvérsia está sendo submetida ao árbitro.

---

[94] "Diz a lei textualmente que as partes podem valer-se da arbitragem para dirimir litígios relativos a direitos patrimoniais disponíveis, ou seja, a respeito dos quais as partes possam validamente e legalmente dispor. Essa é uma característica de praticamente todas as legislações sobre arbitragem (alemã, italiana, francesa, espanhola, argentina etc.), que, sem discrepâncias, limitam a arbitragem à categoria das questões sobre as quais a lei permita a transação. Excluem alguns ordenamentos jurídicos do âmbito da arbitragem – assim procede o italiano, art. 806 – as controvérsias individuais de trabalho, o que não acontece entre nós, onde a Lei nº 9.307/96 não faz qualquer restrição nesse sentidso." CARREIRA ALVIM, J. E. *Comentários à Lei de Arbitragem* (Lei nº 9.307, de 23/9/1996). Rio de Janeiro: Editora Lúmen Juris, 2002, pp. 31/32. (g.n.)

[95] MARTINS, Sérgio Pinto. *Jornal do Advogado*, nº 86, julho/2006, p. 78.

A verdade quanto à possibilidade de utilização da arbitragem sem ferir o artigo 114 da Constituição Federal está também nos ensinamentos de Pimenta Bueno, quando leciona que:

a liberdade não é, pois, exceção, e, sim, regra geral, o princípio absoluto, o Direito Positivo; a proibição, a restrição, isso sim é que são as exceções, e que por isso mesmo precisam ser provadas, achar-se expressamente pronunciadas pela lei, e não por modo duvidoso, sim formal, positivo; tudo o mais é sofisma. Em dúvida prevalece a liberdade, porque é o direito, que não se restringe por suposições ou arbítrio, que vigora, porque é facultas ejus, quod facere licet, nisi quid jure prohibet.

A ação trabalhista traz, em seu bojo, matéria patrimonial que é disponível ao seu titular, visto que o seu resultado será indenizatório com o direito de incorporação de valores ao patrimônio de seu autor. Dessa forma, o procedimento arbitral, quando livre e espontaneamente contratado, é válido e deverá ter sua decisão mantida a rigor do cumprimento da lei que instituiu o modelo processual, sob pena de faltarmos com ele e provocarmos a falta de garantia jurídica necessária para se promover a pacificação social.[96]

Juridicamente, a inaplicabilidade da arbitragem em razão da indisponibilidade dos direitos trabalhistas e da hipossuficiência do trabalhador é, nas condições que discutimos no presente estudo, insustentável. Nesse passo, mais uma vez, chamamos à baila os ensinamentos da ministra do TST, Maria Doralice Novaes:

Cumpre salientar, por primeiro, que o juízo arbitral – órgão contratual de jurisdição restrita consagrado em nossa legislação que tem por finalidade submeter as controvérsias a uma pronta solução, sem as solenidades e dis-

---

[96] PIMENTA BUENO, José Antônio. *Direito Público brasileiro e análise da Constituição do Império.* Rio de Janeiro: Ministério da Justiça/ Serviço de Documentação, 1958, pp. 382 e 383.

pêndios do processo ordinário, guardada apenas a ordem lógica indispensável de fórmulas que conduzem a um julgamento escorreito de direito e de equidade – a meu ver, tem plena aplicabilidade na esfera trabalhista porque há direitos patrimoniais disponíveis no âmbito do Direito do Trabalho, data venia de doutas opiniões em sentido contrário.

Isso porque, apenas no ato da contratação ou na vigência de um contrato de trabalho, considera-se perfeitamente válida a tese da indisponibilidade dos direitos trabalhistas, posto que é de se reconhecer que a desvantagem em que uma das partes se encontra, pode impedi-lo de manifestar livremente vontade.[97]

Para corroborar com a nossa tese citamos, ainda, o entendimento do professor Carlos Alberto Carmona:[98]

quanto aos conflitos individuais, embora não se deixe de reconhecer o caráter protetivo do Direito Laboral, é fato incontestável que nem todos os direitos inseridos na Consolidação das Leis do Trabalho assumiriam a feição irrenunciável pregada pela doutrina especializada mais conservadora: se assim não fosse, não se entenderia o estímulo sempre crescente à conciliação (e à consequente transação), de tal sorte que parece perfeitamente viável solucionar questões trabalhistas que envolvam direitos disponíveis através da instituição do juízo arbitral.[99]

FÓRUM AVALIA ARBITRAGEM TRABALHISTA

O 1º Fórum Nacional "A viabilidade da arbitragem nos conflitos trabalhistas", realizado em outubro de 2006 pelo TASP – Tribunal Ar-

---

[97] MARTINS, José Celso. "A transação na reclamação trabalhista". Revista *Justilex* – Ano V, nº 51, março 2006, pp. 58 e 59.
[98] CARMONA, Carlos Alberto. *Arbitragem e processo. Um comentário à Lei 9.307/96*, 2ª ed. ver., atual. e ampl. São Paulo: Atlas, 2004, p. 59.
[99] Relatora Maria Doralice Novaes – TST RR 1650/1999-003-15-00 Publicação DJ 30/9/2005 – Acórdão 4ª Turma.

bitral de São Paulo pela OAB/SP – Subseção São Bernardo do Campo, foi um marco histórico na evolução da possibilidade da utilização dos meios alternativos não estatais na solução dos conflitos individuais do trabalho.

Juízes, dirigentes sindicais, professores de Direito, representantes de órgãos internacionais e advogados reuniram-se nesse fórum para discutir as novas possibilidades e as dificuldades do velho modelo. Os principais pontos debatidos foram a necessidade de maior participação dos sindicatos, a discussão de conceitos como o que é disponível ou não ao trabalhador, além das dificuldades da Justiça do Trabalho.

Naquela oportunidade, o dr. Antonio Gomes Vasconcelos trouxe para o fórum a conclusão de que *inexiste inconstitucionalidade a ser considerada no tocante à questão aqui discutida. A ordem jurídica atual já comporta expediente legal que, devidamente conjugado, dá total amparo à instituição do juízo arbitral no campo dos dissídios individuais do trabalho. Desde que se eliminem os preconceitos!* Ele defendeu ainda a ideia de que será necessária a participação de todos os agentes envolvidos nessas questões, desde os sindicatos até o Poder Judiciário, a exemplo do que ocorreu na criação dos Núcleos Intersindicais em Patrocínio/MG.

Nesse passo, podemos entender que a indisponibilidade no campo do Direito do Trabalho é relativa e não absoluta, especialmente após a rescisão do contrato de trabalho. Vejamos:

> 1º) A arbitragem, como regra, não pode ser utilizada enquanto existir o contrato de trabalho, porém, em caso de rompimento do contrato de trabalho, o direito do trabalhador, que era indisponível, deixa de ser, pois as condições de subordinação e dependência não mais estão presentes.
>
> 2º) O procedimento arbitral deve ser utilizado somente para fins de cumprir a vontade das partes que livremente contratam e que se valem do procedimento arbitral para promover a homologação de acordo ou se submeterem à decisão de um árbitro. Todas as condições

acerca do procedimento são, normalmente, aceitas pelas partes para a pacificação definitiva do conflito até então existente.

Dr. Cássio Mesquita chamou a atenção para o fato de que *a mudança da mentalidade legalista não é fácil. Estando o Direito do Trabalho intensamente ligado à realidade, a mudança pode durar uma geração inteira, mas, como nos ensina o provérbio chinês, mesmo as mais longas caminhadas se iniciam pelo primeiro passo. A Lei n° 9.307/96, sem dúvida, constituiu o primeiro e importante passo".*

O importante, na discussão que trazemos com o presente estudo, é provocarmos, no meio acadêmico e social, uma visão que leve a um crescimento responsável nas relações de trabalho. Os operadores do Direito devem ter em mira que as decisões adotadas pelas partes devem respeitar o princípio *pacta sunt servanda*; para que possamos manter relações seguras, tanto sob o aspecto legal quanto pelo ético.

Dessa forma, resta a todos nós, operadores do Direito e cidadãos comprometidos e conscientes, fazermos nossa parte, buscando uma nova forma de equilibrar relações sociais, ampliando o acesso à Justiça e à democracia, afastando o Estado de questões de interesse privado, evitando a polarização das discussões, para permitir, com o diálogo e o compromisso, melhores conquistas para todos.

José Celso Martins é advogado, mestre em Direito Político e Econômico e pós-graduado em Direito empresarial pela Universidade Mackenzie; contador, pedagogo e professor da Universidade Metodista de São Paulo; fundador e presidente do TASP – Tribunal Arbitral de São Paulo; autor do livro *Arbitragem, mediação e conflitos coletivos do trabalho.* A obra é uma das mais consideradas entre os operadores da arbitragem, porque centraliza na questão dos conflitos coletivos.

ARBITRAGEM RESOLVEU MAIS DE 60 MIL CONFLITOS TRABALHISTAS

A utilização de arbitragem em conflitos trabalhistas por total pressão dos magistrados trabalhistas (já me convenci e expressei meu pensamento sobre a matéria aludindo que se trata de corporativismo e não de proteger o trabalhador) ainda é controversa no judiciário brasileiro, mas dados do Conselho Nacional das Instituições de Mediação e Arbitragem (Conima), no entanto, dão conta de que é cada vez mais usada. De 2007 para 2008, houve um crescimento de 10% no uso da ferramenta em questões trabalhistas. Desde 2006, já foram resolvidos mais de 60 mil procedimentos por meio da arbitragem.

Regulamentado pela Lei 9.307/96, o instituto da arbitragem é um instrumento para pacificação de conflitos sociais envolvendo direitos patrimoniais disponíveis. E aí é que nasce o problema. Toda controvérsia se dá por conta da interpretação do artigo 114 da Constituição, que trata da competência da Justiça do Trabalho. Quanto ao tema, existem duas teses: a do Ministério Público, que entende que a arbitragem não pode ser utilizada para pacificação de conflitos individuais trabalhistas e a do legislador que não deixou claro, no artigo, se pode ou não pode utilizar a arbitragem em dissídios individuais.

Se o legislador quisesse, ele deixaria clara essa proibição. Como foi omisso, o que não é proibido é permitido. Por isso, caberá ao TST uniformizar uma jurisprudência ou, então, ao Supremo Tribunal Federal dizer como deverá ser interpretado o artigo. De qualquer forma, para aceitar melhor a arbitragem, as empresas precisam deixar a cultura reativa e passar para a cultura proativa. A cultura reativa é aquela em que o empregado é demitido e a empresa já fica esperando ser representada na Justiça.

No entanto, se a empresa resolve se antecipar, criando uma estrutura de prevenção de conflitos dentro do RH, é possível saber, por exemplo, o que o empregado realmente quer receber, sem expectativas inflacionárias. A Xerox do Brasil é uma das empresas que resolveu assumir uma postura proativa e, desde 2002, faz um trabalho preventivo com o objetivo de reduzir o seu passivo trabalhista. Destaca-se que, com o uso da arbitragem, a empresa conseguiu economizar tempo e dinheiro.(Fonte: www.trt18.gov.br)

Dedico este capítulo, principalmente, aos profissionais de Recursos Humanos, que, no dia a dia, se deparam com as mais inusitadas formas de ocorrências no universo do trabalho. Também ao jovem advogado que enfrenta diversas situações no que tange à orientação aos seus clientes, esses desbravadores do Direito, juristas do amanhã, que certamente estarão atentos às minúcias da relação de trabalho, eis que complexa, mas que pode, a partir dos seus primeiros passos na prevenção de conflitos, estabelecer uma situação estável e comprometida com o desenvolvimento econômico e social, garantindo principalmente o emprego, principal mister de toda a nossa luta jurídico literária.

CAPÍTULO FINAL

O QUE A SOCIEDADE ESPERA DO JUDICIÁRIO LABORAL

As considerações abaixo servem de esteio ao combate à ociosidade do jurisdicionado trabalhista.

O descontentamento da sociedade com a prestação jurisdicional da Justiça do Trabalho não reside apenas na questão da morosidade. Existem ainda os pontos negativos no atendimento ao público, a falta de respeito e tratamento urbano ao advogado, a demora na realização das audiências iniciais, a informatização e a péssima qualidade dos serviços de página nos TRTs, pontificando a negatividade dessa justiça "social", que muito está a dever a sua natural vocação de servir ao trabalho. Vários outros pontos negativos envolvem esse jurisdicionado: as questões internas, a insubordinação do primeiro grau aos ditames do Tribunal Superior do Trabalho, a violação ao preceito constitucional, com postura xenófoba trancando a escolha dos nomes de advogados e procuradores indicados pelo Quinto Constitucional, o excesso de corporativismo, com suas corregedorias promovendo autênticos absurdos no trato das questões de sua competência administrativa e, por fim, a enorme lacuna ideológica, que transforma as eleições para a presidência dos tribunais em disputas desnecessárias, divisionistas, improdutivas e maléficas à saúde do judiciário.

O custo do Poder Judiciário (assunto que discutimos em boa parte desta obra) é elevado em função da lentidão na prestação jurisdicional. No ano de 2003, foi de R$ 19,2 bilhões, o que representou um gasto de R$ 108,82 para cada brasileiro. Em 2012, o custo estava triplicado, e com projeção de obras nos dois anos seguintes. De acordo com o ex-presidente do Supremo Tribunal Federal (STF), Nélson Jobim, em pronunciamento na sua gestão, apenas 40% desses recursos foram utilizados em atividade fim, ou seja, no julgamento e na decisão dos processos.

Estima-se que o custo de cada processo calculado pela verba dedicada à Justiça do Trabalho dividida pelo número de processos julgados, conjugados com 95%, no mínimo, dos acordos trabalhistas realizados, é inferior ao custo do processo. Consequentemente, é mais fácil para a União pagar ao empregado do que bancar a solução judicial do conflito, para depois, mais à frente, cobrar do empregador, pela via da reversão, o valor despendido. Para isso deveria adotar mecanismo semelhante ao da Fazenda Pública, que vai do arresto de bens à insolvência da pessoa física. Só que isso seria inconstitucional, porque injusto, uma vez que o contribuinte não pode pagar o débito de empresas que não cumprem com suas obrigações trabalhistas nem de empregados que abusam do direito de reclamar, pedindo mais do que têm direito.

O conflito trabalhista não interessa a ninguém: o empregado não recebe seus créditos, o empregador aumenta seu passivo trabalhista, a micro e pequena empresa desaparecem do cenário produtivo, seus titulares mergulham na informalidade e o Estado vai gastando cada vez mais com sua total incoerência. Muitos entendem que pelo fato de as relações trabalhistas serem formalizadas por contratos cujas cláusulas são objeto do Direito privado, tanto que onde não existem varas trabalhistas os casos são julgados pela Justiça comum, nada impede que seu trato seja simples e dentro de regras seguras e não as que vêm sendo vítimas de constantes mutações, ordenadas por juízes trabalhistas avessos ao comando de lei.

Na advocacia trabalhista preocupada com a lentidão na solução do conflito laboral, cuja média de tramitação é de dez anos, o prazo é considerado exagerado pelo *trade* trabalhista, grave e instigante, porque a morosidade é cúmplice dos maus pagadores, engessa o salário alimentar do trabalhador na burocracia do judiciário mais bem pago do universo. Esses são alguns dos pontos negativos que levam a esse *aberratio juris*, não só porque se trata de verba alimentar do trabalhador, mas também porque a indenização pecuniária teria que ser, sem nenhum desdenho, sumária, irrecorrível, eis que se faz urgente, até porque *impossibilium nulla obligatio est*. Eu tenho defendido sistematicamente (inclusive durante as assembleias dissidiais) que aqueles pedidos (rubricas) na inicial do empregado, e que são incontroversos, devam ser quitados de imediato, e se não, transformados em título executivo, perfeito e acabado, passivo de sumária penhora de bens, protesto, sem direito a recurso. O controverso segue seu curso, vai discutir mérito em todas as instâncias, e que demore o tempo que demorar, mas aquele direito certo e perfeito está liquidado.

Se a JT fosse credenciada por deliberação legislativa (lei específica) e especialíssima com a aplicabilidade do entendimento ágil, das verbas incontroversas, o resultado apurado nas contas do empregado seria transformado no ato da audiência em título executivo sob ordem de pagamento, irrecorrível, sem fase de recurso, *data permissa*, permitido apenas com a hipótese de caução em espécie no valor integral do título, para ser discutido o cálculo, sem mais senões à frente.

No final de junho de 2009, o Conselho Superior da Justiça do Trabalho realizou o "I Simpósio de Administração Orçamentária e Financeira da Justiça do Trabalho", com representantes das áreas de orçamento, planejamento e contabilidade do Tribunal Superior do Trabalho, do CSJT e dos 24 Tribunais Regionais do Trabalho, discutindo temas relativos à proposta orçamentária da Justiça do Trabalho para 2010. O objetivo principal dos dirigentes era promover a integração e a padronização das atividades desenvolvidas nas áreas orçamentária e financeira da Justiça do Trabalho com a unificação dos procedimentos. No entanto, pode-se prever que as injunções que acabam fustigando a especializada não foram atacadas; trataram, na verdade, de produzir meios para obter subsídios para gastar mais do que já vêm gastando.

O próprio Estado negligencia o Direito do Trabalho, o Judiciário Laboral, com a EC 45/2004 ainda vive a metamorfose da supremacia, e com isso vai se perdendo no vendaval de ações, a maioria advinda das práticas administrativas das procuradorias da Fazenda Nacional e do INSS. Essas são questões que, ao serem analisadas sem corporativismo estatal e por magistrados independentes, acabam revertidas, com decisões inspiradas no princípio da celeridade. Um desses exemplos foi fruto de exame na 1ª Turma do TRT-MG, que negou provimento a um recurso do INSS, com a leonina exigência do depósito, fruto de um acordo na conta vinculada do reclamante, e o relator desviou-se da burocracia priorizando: *o pagamento efetuado diretamente ao empregado, evitando que este fosse obrigado a comparecer na CEF para efetuar o saque.* (des. Manuel C. Rodrigues, Proc. 00958-2007-023-03-00-2). Esse episódio, *data maxima venia*, é fruto da incompetência executiva do próprio INSS, que tem se mostrado incapaz de prover o seu papel de executor fiscal, tornando-se debilitado e, agora, no proveito da EC 45/04, exporta seu traste financeiro para o seio da especializada.

FESTIVAL DE BURLA AOS DIREITOS CONSTITUCIONAIS

A Justiça do Trabalho não tem mais suporte físico e estrutura psíquica para suportar o número de demandas em seus cartórios. Sessenta por cento desse iceberg de ações estão aguardando decisões, travadas em lides malconduzidas ou por fragilidade do título executivo. São anos sem solução – 30% delas com mais de vinte anos estão ali, inertes, e não são extintas por falta de interesse das partes, embora isso ofereça norma legal que prevê a extinção da ação conforme observamos aqui: CPC, Artigo 267 – Extingue-se o processo, sem resolução de mérito: (Redação dada pela Lei nº 11.232, de 2005), *III – quando, por não promover os atos e diligências que lhe competir, o autor abandonar a causa por mais de 30 (trinta) dias (...).*

Há quem defenda que o título executivo trabalhista, por ser alimentar, na sentença, o controverso pode ser questionado, e o principal não mais poderá ser objeto de discussão, liberado para a execução, possibilitando que o reclamante promova o protesto do título (total da ação), no Cartório de Títulos e Documentos da circunscrição. Tese que também defendo, mas o que se vê, no cotidiano do decisório trabalhista, são decisões frankensteinianas, fragilizadas, tamanha a falta de esmero legal no seu preparo e displicência quanto à utilização das ferramentas disponíveis para os juízes. Isso forjado com a constante violação da Carta Magna, acaba colocando a JT na lanterna das instituições jurisdicionais, com apontamentos de negatividade na entrega jurisdicional de 48% (dados do CNJ).

Ainda sobre o assunto, vale assinalar algumas nuances: quando o autor deixa de promover atos e diligências que deveria ter exercido, abandonando a causa por mais de trinta dias, permanecendo inerte, inexoravelmente, teremos a incidência do dispositivo supracitado. Cabe ressaltar, entretanto, que nada impedirá o autor de propor, novamente, ação idêntica à anterior, mas se este repetir por três vezes tal conduta, ensejando novamente a extinção por sua inércia, estaremos diante da chamada perempção. Configurada, o réu deverá alegá-la, situação esta que uma vez reconhecida fará incidir as disposições do artigo 268, parágrafo único do CPC: *Se o autor der causa, por três vezes, à extinção do processo pelo fundamento previsto no III do artigo anterior, não poderá intentar nova ação contra o réu com o mesmo objeto, ficando-lhe ressalvada, entretanto, a possibilidade de alegar em defesa o seu direito.*

Esse procedimento tem registro no Judiciário Trabalhista; faz parte de um lote de ações mal propostas, entre outros fatores, por falta de qualidade ou omissão do pedido inicial, mas pode o juiz examinar a inicial e mandar emendá-la, se inepta (CPC, artigo 284), sendo explícito sobre o que deve ser emendado, facilitando a vida do advogado e colaborando para encaminhar o processo.

Ocorre que a aplicação vem ocorrendo somente na fase de conhecimento, uma vez que, convolado o pedido em sentença, tem o reclamante um título executivo, que pode ser contestado através de recurso próprio que é o Recurso Ordinário (RO). Até aqui tudo bem, as agruras começam quando esse processo não tem mais como protelar, e começa a via-crúcis da execução, que passa por toda sorte de situações, desde as mais banais às de tamanha complexidade que pode até inviabilizá-lo, e, quando isso acontece, o processo trava. Se o juiz nada faz, embora seja o juiz a figura central na busca da efetividade, normalmente ele não age sem provocação, pois o advogado é um ator essencial, e, apesar de dispor do instrumento de lei para fazê-lo, expõe a ação e pode o juiz, com respaldo da CPC, promover a extinção.

O fato é que o Judiciário Trabalhista deveria ser simples, eficaz e menos elitista em suas decisões monocráticas, priorizando os temas que zelam pelo processualismo trabalhista, com as subsidiárias regras do CPC, Lei Fiscal CC e do CDC, atento à interpretação dos artigos que possam, na fase de execução, inviabilizar o funcionamento da executada. Muito se discute se a regra do ofício de juízo, válido na JT, funciona como meio eficaz ou fragiliza a ação. Para isso não ocorrer, dependerá de informações que possam dar a segurança necessária para decidir, acolhendo manifestações embasadas da existência de fatos reais de risco diante de medida extrema da execução. Mas isso, na JT, não tem a menor aceitação, eis que os juízes agem como se o empregador fosse o eterno vilão, extrapolam no executório e acabam permitindo recursos que eternizam a ação.

O juiz deve absolver o essencial, o relevante, deve perder tempo com atos que não são necessariamente seus (por exemplo: controlar o fornecimento de certidões). De acordo com a lei, o servidor pode praticar atos ordinatórios (CPC, artigo 162, § 4º). As conciliações, que são atos praticados antes da instrução, deveriam ficar nesse limite, mas exigem profissional bem capacitado, e os tribunais poderiam oferecer cursos de mediação aos servidores para suprir esse trabalho do magistrado, ou então cessar com o absurdo da resistência à implantação do Juizado Especial Trabalhista, com conciliadores leigos preparados para tratar a matéria.

CRIADA PARA MEDIAR E CONCILIAR, ACABOU SE TORNANDO UM MONSTRENGO

A onerosidade, a exemplo dos títulos de bloqueios de contas (sistema BACEN Jud on-line), tem sido uma tormenta para as empresas, a maioria constituída de pequenos negócios, e que deveriam ser subsidiados pelo mesmo instituto da proteção do hipossuficiente, a exemplo do que já ocorreu com o Estado com a criação do Estatuto da Micro e Pequena Empresa, flexibilizando e estabelecendo regras menos gravosas para esse segmento na execução fiscal. E se as decisões de primeiro grau da Justiça Laboral obedecessem às regras consagradas nas decisões dos tribunais superiores, para que promovam os bloqueios na ordem de 20% a 30% da renda, mais da metade dos recursos em execução (embargos de execução, agravos e mandados de segurança) que tramitam até o TST estariam resolvidos.

A partir do dia 1º de julho de 2009, entrou no cenário empresarial o programa do empreendedor individual, o que permitiria, segundo estimativas do governo, que 11,1 milhões de homens e mulheres que trabalham por conta própria em pequenos negócios ou na prestação de serviços, e que são responsáveis por 20% do faturamento bruto do país, saíssem da informalidade e passem a usufruir todos os benefícios do mundo formal. Segundo documento do Conselho Nacional da Previdência Social (CNPS), seria *permitido que o empreendedor individual possa se formalizar e tenha acesso ao crédito com taxa de juros menor, a exemplo das pessoas jurídicas que pagam juros menores, serão isentos de impostos federais e pagarão como contribuição à Previdência Social R$ 51,15 (11% sobre o salário-mínimo) e mais R$ 5 para o ISS, se atuarem na prestação de serviço, ou mais R$ 1 de ICMS, caso trabalhem com comércio ou indústria.*

Há, porém, quem critique a medida, prevendo a enxurrada de ações contra essas pessoas, por conta das parcerias que poderão fazer com empresas, ou seja: serem contratadas no regime de pessoa jurídica, mas prestando serviço de natureza pessoal, subordinada e com controle de jornada, como já vem ocorrendo com a conhecida Pessoa Jurídica (PJ), ostensivamente criada para as terceirizações nas instituições bancárias.

A cobertura previdenciária do empreendedor individual é da aposentadoria por idade, salário-maternidade e auxílio-doença. Sua família fica protegida com auxílio-reclusão e pensão por morte, e o programa terá o apoio de cooperação técnica do Sebrae (Serviço Brasileiro de Apoio às Micro e Pequenas Empresas) e Dieese (Departamento Intersindical de Estatísticas e Estudos Socioeconômicos). É a extensão de um pedaço dos benefícios concedidos ao trabalhador contratado pelo regime celetista e que pode, por analogia, dar fim à volatilidade das execuções que estão causando enorme dano às pessoas físicas de pequenos negócios, algumas dessas ações chegando a valores astronômicos pela falta de assistência jurídica adequada, agravada com a impiedosa prática delituosa de juízes trabalhistas que punem a tudo e a todos, indistintamente, sem o menor senso de sociologia e democracia preconizado nos princípios das relações do capital/trabalho. Isso, *data venia*, sem temer qualquer tipo de censura, porque entendem que estão acima de tudo e de todos.

NA ÓTICA GERAL O PROBLEMA PERSISTE

Sob a ótica da celeridade, vale lembrar que o primeiro diagnóstico geral do Poder Judiciário brasileiro mostrou que, em 2003, existiam 17,3 milhões de processos que deram entrada ou foram distribuídos pela Justiça em todo o país. Isso significa um processo judicial para cada dez brasileiros. No mesmo período, os 13.660 magistrados brasileiros julgaram 12,5 milhões de processos, com um índice de julgamento de 72% (medido pelo número de processos julgados/entrados), ficando a taxa média de julgamento por magistrado brasileiro de 1.104 processos, ou seja, cada um julgou 92 processos por mês (4,6 por dia útil). Assim, 28% desses processos, ou seja, 6.178 mil processos encalharam nos tribunais do país, contribuindo para engessar os andamentos e aumentar a morosidade. Os números são do CNJ, e um detalhe curioso: entre as justiças, até a data da estatística, a que menos contribuiu com informações para o arquivo estatístico foi a Justiça do Trabalho.

É preciso ficar claro para a sociedade que as críticas dirigidas a um segmento de juízes trabalhistas não têm significado pessoal, são rigorosas, mas autênticas, sem o temor de represálias de qualquer espécie, até porque têm o nobre propósito de revelar, sob uma visão real, a existência de entraves produzidos por sentenças e decisões de cunho agressivo, de natureza questionável ideológica. É claro que o mau pagador precisa ser punido, mas nem todos que são levados à especializada estão em reais condições de responder por pesadas penalidades pecuniárias, eis que esta é a tônica da aplicação nas sentenças proferidas por esse segmento.

Um curioso relatório denominado de "Documento Técnico nº 319", recomendado pelo Banco Mundial, apresentou elementos para a reforma do Poder Judiciário na América Latina e Caribe, focando o sistema disciplinar que deve ser imposto aos magistrados. Alerta o AMB que, em qualquer sistema, juízes, advogados e o público em geral devem ter o direito de apresentar reclamações contra os magistrados, e, assim, até mesmo o site da Associação Nacional de Magistrados da Justiça do Trabalho (Anamatra) disponibiliza o documento do Banco Mundial. O CNJ também disponibiliza um link com o mesmo objetivo.

AÇÕES DO CONSELHO NACIONAL DE JUSTIÇA (CNJ)

Membros da cúpula do judiciário brasileiro estão empenhados, via Conselho Nacional de Justiça (CNJ), no resgate da confiabilidade da sociedade no sistema judiciário. Para isso, várias frentes de trabalho entraram em prática. Em 2009, o CNJ fixou *meta de reduzir 700 mil processos até o final do ano*, e a *transparência das atividades, dados e administração dos tribunais*, sob o programa "Justiça em números", que já é uma realidade e nos permite examinar com presteza não só a simetria dos resultados processuais, mas também o comportamento estatístico do judiciário. Este, em particular, vem despertando enorme preocupação ao *trade* jurídico, e com repercussão em todos os segmentos, dado o enorme resíduo de ações dos tribunais. É com base nesse documento que viabilizei este trabalho, sem o qual estaria navegando em águas turvas.

Outro ponto implementado pelo CNJ, denominado de "Meta 2 – Bater recordes é garantir direitos", teve a resposta da metade dos 91 tribunais do Brasil, que cumpriram a previsão do julgamento até o fim de 2009 de todos os processos distribuídos até 2005. Esse empenho tem como objetivo satisfazer as reivindicações da sociedade na prestação jurisdicional. No dia 13 de abril de 2009, foi assinado por integrantes da Ordem dos Advogados do Brasil e pelo secretário da Reforma do Judiciário do Ministério da Justiça, o 2º Pacto Republicano de Estado por um sistema de Justiça mais acessível, ágil e efetivo, subscrito pelos chefes dos três poderes, Executivo, Legislativo e Judiciário.

Naquela oportunidade foram tratadas questões pontuais, a exemplo da crimininalização do desrespeito às prerrogativas do advogado, férias forenses, a compensação de honorários e a xenofobia ao Quinto Constitucional, cuja orquestração para extingui-lo, ao que parece, acabou no vazio.

As razões da tão propalada crise da Justiça advêm de diversos fatores, capitaneados pelo crescente aumento do número de ações decorrentes dos novos direitos da terceira e quarta gerações; legislação minuciosa e protecionista de cunho individualista ultrapassada (este mais em referência à Justiça do Trabalho), uso de recursos meramente procrastinatórios; reduzido número de juízes; falta de fiscalização no cumprimento do dever funcional dos magistrados; qualificação dos operadores do Direito, e incentivo à solução extrajudicial dos conflitos, além de outros que têm contribuído para aumentar o problema da morosidade na entrega da prestação jurisdicional.

O capítulo da reforma do Poder Judiciário, tratado pela EC nº 45/2004, tem como missão precípua combater a morosidade na entrega da prestação jurisdicional, razão pela qual incluiu entre os direitos e garantias fundamentais do cidadão (art. 5º, inciso LXXVIII, CF), *a razoável duração do processo e os meios que garantam a celeridade de sua tramitação*, além de proibir a promoção do juiz que descumprir os prazos processuais.

Não obstante, na desatualizada Lei da Magistratura Nacional (Loman), temos o artigo que versa sobre a transparência. Vejamos: Art. 37 – *Os Tribunais farão publicar, mensalmente, no órgão oficial, dados estatísticos sobre seus trabalhos no mês anterior, entre os quais: o número de votos que cada um de seus membros, nominalmente indicado, proferiu como relator e revisor; o número de feitos que lhe foram distribuídos no mesmo período; o número de processos que recebeu em consequência de pedido de vista ou como revisor; a relação dos feitos que lhe foram conclusos para voto, despacho, lavratura de acórdão, ainda não devolvido, embora decorridos os prazos legais, com as datas das respectivas conclusões.*

UMA CONSTANTE NO CERCEIO AO DIREITO

No universo da Justiça, em particular a Especializada do Trabalho, esta, *data maxima venia*, vem demonstrando imaturidade jurídica e falta de bom senso em suas decisões monocráticas, porque impera em seu seio uma situação de isolamento quanto aos demais jurisdicionados. Em particularidade, só é visível para aqueles que militam no dia a dia desse judiciário, em que também não faltam magistrados de alma nobre, capazes e dotados de saber jurídico. No entanto, a existência de um grupo circunspeto de membros que se voltaram para a desaparelhação dos direitos como forma de introduzir uma nova filosofia de julgamento das ações vem causando enorme constrangimento não só aos próprios integrantes da JT, mas também ao próprio sistema do Direito, que é legítimo e propriedade da sociedade brasileira.

Por outro lado, as situações de Direito vêm desestruturando a JT, porque ele é suprimido para dar lugar a interpretações de natureza dita social (sob o discurso da hipossuficiência), substituindo com normas decisórias de cunho pessoal o texto aplicado da lei, ou até mesmo o seu enrijecimento, focado nos temas do trabalho, no qual imperam os adjetivos a favor do empregado. São esses processos de tamanha monta que transformam pequenas indenizações em milionários títulos executivos, proporcionando, com a chancela do Estado-juiz, o enriquecimento sem causa, que é penalizado com fulcro no art. 884 do CC.

Não é por acaso que existe esse comportamento anômalo na JT, pois ele faz parte de um movimento denominado de "direito alternativo", que tem suas raízes no Brasil a partir da metade dos anos 1980, e acabou se solidificando em 1986, com a participação de magistrados de esquerda, a partir de um seminário que tinha como objetivo coletar subsídios para a nova constituinte da Associação dos Juízes do Estado do Rio Grande do Sul. Desde então, os aplicativos interpretativos foram ganhando novas formas e hoje são mais comuns na Justiça Trabalhista, na qual são inúmeras as situações em que o juiz aplica a interpretação à sua forma, para favorecer o empregado.

O que pode impedir que essa prática, que já é imune à jurisprudência uniformizada do TST, se mantenha, é a adoção de penalidades administrativas que levem o juiz que causar prejuízo por decisão ou sentença mal aplicada, com base no art. 49 da Loman, a ser responsabilizado por perdas e danos, trazendo para seu texto emenda que acrescente a penalidade pecuniária do faltoso. Isso sim é democracia do Direito, e é um Direito alternativo no sentido inverso, sociedade/juiz.

Para melhor entender nossas preocupações, trago recente decisão da 3ª Turma do TST, que concedeu o benefício da Justiça gratuita a empregado que fez declaração de pobreza sem constar a expressão "sob as penas da lei", reformando decisão do TRT2 (SP), que havia negado o benefício. O relator do processo, juiz Douglas Alencar Rodrigues, achou suporte no art. 790, parágrafo 3º, da CLT, e na Orientação Jurisprudencial nº 304 da SDI-1, ambos não seguidos pelos juízes de primeiro e segundo graus, mas, que nesse caso, isso não ocorreu.

Outra questão pontual, entre muitas existentes que prejudicam os dois polos da demanda refere-se à autenticação dos documentos que, na JT, têm sido um estorvo para os advogados, enquanto uma decisão da Corte Especial do STJ afastou a alegação de irregularidade processual por ausência de autenticação em uma procuração juntada aos autos. O eminente relator, ministro Luiz Fux, esclareceu que a Lei nº 10.352/2001 autorizou que a autenticação das cópias das peças necessárias à formação do instrumento possa ser promovida por declaração do próprio advogado, sob sua responsabilidade pessoal. Mais recentemente, a Lei nº11.382, de 2006, ampliou essa autorização para todos os documentos, e esse entendimento deve ser estendido às procurações (Eresp 1015275).

O fato é que ambos os processos, por pura invencionice dos juízes, acabaram tramitando por anos. Se esse gasto, somado atantos outros na mesma condição, fosse reduzido teria eliminado o iceberg de ações da especializada. Como observamos, são muitas as mazelas. Mesmo assim, a sociedade acredita, espera e conta com o empenho de grande parte dos atores do judiciário brasileiro, em especial o Laboral, para extirpar o mal da morosidade processual.

A LABORAL É A QUE MAIS FERE PRINCÍPIOS LEGAIS

Não precisamos de muito para prever que a JT está naufragando, conforme já informei, pois, a cada ano, recebe 2,4 milhões de novas ações, que, somadas as já existentes, perfazem um total de 16 milhões de ações. Agrega-se a isso o fato de que os juízes resolvem apenas 40%, deixando, a cada lote, um resíduo de 60%, o que significa que essa Justiça é inviável, e que por isso se torna urgente criar os mecanismos extrajudiciais de resolução de conflitos, sem qualquer interferência dos magistrados trabalhistas, que se opõem a esse instituto por questão de reserva de mercado. Os mecanismos alternativos de resolução de conflitos devem ser os que liderem a busca pelo direito dentro do regime democrático. Dele é que deve partir a necessidade de busca do Direito pela via estatal compulsória.

As profissões jurídicas também devem ser estimuladas no sentido de viabilizar práticas de conciliação, mediação e arbitragem. Além disso, deveria haver mais oferta de serviços públicos e privados de conciliação, mediação e arbitragem como filtros ao recurso da jurisdição, com uso facultativo, ou mesmo com a obrigatoriedade da utilização desses mecanismos conforme já ocorre em diversos países. A tutela do Judiciário Laboral, quanto aos direitos em toda a extensão dos existentes no âmbito da relação de trabalho, é um exagero, na opinião de juristas que defendem o extrajudicial como forma de anteparo das ações.

De fato, os juízes trabalhistas e os serventuários da especializada são, estatisticamente comprovado, os que mais violam princípios e normas de Direito, entre os quais: "o livre acesso ao judiciário, travado com a implantação do combalido PJe-JT, a morosidade processual e a afronta ao art. 133 da CF (prerrogativas do advogado)". É por isso que a demanda do sistema de Justiça brasileiro tem apresentado significativa e crescente (principalmente na Laboral) realidade, que não significa, necessariamente, que os indivíduos possuam índice satisfatório de facilidade no acesso à Justiça, que estejam a levar suas pretensões ao sistema de Justiça adequadamente ou mesmo que confiem e estejam satisfeitos com a eficiência do sistema de resolução de conflitos.

Ao contrário, pesquisa realizada pela Fundação Getulio Vargas, no ano de 2010, demonstrou que 58,3% dos entrevistados acreditam que o acesso à Justiça no Brasil é inexistente ou difícil; 78,1%, que o custo do Poder Judiciário é elevado; 59,1%, que o Poder Judiciário não é competente ou tem pouca competência para solucionar conflitos; 92,6%, que o judiciário resolve os conflitos de forma lenta ou muito lenta, revelando-se o índice de confiança (de 1 a 10 pontos) no sistema de Justiça em 5,9 pontos. Nesse inferno astral está a Justiça do Trabalho, e, por isso, promoveu um mutirão nos dias 26 a 30 de novembro de 2011 que se concentrou na Terceira Semana Nacional da Execução Trabalhista, promovida nos 24 tribunais regionais do Trabalho do país, com a participação do Conselho Superior da Justiça do Trabalho (CSJT) e do Tribunal Superior do Trabalho (TST).

Em 2012, a Semana Nacional da Execução registrou o pagamento de R$ 643 milhões em dívidas trabalhistas, sendo R$ 420 milhões decorrentes de acordos, R$ 73 milhões de leilões e R$ 150 milhões em bloqueios do BacenJud. Foram homologados 38.863 acordos em 42.788 audiências de conciliação em tribunais do Trabalho. Mas os valores foram ínfimos em relação ao total de débitos trabalhistas acumulados, de R$ 23,4 bilhões. Segundo dados do TST, há mais de três milhões de processos em fase de execução na Justiça Trabalhista.

Os maiores cem devedores são parte em mais de 100 mil processos e a Viação Aérea de São Paulo, a Vasp, é a empresa que lidera o ranking de pessoas jurídicas, com dívida de R$ 1,5 bilhão em 4.833 processos trabalhistas. Na lista de pessoas físicas, o dono da companhia falida, Wagner Canhedo, e familiares aparecem no topo. As listas atualizadas foram divulgadas no dia 6 de agosto de 2011, nos sites do TST e pelo CSJT. Entre as vinte primeiras empresas do ranking, está a gigante Petrobras; seis pertencem a segmentos da agroindústria e agropecuária; outras cinco integram o setor de terceirização de mão de obra e vigilância/segurança privada; quatro atuam na área de transportes (duas aéreas, Vasp e Sata, e duas rodoviárias, Viplan e Wadel, as duas últimas também da família Canhedo); e duas são bancos estatais – o Banco do Brasil e a Caixa.

ARBITRAGEM COMO SOLUÇÃO NA MEDIAÇÃO E HOMOLOGAÇÃO DAS AÇÕES

POSTURA MEDIEVAL DOS JUÍZES DO TRABALHO

Os magistrados trabalhistas, ao contrário do que anunciam, vêm prestando um enorme desserviço à sociedade, e mais ainda ao trabalhador, em razão da insistente resistência à solução de rescisões contratuais homologatórias no âmbito das câmaras arbitrais, Lei 9.307/06, que faculta ao cidadão submeter sua demanda de bens disponíveis a esse instituto. Essa postura tem suas raízes em dois pontos influentes, o da mentalidade colonial, vetusta, e o da reserva de mercado, em que o juiz do Trabalho insiste em ter um status de ultramagistrado, atraindo para si todos os louros da atividade, mas sem admitir que, em razão dessa postura, entre outras questões melancólicas, Judiciário Laboral mergulhou num mar tormentoso, afogando nele a esperança de milhões de trabalhadores, que estão com processos, há anos, sem solução.

Ocorre que o governo tem se mostrado apático nessa questão, entrando no campo da generalização e da leniência. Este é um dos pontos críticos e talvez a maior razão, enquanto o Brasil amarga o título de campeão mundial em processos trabalhistas, com mais de 2 milhões de processos trabalhistas por ano, ou seja, um para cada cem habitantes, o que, comparado-se, de um oposto a outro, com os EUA, 1/70 mil ou o Japão 1/ 2,5 mil, o colocará isoladamente no topo dessa lista.

Por um lado, o uso da arbitragem no âmbito dos conflitos coletivos de trabalho já existe sem qualquer contestação, até mesmo em razão de existência de expressa previsão constitucional nesse sentido no art. 114, § 1º. Em dissídios individuais de trabalho, a Constituição só menciona tal possibilidade em dissídios coletivos, assim como a previsão contida no art. 643 da CLT está determinando que os litígios oriundos das relações entre empregados e empregadores devem ser dirimidos pela Justiça do Trabalho, e é nesse ponto que os juízes trabalhistas entendem ser a Justiça Especializada a única que pode solucionar as controvérsias das relações de trabalho.

Assim, percebe-se que não existe um caminho tranquilo nessa discussão, e sim, com muitas variantes a serem levadas em consideração. Por outro lado, há aqueles que afirmam que o contido no art. 114, § 1º CF não traz nenhuma vedação à aplicabilidade nas soluções dos conflitos individuais do trabalho, e que tal utilização estaria embasada no que preveem os arts. 8º e 769 da CLT.

O Tribunal Superior do Trabalho, por seu turno, nas poucas oportunidades em que foi chamado a se manifestar sobre o tema, sempre o fez de forma favorável (hoje já não mais, eis que as últimas decisões são contrárias), como podemos notar em acórdão proferido pela 7ª Turma, no qual o ministro relator Ives Gandra Martins Filho foi enérgico ao afirmar que: "a arbitragem (Lei 9.307/96) é passível de utilização para solução dos conflitos trabalhistas, constituindo, com as comissões de conciliação prévia (CLT, arts. 625-A a 625-H), meios alternativos de composição de conflitos, que desafogam o judiciário e podem proporcionar soluções mais satisfatórias do que as impostas pelo Estado-juiz." (AIRR 2.547/2002-077-02-40).

Em outubro de 2008, ao validar uma sentença arbitral impugnada por um trabalhador, a 7ª turma inaugurou um entendimento pioneiro na Corte, no sentido de que a arbitragem individual pode ser válida e eficaz se não houver prova de que o procedimento foi inidôneo. "Manter uma postura inflexível é prestar um desserviço ao trabalhador, que acaba esperando até dez anos para receber verbas", disse o ministro Manus. Segundo ele, nem todos os direitos trabalhistas são indisponíveis – não o são, por exemplo, participações em lucros, horas extras e gratificações além do salário-mínimo. Excesso de rigor, reserva de mercado ou insegurança para admitir a sua utilização no âmbito das relações de trabalho não são apenas justificativas dos julgadores da Laboral. Essa resistência transcende o limite da capacidade entre avaliar qual seria o maior dano: a morosidade, em uma ação em que o trabalhador nada recebe, ou a solução pacifica, com a solução do litígio?

A ARBITRAGEM EM DISSÍDIOS INDIVIDUAIS TRABALHISTAS

A arbitragem, no âmbito dos conflitos coletivos de trabalho, já existe, em razão de expressa previsão constitucional, no art. 114, § 1º No entanto, quando se trata da utilização da arbitragem em dissídios individuais de trabalho, e a Constituição só menciona tal possibilidade em dissídios coletivos, cominado com o art. 643 da CLT determinando que os litígios oriundos das relações entre empregados e empregadores deverão ser resolvidos no âmbito do Judiciário Trabalhista, a questão se torna controvertida e ainda não pacificada, com defensores de ambos os lados, sendo o da JT o mais agressivo.

A observação capitular é de que a arbitragem deixaria o trabalhador vulnerável diante de seu empregador, enquanto outros entendem como sendo direito indisponível, e que, portanto estaria fora do campo de atuação da arbitragem. Causa perplexidade saber que o contido no art.

114, § 1º CF não traz nenhuma vedação à aplicabilidade nas soluções do conflitos individuais do trabalho, e que tal utilização estaria inserta nos arts. 8º e 769 da CLT. Enquanto permanece a discussão e diante das variantes a serem levadas em consideração, entre elas a e que trata do direito indisponível – os relativos ao contrato de trabalho conforme a Lei da Arbitragem estabelece em seu art. 1º, "as pessoas capazes de contratar poderão valer-se da arbitragem para dirimir litígios relativos a direitos patrimoniais disponíveis". Aqui se vê expressamente a possibilidade somente para os direitos patrimoniais disponíveis, assim, devido ao nosso sistema legal em vigor, o Estado tomou para si certos controles e, dessa forma, há o entendimento de que direitos indisponíveis não serão objeto de arbitragem, e por assim entendem que não caberia na Justiça do Trabalho, no que se refere aos dissídios individuais.

Se se observar que o trabalhador hipossuficiente, esse sim, é protegido em todas as letras pela Carta Maior, ele ficaria desassistido na arbitragem? Se o advogado tem a prerrogativa, o estatuto e o diploma legal de que ele é essencial para a efetivação do Direito, bastaria a presença deste no ato da arbitragem para que essa fosse validada. A questão é: até que ponto a pessoa plenamente capaz para a prática de todos os atos da vida civil, art. 5º CC, não teria como sua prerrogativa a possibilidade de escolher o meio mais adequado para a resolução de eventuais controvérsias dentro da esfera trabalhista, ainda que individualmente? O Direito do Trabalho é disponível? E para responder tal questionamento basta ler o que está contido no art. 1º da Lei da Arbitragem brasileira, a qual menciona que pessoas capazes poderão submeter à arbitragem os litígios que se refiram a direito patrimonial disponível. Desse modo, aqueles que defendem a inaplicabilidade da arbitragem para os dissídios individuais do trabalho o fazem sob o argumento de que as normas trabalhistas são de Direito Público, e, portanto, irrenunciáveis e indisponíveis.

Nessa linha, estaríamos resvalando no contido no art. 764 da CLT, o qual determina, em linhas gerais, que tanto os dissídios coletivos como os individuais, submetidos à apreciação da Justiça do Trabalho, serão sempre sujeitos à conciliação. Se antes a representação paritária era responsável pelas conciliações nas Juntas de Conciliação Trabalhista, temos como indicador o § 1º estabelecendo que, para os efeitos do art. 764, os juízes e tribunais do Trabalho empregarão sempre os seus bons ofícios e persuasão no sentido de uma solução conciliatória dos conflitos.

Convém trazer outra decisão do egrégio TST: "Que o juízo arbitral tem plena aplicabilidade na esfera trabalhista porque há direitos patrimoniais disponíveis no âmbito do Direito do Trabalho. É que, ao se afirmar, genericamente, que os direitos trabalhistas constituem direitos patrimoniais indisponíveis, não se leva em conta que o princípio da irrenunciabilidade de tais direitos foi, em diversas situações, mitigado pelo legislador. Isso porque, apenas no ato da contratação ou na vigência de um contrato de trabalho, considera-se perfeitamente válida a tese da indisponibilidade dos direitos trabalhistas, posto que é de se reconhecer que a desvantagem em que uma das partes se encontra pode impedi-lo de manifestar livremente a vontade. Após a dissolução do pacto, no entanto, não há que se falar em vulnerabilidade, hipossuficiência, irrenunciabilidade ou indisponibilidade, na medida em que o empregado não mais está dependente do empregador" (RR 1.650/1999-003-15-00 — juíza convocada Maria Doralice Novaes).

DECISÕES CONTRÁRIAS

Arbitragem é incompatível com o Direito do Trabalho – O *dispositivo para resolver as pendências de maneira anterior às ações judiciais somente é aplicável, segundo a jurisprudência, em áreas do Direito nas quais as partes têm forças semelhantes – o que não seria o caso, pois empregador e empregado não se equivalem.*

O trabalhador tem direito a recorrer à Justiça do Trabalho, mesmo que tenha assinado cláusula se comprometendo a submeter possíveis litígios à arbitragem. Para os ministros da 8ª Turma do TST, o dispositivo não opera efeitos jurídicos no âmbito do Direito Individual do Trabalho. O entendimento já era consolidado na SDI-1, no mesmo órgão julgador. Para os ministros integrantes da 8ª Turma, a impossibilidade da aplicação da Lei da Arbitragem (nº 9.307/96) nas relações trabalhistas não mais suscita discussões na Corte Superior. Ela prevê, no seu art. 1º, que as pessoas capazes de contratar poderão valer-se da arbitragem para dirimir litígios relativos a direitos patrimoniais disponíveis. Entretanto, a norma legal não incide nas relações de emprego, pois versa apenas sobre direitos patrimoniais disponíveis. Para a jurisprudência do tribunal, os direitos trabalhistas são indisponíveis e irrenunciáveis, na medida em que se considera a ausência de equilíbrio entre empregado e empregador.

Segundo o ensinamento do ministro Maurício Godinho – citado no acórdão –, a arbitragem "é instituto pertinente e recomendável para outros campos normativos – Direito Empresarial, Civil, Internacional etc. –, em que há razoável equivalência de poder entre as partes envolvidas, mostrando-se, contudo, sem adequação, segurança, proporcionalidade e razoabilidade, além de conveniência, no que diz respeito ao âmbito das relações individuais laborativas". A relatora, desembargadora convocada Maria Laura Franco Lima de Faria, não conheceu o recurso, porque a decisão do TRT estava em consonância com a jurisprudência pacificada no TST. Dessa forma, pelo fato de a decisão do Regional cearense estar em harmonia com o entendimento já firmado, a juíza não conheceu o recurso (Súmula nº 333/TST). Processo RR-189600-42.2008.5.07.0001.

TST NEGA RECURSO

A possibilidade de as empresas resolverem conflitos individuais com seus empregados por meio da arbitragem, método alternativo ao Poder Judiciário para a solução de litígios, foi negada pela Terceira Turma do Tribunal Superior do Trabalho (TST). Ao julgar um recurso movido por um ex-funcionário da Xerox do Brasil, que tentava anular uma sentença arbitral que quitou pendências trabalhistas com a empresa após seu desligamento, a Corte entendeu que a arbitragem não pode ser utilizada em hipótese alguma para esse fim – mas apenas em dissídios coletivos de trabalho. A empresa recorreu da decisão e agora a palavra final caberá à Seção de Dissídios Individuais 1 (SDI-1), do TST, responsável por uniformizar o entendimento da Corte. Isso porque essa é a terceira vez que o TST se manifesta a respeito e há outra corrente oposta no tribunal – no ano passado, a 7ª turma validou uma sentença arbitral e ressaltou a eficácia do método.

O uso da arbitragem em qualquer área do Direito implica abrir mão da jurisdição do Estado – ou seja, em princípio, uma sentença arbitral não pode ser invalidada na Justiça. Mas a utilização do instituto, principalmente no campo trabalhista, tem sofrido resistência de muitos magistrados. Pela Constituição Federal, o uso da arbitragem está previsto apenas para a solução de dissídios coletivos de trabalho, mas não há proibição para casos individuais. Desde 1996, quando foi instituído pela Lei de Arbitragem – a Lei nº 9.307 – o método tem sido amplamente usado em conflitos individuais, o que tem sido questionado na Justiça não só por trabalhadores que se sentem prejudicados em arbitragens, como pelo Ministério Público do Trabalho (MPT), órgão que se posiciona de forma expressamente contrária ao uso da arbitragem e que costuma ajuizar ações civis públicas contra câmaras arbitrais que realizam o procedimento.

Nas instâncias inferiores da Justiça do Trabalho também não há uma uniformidade na jurisprudência. O argumento mais comum das ações que contestam sentenças arbitrais é que o funcionário foi coagido a participar do procedimento sem a ciência do que ele implicaria – normalmente, trata-se de trabalhadores hipossuficientes e que alegam que a arbitragem foi feita de forma irregular e tendenciosa, ou seja, sem a mesma possibilidade de defesa dos empregadores. No caso julgado pela 3ª turma do TST, o ex-funcionário da Xerox contestava um procedimento arbitral feito em 2005 no Conselho Arbitral da

Bahia para o pagamento de verbas rescisórias, sob a alegação de que foi coagiado a assinar o compromisso arbitral. A 28ª Vara do Trabalho de Salvador extinguiu a ação sem julgamento de mérito, por entender que o procedimento arbitral em questão foi válido – sentença que foi mantida no Tribunal Regional do Trabalho (TRT) da 5ª Região. Ao reformar a decisão, os ministros do TST consideraram que o uso do método é muito questionável e, se há registros frequentes até de assinatura de recibos e rescisões em branco, não é difícil imaginar a facilidade que encontrariam os empregadores para instituir "bilateralmente" tal pacto.

Como as cortes superiores não examinam provas, o TST não levou em consideração a posição do funcionário e decidiu pela inviabilidade de se usar a arbitragem em qualquer dissídio individual de trabalho. "A legislação trabalhista trata da mesma forma um alto empresário e um operário", diz o ministro do TST Alberto Luiz Bresciani de Fontan Pereira, relator da ação. Na sua opinião, a arbitragem só é passível em dissídios coletivos, enquanto que os individuais devem ser resolvidos nas câmaras de conciliação prévia (CCPs) – tentativas extrajudiciais de acordo exigido por vezes pela Justiça antes do ajuizamento de uma ação trabalhista. A obrigatoriedade da conciliação prévia está sendo questionada em uma ação judicial no Supremo Tribunal Federal (STF) e, caso seja considerada inconstitucional, a arbitragem deve figurar como único método alternativo para dirimir os dissídios trabalhistas. A resistência dos ministros também vem do fato de os direitos trabalhistas serem considerados indisponíveis – aqueles direitos básicos assegurados constitucionalmente e que não podem ser negociados. Mas, em outras turmas do TST, o entendimento é oposto.

Em 2005, a 4ª turma do TST chegou a se manifestar favoravelmente à arbitragem individual, mas a questão não foi analisada a fundo, pois os ministros entenderam que o recurso julgado tratava do uso da mediação, outro método alternativo. Enquanto a disputa aguarda um posicionamento da SDI-1 do TST, as câmaras arbitrais continuam atuando a todo vapor, a despeito de sofrerem ações civis públicas movidas pelo Ministério Público do Trabalho. É o caso do Conselho Arbitral do Estado de São Paulo (Caesp), que realizou 18,1 mil procedimentos trabalhistas desde 1998.

O texto original foi publicado no periódico *Valor Econômico*, em 9 de abril de 2009, sob o título "O TST e a arbitragem para conflitos individuais – TST proíbe uso da arbitragem".

TERMOS FINAIS SOBRE A ADOÇÃO DA ARBITRAGEM NO PROCESSO DO TRABALHO

Vamos observar aqui que a adoção da arbitragem não é uma obrigatoriedade, eis que isso se tentou com a edição da Lei nº 9.958/2000, que foi posteriormente banalizada pelos juízes trabalhistas (existe uma decisão nesse sentido: E-RR- 28/2004-009-06-00.3), que anulam as decisões das câmaras de conciliação, isso porque existe xenofobia em relação aos sindicatos e também pela reserva de mercado, dois dos principais ingredientes da endemia congênita que corrói a Justiça Trabalhista. É inegável que, sob o aspecto social, o uso da arbitragem nas controvérsias relativas a questões trabalhistas, num primeiro momento, permitiria principalmente ao trabalhador ver atendidas suas expectativas e anseios, uma vez que o deslinde se daria num prazo muito menor do que o obtido se fosse discutido na Justiça do Trabalho. Em uma das minhas experiências dentro do sindicato do qual sou dirigente, perguntei sobre tal questão a diversos trabalhadores, após dar todos os esclarecimentos sobre o instituto e fazer as observações do Direito que tinha de postular em juízo. O resultado é que todos se manifestaram a favor da arbitragem, para assim solucionar de forma célere seu contrato de trabalho.

Quanto ao receio de o empregado ter seus direitos tolhidos ao se utilizar da arbitragem, é importante ressaltar que atualmente existem câmaras sérias, com pessoas competentes e comprometidas com um resultado mais justo para as partes. Mais ainda, conforme trata o art. 13 da Lei de Arbitragem brasileira, os árbitros poderão ser qualquer pessoa capaz e que tenha a confiança das partes. Convém lembrar que nas Conciliações da Justiça do Trabalho, os dirigentes sindicais que ali atuavam também eram leigos e não se tem notícia de que em algum momento sua atuação tenha desmerecido o respeito à postura e à seriedade, isso sem contar que, no ato da escolha, essa se norteará também pelas qualificações do árbitro, que certamente será uma pessoa possuidora das habilidades necessárias a atuar no caso concreto. Ou seja, as instituições de arbitragem se mostram sérias e idôneas e adotam regras de conduta ética, prestando esclarecimentos prévios sobre o que é arbitragem e suas particularidades, com a finalidade de afastar qualquer possibilidade de vício de consentimento ou coação na escolha do trabalhador, permitindo, assim, mais uma opção para solucionar os seus conflitos com o empregador.

Deve-se também notar que a arbitragem, além da agilidade e do sigilo, possibilita que as discussões se desenvolvam num ambiente bem mais informal e acolhedor, permitindo que muitos conflitos envoltos em parte pela mágoa, ou até mesmo por duros ressentimentos, sejam solucionados de modo muito mais positivo graças ao ambiente escolhido. Evitaria também o constrangimento das agressões através da verborragia dos juízes vetustos, e de serventuários ríspidos e insolentes. Destaco também as vantagens econômicas, seja para a empresa que escolhe a arbitragem como mecanismo de solução de seus conflitos com os trabalhadores, seja para os próprios empregados que a aceitam, pois os benefícios econômicos ao Estado são patentes, ao permitir que a Justiça do Trabalho tenha condições de se dedicar aos litígios mais complexos de serem submetidos à arbitragem.

CONSIDERAÇÕES FINAIS

Encerrando nossa obra, sublinho que perfilei este trabalho, cujo cerne é o de melhor subsidiar todos aqueles que buscam ou já estão nas entranhas do Judiciário Laboral, para que façam sua reflexão, interajam de um extremo a outro, examinem os números, as estatísticas, as observações pontuais, mesmo aquelas mais severas e contundentes que faço contra a postura insana dos atores interna da JT. Ao oferecer como alternativa a arbitragem para solucionar os conflitos trabalhistas, penso no avanço, no desprendimento que isso traria a judicialização, que só interessa à parte poderosa do polo da demanda. Estamos assistindo a uma série de desmandos na mais alta cúpula da Justiça brasileira, o STF, no qual o poder econômico está presente nas decisões de seus ministros, que sempre contemplam, em sua maioria, os poderosos e manipuladores do Planalto.

Em suma, observem que este livro visa exclusivamente oferecer um quadro realístico, sem pudores e sem compromisso com grupos econômicos, políticos, em uma dissertação meramente informativa, em que busquei todos os meios para melhor elucidar este tema.

O homem nada sabe; mas é chamado a tudo conhecer.
HERMES TRISMEGISTO – 2.700 a.C.

Este livro foi impresso pela Edigráfica